문예신서
126

푸코와 페미니즘

그 긴장과 갈등

카롤라인 라마자노글루 [외]

최영+박정오+최경희+이희원 [옮김]

東 文 選

II 정체성・차이・권력

III 신체와 쾌락 —— 권력과 저항

서 론

카롤라인 라마자노글루

푸코와의 타협

수년 전 나는 영국 사회학회의 연례 학술대회가 끝날 무렵, 여성들만의 어떤 모임에 뒤늦게 참석한 적이 있었다. 그곳에서 나는 학술대회의 발표들이, 〈포스트모더니즘〉의 관점에서 논의하는 남성들에 의해 주도되고 있다는 사실에 대하여 일부 여성들이 분노를 표명하는 것을 발견하였다. 이 여성들은 자신들이 침묵당하고, 위협당하고, 제외되고, 제지되고 있어서 분노를 느꼈다고 말했다. 그리고 자신들에게는 접근이 불가능한 〈포스트모더니즘〉에 관련된 문제를 다루는 그 어떤 토론에도 참여할 수가 없었으며, 그 때문에 〈포스트모더니즘〉이라는 것이 자신들이 심각하게 다루어야 할 것인지조차 알 수가 없었다고 했다. 수잔 보르도는 이 책에 실린 글에서 대학원 학생이었을 당시 자신이 가졌던 후기구조주의 사상의 〈엘리트주의〉와의 부정적 만남에 대해서 서술하고 있다.

그러나 포스트모더니스트이며, 또한 후기구조주의자라고 (다양한 방식으로) 정의되어지는 일반적 사상의 영역이 바로 푸코 저작의 지적 배경을 이룬다. 이 범주에 속하는 대부분의 저서들은 지적인 〈엘리트주의〉 및 경험에서 벗어난, 일련의 추상성을 가지는 것이 특징이다. 이것이 바로 푸코의 저작이 대부분의 영어로 씌어진 페미니스트 저서와 상당한 거리를 갖는 이유이다. 이같은 사실은 푸코의 사상이 보다 광범위하게 적용될 수 있는가에 대한 논의를, 학계 밖에서는 페미니즘에 거의 영향을 미치지 못하지만 수요는 늘고 있는 학문적 전문성에 대한 논의로 변화시켰다. 푸코에 대한 논의 중에서 그의 저술에 가장 우호적인 것들조차도 자주 푸코가 사용하는 전문용어 속으로 자취를 감추곤 한다.

프랑스 페미니즘은 후기구조주의와 포스트모더니즘에 관한 여러 가지 토의를 통합시키는 공통된 지적 배경을 지닌다. 이러한 배경 아래에서 푸코의 작업과 훨씬 밀접한 관계를 맺어 왔다.(Duchen 1986) 최근의 프랑스 페미니스트 사회이론은 성의 정치학에 독특한 접근을 시도해 왔다. 프랑스 페미니스트들과 영어권 페미니스트들이 보이는 각각의 관심이 얼마간의 공통된 맥락을 지니고 있다손 치더라도, 여성의 체험에 대한 관계에 있어서는 대부분의 영어권 페미니즘과 다르다.(Braidotti 1991) 이 책의 초점은 영어권 페미니즘과 푸코의 저술 사이에서 발생하고 있는 권력·지식·정체성, 그리고 신체를 둘러싼 특별한 긴장들이 지니는 함축적 의미에 모아지고 있다.

페미니스트들이 푸코와 타협하는 일은 충분히 있을 수 있는 일이다. 비록 일부의 페미니스트 학자들이 처음에는 사회이론에 대한 푸코의 접근방식에 대해 적의를 느꼈을지라도, 특히 북미와 호주·영국에서 점증하는 학계의 페미니스트들은 이같은 작업을 진행시키고 있다. 나는 이 서문의 뒷부분에 푸코의 사상을 이해하는 데 필요한 몇 가지 주요한 개념들에 대한 설명을 첨가하였다. 이 개념들이 서문에 나타날 때는 별표(*)로 표시했다. 보다 상세한 개념 정의는 각각의 필자들이 논의하는 과정에서 설명할 것이다.

어떤 차원에서 볼 때, 페미니스트적 이해를 향상시키는 데 푸코가 제공할 수 있는 것은 상당히 많아 보인다. 그렇기 때문에 푸코와의 타협은 혼란스런 과정이 될 수도 있다. 푸코는 페미니스트들이 여성의 통제, 특히 섹슈얼리티(sexuality; 성·성본능 또는 그것의 만족에 관계된 행동들의 총체를 뜻한다. 이 책에서는 섹슈얼리티로 번역한다)와 여성의 신체를 새로운 각도로 볼 수 있게 해주었다. 하지만 다른 차원에서 볼 때 푸코는 페미니즘에 도전하거나 심지어는 페미니즘을 훼손한 것으로까지 평가될 수도 있다. 직접적, 또는 간접적으로 그는 사회적 삶의 본질에 관하여 페미니스트들이 도달한 결론 중 많은 부분에 대해서 의문을 제기하고 있다. 그럼으로써 성차별적인 권력관계를 변화시키기 위한 여러 가지 집단적 정치 전략을 붕괴시킨다. 이 책은 우리가 이같은 도전을 얼마만큼 진지하게 받아들여야 할 것인가에 대한 하나의 잣대로서 시도된 것이다.

이 책의 필자들은 젠더(gender; 생물학적 의미의 성과 관계 없는 문법상의, 사회적인 의미의 성 또는 사회에서 남자와 여자로 분할시키는 성차의 체계를 의미한다. 이 책에서는 젠더로 번역한다)에 대하여 푸코가 관심을 보이고 있지 않다는 점에 대해 논평을 하고 있다. 이것은 왜 페미니스트들이 푸코의 저서에 기꺼이 관심을 기울이는 노력을 해야 하는지에 대한 질문을 던진다. 하지만 이 책의 필자들은 각기 다른 방식으로 접근하고 있으며 푸코에 대하여 호의를 느끼는 정도 또한 각기 다르지만, 다음과 같은 세 가지 근거로 푸코의 말에 반드시 관심을 기울여야 한다고 주장한다.

그 첫째, 권력*관계를 이해하기 위한 푸코의 접근방식이 페미니스트들에게, 여성들의 남성들과의 관계 및 여성들 서로간의 관계를 이해하는 데 필요한 새롭고 생산적인 통찰력을 제공한다는 점이다. 페미니스트들이 젠더·섹슈얼리티, 그리고 신체의 사회적 구성에 관한 이론들을 발전시켜 왔다. 그러는 동안 푸코는 역사*를 해체하고 현재의 권력관계들을 분석하는 새로운 방식을 통해서, 이같은 페미니스트 이론과 비슷한 경향이면서도 얼마간은 다른 사회 구성에 관한 이론을 창시하였던 것이다.

둘째, 다양한 종류의 페미니즘의 기초가 되는 여성 종속의 본질과 요인에 대한 몇 가지 중심 가설에 제기된 푸코의 도전 때문이다. 일례를 들자면 권력·지식*·자기,* 그리고 섹슈얼리티에 대한 푸코의 개념은 그 어떤 단순한 방식으로도 페미니스트들의 개념과 양립될 수 없다. 또 이 일련의 개념들은 페미니스트들이 이같은 용어를 사용하는 데 상당한 문제가 있음을 시사한다. 푸코는 우리가 원하기만 한다면 얼마든지 페미니즘에 첨부할 수 있는 흥미있는 개념들을 단순히 우리에게 제공하고 있지는 않다. 그의 논쟁이 함축하는 바는, 페미니스트들이 실행하고 있는 정치적 실천이 페미니즘이 변화시키고자 하는 그 권력관계의 오해에 기초하고 있다는 점이다.

페미니스트들은 푸코를 무시할 수는 없다. 왜냐하면 푸코가 제시하고 있는 문제는 물론 현존하는 여러 가지 이론과 그 이론이 불러일으키는 정치적인 결과에 대한 푸코의 비판이, 페미니즘에 내포된 문제뿐만 아니라 페미니즘에 필요한 문제까지도 확인해 주고 있기 때문이다. 이 책에 수록된 글에서 진 그림쇼는 여러 가지 해방 이론은 그 이론 자체가 지니고 있는 지배적인 성향에 대해서는 무감각한 경향이 있다. 페미니즘도 권력으로부터 결코 결백하지 않다는 것을 지적하는 데 푸코의 저술이 유용하다는 논평을 하고 있다. 이를테면 자율성, 권한 부여, 정의, 성의 정치학, 억압과 해방에 대해 현재 우리가 부여하고 있는 의미를 현재의 사회적 구분을 무시하고 다시 생각해 봄으로써, 여성들이 푸코가 페미니즘에 던지는 도전의 방식에 대응해야 한다는 강경한 의견이 제시되고 있다.

셋째, 페미니스트들이 축적해 온 지식이 푸코 저서의 효용성에 심각한 도전을 제기한다는 점이다. 최근까지도 페미니즘은 대체적으로 후기구조주의와 포스트모더니즘 사상과 상관 없이 발전해 왔다. 뿐만 아니라 푸코가 대체로 페미니즘을 도외시해 왔기 때문에 사실상 지금까지 푸코의 사상과 영어권 페미니즘 사이에는 거의 연대성이 있을 수 없었다. 사회이론과 철학의 다른 영역에서와 마찬가지로 이같은 페미니스트의 도전이 지니는 저력에 대하여 적절한 평가가 내려지지 못했다. 최근에 와서는 푸코의 사상을 적극적으로 적용하거나 그의 저서를 보다 비판적으로 평가하는 방식으로 학계의 페미니스트들 사이에서 푸코의 저서에 대한 관심이 점증되어 왔다. (이러한 관심의 예는 다음 저자들의 글 속에서 찾을 수 있다.

Diamond and Quinby 1988, Fraser 1989, Bartky 1990, Butler 1990, Nicholson 1990, Hekman 1990, Braidotti 1991, Sawicki 1991, Barrett and Phillips 1992) 그런데 이같은 페미니스트들의 관심에 상응하는, 푸코에 대하여 동정적인 남성 학자들의 글—— 페미니스트들의 푸코에 대한 논의에 필적할 만한 것으로서 푸코의 입장에서 페미니즘에 대하여 비판적 평가를 내리는—— 은 아직 찾아볼 수 없다.

푸코는 우리에게 페미니즘의 여러 가지 중요한 문제에 대해서 생각하도록 이끌어 준 명백한 업적을 남겼다. 그래서 이 책은 보다 일반적인 후기구조주의나 포스트모더니즘을 다루기보다는 특히 푸코의 저서를 평가하는 일에 초점을 맞추고 있다. 이 책의 필자들은 여성의 체험에 비추어서 젠더 및 그밖의 다른 사회적 구분에 대해서 생각하지 않고 권력관계, 섹슈얼리티, 또는 신체를 분석하는 일이 무엇을 의미하는가에 대해 우리에게 생각하게 한다. 또한 이 책은 푸코의 사상이 영향을 끼쳐 온 역사, 문학 또는 문화 연구의 다양한 영역이나, 푸코의 저술을 평가할 수 있는 정치적 관점을 모두 다루려는 시도는 결코 하지 않는다. 필자들은 사회이론과 철학 영역의 각기 다른 지점으로부터 동일한 몇 가지의 핵심적인 문제에 초점을 맞춘다. 그리고 권력관계에 대한 자신들의 이해와 푸코의 저서에 나타난 젠더 부재의 함축성에 대해 페미니스트들이 의문을 품을 수 있도록 푸코가 자극한 방식에도 관심을 모은다.

페미니즘에 대한 푸코의 도전

푸코는 자신이 특별히 페미니스트들에 대해서 직접적으로 도전한 바는 없다. 개인적으로는 권력관계를 변화시키려는 여성들의 욕망에 동정적인 것처럼 보인다. 그러나 설령 그렇다 치더라도 그의 저술은 페미니스트 사상과 페미니스트 정치학에 특별한 함축적 의미를 던져 준다. 페미니스트들이 푸코에 항거하는 것은, 푸코의 저서가 그와 동시대인들이 쓴 일부의 저서들과 마찬가지로 우리에게 지식과 권력의 본질에 대하여 다른 각도로 생각하도록 인도하는 의미에서이다. 특히 남성들이 여성들을 지배한다는 페미니스트적 사고방식에 대해서 의문을 제기한다는 의미에서 더욱 그러하다.

푸코식의 통찰력으로 권력관계들을 살피게 되면 페미니스트 사고의 여러 가지 중심 가설이 무너지게 된다. 페미니즘은 여성적인 것은 무엇이든지 예속시키고, 분리시키고, 평가절하해 온 서구 사상의 여러 가지 기존 방식에 대한 반발로써 발전해 왔다. 그렇지만 이와 동시에 페미니스트들은 권력과 지식에 대한 나름대로의 사고방식을 구축하면서 이미 오래 전부터 존재해 온 사고범주의 구속을 받아 왔다.(Acker 1989: 73, Hekman 1990: 188) 특히 계몽시대 * 이후로 서구 사상에 있어서 당연한 것으로 받아들여져 왔기 때문에 다수의 페미니스트들이 다소간 맹종적으로 받아들여 온 실제와 진실, 원인과 결과, 자유와 인간의 자발적 행위의 본질에 대한 가설들이 있다. 푸코는 의도적으로 우리가 진실인 것으로 받아들이는 이러한 가설들을 교란시키고 전복시킨다.

푸코의 저술이 페미니즘에 도전하는 방식은 결코 간단하지는 않다. 푸코는 가부장제의 〈진실〉에 대한 페미니즘의 개념이 지니는 한계성과 엄격성을 들추어 내면서 페미니즘을 비판한다. 그러나 페미니스트들은 중립적이라 간주되면서 담론*으로 생산된 진실과 권력, 섹슈얼리티에 대한 푸코의 분석이, 남성적 관점에서 나온 것임을 푸코 자신이 스스로 인정하지 않는다는 이유로 푸코를 비판할 수 있다. 푸코의 남성적 분석을 하나의 대안으로 마련된 여성 중심적 분석으로 반격할 수 있는가—— 이 문제는 페미니즘으로서는 단순한 문제가 아니다. 단순하기는커녕 오히려 우리는 권력의 본질에 대한 푸코의 통찰과 여성의 다양한 체험에서 설명의 근거를 찾는 페미니스트 작업 양자 사이의 상호작용에서 야기되는, 특히 설명하기 어려운 여러 문제와 직면하게 된다.

가부장제나 자본주의와 같은 권력의 추상적 구조를 해체하면서 푸코는 권력이 부단히 창출되는 여러 가지 불안정한 방식을 강조하게 되었다. 푸코는 분명히 지배 —— 예를 들면 감옥 제도에서의 지배 —— 를 인정한다. 하지만 푸코는 권력을 어느 특정 집단에게 이익을 주는 체제로 연구하였으며, 위에서 아래로 내려가는 것으로 권력을 분석하는 일은 잘못된 것이라고 생각하였다. 푸코는 지배와 종속에 대한 사람들의 경험을 권력의 특정한 원천으로부터 유래하는 과정이라기보다는 권력의 〈효과〉로서 개념화한다. 이같은 관점은 페미니스트들에게 권력관계를 새로운 시각으로 볼 수 있게 했다. 하지만 페미니스트들이 권력에 대한 개념의 근거틀을 여성 자신의 체험담에 두고 있을 때, 이같은 관점은 푸코의 추종자들과 푸코에 대한 페미니스트 비판자들 사이에 잠재된 뿌리 깊은 틈새가 자리잡는 데 일조한다. 그러나 여성의 다양한 종속 경험을 지식의 원천으로 받아들이는 일은 복잡한 문제이다. 페미니스트 사상이 지니는 모순과 불일치는, 여성의 삶이 모순된 것이기 때문에 페미니즘은 대단히 모순적이라는 사실을 우리가 반드시 직시할 수 있어야 한다고 경종을 울린다.(Ramazano-ğlu 1989) 페미니즘이 모순적인 것은 여러 페미니스트 사상가들의 어떤 지적 허약성 때문이 아니다. 다양한 여성 체험에 대한 면밀한 검토로 인해서 푸코의 이론을 포함해서 기존의 사회이론으로는 적절하게 해결할 수가 없었던 매우 어려운 문제들이 밝혀지기 때문이다. 푸코와 페미니즘 사이의 긴장은 결과적으로 사회이론이 해결하지 못했던 권력관계를 설명한다는 근원적 문제를 불러일으킨다. 이 책의 필자들이 각기 다른 측면을 강조하면서 추구하고 있는 것은 바로 이와 같은 복잡한 상호작용이다.

푸코의 저술은 페미니스트들이 성차별적 권력을 설명하는 데 사용해 온 여러 방식의 부분에 대해서 날카로운 비판을 하고 있다. 그러나 모든 필자들이 인정하고 있듯이 페미니즘에 대한 푸코의 영향은 또한 긍정적인 것이기도 했다. 그가 페미니스트들에게 유용한 일을 했다면, 그것은 모순되고 문제를 안고 있다고 판명된 사회적 삶을 이해하는 작업의 일부에 대해 깊이 생각할 수 있는 새로운 방식을 마련한 일이다. 이러한 모순과 문제점이 반드시 페미니즘이 지니는 특별한 취약점이라고 할 수는 없다. 그렇지만 사회이론에 직면하여 이를 설명해야 하는 가장 심오한 문제들의 일부에 대하여 페미니즘이 채택한 다소 실증적이고 임시방편적인 접근방식에서 비롯된 결과인 것만은 사실이다.

푸코의 저술은 젠더뿐만이 아니라 성(sex; 일반적으로 생물학적으로 구별되는 남녀의 성을 일컫는다. 이 책에서는 〈성〉으로 번역한다)과 신체도 사회적 구조물이라는 견해를 지지하는 데 영향력을 발휘해 왔다. 푸코는 서구 문화에 있어서 고정된 것으로 간주되어 온 우리들의 자기 중 어떤 측면을 택해서, 그것을 권력의 역사적 결과물, 다시 말해 우리의 고정된 신체적 존재에 의해서가 아니라 변화하는 사회적 세력에 의해서 구성된 권력의 역사적 작용이라고 분석한다. 그럴 경우 성과 신체는 육체의 산물로서가 아니라 사회적 산물로서 간주될 수 있다. 그리고 우리 자신을 〈진정으로〉 우리의 본질적 자기에다 국한시키기보다는 다양한 사회적 정체성을 보유할 수 있는 가능성을 부여하는 것으로 여길 수 있다. 푸코는 자신의 분석에서 물질적인 것을 제거하여 추상적 분석을 시도하지는 않았을지도 모른다.(Rabinow 1991: 10) 그러나 페미니스트들이 보기에 푸코의 사회적 구성에 대한 강조는 유용하면서도 동시에 문제점을 지닌다.

특히 최근에 와서 페미니스트들은 섹슈얼리티·권력·쾌락의 사회적 구성에 대한 푸코의 발언에 지대한 관심을 기울여 왔다. 이에 반해서 푸코 자신은 물론 보다 일반적으로는 후기구조주의자들과 포스트모더니스트들은 페미니스트들이 섹슈얼리티와 권력에 대해서 언급해 온 것을 무시하거나 단순화시키거나, 왜곡시키는 경향이 짙었다. 이같은 사실은 페미니스트 이론을 손쉽게 격하시킬수 있는 것, 생물학적 본질주의라는 다소 단순화된 형식에 뿌리를 둔 것으로 치부하도록 방치하는 위험을 안고 있다. 이러한 해석은 페미니즘에 대한 푸코의 도전을 압도적인 것으로 만들며, 암묵적暗默的으로 내재된 본질주의나 환원주의의 혐의를 입지나 않을까 걱정하는 페미니스트들에게 두려움을 강화시킨다.

사회적 구성에 대한 다양한 개념은 갖가지 형태의 페미니즘을 특징짓게 한다. 그러나 생물학적 본질주의라는 도깨비 —— 여성과 남성 사이의 사회적 차이를 설명하는 데 도움이 되는 것으로, 우리의 신체에는 본질적인 여성다움과 남성다움이 내재되어 있다는 생각——는 페미니스트 사상에 잠재된 통일성을 이룩하는 데 지속적인 문제거리가 되어 왔음이 판명되었다. 이같은 주장에 대해서 각기 다른 페미니스트들은 현격한 차이를 보여 왔다. 페미니즘에 가해진 비판에 직면하여 분명한 태도로, 전심전력으로, 그리고 집요하게 이같은 관점을 취해 왔던 사람은 상대적으로 아주 적은 수에 불과하다. 모린 케인의 글이 입증하고 있듯이, 젠더의 관계를 설명하려는 시도에 있어서 60년대의 경우보다는 최근에 와서 사회과학의 인식론·방법론·철학의 문제들이 더욱더 조심스럽게 다루어지고 있다. 그러나 지난 20여 년에 걸쳐 페미니즘은 다양화되었기 때문에 물질적 신체를 사회적인 것 그 이상의 것으로 간주할 것인가, 또는 어떻게 간주할 것인가에 대해서 더 많은 합의를 도출할 징조는 거의 보이지 않는다. 푸코에 대한 페미니스트의 비판은 어떻게 하면 사회적 삶에 대한 설명을 생물학적인 결정 요인으로 환원시키지 않고서도 우리가 느낌이나 물질적 삶을 설명할 수 있는가에 대한 문제를 다시 한 번 제기한다.

　생물학적으로 본질주의자들이냐 아니냐를 선택해야 했던 페미니스트들이라기보다는, 오히려 젠더의 차이를 설명하는 일에서 부분적으로 그 역할을 맡았던 생물학적 본질 또는 물질적 신체의 현존 가능성이, 페미니즘이라는 들판 아래 가리워진 하수구의 더러운 물같이 흐르고 있다. 그렇기 때문에 방심하고 있는 사람들은 그 속으로 자칫 빠질 수 있다. 만약 그렇게 되면 그 하수구의 위험이 어떠한 것인지 충분히 알지 못한 채 더럽혀질 수도 있다. 이 말은 페미니스트의 가설이 푸코의 가설과는 대조적으로 생물학적 본질주의나 물질주의의 특정한 유형에 근거하고 있다는 말이 아니다. 오히려 많은 페미니스트들이 여성의 일상적 삶과 다양한 여성 체험 속에 공통적으로 나타나는 요소에 면밀한 관심을 기울임으로써, 자신들에게 달라붙어 있는 생물학적 본질주의의 냄새를 발견하게 되었다는 말을 뜻한다. 여성 체험의 물질적 차원을 어떻게 가장 잘 이해할 것인가에 대한 이같은 망설임이 페미니즘의 비평적 약점으로 간주되어 왔던 것이다.

푸코는 우리에게 신체와 성은 사회적 구성물이며 권력의 효과로 생산된다는 이론을 제공한다. 이 이론은 생물학적 본질주의의 비난에서 도피하고 싶어하는 많은 사람들에게 매력적인 것으로 여겨져 왔다. 이 이론은 신체를 사회적으로 생산되는 진리들의 견지에서만 오직 설명 가능한 것으로 보도록 이들을 유도했다. 그러나 물질적 신체를 전적으로 성적 관계, 그리고 그밖의 다른 사회적 관계의 설명에 부적합한 것으로 다루는 일은 어쩌면 그것을 지나치게 많은 가설과 지나치게 적은 분석을 요구하는 주제의 영역으로 남게 하는 일이다. 사회적 구성에 관한 푸코식의 견해는 우리가 어떻게 종속된 여성의 신체적 체험의 입장에서 신체를 이해해야 할 것인가에 대한 문제를 해결해 주지 못한다.

페미니스트적인 방법론에 대하여 지속되고 있는 토론이 시사하는 바와 같이, 페미니스트 지식에 어떤 〈진리〉의 위상이 주어져야 하는가에 대해서 페미니스트들간에 의견이 분분하다. 가장 단순한 입장은 여성의 주관적 지식은 그것이 직접적으로 여성의 체험을 나타내기 때문에 〈진실〉하다고 보는 입장이다. 이같은 입장은 서구 문화가 계몽시대 이후로부터 물려 받아 온 사고의 이중성에 대해서 아무런 도전적 시각을 제시하지 못하기 때문에 문제를 안고 있다. 예를 들면 여성의 주관성이 가정 내의 폭력에 대한 〈진실〉된 지식을 생산한다고 주장하는 것은, 남성의 지식은 그것이 합리적이고 객관적이며 중립적이기 때문에 〈진실〉하다는 주장을 뒤집는 것에 불과하다. 페미니스트들에게 있어서 보다 더 논리적인 입장은, 서구 사회 이론의 지배적인 과학적 모형들이 제시하듯이 주관성과 객관성이 서로 분리될 수가 없다고 한다. 그렇기 때문에, 우리가 언제나 잊지 말고 해야 하는 일은 여성들이 개별적으로 겪는 다양한 체험을 해석하고 개념화하는 일이라고 주장하는 입장이다. 가정 내 폭력에 대한 지식은 그렇게 되면 여성의 체험을 고려하지 않고서는 생산될 수가 없게 된다. 그러나 그렇다고 그같은 지식이 경험에만 한정되는 것은 아니다. 그것은 항상 구체화되는 동시에 개념화된다.

위험한 차이 ── 상대주의의 정치

페미니스트들이 목적을 위해서 푸코를 이용할 때, 몇 가지 점에 있어서 그의 입장이 주요 저서나 또 기록된 인터뷰와 토론들 사이에서 변해 왔다는 사실 때문에 복잡해진다. 푸코의 사상에서 일관성을 찾으려는 사람들에게 특히 푸코가 말년에 보여 준 자신의 초기 저서에 대한 성찰은 혼란스럽게 보일 수 있다. 일관성을 찾고자 할 때 페미니스트들은 정치적 다원주의의 어떤 유형, 즉 페미니스트 정치학이 정치적 상대주의에 의해 약화되게 마련인 유형으로 현혹되어 끌려 들어갈 위험에 처하게 된다. 한 가지 더 서로 어긋나는 점이 발견될 수 있는 곳은 바로 이곳이다. 말하자면 푸코의 저술에 만연해 있는 복잡성·불일치·모순의 요소와, 푸코의 사상에 매료된 자들 중 일부에게서 찾아볼 수 있는 푸코의 사상을 단순화하고 통일성을 찾으려고 하는 경향 양자 사이에서이다.

지식의 생산에 있어서 중요한 지적 세력으로 발전되어 가는 만큼, 더욱 더 페미니즘은 엘리트주의적이지만 학문적으로는 존경받을 만한 이론, 즉 젠더를 무시하고 여성을 무력하게 만들고 차이를 축소시키는 상대주의와 다원주의에 의해 좌초당할 위험에 처하게 되었다. 학계의 사회이론가들은 페미니스트적인 사회이론을 인정해야만 되는 압력을 점증적으로 받고 있다. 그렇기 때문에 페미니스트 정치학에 동정을 표하지 않는 사람들도 일정 수준에서 페미니즘, 후기구조주의, 포스트모더니즘간의 교류를 접하지 않을 수 없게 되었다. 그런데 이러한 교류는 지적으로는 도전적이지만 상당히 추상적이며, 페미니즘의 정치적 입지에 대해서는 무감각하다. 페미니스트들은 푸코의 사상이 정치적으로 이용될 수 있는 일에 대해서 깊이 생각해야만 한다. 그리고 더 나아가 사회적 관계를 설명하면서 〈젠더〉를 무시할 뿐만 아니라, 여성들간의 사회적 차별의 정치적 함의를 뛰어넘는 것처럼 보이는 방법으로 남성 지배를 지지하는 일에, 푸코의 저서가 이용될 수 있는지에 대해서 심각하게 고려해야 할 필요가 있다.

페미니즘은 여성 해방을 위한 전지구적인 운동에서 정치적 다원주의를 정당화시키는 철학적 전문 분야로 변모될 위험에 처해 있다. 그렇게 되면 여성들은 계급과 종족, 신체적 도전의 정도, 성적 취향, 나이 또는 그밖의 다른 사회적 차이에 대한 각기 나름대로의 치우친 특정한 관심에 따라 정치적으로 파편화될 수 있다. 자네트 랜섬과 모린 맥닐은, 각기 제6장과 제7장에서 여성들 사이의 동질성과 차이가 추상화된 해체쯤으로 변모되고 더 이상 계속해서 체험의 차원에서 언급되어질 필요가 없게 될 때, 페미니즘은 정치적인 힘을 잃게 된다는 문제를 중심으로 탐구한다.

남성들이 여성들에게 권력을 행사한다는 페미니스트 이론은, 계급, 가사노동, 인종주의, 그리고 성적 취향과 같은 매개체를 통해서 같은 여성들에게 권력을 행사하는 여성들과의 관계 속에서도 여성들이 주변화되고, 침묵, 부재, 또는 〈타자〉로 규정된다고 부르짖는 다양한 부류의 여성들의 주장에 의해 그 의미를 훼손당한다.(Collins 1990, Spelman 1990) 권력에 대한 푸코의 분석은 이같은 여성들간의 차이를 고려해 볼 수 있는 방식을 제공하는 것처럼 여겨져 왔다. 그러나 여성에 대한 여성의 권력 행사의 본질과 그 범위는 아직도 여전히 논쟁의 대상이며 의문시되고 있다.

푸코는 『권력이 우리 사회와 같은 곳에서 행사되고 기능하는』 방식은 『거의 이해되지 못하고 있다』(1988a: 103)고 말한 바 있다. 그리고 『누가 권력을 행사하는가? 어떻게? 누구에 대해서?』라는 질문들이야말로 『사람들이 가장 강하게 느끼는 문제들임에 틀림이 없다』라고 서술하고 있다. 그는 빈곤을 설명하고자 예를 들면서 『누가 권력을 행사하는가』라는 문제는 『그 권력이 어떻게 발생하는가?라는 문제가 동시에 해결되지 않고서는 해결될 수 없다고 생각한다』라고 덧붙인다.(앞글) 이같은 입장에서 그는 권력을 가진 자들이 어떻게 특정한 결정에 이르게 되는가를 보여주기 위해서 권력의 특정한 테크닉에 초점을 맞출 것을 충고한다. 이러한 방식으로 푸코는 권력의 행사가 단순한 인과율적인 요소로 환원될 수 없다는 사실을 보여 줄 수 있었다. 〈실증주의자가 되자〉는 자신의 주장을 따르면서(1988a: 106) 푸코가 반드시 다루어야 했던 것은 『권력관계들은 아마도 사회조직체 안에서 가장 철저하게 숨겨진 것들 중에 자리잡고 있을지도 모른다』는 문제였다.(1988b: 118)

이같은 푸코의 접근방식이 지니는 정치적인 문제는, 영국의 흑인 레즈비언 여성들의 삶과 백인 이성애異性愛 여성들의 삶을 구별한다. 혹은 인도의 변방 대륙에 민족적 뿌리를 둔 중산층 가정주부들의 삶과 아프리카 이산민 출신 서비스 노동자들의 삶을 구분한다. 또 푸코의 접근방식은 이같은 서비스업 종사자들의 삶과 〈영국의 흑인〉 전문직업 종사자들의 삶의 차이를 인정하도록 이끄는, 숨겨진 제도화된 권력관계를 〈발견〉하지 못한다. 우리가 이와 같은 상호관계를 체계적으로 이해하지 못하고서는, 사회적 차이들 사이의 상호작용에 내재된 복잡성과 모순, 예측불허성을 이해할 수 없다.

푸코의 권력 해체는 페미니즘을 보편적 가부장제, 인종차별주의 또는 이성애주의와 같은 경직된 개념들로부터 해방시킨다. 그런데 권력이라는 것은 어디에나 존재하며, 어떤 차원에서는 모두에게 가능한 것임을 주장하는 푸코의 권력 해체 작업은, 우리가 여성들이 남성들에 의해서 조직적으로 종속될 뿐만 아니라, 다른 여성들에 의해서도 조직적으로 종속되고 있다는 사실을 간과하도록 부추길 수 있다. 푸코를 이용하는 일은 차이의 다양성을 인정하고 〈여성〉의 존재 목적을 보편적인 범주로 주장하는 일을 뜻한다. 이것은 또한 해체된 〈여성들〉이라는 추상적인 용어로 말하는 일로 환원되는 경향으로 이어질 수 있다. 이는 그의 사상 안에 이를테면 계급, 인종주의 또는 젠더 등이 권력관계의 범주로서 부재하고 있기 때문이다. 〈차이〉에 대한 이같은 개념상의 해체는 여성들 사이의 차이와 여성들의 공통된 관심사 양자에 뿌리를 둔 실제 정치로부터 격리되어 너무도 손쉽게 추상화된다. 페미니스트들의 권력 이론에 대한 푸코의 도전은 다른 여성들에 의해서 종속당한 경험을 주장하는 여성들이 제기하는 도전과 정확히 같은 지점에서 페미니즘의 약점을 발견한다. 푸코의 도전은 지적인 여성들에게 특권을 부여하고 차이의 정치학을 붕괴시킨다.

만약에 분석이 여성들의 각기 다른 체험에 기초를 두는 페미니스트의 근거지에서 이탈하여 추상화된다면, 거기에는 차별화되지 않은 〈여성들〉의 의미 속으로 미끄러져 갈 위험이 항상 뒤따르게 된다. 이와 같은 문제는 각기 다른 여성들의 관점에서 지속적으로 제기되고 논의되어져야 한다. 해방에 관한 문제가 놓여 있는 곳은 바로 이곳이다.

중립적 이론과 정치적 전략

1968년 5월, 대부분의 유럽에서는 지성인들을 동요시켜 새로운 정치사상의 양식 속으로 몰아넣은 학생운동이 일어났다. 이때 푸코의 저서에 담긴 정치적 함의가 무엇인가에 대한 질문이 직접적으로 제기되었으며, 푸코는 즉각 이 질문에 답하는 글을 발표했다.(Foucault 1991a: 53) 질문자는 푸코의 이론이 진보적인 정치 개입의 근거를 제거시켰다는 주장에 푸코 자신이 동의하는지의 여부를 물었다. 이 질문의 요지는 푸코의 이론이 의미하는 바는 현존하는 정치적 상황을 수용하는 일, 또는 외부로부터 나올 수 있는 체제에 대한 일종의 위협을 그저 기다리는 일에 불과하다는 것이었다. 푸코는 이 질문이 처음에는 그를 놀라게 했고, 그 다음 그 질문이 자신의 저서의 핵심에 관한 내용이었고, 그 질문이 어떤 사회이론도 회피할 수 없는 도전을 제시했기 때문에 이 질문에 답하기로 결정했다고 말한다. 그의 저서가 보수적이고 사회를 향상시킬 가능성을 배제하고 있다는 이 도전적 발언에 대한 푸코의 반응은 매우 감정적이다.

당신은 악마와 같은 끈질긴 태도로 내 저서에 대하여 나름대로 정의를 내리는 데 성공하였습니다. 나 역시 그 정의에 동의하지 않을 도리가 없게 되었습니다. 그러나 그 정의에 대해서 합리적으로 책임지기를 원하는 자는 어느 누구도 없을 것입니다. 나는 나의 입장이 얼마나 기묘한지, 얼마나 이상하고 비합법적인지…… 얼마나 신경을 건드리는 것으로 비추어질 수밖에 없는지를 갑작스레 깨달았습니다.(Foucault 1991a: 53)

여유로운 태도로 푸코는 질문자가 질문을 표현하는 방식에 대하여 거부감을 표현하면서 말꼬리를 길게 늘어놓았다. 자신의 업적이 지닌 가치를 구체적으로 설명하는 데 답변의 대부분을 소요했다. 그런 다음 나중에야 그는 자신의 저서에 내재된 정치적인 함의가 무엇인가라는 성가신 질문으로 돌아갔다.

어찌되었건 어떻게 문헌학·경제학·병리학적 해부학의 기원에 대해서 열심히 파헤치는 일이 정치학의 관심사가 될 수 있으며, 오늘날 정치학에 관련되는 문제들 가운데 하나로 간주될 수가 있을까?(앞글: 65)

푸코의 답변은 자신의 저서를 과학적 담론에 대한 분석으로써 상세하게 옹호하는 일이 되었다. 그의 주장에 따르면, 자신이 구체적 담론을 연구할 때 담론과 정치적 실천과의 관계 또한 명백히 할 수 있다는 것이다. 푸코는 정치적 실천이 어떻게 담론의 출현과 상호작용을 하며 어떤 종류의 정치적 실천이 출현하는 담론으로부터 만들어지는가를 보여 줄 수 있었다고 한다. 푸코는 자신의 방법이 단순히 지적 놀이에 그치는 것이 아니라 〈오늘날 우리의 것인 지식〉이지만 특히 남성의 것 〈앞의 우리의 지식과 같은 것이다〉로 인식되어 온 지식이 어떻게 존재하게 되었는가를 설명하려는 진지한 시도라고 말한다.(앞글: 70)

푸코가 자신의 방법이 다른 사람들에게는 고민거리가 될 수 있음을 인식하고 있듯이(앞글: 71) 페미니스트들이 뜻하는 정치활동이 푸코에게는 고민스런 것이 될 수도 있다. 여기서 푸코는 자신의 저서에 담긴 정치성에 대한 이같은 질문에 강요되어서, 자유주의적 충동과 〈중립적〉 권력 이론에 내재한 힘의 양자 사이의 깊은 틈새를 인정하지 않을 수 없는 궁지에 빠진 자신의 모습을 선명하게 보여 준다.

마르크스주의자들의 분석을 비판하면서 푸코는 마르크스주의자들은 계급간 투쟁을 역사의 원동력으로 말하고 있으나, 마르크스 자신이 쓴 역사적인 텍스트의 일부를 제외하고는 그들은 결코 〈투쟁의 본질〉에 초점을 맞추지 않고 있다고 주장한 바 있다.(Foucault 1988b: 123) 페미니스트들도 푸코를 향해서 이와 똑같은 질문을 던질 수 있다.『푸코가 정치적 투쟁에 초점을 두고 있는 곳은 도대체 어디인가?』라고. 그러나 푸코는 지성인이 할 수 있는 일은 오직 혁명이 고통의 대가를 치러야 할 만한 가치가 있는가에 대해, 지나가는 말로 묻는 일뿐이라고 말하면서 이 질문에 대한 답을 회피하고 있다.(1988b: 124) 지식인의 역할에 대한 입장이 시간이 지남에 따라서 변하고 어느 정도 모호한 태도를 취하기는 하지만 지성인은『사람들의 정신적 관습을 혼란』시켜야만 한다(Foucault 1988c: 265)는 것이 푸코가 선호한 입장이다. 그러나 푸코는 지식인에게 무엇을 하라는 말은 결코 하지 않는다. 푸코는 지식인이 해야 할 일이 무엇인가에 대한 자신의 질문은 오직『그 일을 성취하기 위해서 자신의 생명을 걸 수 있는 사람들에 의해서만』응답될 수가 있다고 말한다.(1988b: 124)

어떤 여성들은 자율성을 얻기 위해서 강간, 남성의 폭력, 인종차별주의, 승리에 찬 군대, 부패한 정치, 불법적인 집주인들, 그리고 그밖의 많은 지배와 폭력의 징후들에 대항하여 자신들의 목숨을 희생할 수 있다. 보다 일반적으로 말하자면 이들 여성들은 자신들의 인간관계, 생계, 가정, 자식의 양육권, 정신적 건강, 쾌락, 건강과 신체의 존엄성을 희생시킨다. 페미니스트들은 급진적 페미니즘의 도덕적 분노의 감정에 천착함으로써, 푸코의 권력 분석을 훨씬 넘어서는 한편, 여성 삶의 조건이 지니는 다양성을 인식하여, 이러한 급진적 페미니즘의 분노의 감정을 완화시킬 필요가 있다.

푸코에 항거하여

현재의 페미니스트 사회이론의 다양화를 고려해 볼 때, 푸코와 페미니즘 사이의 갈등이 우리를 어디로 이끌어 갈 것인가에 대해 탐구하는 이 책의 필자들이, 공통된 입장을 갖지 않는다는 사실은 놀라운 일이 아니다. 이 책의 필자들은 어떻게 페미니스트들이 푸코를 유용하게 이용할 것인가, 어디에서 선이 그어져야 할 것인가에 대하여 각기 다른 평가를 내리고 있지만, 모두 페미니스트들이 푸코와 대면할 때 야기되는 몇몇 공통되는 문제에 초점을 맞춘다. 여성 체험의 관점에서 권력에 대하여 숙고해 보는 일은 필자들에게 푸코의 저술에 비판적으로 접근할 수 있는 기회를 부여해 주었다. 그러나 필자들은 또한 페미니스트들에게 도움이 된다고 여겨지는 매우 생산적인 권력관계를 해체한 푸코의 방식에도 주목하였다.

제1부에서 케이트 소퍼·진 그림쇼와 모린 케인은 푸코가 얼마나 페미니즘에 유용한 가치를 지니는가의 문제를 알아보는 과정에서, 도대체 어떤 구체적인 긴장들이 발생하고 있는지에 대해서 숙고하고 있다. 케이트 소퍼는 푸코의 명백한 임상학적 거리감이 페미니스트들의 관심사에 무감각한 남성 중심의 전망을 감추고 있지만, 그의 사고가 갖는 모순의 풍부함 때문에 푸코의 저서는 페미니스트들에게 긍정적으로 받아들여진다고 주장한다. 페미니스트들이 푸코의 업적을 인정할 수는 있겠으나, 이때 지나친 경외감을 지녀서는 안 된다는 것이 소퍼의 생각이다.

소퍼는 푸코의 사상과 페미니스트 정치활동 사이의 긴장에 대해서 고찰하면서, 신체를 전적으로 문화적인 세력으로 너무도 손쉽게 받아들이는 일에 강력히 반대한다. 푸코는 신체를 권력의 대상으로 규정짓는 데는 유용하지만, 이같은 관점에서 볼 경우 우리는 무엇보다도 먼저 여성들이 왜 이같은 권력에 좌지우지되고 있는지 그 이유를 모를 수 있다는 것이다. 우리가 어떻게 권력에 저항할 것인가에 대해 고찰하면서, 소퍼는 푸코가 해방의 문제를 지나치게, 개인이 어떻게 자기를 만들어 가는가의 관점에서만 보기 때문에 정체성의 정치학을 소수 인종을 위한 특권으로 보도록 격려한다는 주장을 편다.

소퍼는 푸코와 페미니즘 사이의 두번째 긴장관계를 일으키는 영역, 즉 해방에 대한 페미니스트의 일관된 사상에 의문을 품는 푸코의 관점을 탐구한다. 소퍼는 이 점에 있어서는 푸코 자신의 저서에 나타난 불일치를 분석한다. 우리가 억압은 담론 속에 존재하며, 따라서 억압은 담론에 앞서 존재할 수 없다는 푸코의 말을 그대로 받아들인다면, 푸코의 담론에 대한 설명은 물질적인 상황과는 격리된 임의적인 것이 되고 만다. 페미니즘에 관한 푸코의 저서에서 발견되는 특별한 긴장은 지식과 권력에 대한 푸코의 설명 자체 내의 모순에서 그 원인을 찾을 수 있을 것이다. 소퍼는 푸코가 권력과 그것의 근원에 대해서 상대적으로 대단히 짧게 말하고 있다고 주장한다. 소퍼의 주장에 의하면 푸코는 여성의 억압이나 이 억압에 대한 여성의 저항*에 대한 설명은 하지 않으며, 다만 우리에게 페미니스트적인 〈사실주의〉에 대해서, 그리고 우리가 의미하는 억압과 해방이 도대체 무엇인지에 대해서, 보다 신중하며 자기 비판적인 태도로 생각할 것을 요구한다.

진 그림쇼는 푸코의 저서가 페미니즘에 유용한 것이 될 수 있는가의 여부에 대하여 알아보기 위해 자신의 사상을 〈연장 상자〉의 이미지로 본 푸코에게 관심을 표명한다. 그림쇼는 이와 동시에 페미니즘이 푸코의 저서에 담긴 여러 가지 문제를 명백히 밝혀낼 수 있는지의 여부에 대해서도 고찰한다. 그림쇼는 자율적이고 스스로 운명을 결정하는 인간 주체*로서의 〈인간/남성〉에 대한 계몽주의적 개념에 대한 푸코의 반대 입장에 논평을 가하고, 〈자기〉란 담론에 의해서 만들어진 역사적 생산물이라는 푸코의 개념에 대하여 설명한다. 페미니스트들은 여성이 어느 정도로 담론 안에서, 그리고 권력의 관계 속에서 주체로 구성되는가에 대하여 분석하면서 이러한 푸코의 접근방식이 유용하다는 것을 발견할 수 있다. 만약에 푸코의 견해를 취해 〈성〉이 담론의 생산물이고 〈진실된〉 정체성이 아니라고 생각한다면, 여성의 해방은 우리 자신을 해방시키는 형식을 취할 수가 없게 된다. 푸코는 권력이 어디서나 존재하는 것으로 보고 있다. 그렇기 때문에 푸코로서는 해로운 권력 형식과 이로운 권력 형식을 구분하는 것이 어려운 일이다. 이같은 사실은 푸코가 권력에 대한 여성의 저항을 설명하는 적절한 이론을 개발하는 데 어려움에 처하도록 했다. 푸코는 우리의 정치적 전략들이 지닌 위험에 대해서 우리가 주의를 기울일 수 있도록 할 수는 있다. 그러나 그렇다고 푸코 자신의 입장이 중립적인 것은 결코 아니다.

윤리학에 대한 푸코의 후기 저술에 논평을 가하면서 그림쇼는 그리스의 도덕성에 대한 푸코의 분석은 자기를 마치 예술품 같은 것으로 만들어 내면서 자기에의 배려에 대한 논의에만 머물러 있다고 논한다. 그림쇼가 푸코의 후기 저술을 읽으면서 권력이 마치 자기 속에 설치된 것처럼 보이며, 푸코가 페미니스트들에게는 실망스러운 존재임을 느끼게 된 것은 바로 이 점 때문이다. 그리스의 도덕성은 엘리트주의적이고 남성 중심적인데도, 푸코는 그리스 사람들이 자유롭다고 여겼다. 따라서 푸코는 자기에의 배려에 있어서 젠더에 따른 차이점이나 도덕성과 다른 행위 코드의 효과에 관한 문제에 대해서는 관심을 기울이지 않았다. 남성적 윤리관의 덫에 갇혀 있는 푸코는 자신이 초기에 보여 준 해체주의적인 실천을 잊은 듯이 보이며 자신의 저서가 페미니즘에 대하여 제기한 여러 가지 중요한 문제를 스스로 회피한다.

모린 케인은 여성들에게 도움을 주는 권력이 어떻게 하면 최선의 방식으로 생산될 수 있는가에 관해 고찰하기 위해서, 지식에 관한 푸코의 이론과 지식에 대한 페미니스트의 이론 이 양자가 서로 공유하고 있는 부분을 특별히 살펴본다. 이로써 페미니즘 안에서 최근 벌어진 여러 가지 논쟁을 중심으로 자신의 논리를 펼쳐 나간다. 그러기 위해서 케인은 푸코 저술의 세 가지 측면을 살핀다. 첫째로 담론에 앞서 또는 담론 밖에 존재한다는 의미에서 사용되는 탈담론적인(extra-discursive) 사회적 존재의 개념이 야기하는 여러 문제를 평가한다. 여기서 케인은 담론 안에 전적으로 존재하지 않는 관계들이 존재할 수 있다는 문제를 고려하면서 푸코의 저술이 유용하다는 것을 발견하게 된다. 케인은 우리가 이제는 담론의 분석을 페미니스트 연구 영역 밖에 방치해 둘 수 없으며, 그렇다고 관계들을 담론 분석 밖의 영역에 놓아둘 수도 없다고 주장한다. 케인의 평가에 따르면, 푸코는 담론적 과정과 권력을 전에는 결코 존재한 적이 없는 방식으로 우리에게 접근 가능하게 하는 급진적 방법을 제시한다.

둘째로 케인은 〈억압된 지식〉, 즉 지배적 담론에 의해 침묵당하거나 또는 지배적 담론에서 제외된 목소리에 대한 관심을 다룬다. 이것은 한편으로는 여성이 현존하는 지식이 없는 것을 경험하는 일이 가능한가에 관한 문제를, 다른 한편으로는 전에 한 번도 생각되어지지 않은 실제를 〈아는〉 일이 어떻게 가능할 수 있는가에 관한 문제를 제기한다. 케인이 도달한 결론은 우리가 아직 형성되지 않은 경험의 존재를 인식해야 할 필요가 있으며, 어떤 경험들은 전혀 목소리를 낼 수 없을지도 모른다는 점이다.

케인의 마지막 주장은 입장주의적 페미니즘-사실주의적 페미니즘이 지식의 생산에서 권력이 차지하는 자리를 인식한다는 점에서 푸코의 계보학적 방식*과 양립한다는 점이다. 페미니스트들은 종속된 지식을 〈알기〉 위해서 푸코의 방식을 이용할 수 있지만, 〈아는 일〉을 어느 특정한 관점에서 나오는 것으로 보는 사고방식은 페미니스트들과 푸코 사이의 긴장을 노출시킨다. 케인은 페미니스트들이 반드시 푸코를 뛰어넘어 담론의 형식으로 담을 수 없는 느낌을 이론화할 뿐 아니라 말로 나타낼 수 없는 것들을 탐구하여야 한다고 주장한다.

이 책의 제2부에서 M. E. 베일리·자네트 랜섬과 모린 맥닐은 푸코에 아주 가까이 다가서는 일이 불러일으키는 즐거움과 위험성 모두를 살피고 있다. 이 책에 수록된 글들 가운데 아마도 푸코에 가장 동정적이라 말할 수 있는 논쟁에서, 베일리는 신체의 사회적 의미에 대하여 내려지고 있는 다양한 페미니스트 해석은 각기 다른 정치적 의미를 지니고 있다고 주장한다. 또한 베일리에 따르면 신체나 자기를 사회적으로 변화하는 것과는 반대되는 고정되거나 생물학적으로 안정된 것으로 파악하는 개념은, 그 어떤 것이나 페미니스트의 정치적 전략들을 제한한다. 베일리의 견해에서 볼 때, 신체를 자연스러운 것으로 보는 일은 페미니즘을 함정에 빠뜨리는 일이다. 푸코가 계보학적 방법을 사용한 것은 섹슈얼리티에 대하여 가정된 진실들은 물질적 세계에 존재하며, 이 세계에서 권력은 이러한 가정된 진실들이 취하는 갖가지 형식에 영향력을 행사하게 된다는 점을 보여 주기 위해서였다고 베일리는 주장한다. 이것은 무언중에 권력의 원천으로서 단일화된 가부장제의 개념을 해체시킨다. 더 적절하게 말하자면 이것은 여성들 스스로가 신체를 역사적으로 구체화된 여성성의 개념에 일치시키기 위해 노력해 왔다는 점을 밝혀 준다. 그럴 경우 신체는 권력/지식*관계의 변화무쌍한 장소로 유용하게 간주된다.

베일리는 권력의 테크닉에 의해서 다양하게 결정된다는 의미에서 근대의 여러 섹슈얼리티의 형태를 사회적이고 역사적인 것으로 받아들인다. 이 점에서 베일리는 푸코의 관점을 따른다고 볼 수 있다. 여성이라는 보편적인 범주는 존재하지 않는다. 다만 여성들은 권력관계의 그물망에서 자신들이 차지하는 위치 때문에 여러 가지 공동의 관심사를 찾을 수 있다. 페미니스트들과 같이 푸코는 신체를 전투의 현장과 동일시한다. 그러나 푸코는 여성들을 사회적으로 구성된 복합적인 정체성에 근거를 둔 정치적 행위로 인도하였다. 이러한 정체성들이 차이가 있는 정치 안에서 지엽적이고 구체적인 저항을 통해서 발전될 수는 있다. 그러나 어느 특정한 정체성도 다른 정체성보다 더 근본적인 것이 되지는 않을 것이다.

〈진실들〉을 만들어 내는 데 있어서 〈누가 말하고 있는가〉가 중요한지 여부에 질문을 던지는 푸코에게 응답하면서, 자네트 랜섬은 페미니즘이 이같은 종류의 다원주의 안으로 흡수될 수 있는 것인지의 여부에 대해 의문을 제기한다. 결국 랜섬은 푸코에 대하여 보다 더 비판적인 입장을 취한다. 푸코에 반대하는 입장을 취하는 랜섬은 우리가 만든 이론에서 여성이 완전히 사라지지 않고 있기 때문에, 여성이 권력에 대한 개념을 정립할 때 누가 말하는 것인지의 문제는 정말 중요한 문제가 된다고 주장한다. 비록 포스트모더니즘이 페미니즘을 다양한 종류의 페미니스트 정체성으로 해체시킬 수 있지만, 이같은 차이와 다양성에 대한 초점은 페미니즘이 행하고 있는 정치적 붕괴 작업을 위협한다고 랜섬은 말한다.

랜섬은 페미니즘이 여성 체험의 다양성을 포함할 수 있는 이론을 발견하는 데 푸코의 담론 분석의 방법이 도움이 될 수 있는지에 관한 문제를 탐구한다. 랜섬은 푸코가 페미니즘이 지금껏 주장해 온 이론가와 이론화된 것 사이의 도덕적 연결을 분리시킨다고 주장한다. 랜섬에 따르면, 푸코는 여성들이 경험한 바대로 세상의 복잡성을 제시하는 것이 자신의 임무라고는 생각하지 않는다. 따라서 이론이 체험에 근거해야 한다는 페미니스트 주장의 뿌리를 근저에서부터 잘라 낸다. 페미니즘이 종속된다는 것이 도대체 어떠한 것인가를 느끼는 데서 출발하는데 반해, 푸코의 이론은 여성의 삶을 단절하는 각종의 다양한 권력관계들 사이의 격차를 구분하지 못한다.

모린 맥닐은 푸코와 페미니즘 사이에 가능한 상호작용의 복잡성을 나타내기 위해서 〈푸코와 춤춘다〉는 이미지를 사용한다. 맥닐은 페미니즘이 어느 정도는 무비판적으로 받아들인 계몽시대에서 유래한 사상들에게 푸코가 가하고 있는 비판에 초점을 맞춘다. 특히 푸코는 지식이 증가할수록 자유가 증가한다는 사상에 비판적이었다. 맥닐은 지난 20년간 생겨난 페미니스트 사상의 두 가지 주요 흐름을 관찰함으로써 지식과 권력 사이의 가능한 관계를 상세히 조사한다. 치유적인 모델에 의존하는 여러 가지 페미니즘의 유형에서 자기-인식은 그 자체로 하나의 목적으로 간주된다. 그러나 푸코는 담론과 토론의 실천 속에서, 그리고 이러한 담론과 토론의 실천을 통해서 주체가 만들어진다고 생각했기 때문에 자신을 안다는 것이 더 큰 자유를 뜻한다는 사고방식에 대하여 비판적이다. 페미니즘 중에서도 이와 다른 경향은 보다 대중적인 페미니즘의 유형들로부터 학계의 전문성 추구를 분리시키는 데 기여해 왔다. 이것은 일부 페미니스트들을 정치적 참여주의에서 분리하여 명백히 거리를 유지하는 중립적인 지식인으로 자처하는 위험 속으로 빠뜨린다. 이같은 권력과 지식의 관계가 최근 페미니스트들이 느끼는 불확실성의 핵심을 차지한다. 랜섬과 마찬가지로 맥닐은 페미니스트 〈식자들〉이 자신들의 체험으로부터 고립되어 추상적 존재로 남지 않는다고 주장한다. 여성 자신들이 몸담고 있는 권력관계들은 아직도 우리가 의문을 제기해야 할 필요가 있는 문제이다.

이 책의 제3부에서 수잔 보르도·딘 맥카넬과 줄리엣 플라워 맥카넬·자네트 홀란드와 본인은 푸코의 권력과 저항의 개념을 여성 체험의 관점에서 평가한다. 수잔 보르도는 페미니스트들이 푸코와는 별도로 신체의 정치학을 독자적으로 구축해 온 범위에 대해서 고찰한다. 푸코의 저술은 남성들의 권력 장악을 통해서 여성들이 억압받는다는 개념에 도전장을 던졌다. 이것은 여성들이 스스로 자신들의 종속화에 공모했다는 점과, 남성들 스스로가 강력한 힘을 갖는다는 덫에 빠지게 된 경위를 고려해야 할 필요성으로 확대된다. 보르도는 특히 푸코의 저항의 개념에 의문을 품는다. 보르도는 푸코의 저항 개념에는 양면성이 있다고 주장한다. 마르크스주의나 페미니즘과 마찬가지로, 푸코는 권력의 신체 장악력을 강조한다. 그러나 후기 저서에서 푸코는 이같은 장악력에 저항하는 신체의 힘에 보다 더 많은 관심을 보인다. 보르도는 이 두가지 논쟁이 권력과 신체의 이론에 필수적이라고 주장하면서, 권력의 장악력에 대한 여성들의 저항과 여성들에게 지배적인 신체 이미지에 일치하기를 요구하는 압력 양자 사이에서 야기되는 혼란을 예를 들어 설명하고 있다. 날씬한 몸매에 대한 강요는 문화적 저항과 혼동된다. 성차별주의와 인종차별주의와 같은 억압 현상은, 우리에게서 자발적 행동의 권한을 빼앗아 가지는 못하지만, 우리의 신체와 우리 자신에게 강압적 권력을 행사하므로 신체의 정치학에 있어서 핵심 요소로 남아 있어야만 한다.

딘 맥카넬과 줄리엣 플라워 맥카넬은 남성 폭력과 공격의 〈피해자들〉이 되었던 여성들이 제공한 체험담을 설명하고, 이들 〈피해자들〉의 관점에서 푸코의 권력 이론을 평가한다. 이러한 노력은 결과적으로 이 두 저자에게 푸코의 권력 분석이 중립적이며 그의 권력과 완력간의 구별이 유용한가에 대하여 의문을 던지도록 한다. 이 두 저자는 자료로 모아두었던 폭력(여성 자신의 쾌락 경험에 대한 공격이라고 볼 수 있는 폭력)에 대한 사례들을 해석한다. 몇몇 특권층들이 자신들의 권력을 중립적이라 생각하고 자신들을 자유롭다고 여기는 것은 바로 이러한 폭력에 대한 지식이 얼마나 억압되어 있는가를 증거해 주는 좋은 예이다. 푸코는 권력을 모세관식 작용을 통해서 관계의 그물망을 통과해 확산되는 것으로 파악했으며, 권력이 존재했던 곳 어디서나 저항이 가능할 수 있다고 보았다. 딘 맥카넬과 줄리엣 플라워 맥카넬은 이와는 대조적으로 비록 저항이 권력과 함께 발맞춰 갈 수는 있지만 모세관식 권력은 모세관식 저항을 수반하게 된다고 주장한다. 이같은 폭력은 완력의 지원을 받을 수 있으며 다양한 형태의 완력은 보다 광범위한 권력조직에 의해서 지원받고 있다. 푸코는 다양성에 대한 가능성의 문을 열어 놓았지만, 여성적 쾌락의 진정한 모델을 만들지는 못했다. 일상생활에서 폭력에 의해 만들어지는 여러 가지 새로운 종속 형태가 지니는 어두운 가능성에 대해서도 탐구하지 못했다. 푸코의 비판 작업은 정복된 자들이 누구인지를 규정하는 권력을 진정으로 교란시키지는 못했다.

이 책의 마지막 글에서 자네트 홀란드와 본인은 젊은 여성들이 제공한 섹슈얼리티의 체험담을 해석하는 과정에서 야기되는 푸코와 페미니즘 사이의 긴장을 살펴본다. 푸코는 남성들이 여성들에게 권력을 행사하고 있음을 인정했지만 남성들이 권력을 완전히 장악할 수 있다는 점은 부인했다. 우리의 논의는 신체를 둘러싼 투쟁의 미시-정치학과 사회생활 전체를 통해서 깊이 확립된 남성 특권의 강화 양자 사이에 존재하는, 권력관계의 〈중간지대〉에 대해서는 불충분한 분석만이 이루어져 왔다는 점에 초점이 모아진다. 푸코의 후기 저작에서 강조되고 있는 모든 사람들에게 접근이 허용된 변화무쌍하고 분열되고 불안정한 권력관계와, 특히 그의 초기 저작에서 인정되고 있는 보다 안정적인 권력의 집중 사이에는 긴장이 존재한다. 페미니즘은 여성들의 성적 예속의 경험과 뿌리 깊은 남성 권력 사이에 존재하는 연관관계를 추적하도록 요구한다. 이같은 연관성은 페미니즘의 정치적 전략의 기초를 확립하고 자발적인 여성행위 및 여성의 권력부여에 관한 가능성을 이해하는 데 있어서 대단히 중요하다.

푸코의 저술은 젊은 여성들이 예속적인 여성성에 자신들의 신체를 맞추도록 훈육*하는 작업에서 오히려 적극적인 역할을 담당하고 있다는 점을 이해하는 데 유용하다. 그러나 푸코는 남녀간의 성관계에서 강력한 지배력을 행사하는 남성의 힘과 보다 일반적인 여성에 대한 남성의 권력 행사 양자 사이의 연관성을 살피고 있지 않다. 푸코가 여러 곳에서 언급하고 있는 담론 안의 권력과 담론 밖의 권력 사이의 다양한 구분들은, 권력에 대한 저항과 권력관계를 변화시킬 수 있는 힘 사이의 차이를 충분히 구별해 내지 못한다.

학계에 종사하고 있는 페미니스트들은 젠더·지식·권력을 해체하는 과업의 수행에서 정치적인 책임을 지고 있다.(Cain and Finch 1981) 여성들의 공통된 관심사를 절단하는 끈질긴 전통적 사회 구분이, 여성들은 반드시 자신들의 정치적 성향을 공유할 필요가 없기 때문에 이같은 정치적 책임에 대해서도 동의하지 않을 것이라는 점을 보장해 왔다. 이 사실은 페미니즘에 지속적으로 나타나는 문제들 가운데 하나이다. 페미니스트 사고방식에 내재한 모순은 좀처럼 사라지지 않을 것이다. 이는 여성의 삶은 물론 우리가 다양성을 알게 되는 방식은 항상 모순적 특질을 갖기 때문이다. 그러나 또한 이와 동시에 여성의 젠더 관계의 체험과 여성에게 권력을 행사하는 남성의 힘 사이에는 공통의 맥이 존재한다. 그러나 이것들에 대해서는 아직까지도 적절한 설명이 이루어지지 않고 있다. 이 책은 젠더가 도대체 무엇을 뜻하며, 왜 이것이 아직도 문제가 되는가를 이해하는 일을 돕기 위해서 씌어진 것이다.

푸코의 용어 이해하기

이 책의 필자들은 아직까지 푸코의 저서에 정통하지 않은 독자들을 위해서 푸코의 개념(용어)들을 이해시키기 위해 상당히 노력했다. 사실 이 분야에서 단순히 정의를 내리는 일은 불가능하며, 푸코의 저술 전체를 통해서 나타나는 의미의 변화는 정확한 의미를 찾아내는 일을 무척 어렵게 만든다. 이 글의 마지막 부분에서 본인은 페미니즘에 푸코가 얼마나 적절히 이용될 수 있을까에 관한 문제를 고찰하는 데 도움이 되는 몇 가지 주요한 개념들에 간략한 주석을 달고자 한다. 그러나 푸코의 저술에서 이들 용어들이 사용되는 범주와 조건을 간략한 소개 정도로 모두 다룬다는 것은 불가능할 것이다.

계보학 · 계보학적 방법

계보학은 푸코가 담론의 분석을 통해서 역사를 연구하는 방식이다. [담론에 대해서는 다음 용어 해설, 〈담론〉을 참조] 모린 맥닐이 자신의 글에서 설명하고 있는 것처럼, 푸코의 계보학적 방법은 누가 권력을 소유했는가를 고찰하는 것이 아니라 권력 행사의 여러 유형을 여러 담론간에 벌어지는 상호작용을 통해 탐구하고자 고안된 것이다. 모린 케인은 권력의 행사가 지식을 창조하는 반면 지식 자체가 권력의 효력을 산출해 낸다는 입장에 푸코가 도달하게 된 것은 바로 이같은 계보학적 방법을 통해서라는 점을 밝혀 준다. 이같은 계보학적 방법은 푸코에게 역사의 불연속성과 지식 산출에서 권력관계가 맡은 역할의 지도를 그릴 수 있게 했다.

담 론

푸코가 계보학적 방식에 초점을 둔 것은 담론을 분석하기 위해서이다. 푸코의 〈담론〉 개념은 그의 저서를 이해하고, 그의 이론과 권력에 대한 페미니스트적 사고를 구별하는 데 가장 중요한 용어이다. 푸코는 담론을 지식과 진리 ── 즉 주어진 순간에 말하는 것을 가능하게 하는 것 ── 를 구체화하는, 역사적으로 다양한 방식이라고 본다. 담론(특히 과학적 담론)은 일련의 규칙, 이러한 규칙의 작용, 그리고 무엇이 정신병을 구성하는가와 같은 진상의 여부를 구체적으로 밝히는 프로그램의 개념으로서 기능한다. 따라서 담론은 강력하다. 정신이 이상한 여성, 히스테리칼한 여성, 혹은 냉정한 아내라는 명칭이 붙은 사람들은 권력의 통제하에 있는 셈이다. 이같은 권력은 제도를 통해서 또는 그밖의 여러 가지 다른 실천을 통해 행정관리들에 의해서 행사될 수 있다. 그러나 권력은 담론 내부에서 구성되며, 임상의학의 담론에서 보여 주는 바와 같이 권력이 자리잡고 있는 곳은 바로 담론 내부이다. 담론은 진리들을 생산하며 『우리는 진리의 생산을 통하지 않고서는 권력을 행사할 수 없다.』(Foucault 1980: 93)

〈담론〉이라는 용어는 결과적으로 이와 관련된 일련의 용어들을 부각시킨다. 그것은 이들 용어들이 〈담론의 장〉에 존재하면서 〈담론적 형성〉이나 일련의 통제된 실천을 촉진시키기 때문이다.(Foucault 1991a) 푸코는 다음과 같이 구체적으로 말한다.

> 우리는 수용된 담론과 배제된 담론, 또 지배적 담론과 피지배적 담론 사이에 담론의 세계가 양분되어 있는 것으로 상상해서는 안 된다. 오히려 다양한 전략 속에서 작용하게 되는 여러 가지 담론적 요소간의 다양성으로 상상해야 한다……. 담론은 권력을 전달하고 생산한다. 담론은 권력을 강화하기도 하지만 동시에 권력을 훼손하고 권력의 본질을 노출시키며, 권력을 부서질 것처럼 약하게 만들고 좌절시키는 일을 가능하게 한다.(Foucault 1984: 100)

그는 계속해서(1984: 102) 문제의 핵심은 담론이 어디에서 오는 것인가 혹은 그것이 어떤 이해관계를 대변하는가에 있는 것이 아니라, 〈담론이 어떤 권력과 지식의 효과를 보장하는가〉와 〈무엇이 담론의 이용을 필요한 것으로 만드는가〉의 문제라고 말한다. 담론을 교묘히 조종할 전능한 주체는 없다. 그보다는 〈담론행위를 하는 주체들〉이, (다시 말하면 담론을 생산하고 전개하는 사람들이) 〈담론의 장〉 일부를 구성한다.(Foucault 1991a: 58) 푸코의 관심은 담론이 무엇을 의미하는가에 놓여 있지 않고 담론을 가능하게 만드는 것이 무엇인가에 놓여 있다.

이같은 관점은 권력이 담론에 우선해서 존재할 수 있는가의 여부, 우리가 (이를테면 의학적 담론 속에서) 사회적으로 구성되기 이전의 인간 신체의 존재와 같은 〈담론 이전의 실제〉의 관점에서 생각할 수 있는지의 여부에 대해서 문제를 제기한다. 이 문제에 대해서는 제2장에서는 케이트 소퍼가, 그리고 제4장에서는 모린 케인이 각기 다른 방식으로 다루고 있다. 푸코의 관점에 따르면, 권력이란 인간/남성에 의해서 소유되어질 수가 없다. 권력의 행사는 평등하게 이루지는 그런 종류가 아니며, 그렇다고 권력에 어느 특정한 근원지가 있는 것도 아니다. 권력은 담론 내부에 구성되어 있으며 그렇기 때문에 권력은 도처에 있는 것이다.

권력에 대한 저항〔용어 해설, 〈저항〉을 참조〕은 새로운 진리들을 만들어 내는 새로운 담론을 통해서 나타난다. 이들 새로운 담론은 지배적 진리들에 대항하거나, 또는 〈담론들을 뒤집는〉 〈역담론〉(counter-discourses)일 수도 있다. 푸코는 동성연애를 예로 들어서 역담론의 예를 보여 준다. 동성연애의 개념 또는 〈진실〉은 기존의 의학 담론에 반대하지 않는 담론으로 나타난다. 기존의 의학 담론은 동성연애를 지배 담론의 관점에서 자연스런 것이라고 주장한다.(Foucault 1984: 101)

역 사

푸코는 담론을 분석하고 회복하는 관점에서 계보학적 방법을 염두에 두고 있기 때문에, 역사란 연속적인 내러티브(이야기)의 전개에 관한 것이라는 개념을 거부한다. 그의 관심사는 오히려 특정한 담론들의 복합적 역사들과 특정한 시기의 특정한 진실들을 규정하는 이들 복합적인 역사들 사이의 복잡한 상호관계에 놓여 있다. 역사란 담론 변화의 불연속성과 이들 서로간의 다양한 관계를 회복하는 일에 관한 것이다.

에피스테메

담론의 역사를 쓰는 것 대신에 푸코는 담론이 에피스테메〔epistemes; 새 인식의 토양, 즉 어떤 시기에 인간의 모든 앎의 형태를 밑받침하는 심적 하부 구조를 뜻한다〕 안에 위치하고 있다는 관점에서 사고했다. 에피스테메는

한 시기도 아니고, 역사의 한 조각도 아니며 담론들의 앙상블 사이의 복잡한 관계, 즉『열려져 있고 의심할 바 없이 무한하게 묘사할 수 있는 관계들의 장』(Foucault 1991a: 55)이다. 푸코는 역사적 통합이나 지속성보다는 담론들 사이의 불연속성, 변화 그리고 〈차이의 강렬함〉(앞글: 56)을 강조하기 위해서 에피스테메를 사용한다.

권력 / 지식

푸코는 권력을 여러 가지 담론을 통해서 구성되는 것이라고 정의 내리고 있기 때문에, 그의 권력 개념은 페미니즘에서의 권력의 개념과는 상당히 다르다. 그리고 이 책 전반을 통해서 다뤄지고 있는 것은 바로 이 특정 주제에 관한 것이다. 푸코의 초기 저서는 지배와 육체적 권력에 관한 것이었다. 그러나 푸코는 점증적으로 권력이 억압적인 세력이거나, 또는 지배 계층으로부터 온다는 점을 부인하는 입장으로 경도傾倒되어 갔다. 페미니스트들이 남성의 권력을 억압적이고 불법적인 것으로 정의 내리는 데 반해서, 푸코는 모든 권력을 생산적이라고 규정하는―― 즉 억압이라기보다는 지식을 생산해 내는 것으로 정의하는―― 입장으로 옮겨갔다.

> 일반적인 관점에서, 나는 제지·거부·금지가 권력의 본질적 형태와는 거리가 멀다는 점, 이것들은 단지 권력의 한계들에 불과한 좌절되거나 극단적인 형태의 권력이라는 점을 말하고 싶다. 권력관계들은 무엇보다도 생산적이다.(Foucault 1988b: 118)

이같은 관점은 가부장적 권력에 여성이 종속된 것으로 보는 여러 페미니스트 이론에 심각한 문제를 제기한다. 자네트 랜섬이 설명하고 있듯이 푸코는 권력을 지식과 거의 같은 범위를 차지하는 것으로 간주한다. 유일한 진리란 존재하지 않는다―― 일례를 들면 우리의 〈진실된〉 성적 자기에 대하여 단 하나만의 진실은 존재하지 않는다. 오히려 무수한 다양한 진리들이 다양한 담론 속에 자리잡고 있다고 할 수 있는데, 이들 중 어느 담론은 다른 담론보다 더욱 강력하다. 그러나 푸코는 우리가 이것을 해석할 때 다소 주의를 기울여 달라고 요구했다.

나는 일반 대중들에게 지식이 권력과 혼합되어 있다고 말한 사람으로 알려진 사실을 알고 있다……. 만약에 내가 지식이 권력이라고 말했거나 그것을 의미했다면, 그렇게 말했을 것이다. 또 그렇게 말했기 때문에 나는 더 이상의 할 말이 없어야 했을 것이다. 왜냐하면 이 두 가지를 서로 동일한 것으로 만들었기 때문에, 나는 내가 왜 이 둘 사이의 다양한 관계를 보여주기 위해서 짐을 짊어져야 했었는지 알지 못한다.(Foucault 1988c: 264)

지식과 권력의 관계는 그렇다면 면밀한 조사를 통해서 확립되어져야만 되는 그 무엇이다. 권력 투쟁이란 권력의 전개에 관한 것이며, 또한 권력이 어떻게 행사되는가에 관한 것이다. 일부 페미니스트들은 이같은 관점이야말로 여성들 사이의 권력 격차에 접근하고 남성들이 스스로 권력 행사의 덫에 갇히게 된 경위를 설명할 수 있는 창조적인 방식이라고 생각한다. 이같은 주제는 이 책의 모든 필자들에 의해서 다양한 방식으로, 그리고 비판적으로 평가되고 있다.

페미니스트들의 푸코 비평의 저변을 흐르고 있는 것은 남성 권력에 대한 여성의 체험을 분석하는 일이다. 이같은 분석은 페미니스트들에게 푸코의 이해와는 상충되는 권력의 두 가지 측면을 제시해 준다. 첫째, 여성의 체험은 남성들이 권력을 소유하고 있으며, 그들의 권력은 어떤 의미에서는 완력에 의해 후원받는 일종의 지배 형식이라는 점을 제시해 준다. 둘째, 이같은 지배는 단순히 담론의 생산물로 볼 수 없다. 그 이유는 이러한 지배는 또한 〈탈담론적〉인 것으로, 또는 담론이라는 실제보다 훨씬 더 광범위한 실제와 관계되는 것으로 이해되어져야만 하기 때문이다.

훈육 · 유순함 · 생명-권력 · 정상화 · 훈육적 응시

푸코는 그의 초기 저서에서 사람들이 순응하도록 하기 위해서 권력이 전개되는 여러 가지 방식에 대하여 상당히 강조하고 있다. 푸코는 17세기와 18세기 유럽에서 일어났던 행정과 사상의 역사적 변화를 지적한다. 그 같은 변화는 예를 들면 노동자들을 최대한으로 이용하기 위한 관점에서, 신체를 훈육시키는 일과 사람들이 교육과 감옥 제도와 같은 새로운 통제체제 속으로 통합되어 들어감에 따라서 신체를 유순하게 만드는 일을 야기시켰다. 이와 같은 기구들 속에서 권력은 감시, (예를 들면 죄수들 · 입원자 · 어린 학생들에 대하여 이루어지는) 훈육적 응시 안에서 작용하는 〈권력의 눈〉을 포함한 몇 가지 테크닉을 통해서 훈육으로 행사된다. [이와 같은 감시 및 훈육적 응시는 푸코의 《감시와 처벌》에서 파놉티콘(Panoptiocon)의 이름으로 설명된다. 벤담이 창시한 1개소에서 내부의 모든 요소를 한 눈으로 볼 수 있는 장치로서 근대 권력의 제도적(비폭력적) 지배양식의 특징을 설명하는 주요 개념이다.]

푸코는 또한 인구의 일반적인 규제에도 주목하였는데, 그는 이를 〈생명-권력〉이라고 이름지었다. 그는 한편으로는 신체에 행사되는 훈육과 유순함을 보았고, 다른 한편으로는 인구 전체에 행사되는 생명-권력을 보았다. 이 두 가지는 삶의 관리를 체계화하는 서로 상반되는 양대 기둥이다.

정상화에 관련된 개념은 통제와 자기 규제가 확대되었음을 시사해 준다. 담론은 무엇이 정상적인가를 규정한다. 그래서 정상적이지 않은 것은 정상화 또는 규범으로의 순응이 절실히 요구되는 것으로 간주된다. 페미니스트들은 푸코의 이같은 개념들이 여성들에게 훈육에 복종하도록 유도할 뿐만 아니라 여성들 스스로 자신들을 유순한 신체로 만들어 가면서 규범에 순응하기를 강요하는 사회적 억압을 지적하는 데 유용하다는 것을 발견했다. 수잔 보르도는 정상화와 저항을 구분짓는 일의 몇 가지 복잡한 문제에 대해 논의한다.

저 항

모든 권력은 저항을 생산한다고 정의 내리고 있기 때문에 권력에 대한 푸코의 정의에서 〈저항〉은 그 일부를 차지하게 된다. 저항은 역담론의 형태를 취하고 새로운 지식을 생산하고, 새로운 진리를 말하고 그럼으로써 새로운 권력을 구성한다. 이같은 저항의 개념이 시사하는 바는 페미니즘에 문젯거리가 되며, 이같은 문제들이 이 책 전반에 걸쳐서 탐구되고 있다.

계 몽

〈계몽〉이라는 용어는 대략적으로 18세기부터 전개된 유럽의 사상 변화를 특징짓는 말이다. 이 시기에 다른 사고의 양식들보다 이성이 우월하다는 개념이 인간의 진보와 진리 발견의 수단으로써의 과학적 방식의 우월성에 대한 신념과 더불어 지배적 사상으로 자리잡게 되었다. (결코 일관성 있는 이론으로 통일되거나 다른 사상의 도전을 받지 않은 것은 아니지만) 사회과학은 이같은 개념들을 사회적 삶을 연구하는 데 도입했다. 비록 이들 개념들이 여러 면에서 다른 개념들과 승부를 겨루었지만, 무엇이 진리인가, 우리는 어떻게 해서 진실을 발견할 수가 있는가에 대한 전제, 그리고 감정에 대한 이성, 주관성에 대한 객관성, 신체에 대한 정신의 우월성에 대한 상식적인 전제에 영향을 미치는 데 있어서 막강한 힘을 발휘해 왔다. 페미니즘은 계몽사상을 중립성과 객관성의 외양 아래 남성주의적 편견을 숨기고 있는 것으로 공격해 왔다.

푸코의 이론은 권력·지식·진실·원인/결과에 대한 페미니스트 이론 속에 포함되어 온 여러 가지 계몽주의적 전제를 전복시켰다. 그러나 푸코의 성차별주의와 일부 계몽주의적 전제로부터 벗어나는 문제에서 보이는 그의 애매모호성은 이 책에서 반복되어 다루어지는 주제이다. 푸코는 계몽주의적 전제에 대해서 비판적이지만, 특히 말년에 이르면서 계몽주의가 아직도 우리가 여전히 의존하고 있는 비평 전통의 원천이라는 점 또한 인정하고 있다.

인간의 주체 · 자기

계몽주의의 지배 사상은 우리 내부에 본질적 자기의 핵심으로 자리잡고 있는 인간 본성에 대한 다양한 개념들을 하나로 통합시켰다. 인간은 자신을 해방시킴으로써 스스로에게 힘을 부여하고, 그럼으로써 자율성·정의·독립·억압으로부터의 자유를 획득할 수 있다는 것이다. 계몽주의의 전제들을 넘어선 푸코는, 세계에 대한 진실을 발견하기 위해서 이성을 진보적으로 사용하였다. 또 그렇게 함으로써 스스로 자신을 억압으로부터 해방시킬 수 있는 인간 주체의 자발적 행위의 견지에서 사고할 필요를 전혀 느끼지 못했다. 푸코는 잘못된 질문을 통해 접근되어진 이같은 사고 방식을 거부하였다. 그의 견해에 따르면, 권력이란 일반적으로 억압적이라기보다는 오히려 생산적이다. 따라서 사람들은 사회적인 존재이며, 이같은 사회적 존재는 본질적 존재가 아니라 역사적으로 변화하는 존재이다. 이들은 또한 권력관계 내부에서 만들어진다. 사람들은 담론, 여러 가지 훈육적 실천을 통해서 구성되어지며, (사람들의 사실 인식 유무에 상관없이) 스스로 자신들을 특별한 종류의 주체로 변화시키는 과정에 기여한다. 푸코의 관점에서 볼 때, 페미니스트들이 관례적으로 해왔듯이 억압으로부터의 해방이라는 관점에서 정치적 변화를 생각한다는 것은 아무런 의미를 갖지 못한다. 여러 가지 새로운 담론의 생산을 통해서, 그리고 그렇게 함으로써 새로운 형태의 권력과 새로운 형태의 자기를 산출해 냄으로써 정치적 관계를 변화시키는 작업에 대하여 생각하는 사람만이 푸코에게 진정한 의미를 지닌다.

I

페미니즘에서
푸코 논의의 유용성

2

생산적 의미의 모순

케이트 쇼퍼

　푸코가 페미니스트들의 관심을 끌게 된 것은 어떤 의미에서 오히려 운이 좋다고 볼 수 있다. 왜냐하면 그럴 만한 일을 그가 실제로 했는지 분명하지 않기 때문이다. 페미니스트 글에 대한 푸코 자신의 참여는 극미하다. 그는 현재 페미니즘에 대하여 그와 견줄 만한 영향력을 지닌 라캉〔1901-1981. 프랑스의 정신분석학자. 프로이트 연구에 대한 최초의 해석자로 국제적인 명성을 얻음〕과 데리다〔1930~. 프랑스의 철학자. 서양철학에 대한 그의 비판은 문학·언어학·정신분석학을 망라하고 있다〕의 경우에서처럼 후기구조주의 이론에서 제기되어진 형태로 〈여성 문제〉에 집중하지는 않았다. 그러나 푸코의 전반적인 논쟁은 이론적 일관성과 여성 해방의 실제 존속 능력에 대해 라캉이나 데리다만큼 많은 회의를 불러일으킨다. 또한 푸코가 접근하는 방식의 주요 특징은 임상적 거리이다. 이 거리는 그의 저술을 추종자들에게 추천할 뿐 아니라, 외양상 객관적인 남성 중심보다 못한 것은 숨기는 역할을 해왔다. 이렇게 가려진 남성 지배 안에서 푸코는 페미니즘에 특히 무관심할 뿐 아니라 무감각하기까지 한 태도를 드러낸다.

　그러나 다른 의미에서, 푸코에 대한 페미니스트의 관심은 전적으로 적절할 뿐 아니라, 쉽사리 설명된다. 무시 못할 이론가로서의 그의 위치 때문이기도 하지만, 그의 연구가 페미니즘의 주제와 아주 밀접한 관계가 있는 것에 집중되어 있기 때문이다. 또한 페미니스트들의 공감을 불러일으킬 만한 방향으로 그 주제를 탐구했기 때문이기도 하다. 이와 관련하여 비평가 유르겐 하버마스(1986: 107)의 찬사를 인용해 볼 수 있다. 『우리 시대를 진단하는 현세대의 철학자들 중에서 푸코가 가장 지속적으로 시대정신(Zeitgeist)에 영향을 끼쳤다. 이는 결코 생산적 의미의 모순하에서 그가 견디어 온 진지함 때문만이 아니다』 비록 하버마스는 페미니즘 분야에서 푸코의 잠재적 가치를 연구하는 데 다른 남성 비평가들보다 흥미를 더 많이 보이지는 않았지만, 그는 여기서 푸코의 저서와 페미니즘의 연대성을 정당화시키는 두 가지 점을 지적하고 있다고 생각한다. 푸코의 영향력의 정도와 그의 사고체계 안에 있는 모순들의 풍요로움이 그것이다. 그러므로 이 분야에서 푸코의 중요성을 인정하기로 하자. 또한 시대정신에 대한 가장 지속적이란 영예를 위해 다른 경쟁자들, 즉 라캉·데리다·하버마스 자신만큼이나 푸코도 페미니스트의 관심을 끈다는 사실을 인정하기로 하자.

그러나 우리가 개개의 이론가나 그들의 매력이 아니라 총체적 연구면에서 생각하자면, 시대정신에 가장 깊고 지속적인 충격을 가한 것은 페미니즘 자체라는 것을 느끼지 않을 수 없다. 그러므로 최근 어느 남성 철학가든 그가 연구하는 분야에서 페미니즘 이론에 대한 정보를 들었을 것이라 인정하고, 푸코-페미니즘의 연관에 대한 우리의 견해를 조정하도록 하자. 이것은 푸코가 페미니즘에 제공해 주어야 하는 것뿐 아니라, 푸코 자신이 그 당시의 페미니즘 경향 덕분에 얻게 된 흥미를 또한 반영한다고 볼 수 있기 때문이다. 그러므로 페미니스트들이 푸코에 관여하면서, 그의 출현을 위한 어느 정도의 담론 공간을 자신들이 준비해 온 것에 스스로 경의를 표하게 되리라 생각한다.

내가 이 점을 지적하는 것은, 이 책을 한 명의 남성 수퍼스타에 대한 석연치 않은 집착으로 볼지도 모르는 사람들에게 부분적인 대답을 하기 위해서이다. 여기서 정말 문제가 되는 것은 이런 식의 페미니즘의 관여가 적절한지 그 타당성 여부가 아니라 좀더 깊고 일반적인 문제이다. 〈영향〉을 형성하고 퍼뜨리는 데 대한 푸코식의 문제들, 그리고 이렇게 반-주체주의이며 포스트모더니즘 시대조차도 철학적 시대정신의 창조가 몇몇 개개인의 남성 천재들에 의해 이루어지는 것이 어떻게 가능한가에 대한 페미니스트들의 의문 등이다. 이 모든 것이 보다 열렬한 푸코의 제자들에게는 약간 충격적이고 이단적이라 할지라도 그러하다. 그들은 우리 문화권 안에서 이러한 지식의 〈영향〉이 생산되는 것에 관해 좀더 의문을 가지도록 도운 사람이 바로 푸코라는 세간의 칭찬에 만족해야만 한다.

푸코가 페미니스트 비평을 확립시킨 연구 업적에 놀라운 공헌을 했다는 사실을 누구도 부인할 수는 없다. 그러나 이 글의 서두에서 언급한 이유들로 인해, 페미니스트들이 지나친 존경심으로 그의 연구 업적에 접근하는 것은 잘못될 수 있다고—이 책의 다른 저자들과 함께—생각한다. 그러므로 여기서 나는 푸코의 논쟁을 페미니스트들이 전유專有할 때 생기게 되는 주요 문제들에 초점을 맞추게 될 것이다. 이것은 두 가지 형태의 긴장에 대한 것이다. 페미니즘의 해방 목표를 위해 제기된 긴장과, 남성 중심적이고 남성 지배적인 푸코의 견해에 제기된 긴장이다. 첫번째 긴장은 권력에 대해 푸코가 한 말에 내재한 모순과 관련되며, 사회적 〈현실〉을 형성하고 주체성을 형성하는 데 있어서 담론이 맡은 역할과 관련된다. 비록 특별히 페미니스트 형태를 취하더라도, 이러한 긴장은 자기 실현을 억압하는 구속과 불평등을 제거하려는 전반적인 참여를 푸코식의 통찰력과 결합시키려는 움직임으로부터 야기된다. 한편 두번째 긴장은 남성 지배에 관한 것이다. 이것은 분명히 푸코의 주장과 페미니즘의 주장 사이에 좀더 특별한 긴장을 자아내는 원천이다.

푸코의 사상과 페미니스트 정치학 사이의 긴장들

본질 · 자연 · 정통성

푸코와 페미니즘의 생각이 가장 잘 부합하는 부분은 자연적이라기보다는 문화적으로 구성된 〈섹슈얼리티〉의 특성과 규범 및 행동양식을 강조하는 일이다. 여기서 푸코는 페미니즘에 최초의 발판을 제공하는, 젠더를 자연적으로 보는 생각에 대한 도전을 심화, 확대시켰다고 볼 수 있다. 따라서 만약 페미니즘이 남성 우월과 이를 기초로 한 성적 배열의—— 언뜻 자연스러워 보이나 불가피한—— 질서를 해체시키는 데 푸코식 이론을 예시했다는 말을 들을 수 있을지라도, 기존의 젠더 속성과의 관계뿐 아니라 섹슈얼리티와 신체 자체의 〈자연성〉을 고발하는 요즈음의 페미니스트들에게 기초를 마련해 준 것은 푸코이다.[1] 이와 관련하여 주디스 버틀러(1987, 1990a, 1990b)의 주장과 《페미니즘과 푸코》(Diamond and Quinby 1988)에 기고한 다른 몇몇 저자에 대한 푸코의 영향을 인용할 수 있다. 관련된 한 예로, 신경성 식욕감퇴에 대한 푸코식 치료에 대한 수잔 보르도의 서문을 들 수 있다.

토론을 통해서, 인간의 신체는 푸코가 언급하였듯이 항상 문화적 실행의 〈손아귀〉에 있는 것이지, 문화적으로 볼 때 상대적이고 제도적인 모든 형태와 우리가 강조해야 하는 근본적으로 안정되고 탈문화적인 불변의 존재가 결코 아니라고 추정되어질 것이다. 이것은 본능적이거나, 혹은 자연적인 신체를 문화가 억압한다는 문제가 아니다. 오히려 〈자연적인〉 신체란 없다는 말이다. 문화의 실행은 자발적인 욕구, 〈근본적인〉 쾌락과 본능, 혹은 신체 체험의 〈기초적〉 구조에 대항하여 힘을 행사하는 것이 아니라, 푸코가 강조하듯이 우리 신체와 물질·힘·에너지·감각과 쾌락에 이미, 그리고 항상 새겨져 있다. 인간적인 다른 것들과 마찬가지로 신체는 문화에 의해 형성된다.(Bordo 1988: 90)

이런 논쟁은 신체와 신체적 경험이 문화적으로 형성된 정도를 존중할 필요를 우리에게 환기시켜 주지만, 분명히 문화적 형성에 대하여 지나치게 강조하는 점이 없지 않다. 정말로 이러한 논쟁의 정치적 비판을 어떻게 받아들여야 할지 분명하지 않다. 만약 우리가 신체를 변함 없이 지속적인 자연과정에 종속된 담론 이전의 총체적 주체로 가정하지 않는 한, 다이어트나 체조, 성형 수술이나 화장품을 통해 신체의 형태나 외양을 사회적으로 처방된 미나 젠더에 따른 정체성의 규범과 일치하도록 바꾸는 것을 허용한다. 푸코 자신과 그가 영향을 끼친 페미니즘 양쪽 모두의 논쟁에서 〈담론의 구성〉이란 개념은 사실 너무나 손쉽게 반자연주의 형태로 적용되어진다. 우리는 상징적으로, 문화적으로 매개되지 않은 신체 경험을 해보지 못한다는 것이 하나의 쟁점이라면, 신체란 마치 전화가 그런 것처럼 문화적인 힘으로 구성되어졌다고 가정하는 것이 또 다른 쟁점이기 때문이다. 여기서 결정적인 한 가지 차이는 신체가 어떤 문화적 생산품이기 전에 육체적인 총체로 존재하는 반면 전화는 그렇지 않다는 점이다. 또 다른 차이는 전화란 전적으로 만들어졌지만 몸은 그렇지 않으며, 우리가 교묘히 의도한 결과이든 의도치 않은 과정의 결과이든 계속적으로 변화한다는 점이다.

이런 점들을 지적하는 것은 물질적 신체의 담론적 형성에 대하여 푸코가 강조한 중요성을 부인하자는 것이 아니다. 단지 담론 이전의 실제를 참조하지 않는 것은 불가능하다는 적절한 인식을 희생한 채 푸코의 강조가 지나치게 부각된다면, 이는 더 이상 생산적이지 못하다는 뜻이다. 우리 경험의 특성에 대한 상반된 견해들간의 긴장을 유지하는 것이 어려울지라도, 우리를 문화적 〈구성물〉로 보도록 유도하는 일 안에는 항상 고통과 쾌락, 욕구와 욕망의 자율적인 주체로서 인식되어진 자기에 대한 요구가 내포되어 있다는 것을 인정해야만 한다.

그러므로 푸코의 주장에 끌리는 페미니스트들은 그들 주장이 갖는 반자연주의적 수사학을 경계해야만 한다. 〈자발적인〉 감정이란 개념을 저버리는 것은 신체의 〈재생〉(reclamation)과 〈진정한〉 욕구의 표현에 대한 페미니스트들의 요구를 저해하기 때문이다. 푸코의 급진적인 반본질주의는 그 자체가 문화의 획일화를 수축·왜곡하는 효과를 제거하려는 목적의 어떤 책략에 대해서도 미리 맞서서 경고를 제공하는 한, 반작용의 힘에 스스로 굴복하는 것으로 보여질 수도 있다.

　그러나 푸코는 우리의 담론에서 〈정상〉과 〈자연〉이 서로 작용하는 변증법을 드러내 보여 준다. 동성애에 대한 그의 논쟁은 사회가 관습에 따르지 않는 사람은 모두 자연적 질서를 어긴 〈변태성욕자〉로 몰아넣음으로써 성행위의 관습을 합법화하는 과정을 밝히는 데 특히 도움이 된다. 그는 〈역담론(반전)〉의 개념을 통하여 어떤 억압받는 주변 집단도 그들의 〈자연성〉을 주장함으로써 자신들이 악마로 몰리는 데 반기를 들고, 그리하여 도전할 때에도 억압자의 합법적인 담론을 유발하게 되는 방법에 주의를 기울인다. 이러한 의미에서 그는 〈정상적인〉 것으로 구성된 것이 무엇이며, 어떤 것을 〈변태〉로 배제하려는지를 볼 수 있게 해준다. 또한 전복시키기를 희망하는 〈자연성〉의 담론에 의존하는 만큼 〈변태적〉으로 징계되는 것이 무엇인지를 볼 수 있게 만든다. 조나단 돌리모어는 동성애에 대한 푸코의 논쟁에 대해 다음과 같이 논평한다.

　　중심은 주변의 공격을 받아 상처입기 쉬운데 그 중심의 정체성이 주변과 대치되어 또한 주변에서 부분적으로 정의되고 형성되기 때문이라는 것을 우리는 알고 있다. 그러나 〈역담론〉의 개념은 이방인이 항상 이미 내부에 존재한다고 말해질 수 있는 또 다른 변증법적 의미를 암시한다. 봉쇄를 통해 귀신들린 타자에서 도전하는 존재로 되돌아가는 것. 그런데 이 귀환은 성의 정체성과 인간 본성에 대한 지배적인 개념의 동시적이고 모순되나 똑같이 필요한 전유와 부정을 내포하는 것이며, 바로 이것에 의해 타자/도전자가 우선적으로 배제되고 정의된다.(Dollimore 1991: 225)

　주변 집단의 사회적 위치와 그들에게 가능한 정치적 움직임을 이해하는 데 이 〈변증법〉이 적절한지에 대해서는 논의의 여지가 없다고 생각한다. 그러나 젠더의 위계질서가 여성을 타자로서 담론적으로 구축함으로써 유지되고, 여성의 종속적이고 배제된 지위의 〈자연성〉을 주장함으로써 지속되는 한, 이 변증법은 또한 페미니즘에 관련된다. 이러한 상황이 도전받는 것은 〈역담론〉을 통해서인데, 이 〈역담론〉에서 여성은 〈여성 정체성〉이라는 구축된 규범이 지니는 〈변태성〉을 선언한다.

그러나 이 변증법이 〈정상적〉·〈자연적〉·〈정통적인〉 것에 대한 우리의 호소를 지배하는 담론에 의존하는 듯한 인상을 풍기기는 한다. 하지만 이 〈변증법〉은 페미니스트 저항에 의해 받아들여진 형태나 주변의 종속된 집단의 위치를 변화시키는 복잡한 과정을 충분히 이해하기에는 결코 적합하지 않다. 우선 남성동성연애자 문화나 페미니즘은 〈억압자〉의 담론을 통해 항상 저항의 목소리를 내왔는지가 전혀 분명하지 않다. (현재 많은 페미니스트의 담론은 〈남성주의자〉의 논리를 교묘히 비껴 가거나 초월하려고 애쓰는 것이 사실이다.)

그 다음 〈저항〉이 〈지배문화〉 안에 항상 다시 포함된다는 사고방식의 힘은 변증법적이지 않은 사회 자체의 개념에 의존한다. 왜냐하면 이 힘이 〈포함〉되게 될 주변의 〈지배문화〉에 잠재된 변형적이고 점진적인 가능성을 간과하게 만들기 때문이다. 예를 들어 페미니즘이 여성에 대한 이전의 편견을 깨뜨리는 데 성공하는 한, 페미니즘은 〈배척하고〉 〈정상화하는〉 사회의 매개변수 자체를 또한 바꾸어 놓는다.

그러나 궁극적으로 〈역담론〉의 변증법에 유혹되어 억압받는 집단의 운명이 단순히 경쟁적인 담론의 차원에서 결정되지는 않는다는 것을 기억해야 하는 것이 중요하다. 억압받는 집단의 진보에 결정적 역할을 하는 것은 저항을 표현할 수 있는 특수한 경제적·정치적 분위기이며, 이 분위기는 다소간 이들을 수용하는 데 호의적일 수 있다. 남성동성연애자와 페미니스트의 반대는 모두 평화시보다 전쟁중에 달리 받아들여질 수 있고, 그 성공의 성격과 특성이 지배적인 경제조건 등에 매우 밀접하게 연관되어 있다는 것을 알 만큼 충분한 경험을 하였다.

이러한 특성을 허용하더라도, 푸코가 해방의 정치학에 빛을 밝히는 형태로 저항 담론의 효율성과 본질에 관하여 생각하도록 우리에게 동기를 부여했다는 사실이 남는다. 그것들은 부분적으로만 빛을 밝힐 뿐인데, 역설적으로 좌익의 〈본질주의〉의 배척에 관하여 불만스러운 점을 폭로하는 일을 돕기 때문에 그러하다. 만약 푸코의 모순이 〈생산적〉이라면, 그것은 우리에게 〈본질〉·〈자연〉 그리고 〈정통성〉을 거부할 지혜를 보여 주기 때문이 아니다. 그렇게 하고자 하는 시도의 자기패배적인 특성을 밝혀 주기 때문이다.

이러한 맥락에서 푸코는 사실 침범하는 〈남성〉 과학에 복종하고 〈의학화〉(medicalisation)되는 일로부터 벗어나, 신체의 중요성을 새롭게 주장하고자 하는 페미니스트들에게 상당한 전투 수단을 제공했음을 주목하는 것이 옳을 것이다. 그는 또한 주체의 독자적 행위를 통해 주로 작용하는 권력 형태의 대상으로 보이게 되는 〈진실된〉 신체의 재발견을 촉진시켰다. 만약 푸코 자신이 다양한 의학·교육·군사·형법제도와 그와 관련된 과학적 노하우의 형태를 통해 행해진 〈객관화된〉 훈육적 권력의 장으로서 신체에 초점을 맞추었다면, 그는 또한 우리에게 이 생명-정치학과 일상화된 고백의 테크닉 속에서 의무감을 느꼈을 것이다. 그래서 욕망을 지닌 개인으로서, 주체가 협조하고 공모하는 역할을 담당하였다는 사실에 민감하게 대처하도록 했을 것이다. 페미니스트들은 인간을 젠더로 구분짓는 일(genderisation)의 좀더 〈비공식적〉 과정에 대한 이해와 푸코 논쟁의 이러한 차원과의 관련성을 살피는 데 둔감하지 않았다. 따라서 페미니스트들은 〈여성성〉이 다양한 형태의 자발적인 자기 단속과 경계〔날씬해지기, 전기요법; 전기침으로 군털, 기미 따위를 없애는 수술, 몸매를 아름답게 보이기 위해, 지나치게 몸에 무리가 가는 옷입기, 등등〕를 통하여 신체에 주관적으로 각인된다는 식의 연구를 제공한다.[2]

그러나 육체와 성적 존재로서 여성은 문화적으로 〈구축〉되었다는 푸코식의 주의는 함정과 한계가 없지 않다. 왜냐하면 가부장제 문화 자체에 그토록 만연한 여성 육체에 대한 강박관념을 그대로 보유할 위험이 있으며, 따라서 전복시키고자 하는 남성 권력의 동일한 절차 그 자체에 기여할 위험성이 있다. 더 나아가 권력의 효과로서 신체과 섹슈얼리티를 강조하는 것은 왜 여성이 우선적으로 이 〈권력〉에 좌우되는지 진지하게 분석하는 대가를 치르면서, 그 효과의 현상학에 이론적으로 몰입하는 일을 부추긴다. 그러므로 여성 종속의 생명-정치학적 차원과 사회-경제학적 차원 사이의 상호관계에 대한 분명한 그림을 제공하는 데 실패하고 만다. 이러한 점에서 푸코는 자유의 개인주의적, 심지어는 자아도취적 개념을 주창했다고 말할 수도 있다. 초점은 〈자기 형성〉의 정치학과 〈자기의 미학〉에 맞추어져 있다. (사실 푸코가 《성의 역사》에서 많은 부분을 할애한 것이 바로 이 주제이다.) 오늘날 여전히 이런 식의 〈정체성〉 정치를 소수의 페미니스트들의 특권으로 만드는 경향이 있는 여성 삶의 구조적 결정 요소라기보다는 말이다.

물론 이와 같은 경계는 푸코 자신이 거리를 두었던 유물론적 전제들을 기반으로 하고 있다. 이것은 또한 푸코의 연구가 여성 경험을 밝히는 통찰력을 지닐 뿐 아니라, 수많은 페미니즘이 깊이 관련된 두 개의 〈위대한 서술〉인 마르크스주의와 정신분석과의 우상 파괴적인 분열을 시도한 점 때문에 푸코의 업적에 가치를 두는 사람들을 만류하지 않는다. 페미니스트들에게 원칙상 경제적 환경과 유년의 경험이 지닌 결정론과 고착으로부터 주체를 자유롭게 하는 것이 푸코의 접근방법이 갖는 주요 매력이다. 그러나 푸코의 권력 개념이 잘 이론화되지 못한 부분이 보이는데, 이것은 그의 주장이 지닌 이 실존적 충동과 자율적인 계몽 주체의 사정없는 해체의 충돌에서보다 더 분명하게 드러나는 곳은 어디에도 없다.[3] 이 점은 페미니스트와 푸코식의 흥미가 서로 겹치는 좀더 역설적인 영역, 즉 〈젠더의 유토피아적 이념〉이라 이름 붙일 수 있는 영역으로 우리를 인도한다.

젠더의 유토피아적 이념

이러한 수렴을 나는 역설적이라고 말한다. 해방에 대한 관심이 페미니스트의 계획에 중심을 이루는 것이 분명하지만, 이러한 관심의 일관성이 푸코식의 논리에 의해 많은 면에서 문제시된다. 푸코는 대체로 진보주의자의 이야기를 중단하는데, 이것은 진보적-혁명적 역사관으로부터의 그의 계보학적 이탈을 고려해 볼 때 일관된 흐름이다. 그러나 그가 자유의 특성에 대한, 그리고 적어도 성욕에 관하여 미래 안건에서 무엇이 바람직한 것인지에 대한 모든 생각을 전적으로 무시해 온 것은 아니다. 푸코는 권력의 다른 체제들의 역사라는 의미에서만, 또 유지하고자 하는 목적밖에 없는 지식의 연속이란 의미에서만 생각하도록 충고할지라도, 동시에 그는 모든 정상적인 성규범과 젠더 규정을 초월한 사회로, 그 사회의 구성원은 〈신체와 쾌락〉(Foucault 1978: 159)의 비정치화된 경험에서만 서로를 만나는 그런 사회로 우리를 이끈다.

권력/지식의 축을 초월하려는 이와 같은 몸짓은 물론 푸코가 근대 권력의 작용을 묘사하는 명백히 경멸적인 어휘들에 의해 분명히 암시되고, 또 어떤 의미에선 요구되어진다. 권력을 〈훈육〉과 〈연대〉(regimental)로 언급하고, 〈분리 구분의 실행〉, 〈개인화된 테크닉〉 그리고 〈감시〉의 형태에 근거하고 있는 것으로 표현하는 것은, 주체화된 기구와 그 파놉티콘의 응시로부터 자유롭기를 갈망하는 욕구를 은밀히 불러일으킨다. 이러한 의미에서 푸코의 사상에서 〈유토피아〉적인 요소는 그 자신의 담론에 대한 비판적인 예리함과 일치한다. 그러나 정부로부터 해방된 무정부적인 자유를 추구하는 형성적(normative)-정치적 푸코와 지배의 불가피성만을 우리에게 말하는 이론적-분석적 푸코 사이에 상당한 긴장이 존재한다는 것은 의심할 여지가 없다.

그러므로 푸코가 페미니즘의 해방과 유토피아의 논리와 일치한다면 (혹은 젠더의 관계에 관한 〈진리〉와 〈지식〉의 면에서 우리의 행동을 항상 관찰하고 관리하도록 부추기는 담론으로서, 〈정상화〉시키고 〈훈육〉시키는 그 자체의 역할을 언급하는 푸코에 대항하여 페미니즘에 어떤 보호책을 제공할 수 있다면) 그것은 바로 푸코의 주장 가운데 이 무정부적-실존적 차원을 통해서만 가능하다는 것을 인정해야만 한다. 푸코의 연구에 끌리는 페미니스트들은 그러므로 페미니스트 담론의 정치적 노선의 측면보다는 규율을 해체하는 잠재력을, 성적 정체성을 재구성하기보다는 흐트러뜨릴 수 있는 능력을 강조할 필요가 있다. 그러나 이렇게 하는 동안 페미니스트들 역시 권력에 대한 푸코식 개념의 핵심을 이루는 자유의 약속과 그것의 금지 사이에서 푸코와 똑같은 〈생산적〉 모순에 부딪히게 될 것이다. 이 모순은 여기서 날카로운 형태로 만나게 되는데, 〈여성 해방〉에의 〈약속〉이 푸코와 그의 페미니스트 추종자들에게, 금지가 해체해 온 〈자연적인〉 욕망의 차단에 대한 〈억압적인 가설〉의 지점으로 정확히 되돌아오게 하는 것 같기 때문이다. 그 대안은 물론 테리 이글턴이 다음과 같이 말할 수 있도록 한 회의주의와 자유주의 사이의 불안정한 위치를 유지하는 것이다.

푸코는 전형적인 후기구조주의 형태로 일종의 비밀스런 묵시적 극좌익과 건조한 실용주의적 정치 개혁주의를 결합시킬 수 있게 된다. 이것은 곧 바로 반동주의자와 낭만파가 되는 일 모두로부터 푸코를 보호한다. 특히 후자에 대해 프랑스 지식인들은 속기 쉬운 호인이라기보다는 사악한 존재로 생각하여 몹시 거부 반응을 일으킨다.(Eagleton 1991 : 386)[4]

이것은 낭만적인 극한을 향하여 불안정의 균형을 옮기는 일이 항상 페미니스트들에게 개방되어 있고, 젠더가 해체된 〈복합 성적〉(polysexual) 미래의 전망에 대하여 아마도 푸코보다 오히려 페미니스트들이 좀더 충실히 스스로를 열게 되는 일을 부정하는 것은 아니다. 그러나 만약 우리가 조금이나마 실용주의의 요소를 보유하게 된다면, 이러한 개방적 태도가 어디까지 실현될 수 있으며, 심지어는 바람직한 미래인지까지 생각해 보아야 한다고 믿는다. 이제까지 이 문제들은 페미니스트들의 글에서 거의 연구되지 않았다는 생각이 든다. 그러나 두 가지 점들이 제시된다. 첫째는 많은 남녀들이 젠더의 속성에서 벗어나는 일의 사고방식을 자기 자신의 정체성을 위협하는 것으로 받아들일 것이고, 그런 만큼 이것을 자신들의 욕망과 쾌락에 대한 불법적인 행정관리로 볼 것이 분명하다는 것이다. 〈신체와 쾌락〉을 주장하는 사람들은 이런 점에서, (만약 그들이 일관되게 푸코주의자들이라면) 그들 자신의 담론을 주체에 부과된 잠재적 〈훈육〉으로 생각할 필요가 있다.

또한 개인주의적·유아독존식의 자기 개념에는 문제가 있는데, 이 개념은 〈젠더 창조〉와 〈복합 성적〉 쾌락의 개념을 야기시키는 듯이 보인다. 이것은 우리에게 애정에 대하여 믿을 수 없을 정도의 통제력을 가지고 있다고 생각하게 할 뿐 아니라, 우리가 쾌락을 추구하는 과정에서 모든 유대와 의무로부터 자유로워지는 것이 바람직하다고 생각하게 하는 것 같다. 이 개념은 우리 자신을 개인적인 취향과 성향이 명령하는 데에만 귀 기울이는 성적인 유목민으로 성의 가치를 부여함으로써 그 기반을 다지고 있다. 따라서 우리를 인간의 상호의존성과 상호관계 필요의 문제에서 완전히 분리시키는 것처럼 보인다. 사실, 미래 만족의 이 환상 뒤에 해방 이론을 부르짖는 우리에게 친숙하고 고립된 개인이 존재하지 않을까 의심하지 않을 수 없다. 물론 이런 경우 푸코의 개념은 상당히 모순적인데, 이것이 푸코가 우리에게 근대 권력의 개인화 촉진 테크닉의 구성으로 보도록 유도하는 것은 바로 소위 자율적인 개인이라 추정되는 것이기 때문이다.

주체에 관한 이 푸코식의 애매한 회피적 표현은 그러나 그 자체가 고전적 자유 개념의 애매모호함과 근심을 다시 자아내는 것으로 보일 수 있다. 적어도 이것이 사회의 행정관리 기능에 초점을 맞추어 개인을 행정관리의 침범으로부터 보호하려는 의미에서는 그러하다. 앞으로 보게 될 것이지만, 이 자율적인 주체에 대한 은근한 호소는 푸코의 남성 지배와 무관하지 않다.

남성지배적인 푸코

그리스 로마의 성윤리

몇몇 비평가들은 다양한 차원이 충분히 고려되지는 않았지만 푸코의 남성지배적 편견[5]에 대하여 주목해 왔다. 푸코는 성적으로 위계질서가 잡힌 사회에서 행해지는 고도로 전문화된 형태들을 무시할 뿐 아니라, 그가 주목한 일반적인 〈훈육〉과정에 있는 남녀의 삶에 가해지는 차별적인 충격을 간과하는 권력의 담론을 제시했다는 이유로 합당하게 책임 추궁을 당해 왔다. 이러한 의미에서, 푸코는 권력에 대한 자유인본주의자와 마르크스주의자의 담론에 대한 그의 비판의 바로 핵심에 인본주의와 마르크스주의에 보인 것과 똑같은 인류애에 대한 보편화된 젠더를 무시한 접근을 일부 보유하고 있다. 이 접근방법은 페미니즘이 보기에는 이러한 이론 중에서 가장 실패한 것으로 간주되어진다. 다른 말로 하면, 푸코는 인본주의와의 논쟁을 위한 지지자로서 주체에 대한 남성주의 개념에 암암리에 어느 정도 의존하고 있다고 말할 수 있다.

푸코가 그의 성의 역사에서 그리스 로마의 성윤리에 대한 연구에 기울이는 관심에는 남성지배적인 요소가 눈에 두드러지게 띈다. 그러나 이러한 비난에 관하여 확실하게 밝히는 것이 중요하다. 분명히 푸코는 우리를 여성이 선험적으로 의미 있는 윤리적 주체로서 배제되어 버린 고도로 가부장적인 귀족사회의 풍습으로 끌어들인다. 그의 윤리의 계보학은 따라서 엘리트 남성 시민의 욕망과 행동에 많은 관심을 보인다. 그러나 진정한 의미에서 사상의 역사가(혹은 계보학자)는 이 남성 집단의 사회적 탁월함을 반영하는 외에는 다른 선택의 여지가 없다. 이 집단이 대체로 지배적인 문화에 대하여 책임이 있기 때문이다. 이것은 이 그리스-로마사회의 다른 영역의 경험에 대한 주관적인 형태식으로 이루어진 자료가 거의 부재한 상태에서, 특히 고대사회의 풍습을 그려내려는 사람에게 사실이 된다. 고대와 초기 기독교 시대의 윤리에 기울인 광범위한 관심은 푸코가 전념했던 연구, 임종시에도 여전히 발전시키고 있던 연구 계획의 대규모적인 성격과 정신적 유산의 영향이란 관점에서 볼 때 더 합당하다.

따라서 그의 연구가 초기 역사의 형성에 너무 많은 비중을 두고 있다는 것이 불만은 아니다. 또한 푸코가 성차별주의나 엘리트주의, 그 결과 제한된 사회적 대상을 의식하지 않았다거나, 《쾌락의 사용》과 《자기의 배려》에서 탐구하고 있는 섹슈얼리티와 자기의 〈미학〉에 대한 개념을 의식하지 않았다고 비난하는 것은 적절하지 않다. 왜냐하면 이들은 푸코 자신이 관심을 기울인 특질들이어서 강력히 부각되고 있기 때문이다. 그래서 폴 래비노우와 허버트 드레퓌스와의 대담 가운데에서 그는 다음과 같이 언급한다.

그리스 윤리는 노예를 부리는 순전히 남성다운 사회와 연결되어 있다. 이 사회에서 여성은 낙오자로서 그들의 쾌락은 아무런 중요성도 갖지 못하며, 성생활은 아내라는 지위 등등을 향해서만 설정되고 그에 의해서만 결정되어져야 한다.(Foucault Rabinow 1984: 344)

쾌락에 대한 그리스의 윤리는 남성다운 사회, 불균형, 타자의 배제, 페니스 삽입에 대한 강박관념, 여성 여러분들은 자신의 에너지를 소유하지 못하리라는 일종의 위협 등과 연관되어 있다. 이 모든 것이 얼마나 혐오스러운지!(앞글: 346)

〈남성 지배〉에 대한 비난은 오히려 푸코가 윤리의 역사를 차별화된 형태의 기록, 즉 (남성) 주체가 그의 욕망을 경험하고, 자기의 행동 규칙을 설정하고 삶의 목표를 생각하는 그러한 기록으로 다룬 결과와 연관된다. 이것은 푸코가 비록 항상 흘끗 보는 형태이긴 하지만 그의 주장을 위해 의존하고 계속 언급하는 또 다른 종류의 역사로부터 관심을 흐트리는 목적을 갖기 때문이다. 이것은 변화의 원인에 관한 역사이다. 특히 그가 말한 대로 〈결혼과 사회 등등〉에 있어서의 변화로서, 푸코는 그것이 자기의 남성 윤리에 가하는 충격을 가장 중요한 관심사로 받아들인다. 그는 이 자기의 윤리가 변화된 태도를 소년이나 여성에게 반영한다고 보여질 수 있는 그 방법에 초점을 맞추는 것이지, 무엇이 처음에 이와 같은 태도의 변화를 자극하게 되었는지에 관심을 두지는 않는다. 그는 이 윤리 내부에서의 변화, 특히 성과 〈착한 생활〉의 행동에 대한 그리스와 그레코로만, 그리고 초기 기독교의 반응들간의 변화에 주목한다. 그리고 이들 뒤에는 결혼의 기능과 중요성, 사회에서 여성의 지위에 충격을 가하는 사회-경제적 요인들이 있음을 암시한다.[6] 그러나 그는 남성의 개인적 의무와 행동양식의 차원에서 이러한 효과들에만 주목하기 때문에, 우리에게는 그 주된 연구 목적이 이러한 지하 세계에 감추어져, 비교적 검토되지 않은 지하 세계의 윤리의 발달에 대한 남성적 인식인 역사가 제공된다. 결국 왜 결혼제도는 변하는지, 결혼생활에서 남편의 충실성(정절)에 관하여 좀더 〈엄격한〉 요구와, 또는 푸코가 말한 남녀관계에서 주변적이 될 만큼 상호보답적인 특징이 부각되는 장면들 뒤에 어떤 일이 일어나고 있는가? 왜 플리니무스(로마의 정치가) 시대에는 적어도 몇몇 남자들(플리니무스 자신도 그 한 예인데)과 그 아내와의 관계가, 플라톤 시대에 가능하게 보였던 것보다 훨씬 더 사랑·열정·그리고 의존성의 문제로 되었는지?[7] 이러한 질문들은 확실히 윤리적인 관계에서의 변화에 주목하는데, 이 변화는 남성적인 자기 관리의 면에서 반동적인 종류의 차이에 관한 행동주의자들의 면밀한 관찰을 통해서는 쉽게 포착될 수 없다.

푸코는 자기의 〈윤리〉에 관한 학자적 지식의 풍요로움을 분명히 제공하며, 이것이 추구되어지는 차별화된 형태를 조명하는 방법으로 연구 자료를 정리한다. 그러나 그렇더라도 이야기의 어떤 부분이 빠져 있다는 것을 느끼지 않을 수 없다. 남성 윤리의 이러한 변화를 도모하는 데 있어서 인간 상호관계의 역할을 적어도 고려할 수 있는 부분과, 그리고 비록 기록은 되지 않았지만 분명히 표현된 여성의 감정이 어디까지 기여하는 요소로 될 수 있을지 등이 간과되어 있음을 느끼게 된다. 결국 여성의 윤리적 위치가 푸코가 다루고 있는 역사적인 기간에 걸쳐 미소하지만 어떤 변동을 겪었다는 것은 푸코의 설명에서 암시된다. 그러나 만약 그렇다면, 이것은 남성 규칙과 금지에 대한 푸코의 강조에 기록되어 있는 것보다 남녀간의 상호작용의 변화하는 형태에 관하여 더 많은 것을 말해 주는 것이 아닌가? 그러면 푸코가 허용하기를 원하는 것보다 더 자세히 이러한 변화들을 경제·정치·사회적 성격의 변화에 연관시켜야 하지 않을까? 요컨대, 푸코는 그가 그리는 윤리적 코드의 사회적 맥락과 인간관계의 변증법 모두를 할 수 있는 한 추상화시킴으로써, 윤리가 매우 사적인—그리고 남성적인—일처럼, 무엇보다도 자기 통제와 저자의 창조라는 문제처럼 보이도록 윤리를 정의한다.

여기에다가 우리는 그리스 성욕의 남근적 특성에 대한 푸코의 두드러진 혐오에도 불구하고, 그 자신의 글에서 때때로 이러한 방향으로 빠져들어가는 경우가 또한 있음을 덧붙일 수 있다.『우리 사회에서 도덕성의 주된 분야, 즉 도덕성과 가장 관련된 우리 자신의 한 부분은 우리의 감정이다』(당신이 아내에 대하여 아주 좋은 감정을 가지고 있다 하더라도 거리나 어디서나 젊은 여성을 가질 수 있다)(Foucault 1984: 352)는 푸코의 말은 편견이 없다고 할 수 없다. 우리가 〈우리의〉 도덕성에 관하여 이야기할 때 우리는 〈그〉(푸코)의 도덕성에 관하여 말하고 있을지도 모른다는 우연한 다른 많은 가정들에도 똑같이 이러한 편견이 들어 있다.

랩코트 사건의 의미

그러나 성의 역사에서 〈의미 있는〉 것을 선택하는 데 내포된 푸코의 남성 지배에서 나에게 좀더 우려되는 부분이 있다. 예증하기 위해《성의 역사》1권 가운데 〈억압적 가설〉을 토론하는 과정에서 푸코가 언급하고 있는 일화를 인용해 보자. 랩코트 마을의 단순한 한 농장 일꾼에 관한 이야기이다. 이 일꾼은 1867년 푸코의 표현에 따르면『그의 주변에 있는 개구쟁이들이 하는 것을 보고 이전에 했던 대로 어린 소녀를 약간 애무했다』는 이유로 시장에게 불려 갔다. (숲의 가장자리에 성 니콜라스 성당으로 가는 길옆 개울에서 그들은 〈우유를 굳히는〉 놀이라는 이 장난을 하곤 했다.) 시장은 이 사건을 경찰에게 알렸고, 경찰은 그를 판사에게 데려 갔다. 판사는 그를 기소하였고 (결국 그는 석방되었지만) 의사에게 넘겨 주었다. 의사는 두 전문가와 접촉했고 전문가들은 마침내 이 경우에 대하여 보고서를 출간하게 되었다. 『이 이야기는 무엇을 의미하는가?』라고 푸코는 질문한 뒤 다음과 같이 대답한다.(1978: 31-2)

이 모두의 옹졸함, 시골생활의 섹슈얼리티에서 늘상 일어나는 일, 이 대수롭지 않은 전원의 쾌락이 어느 때부턴가 집단적 불관용과 재판, 의학의 중재와 주의 깊은 임상 조사, 그리고 완전히 이론적인 탐구의 대상이 될 수 있다는 사실. (중략) 그래서 우리 사회는 —— 역사상 그와 같은 조취를 취한 것은 최초임에 틀림없다 —— 단순한 어른과 기민한 아이들간의 이 끝없는 몸짓과 은밀할 것이 없는 쾌락 주위에 말하고, 분석하고, 조사하는 모든 기구장치를 다 동원했다.

그러나 이 이야기의 진정한 도덕을 푸코가 우리에게 제공한 것일까? 이 이야기에 대한 〈그〉의 담론에서 의미 있는 것은 실제 〈사건〉을 무죄로 만들고 변형시키고 억누른 그 정도가 되는 것은 아닐까? 이 〈기민한〉(겁에 질린?) 어린 소녀가 부모에게 〈대수롭지 않은 전원의 쾌락〉(개울에서 다 자랐지만 정신적으로는 저능한 남성에게 침으로 더럽혀지는 곤혹?)을 말하려고 달려가서, 그 〈옹졸함〉(이런 종류의 일은 그에 상응하는 관심과 일치되어야 한다는 사실)만으로 유명해진 이 사건에 대한 〈집단적인 불관용〉(경악과 공감?)을 불러일으킨 것일까? 푸코는 여기서 분명히 옳다. 중요한 것은 담론인데, 이 성희롱의 경우에 대한 무죄변명의 판단같이 멋지게 선택된 그 자신의 담론이 핵심이다. 우리의 관심을 현실에서 수사학으로, 어린 희생자의 경악에서 학술적 지식인의 남근 숭배의 훈육으로 옮기는 데 푸코는 얼마나 성공하고 있는가? 이 지식인의 견해는 〈의미〉의 문제에 너무도 현혹되어, 정말로 중요할지도 모르는 것은 볼 수 없게 만든다. 여하튼 어린이 학대는 이 담론에서 선행되지도 형성되지도 않은 것이 명백해 보인다.

이러한 논의는 푸코의 전체 업적이란 맥락에서 볼 때 단순히 사소한 서술에 대한 과도한, 약간은 신경질적이기조차 한 반응이란 말을 들을지도 모른다. 어느 경우든 아마도 푸코가 옳으리라. 숲의 가장자리에서 아주 심각한 일은 아무것도 일어나지 않았고, 푸코는 따라서 아무것도 아닌 일로 담론상의 소동을 부리는 데 〈섹슈얼리티〉가 동원되어진 그 정도를 정확한 공격 목표로 삼는다.

그러나 문제는 〈아무 일〉도 일어나지 않았다는 것을 푸코가 어떻게 아는가 하는 것이다. 왜 우리는 현장에 없었던 사람의 말을 받아들여야 하는가? 그 아이와 인터뷰해 본 적도 없고, 〈대수롭지 않은 전원의 쾌락〉이란 담론에 논쟁적으로 사로잡혀 결국 이 사건의 의미에 대한 개인적인 느낌에 근거해서만, 자신의 말의 〈진실〉을 받아들이도록 우리를 유도하는 사람의 말을 왜 그대로 믿어야 하는가? 이 맥락에서 〈아무 일〉이란 무엇을 의미하는가? 그것에 관해서는 아무것도 말해지지 않은 것? 그것을 우리는 받아들일 수 있을지도 모른다. 그러나 푸코는 여기서 더 진전된 어떤 것을 의미하는 듯하다. 즉 말로 〈증명할〉 어떤 것도 없다는 것, 이것은 확실히 비교적 다른 점이다. 그리고 푸코에 대항하는 푸코는 결국 섹슈얼리티의 담론이란 다소 적절하게(이 경우 그에 따르면 아주 왜곡되게) 대변한다고 말해질 수 있는, 담론외적인 현실에 관한 것이라고 생각한다는 점을 암시한다.

그러나 좀 다른 방향으로 나아가 보자. 왜 페미니즘에 대해서는 동일한 노선을 취해서는 안 되는가? 많은 여성들이 사회의 외곽에서 비교적 대수롭지 않은 여성의 역할을 담당하며, 이 드러나지 않은 존재를 별로 불평 없이 오히려 즐기고 있을 때, 갑자기 몇몇 메리 울스턴크레프트[1759-1797. 영국의 작가. 여성의 교육적·사회적 평등을 열렬히 부르짖은 것으로 유명함]나 시몬느 드 보부아르[1908-1986. 프랑스의 작가·여성해방운동가. 〈제2의 성〉이라는 논문으로 유명함]가 그때까지 길들여져 온 것처럼, 과연 이 모든 것이 즐겁게 질서가 잡힌 것인지 의문을 갖기 시작하고 짧은 글들을 쓰게 된다. 이 글들이 한 권의 책으로 늘어나 출판인에게 보내지고, 세상에 널리 알려진다. 그런데 이건 또 어찌된 일인가? 담론의 전체 기구체계가 형성되고 실제로 수천의 다른 연구들과 〈페미니즘〉이라고 알려지게 된 집단적인 여성의 불관용을 낳기에 이르렀다.

여기서도 푸코는 이 모든 것의 〈옹졸함〉에 우리가 주목하기를 원할까? 랩코트 사건을 토론할 때 썼던 똑같은 수사학적 태도로 우리에게 말하기를 원할까? 마치 이렇게 『사회가 시대에 대한 고정관념을 획득하고 갑자기 이전에는 관심을 두지 않았던 모든 무해하고 무한한 배열을 자세히 조사하기 시작하며, 사실 고정된 것은 아무것도 없으며 단지 말과 소동과 그 영향만이 존재할 뿐이기 때문에, 누구도 왜 그런지 말할 수 없는 이 모든 과정은 얼마나 놀랍고 비정상적인가?』

나는 사실 푸코가 이런 식으로 페미니즘의 출현을 없애기를 원하지는 않는다고 생각한다. 그가 페미니즘은 의미 있고 계몽적인 발전으로 간주하는 것이 분명하기 때문이다. 그러나 여기에 확실히 갈등이 있다. 만약 우리가 성의 역사에서 페미니즘이 주요한 사건이라고 주장하기 원한다면, 이것을 설명하는 길은 두 가지가 있을 것이기 때문이다. 우선 장광설을 늘어 놓고, 분석·조사하는 전체 기구체계가 있다. 페미니즘을 형성하는 이 조직은 주목할 만한 것인데 여기에는 관심을 가질 만한 어떤 것이 있기 때문이며, 단순히 사소한 것이 절대 아니다. 담론은 그에 선행되고, 우리가 페미니스트적 재현으로 말미암아 정신을 곤두세우게 되는 조건〔억압〕에 의해 정당화된다는 점에서 부각되는 어떤 주제에 관한 것이다. 이 경우 담론적인 형성으로서의 페미니즘은 〈성〉의 담론적 구축에 관한 푸코식의 주장을 침범하는 용어로 분석될 수 있을 것이다. (예를 들어 랩코트 사건에 관하여 제시된 것처럼.)

다른 한편, 푸코식의 주장을 그대로 따를 수 있다. 이 말은 우리의 신념체계에 대한 외부에 어떤 〈실재〉(혹은 이 담론에 선행하는 어떤 〈억압〉)가 있다는 것을 부인한다는 뜻이다. 따라서 페미니즘의 중요성은 페미니즘이 구축하는 실재 속에, 즉 새로운 신념체계, 페미니즘이 형성하는 규범과 가치 속에 존재한다고 주장한다. 페미니즘의 중요성은 이렇게 되면 페미니스트 이전의 〈실재〉가 갖는 순수하게 규범적이며, 정치적인 성격을 드러내는 사실에 놓여 있다. 즉 여성의 종속과 성의 차별화된 대우란 자연에 의해 미리 정해져서 논의의 여지가 없다고 여겨 온 실재를 드러내는 일이 바로 페미니즘의 중요한 임무이다.

그러나 만약 우리가 이 노선을 따른다면, 〈옹졸함〉에 대해서가 아니라 규범적인 충격에 주목하기 위해 랩코트 사건 주위에서 생겨나는 담론적인 형성에 왜 유사한 형태로 접근해서는 안 되는가? 예를 들어 왜 우리는 이 모든 〈불관용〉과 〈감시〉, 무수한 연구와 논문, 어린이 학대에 관하여 침묵하게 하려고, 〈대수롭지 않은 전원의 쾌락〉과 〈시간을 초월한 몸짓〉과 같은 담론의 정상화 기능을 드러내는 모든 지식을 이전에는 아무런 의미를 갖지 못했던 성욕의 해체로 보아서는 안 되는가?

그러나 반대로 만약 푸코에게 어린이를 괴롭히는 경우에서 정말 주목해야 할 것은 거의 없다고 결정 내리도록 허용할 준비가 우리에게 되어 있다 할지라도, 페미니즘에 대하여 〈불관용〉의 불합리하고 지나친 형태로 반응하기를 원하는 모든 사람들의 결정을 왜 똑같이 존중해서는 안 되는가? 페미니즘에게는 이전에 영원하고 자연적인 처리 주위에 치닫던 혼란과 연극 같은 행위에서만 〈의미 있다〉고 발견될 수 있는 것이 — 적에 의해 진정 이렇게 생각되는 경향이 있었는데 — 랩코트 사건의 경우에 푸코 자신의 절차와 완전히 일치하지는 않았을까?

이러한 질문에 대해, 랩코트 사건에 대한 푸코의 〈향수어린〉 묘사에서 아이러니를 탐지해 내는 데 실패하여 성적 일탈에 대한 이전의 태도와 현대간의 분리를 드러내는 데 있어서 내가 비판적 힘을 간과하고 있다고 답할 수 있을지도 모른다.[8] 푸코의 접근이 좀더 인습적인 대우에 우선권을 갖는 부분은 현대의 감수성에 호소하지 않고 오히려 이전의 인식과의 차이에서 오는 〈충격〉을 드러내는 점이라고 말할지도 모른다. 그러므로 감성에 대한 우리의 도덕적 변화에서 임의적이고 완전히 담론적 요소로 보이는 것을 부각시키는 데 또한 도움이 된다.

지식의 〈생산적인〉 차원을 강조함으로써 푸코는 우리의 〈도덕적 공포〉

와 윤리적 초점의 변화에 내포된 반사성에 주의를 기울이도록 하고, 담론 이전의 실재로 이 모두를 완전히 설명하려는 시도에서 결핍된 부분을 드러낸 것은 분명 사실이다. 그러나 내가 폭로하고자 하는 것은 담론이 출현하는 물질적 환경이나 인간 경험에 가하는 충격을 완전히 차단시키는, 담론 형성에 대한 푸코식의 설명이 지닌 결핍된 —— 모두 너무나 임의적인 —— 성격이다.

더욱이 지식이 주체에 대한 새로운 규범과 〈훈육〉을 생산할지라도, 지식은 또한 무지와 미신의 위압으로부터 주체를 해방시키는 힘이라는 것도 이해해야 한다. 좀더 이전의 더 편협한 태도에서 우리를 해방시키는 힘을 암암리에 불러일으킴으로써, 지식이 근대적 자기를 선출하는 데 사용된 특수한 형태를 푸코는 우리에게 확신시킬 수 있을 뿐이다.

푸코가 현대 의학 및 심리치료법의 심문 절차와 종교적 고백의 절차 사이에 평행관계를 끌어내어 보여 준 것을 예로 들 수 있다. 이들은 과학에 대한 현재 우리들의 신뢰와 구원을 가져오는 지식의 권력에 대한 믿음을 분명히 밝혀 주고 있었다. 경험의 〈진실〉에 도달하고 여기에 이름 붙이는 것은 이제까지 믿어 왔던 것처럼 자발적인 것도 자유로운 것도 아닐 수 있음을 시사해 준다. 성직자와 세속의 실행자 사이의 평행관계는 교회에 의해 부추겨진 신학적 신비화, 죄와 미신을 근대성의 세속적·과학적 담론을 통해 조명하는 빛에 그들의 힘을 의지한다. 흰 옷을 입은 현대 심리치료사의 시선과 종교적 고백자의 부드러운 탐사[9]를 비교하는 수사학적인 힘은, 전자가 후자를 일소할 때 후자, 즉 종교적 고백자에 대한 존경에서 벗어나느냐의 여부에 달려 있다. 종교적 고백이 영혼의 세속적 선택을 위한 기술로서, 구원의 약속을 통해 작용하는 훈육하는 책략으로 기능한다는 생각을 이해하는 입장에 우리가 놓여 있었던 것은, 단지 과학의 담론이 〈죄〉와 〈은총〉, 〈신성한 분노〉와 〈영원한 행복〉의 담론을 불신했기 때문이다. 이러한 이해 없이는 푸코의 비유는 우리의 이해를 전혀 얻지 못할 것이다.

이것이 옳다면, 자기를 구성하는 데 있어서 지식의 권력을 깨닫고 무지와 침묵을 구성하는 힘을 분해하는 효과를 인식하기 위해, 우리는 푸코의 설명이 안고 있는 편견을 재조정할 필요가 있다. 만약 이전에 우리가 구속되어 있었던 담론의 권력에 계속적인 투자를 거절함으로써 권력이 우리에게 재투자한다면, 이전에 우리가 보지 못한 것이, 우리의 이전 경험과 관련되어 있음을 보게 하는 종류의 경험이 지속되는 것에 의존하여 권력이 작용하였음을 뜻한다. 푸코가 여러 문화를 관통하는 관계를 이해하도록, 예를 들어 섹슈얼리티에 대한 세속적·종교적 담론의 작용에서 유사성을 이해할 우리의 능력에 관한 한, 그는 에피스테메간의 전위와 과격한 단절에 대한 자신의 강조가 의미할 수 있는 것보다 더 많이 인간의 감수성과 이해의 권력에 대하여 역사를 초월한 핵심을 무언중에 인정하고 있다.

경험이 문화적으로 연결되지 않는다는 것과 어디까지 우리는 자신이 처한 독특한 시간과 공간의 산물인지를 상기하는 것은 확실히 유익하다. 그러나 시공에 따라 달라지는 합리성의 변화에 대한 우리 자신의 인식은 우리의 경험과 선조의 경험간에 서로 통하는 점이 있음을 탐지할 능력을 전제로 한다. 우리는 과거에 대하여, 과거는 또 우리에 대하여 낯설지만, 단절의 성격을 인식하지 못할 만큼 낯설지는 않다. 이전 시대에 사용된 감정 표현이 동시대인의 귀에 얼마나 이상하게 들리는지에 대하여 푸코식의 기질로 주목한, 초서에 나오는 인물을 여기서 언급하고 싶은 유혹을 느끼게 된다. 그러나 그가 지적하듯이, 이 고답적인 사랑의 언어를 쓰는 사람은 연애할 때 그리 나쁘지 않은 대접을 받았다. 『다양한 시대·다양한 나라에서 사랑을 얻는 것은 다양한 관습이었습니다』[10]

결 론

푸코의 지식과 권력에 대한 언급 중 좀더 일반적인 역설에 대한 이 마지막 말들을 내가 염두에 둔다면, 그 이유는 그의 저술이 페미니즘에 제시하는 특별한 긴장에 궁극적으로 책임이 있는 것이 바로 이런 말들이기 때문이다. 페미니즘은 결국 잠재적으로 문화와 역사에 관통하는 젠더의 위계질서를 해체시키는 작업이다. 그러나 우리가 관습적·역사적 이해에 대항하는 푸코의 명백한 논증법에만 주의를 기울인다면, 여성이 거의 모든 문화권에서 영원히 종속되어 온 억압의 형태에 있는 어떤 동질성을 탐지해 내는 것이 불가능할지도 모른다. 페미니즘은 그들 자신 및 서로에 대한 관계의 왜곡되고 무력한 개념으로부터 남녀를 모두 자유롭게 만드는 작업이다. 그러나 우리가 담론의 훈육적 역할을 푸코가 상기시키는 부분에만 주의를 한다면, 이러한 종류의 해방 목표를 열망하는 것은 고사하고 어떻게 우리가 말할 수 있는지조차 명확하지 않다. 페미니즘은 여성의 종속에 책임이 있는 다양한 권력 형태에 이의를 제기하는 작업이다. 그러나 푸코가 도처에서 권력을 언급하지만, 권력의 효과로 이론화될 수 있는 것이 담론적 형성의 효과라고 우리에게 알려 주는 것 이상으로 담론의 성격과 원천에 대하여 말해 주는 것이라고는 거의 없다.

이러한 점을 여기서 과감하고 교묘하게 편견을 지닌 형태로 지적한다. 페미니즘에 대한 푸코의 논쟁이 전혀 관련이 없다는 뜻은 아니다. 페미니즘에서 푸코의 가치는 페미니스트에게 고전적인 〈현실적〉 경우를 형성하는 데 좀더 심오하고 자기 비판적으로 생각하게 한 정도에 있다. 그러나 만약 담론 이론이 페미니스트 추론의 표준 형태에 있는 순진성을 드러내는 데 쓰인다면, 이것 역시 여성의 억압이나 그에 대한 저항의 적절한 이해를 제공해 줄 수 없는 경우이다. 그러므로 페미니즘은 푸코식의 중재가 내포하고 있는 특수한 편견과 자기 전복적 차원의 한계를 잘 의식해야만 그로부터 최대한의 혜택을 얻어낼 수 있다. 이러한 중재를 무시하거나 거부하는 젠더의 정치학은 약자가 될 것이다. 그러나 닻을 내리지 못한 〈권력〉을 젠더 관계의 모든 변화 뒤에 있는 급격한 힘으로 단정하는 페미니즘은 담론이 구성하는 역할에 무신경한 사실주의 못지 않게 해석상 만족스럽지 못할 것이다.

3

자유의 실천

진 그림쇼

푸코의 업적에 대하여 많은 페미니스트들이 느끼는 상반된 감정이 1985년 토릴 모이가 쓴 다음의 글에 놀랍도록 잘 표명되어 있다.

페미니스트들에게 미셸 푸코의 《앎에의 의지》(성의 역사)와 같이 권력과 성 사이의 복잡한 상호관계에 초점을 맞춘 담론보다 더 매력적인 글이 있을 수 있을까? 그러나 아주 매력적일지라도, 푸코의 업적과 페미니즘 사이의 뚜렷한 유사성에 우리가 속아서는 안 된다. 페미니스트들은 푸코의 유혹적인 일을 거부해야 하는데, 이 글에서 앞으로 밝히겠지만, 그의 강력한 담론에 승복하는 대가란 페미니즘의 비정치화에 다름 아니기 때문이다. 만약 푸코의 분석에 항복하게 되면, 우리는 권력과 저항의 가학-피학대성 나선에 갇혀 버린 자신들을 발견하게 될 것이다. 이 나선은 이질적 움직임으로 끝없이 돌면서, 여성 해방 이론을 발전시키기는 고사하고, 가부장제하의 여성은 억압된 집단으로 구성되어 있다고 주장하는 것을 불가능하게 만들 공간을 형성하게 된다.(Moi 1985: 95)

모이는 위에 인용된 대목에 이어 푸코가 19세기 프랑스의 성에 대하여 묘사해 가는 방식을 신랄하게 비판한다. 19세기 프랑스의 성은 페미니스트들이 여성은 남성에게 억압당했다고 주장하는 권력구조를 무시하고 있는 듯이 보인다. 푸코의 주장에 따르면 인간 주체는 그 안에 놓여지지 않은 저항은 어떤 것도 허용하지 않는 담론과 권력관계의 복잡한 조직망 속에서 형성된다. 『위대한 거부의 유일한 장소, 반항의 영혼, 모든 저항의 원천, 혁명의 순수한 법이란 존재하지 않는다. 그 대신 각각 특수한 경우에 따른 저항의 다수성은 존재한다』(Foucault 1981: 95-6) 푸코의 분석을 받아들이는 것은 페미니즘으로 하여금 무엇이 권력에 저항하는가라는 물음에 대답할 수 없으며, 〈권력〉 자체의 개념에 어떤 근원적인 비판을 가할 수도 없는 견해에 관여하도록 한다고 모이는 주장한다.

페미니즘의 잠재적 〈유혹자〉로 푸코를 보는 모이의 (놀라울 정도로 성별화된) 관점과 그의 작업에 대한 푸코 자신의 개념을 대조시키는 것은 흥미롭다. 푸코는 때로 그 자신의 글을 쓴 사람이 생각하지도 않은 방식으로 도구가 구부러지고 비틀릴 수 있는 〈도구 상자〉로 보았다. 푸코가 스스로 페미니즘과 거리를 두었음에도 불구하고, 많은 페미니스트 작가들은 푸코식의 방법과 이론을 페미니스트의 목적에 유용하게 적용할 수 있는 것으로 보았다. 그러나 〈푸코〉와 〈페미니즘〉은 서로 관련을 맺을 수도 있고, 그렇지 않을 수도 있는 전적으로 별개의 두 이론이라고 보아서도 안 된다. 푸코에 대한 상반된 글읽기는 많이 있으며, 푸코 자신이 이것을 부추긴 듯이 보이는 때도 있다. 게다가 페미니스트 이론에 유용한지를 재는 자를 구하는 것도 쉽지 않다. 〈도구들〉이 과연 유용한지 여부는 그 도구들이 하기를 바라는 일에 달려 있다. 여성의 상황을 이론화하려는 사람들은 때때로 매우 다른 이론적·정치적 노선을 가지며, 그들 사이에 이론이 행사되어야 할 〈일〉의 종류가 분명히 합의되지 않은 상황이다. 푸코가 유용하다고 판명될지 여부는 페미니스트 이론을 위해 중요한 것으로 간주되는 일이 푸코가 맡았던 기획과 이미 유사성을 지니고 있는지 여부에 달려 있다. 그리고 아마도 푸코를 잠정적으로 위험한 〈유혹자〉로 보아야 할지 여부는 푸코의 글이 그것과 정반대되는 문제나 이론적 틀로부터 시작하느냐 아니냐에 달려 있다.

그러나 도구 상자의 비유는 나아가 또 하나의 조건과 더불어 유용할 수 있다. 그 조건은 다음과 같다. 푸코식의 분석이 과연 페미니스트 이론에 의해 직면하게 된 문제를 이해함으로써 접근 가능한 어려움을 제기하는 측면이 있는지가 그만큼 중요하다는 점이다. 〈푸코〉가 〈페미니즘〉(혹은 그 반대)에게 유용한지 혹은, 이들의 〈종합〉이 가능한지 그 여부가 중요한 것은 아니다. 과연 페미니스트 이론이 말하는 문제와 푸코가 말하는 것 사이에 어떤 유사성이 있는지, 이 둘 사이에 어떤 변증법이 만들어질 수 있는지가 중요하다.

푸코 · 페미니즘 · 주체성의 〈해체〉

푸코는 인간을 자율적이고 자기 스스로 결정하는 독자적인 행위자라고 보는 모든 개념에 이의를 제기한다. 푸코의 많은 글들, 특히 《성의 역사》의 서론에서 분명히 나타나듯이 자기는 담론에 의해 형성된 것으로 간주된다.[1] 예를 들어 푸코는 〈깊은 자기〉의 개념을 가톨릭의 고해성사, 정신분석 및 오늘날의 무수한 성에 대한 논쟁과 같이 역사적인 실행과 담론의 효과로 보고 탐구한다. 푸코가 역사를 탐구하는 자신의 방법에 이름 붙인 〈계보학〉의 작업은 이러한 실행과 담론에 대해 조사하는 것이다. 그러나 페미니스트 이론의 주된 계획 중의 하나는 여성 주체성의 〈해체〉와 주체로서의 여성 체험이 어느 정도까지 담론과 실행과 권력관계 안에서 구축될 수 있는지를 분석하는 것이었다.[2] 몇몇 페미니스트 작가들이 푸코의 글에 끌렸던 것도 놀라운 일이 아니다. 예를 들어 수잔 보르도(1989)는 신체 단련에 대한 푸코의 분석이 식욕감퇴 현상을 밝히는 데 얼마나 도움이 될 수 있는지를 보여 주었다. 산드라 바트키(1990a)는 패션 및 미의 관련 산업과 여성과의 관계를 논하면서, 권력을 어느 한 가지 원인에만 근거하지 않는 것으로 분석하는 푸코에게 이끌린다. 그녀는 패션과 아름다움이 요구하는 무수한 명령의 〈얼굴 없는 속성〉을 분명히 주목한다. 패션과 미의 명령은 특별히 어떤 곳에서 파생된 것처럼 보이지도 않으면서 여성들에게 보다 〈여성적〉으로 만들기 위해 끊임없는 형태의 자기 감시를 실행하도록 이끈다. 그러나 어떤 작가들이 소위 말하는 페미니스트 이론의 〈해체〉 작업에 푸코가 유용함을 발견한다면, 다른 작가들은 권력과 주체성에 대한 푸코의 분석에는 위험과 공백 부분이 있음을 암시한다.

권력에 대한 푸코의 개념에는 예리한 문제들이 있다고 프레이저(1987) · 듀(1986) · 테일러(1986) · 베스트와 켈너(1991) 등이 논쟁해 왔다. 《감시와 처벌》(1979)에서, 푸코는 근대의 주체가 권력의 훈육적인 테크놀로지에 의하여 형성되는 방법들에 관심을 기울였다. 이것은 우선 신체를 통해 작용하며, 권력에 의하여 완전히 관통되는 〈유순한 신체〉를 만들어 내게 된다.[3] 이 책은 우리에게 〈감금〉의 놀라운 이미지를 제시해 준다. 〈정상화〉 과정에 의한 더 오래 된 자유의 부식, 또는 일탈의 증가하는 주변화 과정 및 인간 주체성의 늘어나는 식민지화에 의해 특징지어지는 현대사회의 이미지를. 그러나 이 이미지는 균형 잡히지 않고 왜곡되어 있다는 점이 암시되어졌다. 이것은 근대사회, 현시대의 이미지로 분별 있게 받아들여질 수 없다. 사회는 거대한 감옥에 비교되기에 적절하지 않고, 푸코가 〈훈육〉(감시)의 개념을 광범위하게 사용하는 것은 소위 규율의 실행 또는 자유민주주의와 파시즘사회간의 극히 중요한 차이를 은폐시키는 것을 도울 수 있다.

또한 푸코가 저항을 적절하게 이론화할 수 있는가라는 질문이 제기되어졌다. 《성의 역사》에서 푸코는 권력의 억압적 개념을 비판했다. 권력은 〈생산적〉인 것으로 이해되어져야 한다고 그는 주장했다. 예를 들어 성은 고정된 의미에서 본질적으로 진정한 정체성이 있는 것이 아니다. 권력/지식의 테크닉이 성의 개념을 인간 정체성의 〈비밀〉로 생산해 낸다. 고해성사나 정신분석과 같은 실행은 가장 내면에 숨겨진 비밀을 찾고자 하는 욕구인 〈깊은 자기의 해석학〉을 생산했다. 푸코는 이들을 잠정적으로 자유로운 것으로 보기보다 정상화와 종속에 내포된 형태로 보았다. 그의 관점에서 볼 때, 권력은 도처에 산재해 있다. 이것은 어떤 특별한 원인을 갖거나 위에서부터 강요된 것으로 이해될 수 없으므로 어느 특정한 사회 집단의 소유가 될 수 없다. 권력은 〈모세관〉이며 아래에서부터 작용한다. 그러나 주체가 권력관계에 의해 이와 같이 형성된다면, 저항을 위해서는 어떤 여지가 남을 것인가? 예를 들어 〈여성성〉의 규범이 단순히 강요된 것으로 이해될 수 없다면 여성은 어떻게 그 규범들에 저항할 수 있는가? 푸코는 비교적 최근의 글에서 이런 종류의 반대에 때로 답하면서 권력과 저항은 항상 병행한다고 주장한다. 저항 없이는 결코 권력이 존재할 수 없다. 그는 권력은 단일한 원천에서 나온 것이 아니며, 특정 집단의 소유라는 권력 개념은 근대사회에서 권력 작용을 특징짓는 데 합당하지 않다고 생각하기 때문에, 바로 이러한 이유로 푸코는 권력이 결코 획일적이거나 전체적이거나 기능상 부드러울 수 없다고 주장한다. 그래서 이것은 항상, 변하고 안정되지 않으며 저항을 유발한다.

그러나 권력이 필연적으로 저항을 유발한다 할지라도, 어떤 근거에서 우리는 저항하는가? (혹은 저항할 수 있는가?) 여성성의 규범은 억압되어져 온 〈진정한〉 여성의 본성이란 이름으로 저항할 수 있는가? 이러한 물음은 비평가들이 푸코의 권력 개념에서 보게 된 문제의 두번째 주된 유형으로 이끈다. 근대 훈육의 테크닉이 지닌 억압성에 대한 도덕적 위반의 은밀한 인식이 (특히 《감시와 처벌》에서) 들어 있다. 그러나 만약 저항이 권력관계의 자발적이고 무정부적인 거부 이상의 어떤 것으로 간주되어진 적이 있다면, 이것은 어떻게 정당화되는가? 그리고 저항의 효율적인 형태와 비효율적인 것을 어떻게 구분할 수 있을까?

듀(1986)·프레이저(1989)·테일러(1986)와 같은 비평가들은 특히 두 가지를 지적했다. 첫째, 〈권력〉의 개념이 널리 확산되어 그 결과 권력이 모든 인간관계를 형성하는 원칙이 된다면, 권력은 그 자체가 나쁜 것으로 간주될 수 없다. 원칙적으로 〈권력〉의 작용에 대하여 불평하는 것은 인간 언어의 관습이 지닌 〈제한성〉을 불평하는 것만큼이나 무의미한 것이 될 것이다. 그 경우 권력에 관하여 은근히 비난하는 푸코의 태도에는 두 가지 문제점이 있다. 권력의 사악한 형태와 자비로운 형태간에 결정적인 구분을 할 필요가 있지 않은가? 권력의 비판은 어떤 독자적인 비판적 자세와 관점을 요구하지 않는가? 낸시 프레이저(1989)는 푸코의 연구 업적이 갖는 결정적인 결함은 명확한 규범적 틀이 결여되어 있다는 데 있다고 지적한다. 훈육적인 실행에 대한 푸코의 은근한 비난의 힘은 자유·정의 등의 〈계몽주의〉 가치를 인정하지 않은 채 받아들이고 사용하는 데서 생겨나는 것인데, 이 가치들은 또한 푸코가 뚜렷이 타파하기 시작한 것들이다. 어떤 의도에서는 규범적인 틀을 정지시키는 것이 방법론적으로 합당할지라도, 푸코가 일관성이 있으려면 선택을 해야 한다고 프레이저는 말한다. 그의 이론적 틀이 허무주의나 비관주의로 이끌 수 있을 뿐임을 인정하든지, 아니면 앞으로 모습을 나타내야 한다. 그래서 자유와 정의와 같은 어떤 가치들, 그리고 〈자유〉의 개념에 그가 흥미를 느낀다는 것을 인정할 수 있다. 이것은 공공연히 받아들이게 되면, 푸코의 권력 개념을 깊이 수정하도록 강요하고, 권력이 다른 사람들 위에 군림한 소수의 사람에 의해 장악된다는 것을 인정하도록 강요할 것이다. 여기서 근본적인 비난은 푸코의 작업이 비록 어느 정도는 페미니스트의 해체 계획에 기여하는 데 유용할지라도, 궁극적으로 미래관을 제시하고, 비판적인 페미니스트 윤리관, 또는 일관된 페미니스트 정치학을 분명히 하는 계획에 아무것도 제공해 주지 못한다는 것이다.

푸코의 업적에 대한 이러한 인식은 따라서 〈해체〉와 재건의 계획을 서로 구분한다. 푸코는 여성 주체성의 〈계보학〉을 제시하는 일에 때때로 유용한 〈도구들〉을 제공할 수 있으나, 그 이상으로는 별로 제공해 주는 것이 없다.

자유의 실천

이 글의 바로 앞부분에서 살펴본 푸코에 대한 인식은, 〈해체적〉 계획과 〈재건적〉인 것을 명확히 구분하는 것이 가능하다는 견해에 어느 정도 부분적으로 의존하고 있다. 그러나 푸코에 대한 몇몇 페미니스트의 글은 이 둘 사이에 뚜렷한 경계가 없다는 것을 적어도 은연중에는 암시하고 있다. 푸코에 대한 자나 사위키의 저서가 바로 이러한 경우이다. 사위키(1991)는 푸코식의 접근방법이 페미니스트 분석에 유용한 대안을 제공할 수 있다고 주장한다. 이때 페미니스트 분석이란 남성 권력의, 지나치게 하나로 통일된 개념과 여성에 대한 남성 지배를 채택하거나, 전체적 재건 또는 여성 욕망의 자율에 대한 유토피아적 세계관이란 생각을 견지하고 있다.

1983년의 대담에서, 푸코는 다음과 같이 적고 있다. 『나의 요지는 모든 것이 나쁘다는 것이 아니라, 모든 것이 위험하다는 것이며, 위험한 것은 나쁜 것과 꼭 동일한 것은 아니다. 만약 모든 것이 위험하다면, 언제나 해야 할 어떤 일을 갖게 된다. 따라서 나의 입장은 냉담으로 이끄는 것이 아니라 고도의 비관적 행동주의로 이끈다.』(1986: 343) 푸코는 그의 글에서 전통적인 해방 이론들이 얼마나 그 자체의 지배적이고 억압적인 성향을 보지 못했는가를 일관되게 지적하고 있다. 이러한 인식이 페미니즘에게 두 가지 이유 때문에 결정적이라고 사위키는 주장한다. 첫째, 여성들 자체가 지배와 억압의 여러 형태에 연루되어 있다. 예를 들면 남부 노예 제도의 대농장에서 백인 여성은 젠더와 인종 억압이란 복잡한 거미줄에 갇혀 있는데, 이 거미줄 안에서 〈여성〉의 이미지는 〈인종〉의 이미지와 밀접하게 연결되어 있다. 또는 차별 대우에 대항하여 투쟁하는 고소득 여성 간부는 그 자체 저소득 노동자의 지속적인 착취를 전제로 한 제도 내에서 현재의 지위를 얻은 셈이다.

덧붙이면 페미니스트의 생각과 실천 자체는 구별적이고, 배타적이며, 억압적인 경향들에 대하여 무지하지 않았다. 몇몇 예들이 이를 증명하고 있다. 첫째, 최근 페미니스트의 글에서 가장 중요한 주제 하나는 어떤 특정 형태의 페미니스트 이론과 실천이 많은 여성들을 주변으로 몰아가는 방법에 관한 것이다. 단순히 차이를 회피하는 방식으로 〈여성〉 그 자체의 개념을 생각 없이 사용하는 일에 의해서가 아니다. 몇몇 여성을 〈타자〉로 구성할 수 있고, 따라서 다른 방식이지만 여전히 여성을 주변화시키는 〈차이〉의 기호를 사용하는 바로 그 행위로써 수많은 여성들을 주변화시켜 왔다. 둘째, 〈자율〉의 개념은 충분한 이유로 페미니스트 사고에 핵심이 되어 왔다. 그러나 여성들이 더 큰 자율을 획득하고 여성 주체성의 공통된 건설에 저항하는 방법을 이론화하려는 시도는 〈페미니스트〉적인 행동과 생활방식의 이상에 적응하지 않는 여성은 은연중에 경멸하게 되는 〈정통적인〉 페미니스트적 자기의 견해로 이끈다. (예를 들어 델리 1979와 1984를 참조하라.) 셋째, 전적으로 민주적이 되어 지도권의 형식적 형태를 모두 철폐하려는 끈질긴 노력을 야기시킨, 위계질서에 대한 페미니스트들의 공통된 혐오는 때로 〈무구조의 폭력〉으로 불릴 수 있는 결과를 낳았다. 절차의 좀더 형식적인 형태보다 반대하기 어려운 실용적인 지배를 야기시킨 것이다.

성욕에 관한 페미니스트의 논쟁은 권력과 자유에 대한 페미니스트의 개념에 있어서의 여러 문제를 조명했다. 사위키는 푸코식의 접근이 급진주의와 자유주의적 접근 모두에 대안을 제시할 수 있다고 주장한다. 자유주의 접근은 단순히 방출되어야 하는 〈자연적인〉 성욕을 가정하거나 성에 관한 문제를 단지 〈선택의 자유〉에 대한 문제로 본다. 이러한 견해는 모두 성욕이 인간생활에서 그냥 〈주어진〉 것이 아니며, 모든 인간의 선택이 억제되어져 온 방법을 인식하지 못한다. 한편 성의 사회적 구축 형태와 더불어 작용하는 급진적 페미니스트 분석은 권력의 지나치게 중심화된 개념과 더불어 기능하며, 현재 형성된 여성의 성욕은 전적으로 남성권력과 이데올로기의 결과라고 암시한다. 예를 들어 드워킨(1987)과 맥키논(1987)을 보면 알 수 있다. 드워킨이나 맥키논과 같은 작가들은 여성은 욕망에서 자유롭다는 말을 듣기 전에 전적으로 자기 결정권을 가져야 하며, 자신의 성을 정의하거나 구축하는 문제에 대하여 완전한 자율권을 행사해야 한다고 생각하는 듯하다. 권력의 전체적 조망眺望은 성적 욕망의 현대적 형태에 대하여 거의 전적으로 부정적인 태도와 연관된다. 사위키는 자유의 이 유토피아적 개념이 현재에 대하여 허무주의적 결과를 갖는다고 주장한다. 통용되는 성적 실행의 모호성과 다수성은 전적으로 거부된다. 남성의 욕망 자체는 보통 분석되지 않은 채 있고, 남성 이데올로기의 수동적 보유자로 간주되는 경향이 있는 여성을 희생시키는 작업은 지나치게 강조된다. 성욕은 전적으로 저항이나 지배의 장으로 간주되어서는 안 되며, 성적 실행과 욕망의 감소될 수 없는 복수성·모호성·다수성을 인식하는 것이 페미니스트 분석에 있어서 결정적이라고 그녀는 주장한다.

〈욕망의 정치학〉은 페미니즘에게는 극히 어려운 문제이다. 한편으로 많은 페미니스트들은 그들이 욕망의 〈행정관리〉, 잠정적으로 위험한 검열의 결과물, 욕망과 환상이 일련의 유력한 정치적 이상과 완전히 행동을 같이 한다고 추측하는 일의 어려움에 대하여 맹렬하게 반대해 왔다. 이것은 코넬(1991), 세갈과 메킨토시(1992)를 보면 알 수 있다. 다른 한편으로 욕망과 환상은 왜 전적으로 주어진 것, 혹은 완전히 변화를 받아들일 수 없는 것으로 간주되어야 하는가? 바트키(1990c)에서 보듯이, 여성에게 해를 끼치는 이러한 것들의 형태는 없는가? 그러나 푸코식의 접근이 이러한 문제를 정말로 해결하지는 못할지라도, 그 문제에 대한 급진적 페미니스트의 접근은 내포된 정치적·윤리적 문제를 해결하는 데 거의 도움이 될 수 없다는 것을 제시하는 데 사용될 수 있다. 성욕에 대한 세이라 제프리(1985, 1990)의 저서를 예로 들어 보자. 성욕에 대한 제프리의 견해는 성욕과 주체성, 그리고 남성 권력에 관하여 푸코식의 접근과는 양립하지 못하는 무수한 가정에 근거하고 있다. 성욕/이성애가 여성에 대한 남성 억압의 주된 핵심이라고 그녀는 생각한다. 다시 말하면, 그녀는 권력을 단일한 원천에 근거한 것으로 보려는 경향이 있다. 그녀는 모든 이성애의 관계는 지배와 종속의 일반적인 구조로 회복할 수 없게 손상되었다고 가정하며, 이성애에 대한 그녀의 분석은 푸코식 접근이 성적 욕망에서 인식하고자 했을 모호성과 반대 감정의 공존을 그 어느것도 허용하지 않는다. 그녀는 여성 욕망이 자율적이고 전적으로 자기 인식적 형태를 갖는 것이 가능하다고 생각한다. 그리고 〈완벽한 평등〉의 의미에서 성적 욕구를 재구축하는 것이 가능할지도 모른다고 또한 생각한다. 성의 성격, 권력 및 정치의 문제에 대한 푸코식 접근은 이러한 생각과 양립될 수 없다. 비록 푸코는 그의 견해가 성욕 그 자체에 관한 특수한 윤리적·정치적 실행을 권하지 않는다는 점을 자주 강조하지만, 그의 견해는 다른 견해들을 윤리적·정치적으로 불가능할 뿐 아니라 바람직하지 못한 것으로 제외시킨다. 적어도 핵심에 모호성·모순·복합성에 대한 인식을 포함하는 정치학을 푸코는 암암리에 제시하고 있다. 이러한 의미에서 성욕 문제에 대한 푸코식의 접근은 단순히 〈해체적〉이지만은 않다.

페미니스트의 실천이 권력관계에 대하여 〈순진〉하지 않았다는 인식은 비관주의나 절망의 충고로 보일 수 있다. 진정 푸코는 자신을 비관주의자로 묘사했다. 그러나 이 〈비관주의〉는 어떤 변화도 불가능하다는 믿음이 아니라, 이런 종류의 유토피아적 낙관론에 내포된 잠정적 위험과 속임수에 대한 경계로 받아들이는 것이 나으리라 생각한다. 푸코의 연구는 명목적 윤곽을 결여한다고 보는 비평가들은 잘못 본 것이라고 사위키는 주장한다. 우선 푸코는 항상 같은 것을 말하지는 않았다. 그는 참여되어졌고, 우리에게 때로 〈후천적 성격〉이 된 삶의 형태와 경험을 낯설게 만들고, 새로운 방식의 사고와 행동양식이 가능하다고 제시하기를 원했다. 완전히 새로운 윤리적인 틀을 창조해 내려는 생각은 푸코의 사고에 낯선 것일 수 있다. 우리는 현상태에서 출발할 수 있을 뿐이며, 우리가 처한 현상태는 푸코가 비판한 〈계몽〉적 이상이 제공하는 지속적인 관련과 중요성을 내포한다. 푸코의 〈부정적 자유〉는 권리·자유·정의의 담론을 사용할 선택권을 우리에게 거부하는 것이 아니라 푸코는 단지 잠정적 위험을 지적할 뿐이라고 사위키는 주장한다. 그러나 그 위험을 인식한다면, 우리들이 적극적인 책략을 갖는 것을 멈추게 할 만한 것이 푸코에게는 아무것도 없다.

자유는 자기 이해의 형태와 지배의 형태 사이의 역사적 연관성을 발견하고, 지배 담론에 의해 이미 우리가 분류되고 정의되어 온 방식에 저항할 능력에 놓여 있다. 이 말은 우리 자신과 서로를 이해하는 새 방식을 발견하고, 지배적인 문화가 우리의 행동과 욕망을 규정짓는 것을 받아들이지 않고, 저항적인 문화 안에서부터 그들을 재정의하는 것을 의미한다.(Sawicki 1991: 44)

〈자유〉는 페미니즘을 위한 중심 주제로 남아 있다. 그러나 자유에 대한 하나의 주요 장소가 있다고 가정하지 않는 것이 중요하며, 저항과 자기 이해의 새로운 형태가 어떤 점에서 그들이 저항해 온 부분들을 원상복귀시킬 위험을 무릅쓰고 있다는 것을 끊임없이 의식하는 것이 중요하다. 1984년에 가진 대담에서 푸코는 다음과 같이 말한다.

나는 자유의 일반적인 주제에 대하여 항상 좀 회의적이었다. ……자유나 이러저러한 자유의 형태가 존재하지 않는다는 뜻은 아니다. 식민지인들이 통치자들에게서 자유로우려 애쓸 때, 그것은 분명 철저한 의미에서 자유의 행위이다. 그러나 이 지극히 자세한 예에서 자유의 이 행동은 그후에 이 국민과 사회와 개인이 그들의 존재나 정치사회의 받아들일 만한 형태를 결정하는 데 필요하게 될 자유의 실천을 확립하기에 충분하지 않다.(Foucault 1988: 2-3)

〈자유의 실천〉이란 주제는 페미니즘에게 아주 중요한 주제로 보인다. 이것을 실행하는 또 다른 길은 〈어떻게 사람이 살아야 하는가〉에 관한 문제가 고도로 일반적인 윤리적 이상에 대하여 전적으로 답할 수 있는 것은 아니라고 말하는 것이다. 게다가 어떤 특별한 종류의 〈자유〉가 여성이 남성이나 다른 여성과의 관계에서 자유·평등·또는 상호관계를 영구히 모호하지 않게 확립하리라 가정할 수는 결코 없다. 예를 들어 한 여성이 성관계를 포함하여 남성과 맺는 자신의 관계를 모두 다시 평가하고 싶은 강한 욕구를 경험하게 되는 상황을 생각해 보자. 이러한 욕구는 점차 부각되는 페미니스트 의식에서 야기될 수 있다. 산드라 바트키(1990d)는 페미니스트 의식을 얻는 경험은 공통적으로 매우 오도될 수 있는 것이라고 주장했다. 행동과 실천을 부르짖는 오랜 지침은 질문에 노출되어 있고, 구태의연한 해석은 과격한 종류의 의심을 받기 쉽게 된다. 그리고 행동의 새로운 〈목록〉은 아직 준비가 안 된 상태며, 나아가 행동과 감정의 새로운 형태는 그 자체가 이해하기 어렵다. 예를 들면 정당화될 수 있는 노여움과 불합리한 자기 정당화를 어떻게 구분한단 말인가? 남성 배우자의 입장에서는 단지 보조적인 것으로 보아야 할 행동과 여성의 의존성과 무능력을 뜻하는 것으로 보아야 할 행동을 어떻게 구분할 것인가? 타인을 필요로 하는 것 자체가 지나친 의존 및 필요한 자율성의 부족을 표시하게 되는 것이 언제인가? 성관계에서 다른 사람의 욕망을 필요로 하는 일이 언제 성적 객관화라는 문제 제기의 형태로 조금씩 변화해 가는가? 만약 성의 욕망이 자신을 위해 다른 사람의 욕망과 밀접하게 연관된다면, 다른 사람의 욕망에 대한 자신의 욕망이 어느 정도, 어느 맥락에서 다른 사람에 대한 욕망의 종속으로 서서히 변해 가는가?

이런 종류의 질문은 인간 삶의 다른 영역에서도 분명히 제기된다. 페미니스트 교육의 문제가 한 예를 제공한다. 〈알기〉 때문에 알지 못하는 사람에 비하여 항상 혜택을 받는 전문가의 억압적인 위계질서를 피하고 싶어하는 사람이 있다고 가정하자. 어떤 실제적인 형태의 교육을 채택해야 하는가? 이것은 쉬운 문제가 아니다. 여기에 대한 한 가지 해답은 모든 페미니스트 교육이 학생 중심이어야 한다는 것이다. 교육이 학생들의 직접적인 경험과 필요에서 야기되고 그에 대한 해답을 제공해 주는 것으로 항상 간주되어야 한다는 의미에서 그러하다. 그러나 만약 지식이 〈권력을 행사〉할 뿐 아니라 〈권한을 부여하는〉 것으로 생각할 수 있다면, 지식의 좀더 구조화된 형태를 제공하고 그에 접근하지 못하는 것이 그 자체가, 어떤 사람은 가지고 다른 사람은 갖지 못한 권한 부여의 원천을 제공하는 일의 실패로 생각될 수 있다.

이러한 난관의 핵심은 결정적인 방법으로 해결되는 일이 결코 없으며, 아주 일반적인 원칙에 대한 간단한 호소로 문제가 해결될 수 없다는 것이다. 따라서 평등과 상호관계의 원칙이 실천에 대한 이러한 재평가에서 중심이 되는 것이 명백할지라도, 이러한 것들은 끊임없는 해석과 재해석이 필요하다.

이러한 의미에서 〈자유의 실천〉에 대한 푸코의 견해는 자유에 대한 완전히 〈부정적인〉 견해를 형성하지는 않는다. 오히려 페미니즘은 규칙적인 원칙에 대하여 고수하는 태도와 특별한 문맥에서 해석될 수 있는 방법으로, 어느 정도 실험적이고 조심스러운 실용주의의 자세를 결합시키는 것이 때로 필요할지도 모른다는 것을 암시한다.

이제까지 나는 페미니즘의 〈해체적〉이고 〈재구축적〉인 측면들이 명확히 구분될 수 없으며, 푸코의 접근이 여성의 주체성을 〈해체〉할 수 있는 방법을 제시할 뿐 아니라 가치 있는 일련의 (어느 정도 조심스러운) 정치적·윤리적 태도를 지닌다고 주장해 왔다. 그러나 푸코는 그의 마지막 글들에서 좀더 분명히 윤리의 문제에 전념한다. 그래서 이제 나는 이러한 글들이 페미니스트 윤리의 계획이 유용하게 쓸 수 있는 좀더 명확한 명목적인 틀(뼈대)을 제시하는지 의문을 제기하고 싶다.

윤리와 자기에의 배려

《성의 역사》(1987, 1990a)의 제2권과 제3권을 포함한 푸코의 마지막 글들과, 그의 후기 에세이와 대담들은, 많은 비평가들에 의해 그의 연구에서 하나의 〈분기점〉을 이루는 것으로 평가되어 왔다. 《감시와 처벌》, 또는 《성의 역사 입문》과 같은 책에서 〈자기〉는 해체된다. 그리고 자유와 자율의 개념은 별로 얻어지는 것이 없으며, 윤리와 규범적 정당화의 문제는 거의 완전히 중지된 상태에 이를 정도로 〈자기〉는 담론과 감시 테크닉의 결과로 간주된다. 그러다 갑자기 마지막 글들에서 자유와 윤리의 개념이 중심이 된다.

이러한 〈분기점〉에 대한 푸코 자신의 견해를 대략이나마 살펴보면 다음과 같다. 때로 자신의 몇몇 책은 자기 발전을 위한 교육적 목적에서 전적으로 자기와 신체의 훈육적 테크놀로지와 담론 안에서 구성되고 몰입되는 과정에 초점을 맞추고 있다는 데 푸코는 동의했다. 그러나 그는 저항을 불가능한 것으로 제시한 적은 없다고 부인했다. 자신의 권력 이론은 저항 형태의 가능성과 존재를 모두 암시하며, 표현을 위해 투쟁할 수 있는 〈예속된〉 지식의 가능성 또한 암시한다고 주장했다. 그럼에도 불구하고, 그의 후기 작품에는 깊은 변화가 감지된다. 《쾌락의 사용》의 서론에서, 푸코는 이 변화를 발전의 과정으로 묘사한다. 그가 맡은 이전의 계획에서 그는 과학의 형성을 성욕과 관련지어 고찰하고 권력 체계가 성욕의 실행을 규제하는 것으로 보았다.

그러나 이 작업은 그가 〈욕망하는 주체의 계보학〉이라 부른 것에 의하여 보완될 필요가 있다고 푸코는 말한다. 이것은 개인이 자신에게 초점을 맞추고 욕망의 주체로서 자신을 인정하도록 이끄는 실천의 탐구와 분석을 의미한다. 또한 개인이 자신을 주체로 형성하게 되는 자기와의 관계가 지닌 형태와 양식에 대한 탐색을 뜻한다. 푸코의 분석은 대부분 기독교 시대 이후 서구 문명에서 지배적인 양상으로 나타난 〈깊은 자기〉에 집중된다. 〈욕망하는 주체의 계보학〉에 대한 연구 계획을 세우다 보니, 푸코는 이러한 생각이 존재하지 않았으리라 추정되는 시기에 이 개념이 역사적으로 출현하게 된 과정을 추적하기를 원하게 되었다. 따라서 그는 고대의 연구로 거슬러 올라갔고, 성욕과 육체가 도덕적 사려와 통제의 대상이 되었던 방법을 연구하게 된 것이다.

그러나 〈도덕성〉을 연구할 때 염두에 두게 되는 대상은 무엇인가라고 푸코는 질문한다. 어느 정도 일관성 있는 규율을 형성하는 일련의 가치들과 행동을 연구할 수 있다. 혹은 이러한 규율과의 관계 속에서 개인의 진정한 행동을 연구할 수도 있다. 그러나 규율에 복종하는 방법도, 규율과 개인의 관계에 대하여 생각하는 방법도 다양하게 많이 있다. 〈도덕적〉 행동은 하나의 규칙이나 법에 단순히 순응하는 것으로 축소될 수 없다. 도덕적 행동이 사물의 체계 속에서 차지하는 위치는 다양할 수 있다. 따라서 결혼생활의 성실은 자기 통제 또는 세속으로부터의 분리, 열정에 대한 무감각 등에 초점이 맞추어질 수 있다. 도덕적 행동은 자기에 대한 관계와 자기 형성과정을 윤리적 주제로 포함시킨다.

개인이 그의 윤리적 실천의 대상을 형성하게 될 자신의 부분을 한정하고, 그가 따를 교훈에 상응하는 자신의 위치를 정의 내리고, 그의 도덕적 목표로 쓰이게 될 존재양식을 결정하는 과정을 내포한다. 그리고 이것은 그에게 자신에 근거해 행동하도록, 자신을 감시·시험·개선·변형하도록 요구한다.(Foucault 1987: 28)

어떤 도덕 형태에서는 규율이 주로 강조되고, 주체화의 과정은 강한 전체주의와 의사擬似 사법체제하에서 일어나게 될 것이라고 푸코는 생각했다. 그러나 다른 도덕 형태는 주체화의 형태와 자기의 실행 안에서 역동적 요소를 갖게 될 것이다. 규율과 규칙 체계는 오히려 초보 단계이며, 엄격한 준수는 그리 중요하지 않을 수도 있다. 그리스의 도덕에는 형식적 혹은 보편적 금지가 거의 없었다고 푸코는 주장했다. 도덕성은 그가 〈자기에의 배려〉라고 부른 것, 즉 살아가는 테크닉과 성의 쾌락의 세부 규제 발달 주위를 맴돈다. 엄격함과 자기 통제라는 그리스의 실행 의도는 보편적 법의 준수에 있는 것이 아니라, 존재에 가능한 가장 우아하고 완성된 형태를 부여하기를 바라는 사람들에게 행동양식의 원칙을 제시하는 데 있다. 개인의 삶은 예술작품과도 같은 어떤 것이 될 수 있을지도 모른다.

푸코는 고대의 도덕성이 우리를 위한 모델이나 본보기로 간주될 수는 절대로 없을 뿐 아니라, 사람들에게 어떠해야 하고, 무엇을 하고 믿어야 한다는 것을 말하려는 것이 결코 그의 의도는 아니라는 점을 분명히 밝혔다. 철학적·윤리적 사고는 발견될 수 있는 〈기초〉, 그곳으로부터 길을 잃거나 소환되어야 할 〈기반〉을 가진 것으로 생각될 수 없다. 자기에의 배려 개념은 잃어버린 열쇠처럼 찾기만 하면 올바른 기초 위에 윤리를 세울 수 있는 것이 아니다. 푸코는 이러한 것을 제시하기에는 너무도 반근본주의자였다. 그럼에도 불구하고 그는 도덕성의 연구와 고대사회에서 자기에 대한 관계가 두 가지 이유에서 오늘의 윤리적 사고에서 유용할 수 있다고 믿었다. 첫째는 지배적인 서구의 전통과는 여러 면에서 다른 윤리적 관습과 사고에 대한 연구는 낯설게 하기의 주요한 연습이 된다고 주장한다.

나의 동기를 말하자면 매우 간단하다……. 호기심이다. 어느 경우에나 고집스럽게 행동할 가치가 있는 유일한 종류의 호기심, 당연히 알아야 할 것을 아는 것에 동화되려는 호기심이 아니라, 스스로에게서 자유로워질 수 있는 호기심말이다. 다르게 생각하고 다르게 인식할 수 있는지 알고자 하는 의문이 계속해서 관찰하고 사색하기 위해 절대적으로 필요한 때가 인생에는 있는 것이다. 생각이 그 자체에 불러 온 비판적 작업이 아니라면 오늘날 철학, 즉 철학적 활동은 무엇인가? 이미 알려진 것을 합법화하는 대신 다르게 생각하는 것이 어떻게 어느 정도 가능한지 알려는 노력에 있지 않다면 철학은 어디에 있는가?(Foucault 1987: 8-9)

이것은 푸코가 〈해체적〉 작업으로 열거한 것이다. 그러나 둘째로 푸코는 우리와 고대는 그 역사적 거리에도 불구하고 중요한 유사성을 지닌다고 주장한다. 고대는 도덕 규율에 우선 복종하는 도덕 개념으로 움직여 나가지는 않았다. 오늘날, 수세기의 지배 후 도덕 규율에 복종한다는 이 생각은 점차 사라져 가고 있다. 존재의 〈미학〉에 대한 탐구는 도덕적 규율의 소멸과 일치한다고 푸코는 주장한다.

푸코가 묘사한 대로, 고대의 윤리적 이상은 자기의 실천과 자기에의 배려를 향한 도덕성의 이상이다. 잘 산다는 것은 맹렬한 자기 훈육과정에 의하여 자신을 변형시키는 것이다. 권력은 푸코의 후기 작품에서 변화를 겪는다. 푸코가 근대 권력의 테크닉을 혐오하는 것이 분명하지만, 그것의

〈생산성〉에 대하여 일종의 미적 만족을 느끼는 것을 그의 글에서 볼 수 있다고 테리 이글턴은 지적한다. 푸코의 후기 글에는 다음과 같이 나타나고 있다.

> 윤리적 이상은 자신의 권력에 대한 금욕적・비열정적 지배에 대한 것이다. ……이 입장은—— 자신을 생산하는 일이 세금 내고 처벌하는 훈육을 포함시키는—— 최고의 강제성과 최고의 헤게모니를 결합시킨다. 주체는 주도권을 쥔 주체의 자율성을 갖는데, 이제 좀더 급진적으로 믿을 만한 정통적인 태도로…… 이 권력이 자신에게 향하므로 이것은 억압적이 될 수 없다.(Eagleton 1990: 391)

권력은 따라서 푸코의 후기 글에서는 자신 안에 자리잡고 있다. 그리고 여성들이 개인적 자율의 형태를 얻는 데 심한 어려움을 경험하게 되는 길이 제시된 상태에서, 자기 통제・자기 변형・자기의 적극적 창조・자기의 실행과 자기에의 배려에 대한 집중과 같은 개념은, 페미니스트의 생각과 뜻을 같이 할 수 있는 것처럼 보일 수 있다. 그러나 푸코가 후기 글에서 윤리와 자기에 대한 그의 개념을 상세히 그리고 있는 그 특이한 방식은 아주 실망스럽다. 초기의 글에서 볼 수 있던 〈해체적〉 유용성을 보유하는 것조차 실패하고 있다.

자율・젠더・자기

자기에 대한 배려의 고대의 윤리가 푸코가 표현한 대로 어떤 페미니스트든 이서裏書하기를 원하는 것으로부터 왜 수광년이나 떨어져 있는 것처럼 보이는지 몇 가지 분명한—— 그리고 조금 덜 분명한—— 이유들이 있다. 가장 분명한 이유는 푸코 자신이 지적하듯이 그가 분석한 그리스의 도덕은 전적으로 엘리트 위주의 남성지배적이기 때문이다. 푸코가 논하는

〈윤리적 주체〉는 항상 남성이다. 그가 언급하는 존재의 〈미학〉은 극소수 자유로운 남성의 특권이었고 여성에게는 전혀 해당되지 않았다. 그러나 문제가 되는 것은 단순히 이러한 여성의 배제만은 아니다.

첫번째 주목해야 할 점은 《성의 역사》의 2,3권에서 나타나는 주체 혹은 자기 개념의 〈희박성〉이다. 테리 이글턴은 성욕에 대한 푸코의 강조는 거의 전적으로 육체에 집중되어 있으며, 의미 있게도 먹는 것이 성에 가장 가까운 것으로 간주되고 있다고 지적한다. 육체는 주체를 대변하며, 미학은 윤리를 대신한다. 『이 개인은 매우 조심스럽게도 표면 · 예술 · 테크닉 · 감각의 본질이다. 우리는 아직 애정 · 감정적 친근성 · 동정심이라는 금기의 영역으로 들어가도록 허락받지 못하고 있다.』(1990: 391) 이글턴이 주목하지 않은 것은 자기와의 관계의 현대적 형태를 낯설게 하려는 푸코의 시도가 낯설게 하기보다는, 오늘날의 지배적인 주제의 반복처럼 읽는 방식이다. 예를 들어 〈성의 안내서〉와 같은 것을 포함해서 1960년대 이래 성욕에 대한 많은 일반적인 담론은 성욕을 정확히 표피와 감각의 문제로 생각했다. 적당한 곳을 만지고 적당한 반응을 자아내는, 말하자면 성적 단추누르기의 문제 등은 성욕의 거의 유아론적 견해였다. 그리고 비평가들은 이것이 유발할 수 있는 〈행위의 불안〉에 주목하고, 이러한 규범에 의하여 정의된 〈적절한 성생활〉 없이는 누구도 행복하거나 충만한 삶을 영위할 수 없다는 견해에 종종 주의를 기울인다. 게다가 이글턴은 자기 방종이 강력한 힘을 고갈시킬 수 있다는 그리스의 견해는 흔히 있는 남성의 환상이라는 점에 주목한다. (이것은 빅토리아 시대의 성욕에 대한 토론에서 만연되었다.)

그러나 좀더 중요한 것은 푸코가 페미니즘에 결정적인 문제들, 즉 그가 자율 혹은 자기에 대한 자기의 권력으로 특징짓는 자기 훈계와 자기 감시의 형태라는 문제를 완전히 회피하고 있는 것 같다는 점이다. 많은 초기 글에서 푸코는 외적인 제재制裁 혹은 통제 형태와 같은 내면화된 자기 감시에 의해 움직여지는 감시의 실행과 테크닉이 주체를 조화시키는 데 더 이상 필요하지 않게 된 방식에 주목했다. 후기 글들에서 갑자기 자기 감시와 자기 훈계의 실행이 자기의 자율에 대한 개념을 모두 해치는 감시의 실행으로 더 이상 간주되지 않고 있다. 그것들은 오히려 자율을 형성하는 것으로 간주된다. 왜 이런 변화가 생기는가? 푸코의 글에서는 설명이 되지 않고 있으며, 자기 훈육과 자기 감시가 정당화를 통해 〈언제〉 자율 혹은 자기 창조의 연습으로 간주될 수 있는가라는 결정적인 질문, 또는 언제 그들은 오히려 자기가 복종하고 자율이 수축되는 감시의 형태로 생각되어야 하는지에 대한 의문을 회피하도록 이끈다. 사실 푸코는 〈자유의 실행〉에 관한 자신의 질문을 회피한다.

오늘의 문화에서 〈자기 감시〉의 몇몇 지배적인 형태와 이들이 고도로 성별화된 방식을 생각해 보는 것은 흥미롭다. 그 어디에서도 푸코는 이 주제를 고려하지 않고 있다. 예를 들어 〈남성의 시선〉이란 주제, 여성은 남성의 시선뿐 아니라 자기 감시라는 전체 기구의 〈대상〉으로 구성되어지는 방식은 문화 연구에서 지배적인 주제가 되었다. 패션·미·〈적합함〉(fitness)의 담론은 끊임없이 여성들에게 금욕에 가까운 자기 훈계·규칙 생활과 식이요법을 따르도록 요구한다. 우리는 복수심을 가진 채 그야말로 표피와 예술, 테크닉의 영역 안에 존재한다. 산드라 바트키(1990b)는 패션과 미의 산업에서 〈자신의 최상의 모습을 만들어야〉 한다는 명령이 어디서 유래했는지 나타나지 않으며, 전적으로 그것은 자기 스스로 부과한 것이라고 논한다. 수잔 보르도(1989)는 신경성 식욕감퇴 환자는 사실 그녀의 모든 삶이 해롭게 혹은 치명적으로 통제를 벗어나 있을지라도 그녀의 자기 인식이 어떻게 자율과 통제의 개념에 전제를 둘 수 있는지 보여 준다.

언제 우리는 자신의 신체, 자신의 적합성을 훈계하는 계획, 혹은 자신의 외양에 대한 관심을, 자율의 다른 형태를 훼손하는 데 도움이 되는 육체적 외모의 규범을 내재화한 결과보다는 창조적 자기 통제의 한 연습으로 보아야 하는가? 〈여성성〉의 기준을 어느 의미에서 일탈한 여성 보디 빌더를, 건강을 위해 70파운드 빼라는 의사의 말을 들은 여자나 혹은 화장을 하지 않고 외출하면서 불행하다고 스스로 느끼는 여자와 비교하여 어떻게 생각해야 하나? 이러한 것에 대한 페미니스트의 고려는 때로 다루기 힘든 것처럼 보이는 〈자유의 실행〉에 대하여 문제를 제기한다. 그리고 그와 같은 실행에서 젠더의 차이에 관하여 문제를 제기하게 된다. 예를 들어 남성과 여성 보디 빌딩의 정치학, 또는 외모에 대한 남녀의 관심에는 어떤 종류의 차이가 있는가? 운동하러 갈 때 여성과 남성은 〈같은 것〉을 하고 있는가?

푸코가 스스로를 거슬러야 할 필요가 있는 곳이 바로 여기에 있다. 〈어느 것도 순수하지 않다〉는 푸코식의 경고는 고대 그리스의 금욕적 실행과 제도에 대한 그의 생각에서는 완전히 없어지고 말았다. 그는 단순히 자유롭다고 〈가정〉되는 남성 엘리트 계급에 대하여 쓰고 있다. 그들의 자기 지배와 자기 감시가 내재화된 감시의 테크닉이라기보다는, 실제로 정말 그러한지 《감시와 처벌》에서 고전적인 푸코식의 의문은 완전히 간과되고 있다. 그리고 아마도 이렇게 쉽게 간과되는 이유는 후기 글에서 자기에 대한 푸코의 개념이 빚는 두번째 주요 문제로 우리를 이끈다.

자기의 자기에 대한 관계

푸코의 마지막 글에서 하나의 자기가 다른 하나의 자기와 갖는 관계는 무엇인가? 여기에 긴장이 있다. 마지막 몇몇 회견에서 그는 자기란 사회적이라고 믿는다고 했다. (예를 들어 푸코 1988을 참조하라.) 그러나 이 사회성 또는 상호관련성은 《성의 역사》의 2,3권에서는 찾아보기 어렵다. 여기서 푸코는 소수 엘리트 남성의 자기에 대한 관계를 고려하고 있다. 이들 소수의 남성들은 자신과 관계를 맺는 사람들을 자신들의 자유를 성취할 수 있는 도구로 생각한다는 점에 주목할 가치가 있다. 이것은 특히 여성의 경우 사실이다. 여성은 단지 열등한 정치적 지위 때문에 정숙과 충실성의 규칙에 복종했다. 남성에게 정숙과 충실성은 여성에 대한 관심과 사랑이라기보다는 자신들 삶의 〈양식화〉에 더 깊이 관련되어 있었다. 그러나 이것은 남자들 서로의 관계에서도 또한 사실이다. 그리스의 동성연애관계에서 주된 관심은 어떻게 하면 〈수동적인〉 파트너로 보이지 않을 수 있을까 하는 것이었던 것 같다. 동성연애관계는 더 나이 많은 남성이나 젊은 남성이나 〈지배적인〉 자유인으로서의 실제 또는 잠재적 지위를 잃지 않도록 세밀히 조화를 이루어야 했다. 이것은 개인의 지위 문제와 관련된 것을 제외하고는 다른 사람의 감정에 대한 관심은 대체로 상관없는 과정이었다.

내가 언급한 대로 비록 푸코는 〈사회적인 것〉이란 생각에 공치사를 하고 있지만, 집단적 목표나 열망의 중요성과 같은 것에나 개인이 이러한 것을 초월하여 살 수 있는 방법에 대해서는 아무런 의견이 없다. 개인의 삶을 양성하는 절묘하고도 유아독존식의 형태에 뿌리를 둔 도덕성에 대한 〈미학적〉 접근은, 미리 처방된 엄격하고 보편적인 규율을 준수하는 데 근거한 도덕성에 대한 유일한 대안이라고 푸코는 주장한다. 이 주장에서 결여된 것은 문제시되지 않고 받아들여지는 〈보편주의〉를 배격하는 것이다. 소위 많은 〈보편적〉 이상들이 갖는 위험성과 〈부재〉를 인식하지만, 그럼에도 불구하고 상호연관성과 공동체 의식을, 개인의 결정적인 행동지침으로 목표를 삼는 도덕성이 (물론 힘들게 형성되긴 하겠지만) 존재할 수 있다는 생각이다. 윤리학에 대한 페미니스트의 논쟁에서 문제가 되는 것이 바로 이 상호연관성과 공동체 의식의 가능성이다.

페미니스트들은 여러 형태의 보편주의의 중심을 이루는 인종과 계급, 또는 성적 오리엔테이션 등의 부재와 그 하부 텍스트인 배척을 너무도 잘 인식해 왔다. 〈어떤 것도 순수하지 않다〉는 사실을 점차 인식하게 되었고, 분명히 〈자유롭게 해주는〉 이상이 그들이 저항하는 것에 의하여 쉽사리 만회되거나 손상될 수 있음을 인식하게 되었다. 모두 너무 자주 〈남성적〉이 되어 여성은 열등한 위치를 맡기고 단지 결핍이나 부재로 여성을 묘사하는 규율을 의심하였다. 그들은 자유·평등·정의를 규정하는 이상에 대한 필요를 알면서도, 이들을 〈자유의 실행〉으로 옮기는 것이 얼마나 엄청나게 힘든지도 깨닫게 되었다. 무엇보다도, 개인주의에 근거하지는 않지만, 여전히 개인과 자율을 존중할 수 있는 도덕성에 대한 견해를 개념화시키려고 노력했다. 어떻게 자율과 개인성, 그리고 자신에 대한 배려를 유지하면서 동시에 공동체와 상호연관성의 이상을 실현할 것인가 문제이다. 자율이 없으면 공동체와 상호연관성의 이상은 그것이 대체하기를 원하는 개인주의 형태만큼이나 위압적이고 강제성을 띨 수 있기 때문이다.

푸코는 이러한 문제와 가능성을 인식조차 못하고 있다. 그 이유는 자신의 삶을 예술작품으로 만드는 자유로운 존재들에 대한 푸코의 개념은 〈항상 이미〉 그러한 자유를 누리는 자와 그렇지 못한 자 사이의 구분을 전제로 하고 있기 때문이라고 생각한다. 어떤 형태로든 평등과 상호연관성을 규정하는 이상이 소개되면, 개인의 삶을 〈예술작품〉으로 인식하는 푸코식의 개념이 더 이상 지속될 수 없다.

세번째 핵심 문제로는 이글턴(1990)이 지적하듯이, 마지막 글들에서 푸코가 묘사한 윤리는 고도로 문제성을 지닌 형식주의적이라는 점이다. 개인이 따르는 행동 규율보다는 개인의 힘과 능력의 신중한 행사와 그 힘을 지배하는 것이 문제라고 이글턴은 주장한다. 이것은 전적으로 주체 중심의 도덕성이다. 그러나 만약 이것이 행위자의 편에서 무절제와 경솔함을 뜻하기만 한다면 도덕적으로 나쁜 것인가? 타인에 대한 영향은 고려할 문제가 아닌가? 『현대의 강간은 정확히 어떻게 보일 것인가?』라고 이글턴은 묻는다.(Eagleton 1990: 394) 타인에게 끼치는 퇴폐적인 영향 때문에 모든 상황에서 근본적으로 나쁜 어떤 것은 없는가?

〈도덕적 절대성〉이 있는지 여부는 길리건(1982)·그림쇼(1986)·루딕(1990)·영(1990)과 같은 페미니스트의 윤리 이론에서 많이 논의되어 온 문제이다. 예를 들어 도덕성을 우선 위계질서상 지시되어지는 권리와 원칙의 문제로 보는 접근은 모범이 되는 면에서 여성적이기보다는 남성적이다. 여성은 〈절대적〉 규칙과 원칙의 의미에서 생각하기보다는 상황과 관계의 뉘앙스를 의식하고, 행동과정이 타인에게 끼치는 영향에 입각하여 전후 관계에서 생각한다고들 말한다. 여성이 시간의 변화와 문화 및 다른 차이를 거치면서 도덕성에 대하여 남자와는 다르게 접근하는지에 대한 논쟁은 많은 어려움을 내포하고 있으므로, 여기서 어느 한 견해를 옹호하고 싶지는 않다. 강간과 성폭행과 같은 몇몇 행동은 어떤 상황에서도 정당화될 수 없다고 많은 여성이 진정으로 주장한다는 것과, 페미니스트의 윤리적 사고에는 매우 〈절대주의자〉적인 요소가 있음을 주목해야 한다. 여기서 중요한 것은 푸코가 의문을 제기할 여지를 우리에게 허락하지 않는다는 점이다. 그는 의문을 시작부터 가로막고 있다.

결 론

그러므로 윤리에 대한 푸코의 후기 글은 대체로 실망스럽고, 우울하게도 페미니스트들이 윤리나 도덕성에 대하여 쓴 것을 전혀 의식하지 않고 있다. 후기 글은 도덕이란 자신의 삶을 양식화하려는 남성 엘리트의 관심이라고 보는 남성 중심의 함정에 빠져 있는 듯하다. 엄격하거나 보편적인 규율을 준수하는 데 기반을 둔 도덕에 대한 유일한 대안으로서 삶의 양식화된 미학화를 내세운다. 윤리의 핵심 문제로서 섹슈얼리티를 인식하는 것도 도덕에 대한 기존의 논쟁에서 진부하고 친근한 주제에 대한 반역이라기보다는 반복이다. 게다가 푸코의 마지막 작품은 〈갑작스런 변화〉가 있다고 말할 수 있다. 〈욕망하는 주체의 계보학〉을 고려하려는 계획은 초기 글과 주요한 관련을 지닐 수 있다는 것은 사실이다. 그러나 이 일을 행하는 과정에서 푸코는 자신이 이전에 했던 〈해체적〉 실행을 망각한 것 같다. 〈자유의 실행〉에 대한 푸코식의 질문은 페미니즘에 아주 중요하다고 언급했다. 〈자기에의 배려〉, 개인의 자기 창조 또는 변형에 대한 문제는 정말 중요하다. 그러나 푸코의 후기 작품은 자기에 대한 남성주의적 개념을 제공한다. 이것은 페미니즘이 직면해야 하는 윤리적 사고에서의 가장 결정적 문제들을 회피하고 있다고 나는 주장한다.

푸코 · 페미니즘 · 감정

페미니스트 인식론에 대한 푸코의 기여도

모린 케인

나는 진리를 지나치게 믿는데, 다양한 진리와 진리를 말하는 다른 방법들이 있다고 가정해서가 아니다. ……우리는 우리를 통치하는 사람들에게 어떤 진리를 그들의 궁극적 목표로, 정책의 보편적 선택으로, 계획에서 여러 특별한 요건으로 삼도록 요구할 수 있다. 이것이 바로 통치되는 자의 자유발언(parrhesia)이다. 통치되는 자는 지식과 경험의 이름으로 그들을 지배하는 자들에게 통치하는 자가 하는 일이 무엇인지를 물을 수 있고, 또 물어야만 한다.(Foucault 1988b: 51)

서 론

이 장에서는 지식에 대한 푸코의 이론과 페미니스트 이론을 살펴보고, 이 둘의 공통점에 대하여 생각해 보고자 한다. 《지식의 고고학》 영어 번역본이 출간된 지 20년이 넘었다. 그의 유작遺作인 《성의 역사 제3권》이 세상에 나온 지는 이제 4년이 지났다. 이런 시점에서 푸코의 재평가가 오늘날 페미니스트의 논쟁 주제인, 우리가 아는 것을 어떻게 알게 되는가에 대한 몇 가지 문제를 가려내는 데 도움이 될 수 있을지 여부를 검토하고 자 한다. 나의 논지에는 은연중에 우리는 인식론(epistemology)을 결코 벗어날 수 없다는 가정이 내포되어 있다. 사회생활에 대한 페미니스트의 설명을 포함한 모든 사회이론은 어떤 지식의 이론을 수반하며, 어떻게 우리가 사회생활을 알게 되는가에 대한 이론을 필요로 한다. 모든 페미니스트는 여성에게 도움이 되는 지식이 어떻게 가장 잘 형성될 수 있는지, 이러한 지식은 어떠해야 하는지에 관심을 갖는다. 이것은 곧 인식론적인 문제이다.[1)]

좀더 구체적으로 이 장은 푸코 저서에서 페미니스트의 관심과 관련 있는 세 주제를 다루게 된다. 첫째, 나는 푸코가 〈담론 외적인 것〉과 맺는 불편하고도 끊임없이 바뀌는 관계에 대하여 주의한다. 이 〈탈담론〉의 개념은 담론의 분석에서 포착될 수 없는 사회적 존재의 개념과 관련된다. 이것은 문자 그대로 담론 밖에 존재한다. 둘째, 억압된 지식에 대하여, 즉 지배 담론 때문에 침묵을 강요당하고 종속되거나 제외되는 사람들의 존재와 목소리에 대하여 푸코가 보인 관심을 고찰한다. 마지막으로는 푸코의 계보학적 방법의 발견이 현실적 페미니즘의 진보적 정치와 어디까지 양립할 수 있는지를 살피고자 한다.

이러한 주제를 특별히 선택한 이유는 페미니즘과 푸코의 저서를 이해하는 데 있어 모두 핵심이 되고 문제성이 있는 인식론적 질문과 이 주제가 관련되어 있기 때문이다.

우선 나와 다른 이들이 발전시킨 현실적 입장은, 사회생활이 때로 의미의 일시적 침전이란 결과를 야기시키는 의사소통의 유희로부터 전적으로 파생된다는 포스트모더니즘의 입장을 거부한다. 이러한 견해는 담론에 존재론적인 우선권을 부여하며, 궁극적으로 어떤 혹은 다른 담론으로 구성되어 있지만, 표현될 수 없는 관계를 〈가지는〉 것이 불가능하게 된다. 그 대신 나는 이러한 타동관계(납세자와 국가의 관계가 좋은 예이다)가 분명히 존재하는 반면 담론 안에서 형성되지 않거나 아직 형성되지 못한 다른 관계도 존재한다고 생각한다.(특히 Cain 1990 참조) 바스커(1979)를 따라 나는 이런 관계를 〈자동관계〉라고 부른다. 이러한 입장의 대표자에게 문제점은 자동관계의 예를 제시할 수 없다는 점인데, 사회학자나 다른 참여자 혹은 다른 사람에 의해서 한 번 관계가 형성되면, 이것은 정의상 문화적 의미의 한 부분, 타동이 되기 때문이다.

사람들이 맺고 사는 관계가 모두 담론으로 표현되지는 못한다는 논의는 철학적으로 어려운 것이지만, 페미니스트와 일반적으로 종속되어 사는 사람들에게는 정치적으로 필요하다. 최초로 여성들이 놓인 관계를 드러내는 듯한 페미니스트 작업의 의미를 이해하기 위해 생각하지 못한 관계의 가능성을 설정하는 것이 필요하다. 한편 그 관계가 〈그 관계를 불 밝히는〉 노출에 선행한다는 것을 알 필요가 있음을 주장해야 한다. 산드라 하딩(1983)은 비슷한 점을 예증하기 위해 성희롱의 〈발견〉을 예로 든다. 푸코가 탈담론에 관하여 언급해야 하는 것에 대하여 고찰해 보는 부분의 끝에서 나는 생각하지 못한 의외의 관계와 그 발견이라는 쌍둥이 문제를 논의한다.

의외의 관계의 가능성이 억압된 지식에 관한 나의 논쟁에 있어서 주요한 핵심이다. 침묵당하는 여성의 지식이 있는가? 혹은 문제는 더욱 심각하여 여성이 자리매겨진 관계의 지식은 의식적으로는 전혀 형성되는 것이 용납되지 않는 것일까?

이 마지막 부분에서 의외를 형성하는 것은 극히 위험하고 정치적인 일이라 주장한다. 여기서 우리는 지식/권력에 대한 푸코의 세계로 충분히 들어간다. 우리가 어떻게 관계를 형성하는가 하는 것이 우리의 정치적 책략뿐 아니라 살아온 경험의 모양새를 결정하게 될 것이다. 그러므로 누가 형성하는지가 아주 중요하다. 페미니스트 연구자들이 그들이 연구하는 입장을 공유하는 것이 중요하다고 강조하는 이유가 바로 이 때문이라고 생각한다. 지식은 너무나 위험하고 강력한 것이므로 그것을 만들어 내는 사람의 관계 속에 존재하는 정치적 기준은 반드시 이해되고 자유롭게 조사될 수 있어야 하기 때문이다.

담론과 탈담론

마르크스주의가 유일하게 급진적인 사상이었을 때, 의사소통을 중앙집권하는 급진적 입장은 항상 마르크스의 이론과 어떤 관계인지 항상 질문받게 되었다. 푸코의 작업도 대체로 이러한 앵글로색슨의 강박관념에서 벗어나지 못했다. 이것이 스마트(1983)와 포스터(1984)가 해석한 설명의 중심이며, 아마도 또한 발버스(1988, Sawicki에서 토론 1991: 50-6)의 설명이기도 하다.

푸코의 탈담론에 대한 나의 관심은 조금 다르며, 확실히 이들보다 덜 거창하며 정당성이 부족할지도 모른다. 나는 푸코가 담론의 존재론적 우선권의 문제를 고수하는 부분을 연구해 볼 필요를 느낀다. 즉 담론 안에서 어떤 형식으로든 알려진 관계들만이 과연 존재하는지 여부에 대하여 푸코의 탈담론에 대한 유일하게 긴 토론이 논의의 출발점으로 적절하게 보인다.

내가 푸코를 처음으로 접하게 된 것은 《지식의 고고학》을 통해서이다. 이 책은 푸코의 전후 작품으로 나아갈 수 있는 열쇠를 제공해 주었다. 이 책은 이해의 한계와 잠재력에 대한 인식의 폭발이며, 그 자신의 담론상의 발전이 가늠될 수 있는 척도이기도 했다. 푸코는 나의 사고에 확실히 영향을 끼쳤다. 그래서 나는 내 삶의 많은 시간을 그에 관하여 읽고, 기록하고, 가르치고, 말하며 생각하는 데 할애해 왔다. 따라서 현황 조사는 기한이 지나 있다. 그러나 《지식의 고고학》은 더 이상 내가 애호하는 책은 아니지만 나의 첫사랑이었다. 이 이유 때문에도 나는 이 책에서부터 시작한다.

담론과 탈담론 사이의 관계에 대한 푸코의 유일하게 진지한 문제 제기는 《지식의 고고학》(1972)에 나타난다. 순전히 방법론적인 작품으로는 독보적인 이 저서에서 푸코는 우선 담론의 내부관계, 담론으로 하여금 의미를 갖게 하는 구조를 탐구한다. 담론은 왜 이렇게 존재하는지가 아니라 그 자체로 검토되어져야 한다. 요소 사이의 관계를 지배하는 법칙에 의해서 내면에서부터 읽혀져야 한다.

푸코는 원인이나 기원 또는 의미의 견지에서 담론을 설명하려고 하지 않고, 오히려 주체·객체·개념과 같은 요소들간의 내부관계와 어느 특정한 담론을 그와 같이 만든 관계를 탐구한다. 푸코의 목표는 〈해체〉로 알려지게 된 과정에 의하여 이러한 관계를 가시화하는 것이다. 해체는 요소에 대한 강박관념을 의미한다. 푸코는 요소들이 그들이 형성하는 담론의 관계 안에서 그리고 관계를 통해 존재하게 되는 방식에 매료된다.

《지식의 고고학》에서 푸코는 담론이 형성하고 전개하는 다양한 항목들 사이의 관계를 지배하는 규칙에 의하여 담론이 정의된다고 주장한다. 이 규칙은 담론을 형성하고, 담론 안에서 쓰여지면서 인정받는다. 외부로부터 강요된 제재가 아니다. 규칙의 견지에서 형성된 〈항목〉은 담론의 대상(예를 들어 범죄, 기결수, 피고측, 완화 상황 등)과 담론의 주체(예를 들어 법), 담론의 선언(판사와 변호사), 발표의 장(법정 등)들이다. 담론은 진술(statements)을 가능하게 하고, 담론의 형성은 일련의 진술로 이루어진다. 진술(물론 이것은 반복될 수 있다)은,

> 모양새에 대한 그 자체 규칙을 가지고 있을 뿐 아니라 충당과 작용의 자체 규칙도 가지고 있는 항목으로 보인다. 결과적으로 권력에 대한 문제를 제기하는 항목, 자연적으로 투쟁의 대상, 정치적 투쟁인 항목으로 보인다.(Foucault 1972: 119)

담론 자체는 그것을 말하거나 만드는 외부의 주체를 갖지 않는다. 말하는 권위를 가진 가능한 대변인은 담론 안에서 창조된다.

비교적 어려운 이 개념은 담론이 고고학의 방법을 이용하여 어떻게 분석될 수 있는지에 대한 푸코의 논의를 생각해 보면 좀더 분명해질지도 모른다. 푸코는 부정적인 정의의 형태를 사용하고, 자신의 고고학적 접근을 좀더 관습적인 사상사와 구분한다.(1972: 138-9)

1) 고고학은 『담론 안에 숨겨져 있거나 드러나 있는 생각·표현·이미지·주제·강박관념을 정의하려는 것이 아니라, 〈어떤 법칙을 준수하는 실행으로서의〉 담론 자체를』 정의하려 노력한다. 그러므로 담론은 서류나 어떤 다른 것의 기호가 아니라 (영구적 가치가 있는) 기념비이다. 이것은 담론 뒤에 숨겨져 있는 더 나은 다른 것을 찾지 않는다. 담론이 바로 그 표면이다.

2) 고고학은 『담론이 작용하는 일련의 규칙이 어떻게 다른 것으로 환원될 수 없는지를 보여 주는 것을 모색한다』 담론은 선례의 견지에서 설명될 수 있는 것이 아니라, 그 자체를 드러낼 수 있을 뿐이다.

3) 고고학은 『창조적 주체의 권위를 작품의 존재 이유(raison d'être)이자 일관된 원칙』으로 인정하지 않는다. 담론은 저자의 입장에서 설명될 수 없으며, 내부 항목간의 관계를 통해 드러나게 된다.

4) 고고학은 『사람들이 담론에서 표현하는 그 순간에 그들이 생각하고, 경험하고, 바라고 욕망하는 것을 회복하려고 노력하지 않는다』 사람들의 의도와 흥미, 목표가 담론의 기원으로 정의 내려질 수는 없다. 담론은 〈어떻게〉 이것이 의미하는지를 보도록 그 자체로 검토되어져야 한다.

푸코는 《지식의 고고학》을 통해 담론이 그 자체의 내부관계 외에는 어떤 것으로도 설명될 수 없다고 주장했기 때문에, 이것이 어떻게 담론에 대한 급진적 자율을 제시하는 것으로 해석될 수 있는지를 살펴보는 것이 용이하다. 이 책을 쓸 당시, 푸코는 〈기원찾기〉의 일부로서 인과관계는 사물을 설명하는 문화적·역사적으로 특수한 한 방법일 뿐이라는 것을 이미 보여 주었다.(Foucault 1970: 197) 이 책에 전개되었듯이 〈지도를 그리는〉(mapping) 푸코의 대안책으로 그의 작품은 담론이 자기발생적일 뿐 아니라 말하는 모든 관계를 생성한다는 해석에 열려 있게 된다.

확실히 지식에 관한 한 담론은 담론의 말하는 대상인 관계를 형성한다. 그러나 논리적으로 이것조차도 담론이 말하지 않는 관계의 가능성을 배제하지는 않는다. 또한 푸코가 탈담론을 구체적으로 고려하기를 지나치게 거부하는 방법을 선택했다는 사실을 배제하지 않는다. 그리고 담론은 이렇게 급진적인 자율상태에서 전적으로 살아가는 탈담론의 수단으로부터 지나치게 독립된 상태에서 가장 잘 연구되고 이해된다는 주장을 배제하지도 않는다.

나는 푸코가 급진적 방법론, 즉 담론과정과 권력을 유례 없이 명확하게 설명할 수 있는 방법을 제시한 것으로 이해하고 싶다. 이런 식으로 읽으면, 《지식의 고고학》은 담론이란 원인을 추적하지 않고 그 자체가 자율상태에서 연구·조사되어야 한다고 말하는 방법론적인 저서이다. 이 책은 담론 자체가 기원을 추적할 수 없으므로 다른 모든 관계가 담론에 의해 형성, 야기된다고 내세우는 존재론적 저작이 아니다. 그는 우리에게 담론을 역사의 새 주체로 제시하고 있지 않다. 담론은 중요하고 잠재력이 있으며, 설명되어지기보다는 드러내어지고 탐구되어야 한다고 말하고 있다. 인과관계에 대한 오늘날의 개념으로 담론을 설명하는 것은 담론의 권력을 저자와 말하는 주체, 그리고 다른 구조 속에 잘못 규정짓는 것이었다. 그러나 다른 구조의 권력을 담론 안에 잘못 규정짓는 일 역시 문제가 있을 수 있다.

담론이 어떻게 이해되느냐에 따라 이 책에서 탈담론에 관한 푸코의 언급은 다른 뜻을 갖게 된다. 그의 논의는 〈대상〉에 관하여 제시하는 한 부분으로서 이 책의 앞부분에 등장한다.(1972: 44-6) 푸코는 담론관계란 다음과 같은 것과 구분되어야 한다고 주장한다.

모든 담론 또는 담론의 대상으로부터 독립적인 제도와 기술, 사회 형태들간에 묘사될 수 있는 〈일차적인 관계〉와 구분되어야 한다. 결국, 우리는 19세기 부르주아 가정과 사법 당국의 기능 및 범주 사이에 관련이 있다는 것을 잘 알고 있다. 그 관계는 대상을 형성하게 되는 관계와 항상 겹쳐질 수는 없다. 이 1차적 차원에 할당된 의존관계는 담론의 대상을 가능하게 만드는 관계의 형성에 반드시 표현되는 것은 아니다. 그러나 우리는 담론 자체에서 형성되는 2차적 관계도 구분해야만 한다. 예를 들어 19세기의 정신과 의사가 가족과 범죄간의 관계에 대하여 말할 수 있는 점이 우리가 알고 있듯이, 정말 의존적인 상호작용을 재생산하지는 않는다. 그러나 동시에 정신과의 담론의 대상을 가능하게 하고 유지시키는 관계의 상호작용을 재생산해 내지도 않는다. 그러므로 가능한 담론으로 표현된 공간이 펼쳐진다. 〈진정한〉 또는 〈1차적인 관계〉의 체제, 〈반사적인〉 혹은 〈2차적 관계〉의 체제, 〈담론적〉이라고 적절히 불릴 수 있는 관계의 체제들이 전개된다.(푸코의 강조) 『이 담론적인 관계의 특수성과 다른 두 관계와의 상호작용을 드러내는 것이 문제이다.』(필자의 강조) (Foucault 1972: 46)

위의 인용문에 따르면, 1차적 관계는 결코 담론관계에 반드시 표현되지는 않는다. 푸코가 말했듯이, 19세기 부르주아 가정과 사법 당국간의 경우와 같은 관계가 『담론적인 대상을 가능하게 하는 관계를 형성하는 데 반드시 표현되는 것』은 아니다. 여기에는 탈담론적인 어떤 것이 존재한다. 푸코는 이 관계를 〈진정한 또는 1차적인〉 관계로 묘사하고 있다.

후기 저서에서 푸코는 혁명 이후의 프랑스에서 부르주아들이 얼마나 법을 다시 전유하고, 법적 형태를 제도화했는지에 대하여 논한다. 이것은 법적 담론에는 표현되지 않거나 표현될 수 없는 부르주아와 법적 범주·테크닉 등과의 관계를 분명히 밝히는 데 도움이 된다.[2]

드레퓌스와 래비노우(1982: 64)는 이것을 다음과 같은 식으로 표현한다. 『말해진 것은 그 자체가 아닌 다른 어떤 것에 의존할 수 있다. 그러나 담론은 이러한 의존의 용어를 지시한다.』 담론이 그들 자신을 구성하는 규칙을 원칙상 깰 수 없다는 의미라면, 나는 여기에 만족한다. (내부관계에 의해 형성된) 담론은 또한 그것에 대해 말해지지 않거나 다르게 말해진 외부관계를 조직하고 함께 묶는다.[3] 푸코는 여기서 중요한 구분을 시도하고 있는 것이 분명하며, 위의 인용문에서 그는 담론관계가 가능한 사회·정치관계의 총체를 모두 형성하지는 않는다는 것을 명확히 논할 공간을 마련하고 있다.

1차적 관계는 좀더 어렵다. 푸코는 19세기 정신과 의사의 예를 사용한다. 그 자체의 대상과 주체·개념·내적으로 구성되고 권위를 갖춘 대변인들과 더불어 순수한 정신과의 담론이 존재한다. 〈진정한 의존〉 혹은 관계가 존재한다. 〈가정과 범죄간의 관계에 대하여 정신과 의사들이 말할수 있는 것도 있다. 푸코는 직업상의 관계에 대하여 말하고 있는 것 같다. 그는 그런 관계를 반사적이라 부르며, 한 집단의 사람들이 자신과 그들의 계획에 대하여 생각하고 서로를 관련시키는 방식을 의미한다고 정의한다. 담론은 이들에게도 목소리를 부여하고 조직화한다.

　담론에 대한 조직적 역할을 인식하는 것은 사람이나 제도간의 다른 관계들이 무능하다는 의미는 아니다. (푸코는 담론에 등장하는 몇몇 대상의 발생이 탈담론관계에 의하여 가능해진다고 지적한다.) 이러한 인식이 담론에 존재론적 우선권을 주는 것은 아니다. 담론이 다른 관계를 생겨나게 한다거나 이 관계들이 담론을 통해서만 존재한다는 의미는 아니다. 그러나 이러한 인식은 인식론적인 의미를 갖는다. 1차적 관계와 2차적 관계가 담론에서 연구자에게 적용될 수 있게 나타나듯이 전적으로 존재하지는 않을지도 모른다는 의미이다. 이 1차적·2차적 관계는 어느 담론에서나 존재론적 충만함(즉 존재의 전체) 속에 포착될 수 없는 존재를 갖는다는 것을 의미할 수도 있다. 이 논쟁이 함축하는 것을 밝히는 작업으로 되돌아가야 한다. 그러나 우선 푸코와 탈담론에 대한 논의를 마무리지어야겠다.

　푸코는 그의 기획 혹은 그가 직면한 문제는 담론관계의 특수성과 다른 두 종류와의 상호작용을 드러낸다고 주장한다. 《지식의 고고학》에서 논의된 내부의 담론관계가 설명되기보다는 지도로 그려지는 것과 같은 방식으로, 담론관계의 자율이나 원인을 알 수 없는 성격은, 1차적·2차적 관계와 그 담론의 연결이 지도로 나타낼 수 없다는 것을 의미하지 않는다. 이러한 지도는 담론관계에 대한 푸코의 분석에서 여러모로 그려지고 있다. 연결과 단절, 담론관계와 1차적 관계간의 접촉이나 인접으로 들어가는 것 등은 우리가 보듯이 매우 자주 일어난다. 발버스(Balbus 1988)가 논의해 온 것처럼, 그들은 불법이 아니다. 푸코 편에 있어서도 이들이 주의 깊은 개념 분석의 초점은 아니다.[4] 그러나 앞의 인용문에서 지적하듯이 이러한 발언의 접합점(특히 성명문)은 정치적 행동, 투쟁과 권력과 저항의 장이 되는 것 같다. 그래서 페미니스트는 푸코보다 더 접합의 순간을 탐구하고 지도화할 필요를 느끼는지도 모른다. 또한 페미니스트는 소년 재판과 가정 법률이 담론의 견지에서 면제되어 있으므로 담론뿐 아니라, 부르주아와 법정간의 관계를 조사할 필요를 느낀다.

이러한 인접은 《지식의 고고학》이후의 모든 글에서 나타난다. 물론 탈담론은 이전의 글에서도 나타나지만, 《광기와 문명》(Foucault 1967)에서 이것은 원인 역할을 한다. 17세기의 〈거대한 감금〉에 대한 그의 토론은 노동과 도덕을 결합하도록 이끄는 절대적인 부르주아 권력의 복합적인 표현이란 관점에서 설명된다. 광기의 의미는 시간이 흐르면서 바뀌나, 설명의 정치적·경제적 형태는 지속된다. 비록 모더니즘의 인과율에 따른 연구의 틀을 아직 완전히 벗어나지는 못했지만, 직업적 담론이 형성하는 권력에 대한 푸코의 평생에 걸친 매료는 여기서부터 시작된다. 그러나 이 초기 작품에서조차도 비이성은 그러한 초구조적인(superstructural) 설명에 의하여 포착될 수 없다. 이것은 현대 문명에 대한 거친 거부와 도전 속에서 나타난다. 이 문제에 대한 푸코의 입장은 《지식의 고고학》에서 그의 연구 실행에 대하여 충분히 생각할 시간을 가질 때까지는 명확히 서지 않은 것으로 보인다.

푸코의 동료인 로버트 카스텔은 〈삐에르 리비에르……〉에 특히 잘 드러나 있는 2차적 관계와 담론관계간의 구분에 대한 분석을 발견한다. (이것은 뒤에 가서 논의될 것이다.)[5] 살인자 리비에르를 다루는 데 있어서 직업 내부에서의 의견 불일치, 지방 변호사와 파리의 엘리트 변호사 사이의 불화, 판사와의 직업상 경쟁 의식 등 담론에 교차되고 표현되는 이러한 요소들이 리비에르의 운명과 그 다음에 올 사람들의 운명을 결정짓게 된다.

왕과 국민, 자본주의와 사회계층은 〈동시에 새 계급 권력으로 형성되는〉 새로운 과학적 훈육의 등장과 여러 부분에서 연결된다.(Foucault 1977a: 232) 《감시와 처벌》2장에서 프랑스 혁명은 〈집단 범죄에서 주변 범죄로〉, 〈피의 범죄에서 사기의 범죄로의 이행〉과 분명히 연결된다. 생산의 발달,

부의 증가, 재산관계에 근거한 고도의 사법적·경제적 가치, 더 엄격해진 감시와 나아진 정보 기술, 〈인구의 좀더 잘 짜여진 분할〉 등은 상호작용 안에서 복잡한 관계를 형성한다. 첫번째 두 관계는 1차적이며, 세번째는 2차적 관계이고, 마지막 둘은 담론관계에서 야기된 실행이다.

인접 문제는 《성의 역사》 전반에 걸쳐 계속 등장한다. 1권(1978b)에서 푸코는 통제의 가장 혹독한 테크닉은 부르주아 사회에서 발달되었고, 나중에 주도 세력을 확장하는 한 부분으로서 노동계층에 확산되었다고 주장한다. 처음 산아제한이 공표되고서는 1830년대 프랑스에서 가정은 〈정치 통제와 경제 규정에 없어서는 안 될 도구〉로 인정되었다. 1870년경에는 인종의 우수성에 대한 곡해의 통제가 중요하게 평가되었다. 〈생명 권력〉은 자본주의의 발달에 필수적인 요인이었다고 푸코는 주장한다. 자본주의의 발전은 생산 기계 체제에 신체를 주입하는 통제와 경제적 발전에 인구의 현상을 조절하는 기능 없이는 불가능했을 것이다.(1978b: 141)

3권(1988a)은 로마제국과 정체성·섹슈얼리티·집안의 경제적 위치·결혼관계와 의학(내가 순서를 뒤섞어 놓았다)들간의 접합을 논하고 있다. 푸코는 정체성·주관성·담론과 경험에 관심을 갖는다.(1985: 4) 그러나 이러한 관계를 환기시키는 일이(여기서는 대체로 관계에 대한 상식 차원의 개념이다) 담론관계에 초점이 맞추어진 지도가 어떻게 설계될 수 있는지의 유용한 예를 제공해 준다. 이것은 불법적인 환기가 아니다. 푸코는 로마제국이 소년과의 관계에서 문제가 되는 것을 배우자와의 관계에서 문제가 되는 것으로 담론적 변화를 야기했다고 말하고 있는 것이 아니다. 더욱이 이 담론이나 어느 담론이든 제국을 〈야기했다〉고 말하고 있는 것도 아니다. 그것은 정말 푸코에게는 불가능한 말이 될 것이다. 〈사물의 질서〉에서 푸코는 인과관계의 견지에서 설명을 명백히 역사화하고, 그런 인과관계는 자신의 설명 형태에서는 설명이 없으리라고 주장한 사람이다. 어떤 관계가 다른 관계의 원인이 되는지를 묻는 것은 푸코의 세계에서는 불가능하다. 탈담론은 담론의 〈설명〉으로서 환기되지 않는다. 탈담론의 출현은 역사적 지도그리기 과정의 한 부분으로 때때로 필요하다. 담론이 이러한 문맥의 총체를 만들어 낸다고 푸코가 주장한 적은 없다. 산이 마을을 만드는 것도, 마을이 산을 만드는 것도 아니다. 그러나 그들간에는 빛을 밝혀 주는 연결/접합점이 존재하며, 이것이 바로 비원인 이론이 관심을 기울이는 부분이다.

페미니즘과 탈담론

이 장의 서론에서 간단히 제시한 존재론〔존재에 대한, 혹은 사물이 어떻게 〈존재하는가〉에 대한 이론〕은, 이제 앞으로 푸코와 페미니즘의 입장 모두와 관련하여 탐구되어질 수 있다. 더 나아가 페미니스트에게 관련성을 분명히 보이기 위해 존재론은 인식론〔어떻게 사물이 알려지는가에 대한 이론〕과 연결되어야 한다. 인식론의 문제는 다음 장에서 다루어진다.

푸코가 1차적 관계에 대하여 일반적인 관심을 하나로 묶을수록, 담론관계의 독립적 잠재성을 더욱 손쉽게 드러낸다. 그러나 1차적 관계와의 인접은 순수한 것도 결과가 없는 것도 아니다. 이것이 바로 왜 푸코가 그들을 지도로 그릴 필요가 있는지의 이유이며, 내가 주장하는 대로 우리도 왜 그래야 하는지의 이유이다.

최근의 글(Cain 1993)에서 나는 탈담론관계 역시 잠재력이 있으며, 따라서 지식의 정치학〔사물의 어떤 견해가 가장 중요시 되는지의 정치학〕에서는 질적으로 다른 종류의 힘들간의 충돌이 있을 수 있다고 주장했다. 경쟁하는 담론과 경쟁하는 관계, 방법론적 구분을 할 수 있으나 영원히 얽혀 있는 힘들, 푸코가 글을 쓴 이래 우리는 결코 이러한 담론관계를 분석하지 않고 도외시할 수는 없게 되었다. 원인을 탐구하지 않는 이론가들은 이러한 충돌 결과가 어떨지 그 결과를 예측할 수 있다고 주장할 수도 없게 되었다. 그러나 페미니스트가 여성이 사는 관계에 대하여 이전에는 생각지도 못한 지식을 만들어 내기 시작한 이래로 우리는 자동의 (또는 〈1차적인〉) 관계를 우리의 분석 영역 밖에 놓을 수는 없게 되었다.

이것은 어디에 페미니스트를 남겨두는가? 페미니스트 자신들이 창조해낸 곳, 누구도 〈알지〉 못한 관계를 발견했고 정의 이전에 존재했던 관계를 정의 내렸다고 합법적으로 주장할 수 있는 곳이다. 성희롱이 하나의 예가 될 수 있다. 널리 알려지게 된 근친상간의 성격이 또 다른 경우가 될 수 있다. 그러나 내가 아는 최근의 가장 좋은 예는 리츠 켈리의 저서에 나온다.

켈리는 영국의 모든 여성이 실제로 성폭력을 경험했을 가능성을 발견했다. 그녀의 응답자들은 켈리가 볼 때, 압력을 받은 성으로, 그 다음 강제적인 성을 거쳐 강간으로 간주되는 만남에 대하여 이야기했다. 이 모든 만남은 크든작든 잘못된 것으로 경험되므로 켈리는 압력을 받은 성에서 강제된 성, 강간으로 이어지는 〈폭력의 연속〉에 대하여 쓰고 있다. 응답자는 압력받은 성에 대하여 말로 표출할 수는 없었지만 페미니스트 이론에서 담론상 표현만 되면, 응답자 모두가 그것을 인식했다. 나 역시 커다란 해방감으로 이것을 인지했다. 나는 항상 무언가가 잘못된 것에 대하여 불편하고도 불분명한 의식을 해왔다. 이것이 자동관계, 말로 표현 가능해지기 전에 미리 존재한 예이다.[6]

이러한 경우와 푸코는 무슨 연관관계를 갖는가? 켈리의 저서에 관한 거의 아무런 관련이 없다. 그가 아무리 죽은 자이건, 저명한 자이건, 유럽인이라 하더라도, 남자로부터는 어떤 확증도 필요로 하지 않는다. 그러나 상처받기 쉽고 복종하는 사람들에게 생각하지 못한 관계와 탈담론의 결정적 중요성을 입증하는 점에서는 많은 관련이 있다. 이 사람들을 위해 푸코는 그토록 열정적으로 합법성의 공간을 만들기를 바랐기 때문이다.

그들의 자리를 유지시키는 가장 강력한 관계를 이해하기 위해 푸코의 담론 이론을 필요로 하는 페미니스트들에게는 다행히도 푸코의 주장을 받아들이고 이용하는 것 사이의 부조화는 없다. 그러나 한편으로는 우리를 아래에서 결속시키는 많은 관계들이 아직 정치학에 적용될 수 없다는 확신을 동시에 지녀야 하는데, 그들은 누구의 지식에도 아직 적용될 수 없기 때문이다.

억압된 지식

켈리의 저서는 억압된 지식의 문제, 어떻게 여성이 목소리를 얻을 수 있는지의 문제로 곧장 우리를 이끈다. 푸코는 그들의 존재방식이 말해질 수 없는 사람들에 대하여 열정적인 관심을 보였다. 그러나 그는 많은 말을 하지 않았다. 그렇기 때문에, 우리는 푸코가 이같은 삶의 방식이 말로 표현될 수 없다고 한 것이 그런 삶을 사는 사람들이 그에 합당한 언어를 갖지 못했기 때문인지, 아니면 그들의 존재를 표현하는 언어가 정치적으로 복종당했기 때문인지 —— 지배 담론에 의하여 비합법적으로 환원되었기 때문인지 —— 알 수가 없다.

푸코는 비평적 논평에 자주 언급되지 않는 책을 두 권 펴냈다. 여기서는 이 두 책이 중요하다. 독자에게 해석하도록 하는 〈잃어버린〉 자료를 다시 제시해 주기 때문이다. 《나, 삐에르 리비에르는 어머니·누이·형제를 살육하고》(1978a)는 저자의 분노와 고통이 그 자체가 의미로 들려야 한다는 요구를 수세기에 걸쳐 외치는 것을 허용한다. 《에르퀼린 바르뱅》(1980a)은 자신의 신체가 남녀 양성이라는 것을 알게 되자, 보다 조용하고 단순하게, 보다 슬프고 고통스럽게, 여성에서 남성으로의 전환을 강요받은 이야기를 하고 있다. 이 여자는 사회가 육체를 근거로 인정하는 성적 정체성의 경계를 조롱했다. 그녀가 설 땅은 있을 수 없고, 아직도 여전히 존재하지 않는다.

이 텍스트들을 이해하는 것은 더욱 어려운데, 푸코가 분석적인 노력을 상식적인 지식보다는 진지하고 공들인 담론에 쏟고 있기 때문이다.(비록 두 가지가 겹치고 있긴 하지만…… Foucault 1970, 1985, 1988a) 그러나 푸코는 여기서 함축적이면서 동시에 분명한 양자의 방법론상의 지침을 우리에게 제공하고 있다. 이것은 정말 다행한 일인데 페미니즘이 여성의 복종된 지식을 정의하고 재현하는 일에 이토록 많은 침입을 가할 수 있는 영역이 거의 없기 때문이다.

아는 방식과의 충돌에서 담론이 승리를 거두는 이 문제의 배후에는 여성에게, 특히 자신들이 미쳐 가고 있다고 때로 느끼는 여성들에게 보다 중요한 문제가 놓여 있다. (발달된 담론은 차치하고라도) 경험에 대한 지식 없이 경험을 〈갖는〉 것이 가능한가? 《나, 삐에르 리비에르》와 《에르큘린 바르뱅》, 몇 개의 수필과 대담이 여기서 도움이 된다.

《삐에르 리비에르》의 편집진은 양쪽 모두를 논한다.[7] 그들의 주된 관심은 〈담론 가운데, 담론을 통한 투쟁〉이었다.(Foucault 1978a: iii) 그러나 이 사건에서 그들을 사로잡는 것은 의사라는 전문직 안에서의 논쟁도 아니고, 의학적·법적 실행자들의 다양한 층간의 논쟁도 아니었다. 세 가지 설명은 사실 판사와 변호사·의사 사이의, 혹은 위계질서가 분명한 의사들간의 담론적 충돌을 탐구하고 있지만, 편집진은 전체적으로 『불그스레한 갈색눈으로 부친 살해의 마력에 사로잡혀 있었다』고 푸코는 말한다.[8]

언어로 표현될 수 없는 경험이 존재한다는 가능성의 측면에서, 우리는 리비에르가 『참을 수 없는 것을 말하는 무분별한 웃음을 터뜨리게 되었다』고 주장하는 피터와 파베르를 보게 된다.(Foucault 1978a: 175)[9] 〈모든 기호의 거대한 역전〉 곧 혁명이 농부들에게 인간적 지위를 약속했고, 인간 본성에 거의 참을 수 없는 경험을, 탐구되지 않는 경계를 약속했다. 『사회의 연결고리에서 배제된 사람들에게만 인간 본성의 한계에 대한 의문을 제기할 생각을 떠오르게 한다』(앞글: 188) 리비에르에게 그의 죽음의 승리를 속이려고 애썼던 〈서투른 정신병 치료법〉은 〈원어민의 말은 무게를 갖지 못했다〉(앞글: 198)는 것을 선언했다. 그러나 이제 저자는 두번째 의미인 기존에 이미 존재하는 말의 정치적 억압으로 옮겨간다.

푸코 자신의 주석(두번째)은 리비에르의 텍스트가 〈일반적인 지식의 규칙에 깊이 관여되어〉 있었다고 주장한다. 즉 살인이 어떻게 권력을 자주 찾는지의 역사로 가득 차 있고, 어떻게 사람이 권력에 저항해 일어설 수 있는지에 대한, 지식에 굶주린 광고 전단지의 규칙에 깊이 관여되어 있었다는 것이다. 그러나 다른 곳에서 야기되고 다른 사람에 의해 조정된 질문이 살인적인 주체의 서정적 위치를 점유한 리비에르의 담론에 적용될 수 있었다.(앞글: 211) 농부의 억압된 담론을 정치적으로 침묵시키는 일은 법과 의학의 담론적 우월성으로 성취되었다.

바렛-크레겔이 그의 논평에서(앞글: 주석 4) 지적하듯이, 이 두 우월한 담론은 증인의 증언으로부터 형성되었다. 리비에르 자신의 설명은 전혀 없는데 이것은 나중까지 요구되지 않았다.

주석 5는 정치적 힘을 지닌 사람들에게 좀더 희망적인 해석을 제공한다.『오랫동안 외부와 차단되어 읽히지 않았기 때문에, 이 기록은 전체적인 것처럼 가장하는 어떤 해석에 덫을 씌우는 이상한 힘을 전혀 잃지 않았다.』(앞글: 250)

페미니스트는 우리의 목소리가 들리기를 오랫동안 기다리기를 원치 않으며 그럴 여유도 없는 것 같다. 이 텍스트가 우리에게 부여하는 것은 생각할 수 없는 우리의 경험과 또 다른 테크닉의 시작, 다양하고 불연속적인 이해에 대한 고양된 확신이며, 그로 인해 우리의 조용한 목소리가 소리를 낼 수 있게 된다. 이 장의 마지막 부분은 다른 여성과 해명할 수 있는 관계가 갖는 위험과 가능성에 대하여 생각할 것이다. 이러한 해석자에 대한 요구가 바르뱅 양의 가슴 아픈 작은 이야기로 더욱 분명해진다.『에르퀼린 바르뱅은 프랑스인으로 남녀 양성이었다. 출생시 여성으로 명시되어 종교제도에서 여자로 길러졌으나, 22세에 남성으로 재명시되었다.』그녀는 33세에 자살했다.[10]

푸코 자신은 18세기에서 현재까지 사람마다 자신에게 부과되는 심리학적·의학적, 궁극적으로는 상식적 담론 안에서 대체로 형성된 진정한 성이 존재함에 틀림없다는 주장과 같은 거의 진부한 설명으로 이 19세기 프랑스 이야기를 서술한다.

《에르퀼린 바르뱅》의 서문에서 푸코는 방법을 발견하고 이론에 접근하는데 흥분을 보이지도 않고,《뻬에르 리비에르》안에 있는 기록의 주체에 대하여 따뜻한 감정을 나타내지도 않는다. 우리에게 《성의 역사》를 주면서, 푸코는 기록과 사건 서류를 〈너 자신이 스스로 분석하라〉는 방식의 담론 분석의 한 연습으로 우리에게 부여하는 듯하다. 그의 서문은 기록의 주체에 대한 관심도, 〈자신의 방식으로 자신의 광기를 향해 갔던〉 정신과 의사의 최종 운명에 대한 관심도 없으며, 오로지 서류를 형성하는 담론에만 흥미를 보인다.(Foucault 1980a: xvii) 자웅동체성은 근대에 와서는 그 자체의 담론을 결여하고 있다. 에르퀼린 바르뱅의 숨가쁘고 〈소녀적인〉 (문체상으로) 글은 동정적인 독자에게조차 이러한 담론의 근거를 마련할 힘이나 청중을 결여하고 있다. 그러나 표현될 수 있기 전 담론의 행정관리를 증명해 주는 것으로, 잘 〈맞지〉 않기 때문에 신빙성이 부족한 언어 안에서의 경험을 표현하려는 투쟁을 드러내는 것으로, 이 작은 책은 슬프게도 홀로 서 있다.

푸코는 《에르퀼린 바르뱅》 전후에 한 대담과 간간이 쓴 논문에서 억압된 지식에 대하여 보다 명확히 말했다. 《지식인과 힘》(1977b)에서 그는 『대중은 의식을 가질 필요가 없고, 환상 없이 대중은 완벽하게 잘 안다』 (앞글: 207)고 주장한다. 문제는 그들의 담론이 힘의 체제에 의해 차단되어져 있다는 데 있다. 따라서 지식인들의 임무는 이렇게 차단하는 말에 저항하여 정치적으로 담론을 중성화하는 일이다. 대중의 담론은 조금 덜 투쟁적이다. 이렇게 차단하는 담론은,

> 항상 사회계급 내의 갈등에서 야기되는 정치적 힘을 대변한다……. 한편, 시민 운동은 기근, 세금 혹은 실업에서 야기된다는 말을 듣는다. 대중은 배불리 먹는 꿈은 꿀 수 있지만 권력을 행사하는 것은 결코 꿈꾸지 못하는 것처럼, 시민 운동은 결코 권력 투쟁의 결과로 보이지 않는다.(나의 강조) (Foucault 1977b: 219)

〈두 강좌〉(1980b)의 첫번째 강좌에서 푸코는 종속된 지식에 대한 좀더 정교한 개념을 구축한다. 여기서 그는 두 가지를 포함시키는데, 첫째는 『학술적 담론에 묻히고 위장되어 있던 역사적 내용, 즉 존재하지만 위장

되어 있는 역사적 지식의 차단』에 대하여 언급한다.(앞글: 81-2) 둘째로는 『임무에 적합하지 않아 자격이 없거나 충분히 발전되지 않았거나 정신과 환자의 지식처럼 직접적으로 자격이 없는 일련의 지식이 있다』

푸코는 지엽적이고 분산된 권력/지식 투쟁의 절반 가량이 억압받는 집단에게 권력을 자기들 영역을 위해 효과적으로 관여할 수 있게 하는 것처럼, 지엽적인 대중 지식의 재등장이 비평을 가능하게 만든다고 주장한다. 억압된 지식의 재등장은 이러한 관여의 집합소인 권력의 상에서 거부에 대한 다면적인 포스트모던 정치학에 열쇠를 제공한다. 지식인이 이 과정을 도울 수 있는 방법은 아래에서 보듯이 계보학이다.

그러므로 푸코는 억압되어 온 이미 형성된 담론에 관하여 주로 쓰고 있다. 그의 설명은 상식적인 지식은 내부의 일관성이 없고 정교함이 부족하여 상처받기 쉽다고 보는 그람시(1972)의 논지와 놀랄 만큼 흡사하다. 그러나 푸코는 지식인에게 담론의 선봉에서 창조적 위치를 갖기보다는 길의 장애물을 치우는 좀더 겸손하고 촉진적인 역할을 제시한다.

페미니즘과 감정

억압된 지식의 문제에 있어서 페미니스트는 상당히 조심해서 푸코를 읽어야 한다고 믿는다. 첫째, 켈리를 논할 때 지적했듯이 어떤 페미니즘은 모든 목소리가 결핍된 담론 이전의 경험을 의미한다. 둘째, 페미니스트는 연구자(지식인?)에게 그들이 조사하는 대상자들과 어떤 한 입장을 공유하거나 자신을 〈똑같은 비판 수준〉에 놓도록 주장하는 면에서 그람씨를 따랐다. 페미니즘 입장은 물론 다 같지 않다. 여성의 성적 정체성에 더 많은 중요성을 부여하는 입장이 있는가 하면 관계에 역점을 두는 입장도 있다. 논쟁의 핵심은 지식을 산출하는 사람은 누구든 산출된 지식 형성을 이루고 한계를 부여하는 사회적 세계 안에서 관계와 역사의 장을 점유하고 있다는 데에 있다. 이 점은 피할 수가 없다. 그러나

1) 장場은 정치적으로 선택될 수 있고, 어느 정도 변화될 수 있다. 나는 10대의 흑인 남성이 될 수는 없지만, 10대의 흑인 소년 자신들의 목소리로 좀더 신빙성 있게 말하는 집단이나 자율적 행위자와 함께 일할 수는 있다.

2) 한 무리의 사람들을 위한 지식을 만들기 위해서는 그들의 장을 공유하고, 당신 자신의 장을 지식 생산을 위해 선택된 입장으로 전환하는 것이 필요하다. 이것이 이루어지지 않으면 연구자는 이득보다는 해를 더 끼칠 수 있는 탁상공론식의 공상적 사회개량가로 전략할 수도 있다.(Hartsock 1983; Cain 1986, 1990)

입장을 공유하는 것은 그람시의 의미에서 〈유기적 지식인〉이 되는 것과 똑같지는 않지만, 다른 사람 신발에 자기 발을 넣으려는 시도는 똑같다. 페미니즘 분야에서 켈리와 같은 연구자는 푸코가 지식인에게 권한 길에서 쓰레기를 치우는 역할 이상을 분명히 하고 있으며, 생겨나기 시작하는 담론과의 관계에서 산파 역할을 하고 있다. 좀더 적극적인 역할은 물론 왜 똑같은 입장을 갖는 것이 결정적인가라는 물음에 있다. 길을 치우는 자는 새로운 것을 잘 형성하도록 돕기를 요구하는 자보다 해를 덜 끼칠 수 있다. 사위키(1991)가 말하듯이, 거부는 푸코와 같은 백인 남성에게 근본적으로 충분히 중요한 것이 될 수 있다. 그러나 종속된 사람들 자신은 아직은 존재하지 않는 담론과 실행을 만들고 창조해야 한다.

이 점은 불찬성의 첫번째 문제를 가장 사소한 것으로 만든다. 사람은 생각하지 못한 경험을 할 수 있는가? 담론 이전의 경험이 가능한가? 출생과 유아기의 경험이 가능한가? 켈리의 응답자들은 폭력의 연속체라는 새로운 담론을 함께 만들어 내기 전에 이런 담론 이전의 경험을 했던가? 성희롱을 구성하는 관계가 이름 붙여지기 전에도 존재했고, 그런 관계에 있는 여성이 이름 이전의 그 관계를 경험했던가? 담론이 있기 전의 경험이, 바로 여성이 이 경험에 이름을 주려고 개인적으로는 위험하고 정치적으로는 근본적인 단계로 나아가기를 원하는 이유가 아닌가?

담론 이전의 실제가 가능한가의 문제는 그 이름이 〈옳은가〉의 문제는 아니다. 그것은 가능한 질문이 아닌데, 담론과 1차적 관계는 다른 영역에서 작용하며 질적으로 다른 관계이기 때문이다. 말하자면 그들은 서로를 의미할 수도, 될 수도 없다. 오히려 이것은 이름짓기가 페미니스트 정치학을 위해 앞으로 나아갈 방법으로서뿐만 아니라, 여성이 담론 이전의 경험을 표현하기 쉽다고 느끼고 인지하는 어떤 것을 말하는 방법으로서도 유용한지에 관한 문제이다. 형식이 적절하다는 인식은 말할 수 없는 것이 이제는 말해지고 공유될 수 있다는 엄청난 안도와 감사를 불러일으킨다.

이 단계에서 우리는 담론과 실제 사이의 관계와 생각하지 못한 관계의 가능성에 대한 존재론적 물음에서 인식론적인 물음, 즉 이 실제에 대하여 〈아는〉 것이 어떻게 가능한가라는 물음으로 옮겨가게 된다.

인식론에 관한 한 나는 사물이 그에 대한 지식과는 독자적으로 존재한다고 주장하는 것은, 이들 관계가 〈진리〉 안에서 알려질 수 있다는 아주 다른 주장과 관계를 맺지 않는다고 보는 바스커의 초기(1979) 통찰력에 다시 의존한다. 첫째, 실제와 그에 대한 지식은 제한되고 인간이라는 종種에 국한된 인지자들의 능력에 의해 영원히 분리되어진다. 둘째, 이러한 능력은 문화적으로 특수하며, 우리가 접할 수 있는 사고와 담론양식에 의존한다. 셋째, 이 능력은 〈역사적으로〉 또는 관계상으로 특수하며, 사회적으로 유리한 위치를 제공하는 관계의 유대 안에서 아는 자에 의하여 차지된 장에 의존한다. 직업은 자의식적으로 이렇게 하며, 다른 위치(계급·지역·젠더·나이 등) 역시 앎에 대한 사회적 우월성을 제공한다. 마지막으로, 특히 그의 연구 대상—— 즉 사회적 관계 —— 이 대부분 다른 연구 분야보다 좀더 변화가 많고 유동적인 사회학자에게는 알려지게 된 것이 계속 변화된다. 그러므로 관계가 실재(그에 대한 지식과는 독자적으로 존재)하고 변하는 것으로 인식되더라도, 관계의 지식은 특별한 능력을 지닌 누군가에 의하여 항상 생겨난다. 이같은 역사적 변화의 능력이 생산된 지식을 형성하고 구속한다.

이것은 초기 경험론자인 데이비드 흄의 주장(1739/1975)과 일맥상통한다. 흄은 단순한 인상 가운데 감각에서 오는 것뿐 아니라 느낌과 감정을 포함시킨다. 그는 감정(다른 인상/감각처럼)은 실수할 수 없다고 주장한다. 이성을 감정에 적용할 때 실수가 스며들게 된다. 나는 사고 이전의 경험에 대한 흄의 출발점을 받아들일 수 있다. 그에게 찬성할 수 없는 부분은 이런 경험을 확실히 〈옳다〉고 말할 수 있다는 생각에 있다. 전통적인 경험론자는 사실적 존재론과 현대 페미니스트 사실주의에서 아주 중요하게 작용하는 상대주의적 인식론 사이에 구분을 하지 않았다. 사실주의 페미니즘은 인식론상의 상대성과 존재론 안에서 역동적 절대주의로 묘사될 수 있는 것 사이의 결정적인 차이를 주장해야만 한다. 이렇게 함으로써 사실적 페미니즘은 경험주의를 초월하게 된다. 흄과 그의 후계자들이 진리를 목표로 한다면, 많은 페미니스트는 대부분의 여성이 할 수 있는 일은 그들의 지식이 만들어진 방법을 깊이 생각하여 널리 알리는 것이라 주장한다.

이제 나는 종속된 사람들에게 비공식화된 경험이 존재한다는 인식이 필요함을 주장하는 입장에 서고자 한다. 이것이 의미하는 바는 단순히 이미 형성된 담론이 정치적으로 억압되어 있음을 의미할 뿐 아니라, 지배와 종속관계의 유희는 아직도 어떤 경험은 전혀 목소리를 갖지 못한다는 의미를 뜻한다. 이렇게 말할 때, 나는 경험주의자라는 비난을 받을지 모른다. 여기에 대하여 나는 페미니즘은 그들의 지식 이전에 존재한 중요한 것들(느낌/감정/비공식화된 경험)을 인지한다고 답할 것이다. 몇몇 고전적 경험론자는 이 문제의 인식을 공유하며, 푸코도 —— 가끔, 매우 자주는 아니지만 시험삼아 —— 이 인식을 공유한다. 그리고 사실주의적 페미니스트는 인식론을 발전시키고, 이 문제를 적절히 언급하는 방법 모두를 초월한다고 답할 것이다.

다음 부분에서 나는 입장선언 페미니즘(standpoint feminism)이 푸코의 계보학적 방법과 모순되지 않음을 주장하고자 한다. 푸코를 주의 깊게 읽으면, 여성의 사용에 합당한 사회이론의 구축을 위해 우리만이 발전시킨 독특하고 근본적인 접근을 희생하지 않고도 우리의 방법론적, 기술적 무

기를 확장시키는 데 도움이 될 수 있다는 점을 다시 한 번 보여 주고자
한다.

계보학과 페미니스트의 입장 및 참여

푸코가 후기 저작에서 성격을 규정짓고 있는 대로의 계보학은 이 책의
어딘가에서 권력의 상호연결된 개념으로 논의되었다. 그러므로 계보학이
사실적 페미니즘과 갖는 관계를 탐구하기 전에 이 개념의 윤곽을 간단히
살펴보는 것이 필요하다.

〈계보학〉이란 용어는 혈통의 추적을 의미한다. 푸코는 사상의 〈혈통〉을
추적하는 자신의 방법을 지칭하는 데 이 용어를 사용한다. 이 모든 추적
은 원칙상 현재에서 출발해야만 하므로, 푸코는 내 가계에 항상 내재된
의도가 나에게 탄생을 부여하였듯이, 작가의 현재는 혈통이 도달하는 필
연적인 위치로서 미리 구축된 사상의 목적론적 역사로부터 그의 계획을
구분할 수 있는 개념이 필요하다.

혈통의 계보학적 흔적은 세 가지 면에서 이것과 아주 판이하다. 첫째,『혈
통은 차이와 불연속성, 그리고 구분을 드러낸다』(Major-Poetzl 1983) 담론
이나 다른 어떤 관계 안에 있던 것도 이렇기를 요구하지 않는다. 오히려
푸코가 보여 주기 원하는 것은 담론관계가 부분적으로 형성하는 힘의 영
역인데, 그 안에서 담론관계는 변화한다.

이러한 힘의 움직임을 이해하기 위해 푸코는 모든 담론관계에 내재된
권력의 개념을 상세히 다듬었으며, 따라서 〈권력/지식〉이 하나의 가능한
개념이 되었다. 다시 말하면 권력은 계보학의 개념에서 꼭 필요한 부분이
다.『나의 작업에서 빠진 부분은 선언의 유희에 당연히 있을 권력의 효과
였다』── 드레퓌스와 래비노우에 인용된 푸코(1982: 104) 계보학이 한
일은,

참된 지식이란 이름으로 그들을 거르고 계층화하여 질서 잡는 이론의 단일한 총체에 대항하는 지엽적이고 불연속적인, 자격을 박탈당하고 불법적인 지식에 관심을 가지라는 요구에 흔쾌히 응하는 것이다……. 정말 계보학이 투쟁을 벌여야 하는 것은 과학적이라 생각되는 담론이 갖는 권력의 효과에 대해서이다.(Foucault 1980b: 83-4)

힘의 놀이판에서 패자인 지식을 위해 반란의 계보학적 책략을 발전시키려면, 하나의 가능한 개념으로서의 진리를 중단시키는 것이 필요하다. 이제까지 성공적이었던 지식을 어떤 사람들이 〈진실하다〉고 부르는지도 모른다. 그것이 전부다.

관계를 맺는 일시적/임시적 생산 안에서 권력관계의 놀이와 불연속의 지도그리기를 일으키고 가능하게 만드는 개념으로 무장되어서, 푸코의 연구 계획은 좀더 확실히 정치적일 수 있다. 드레퓌스와 래비노우(1982)는 담론 외적인 것이 계보학적 작업에서 더 의미 있는 역할을 한다고 주장한다. 나는 이것을 주목하지 않았으나, 계보학이 정치적이라는 것은 자명하다. 푸코(1991: 71)의 주장에 따르면, 진보적 정치학이 실행을 역사화하고(따라서 상대화하고), 내부관계의 정체를 밝히고, 그것을 설명하기보다 폭로하려고 애쓴다. 하지만 담론이 『다른 실행에 의존하여 발언되는 하나의 실행이 어떻게 형성되는가를 고려의 대상으로 삼는다』(앞글: 70)

푸코는 정치학이 억압된 대안책을 드러내는 과정에 절대 필요하며, 정치학에서 출발해야 한다고 믿는다. 인간의 지식 생산은 관계와 의존에 기반을 두고 있으며, 지식과 힘의 놀이의 일부이기 때문에 정치학이 출발점이 된다. 사위키가 말하듯, 『그(푸코)는 인간이 계보학자의 계보학을 할 수 있다고 인정한 최초의 인물이었을지도 모른다. 관여된 비평가로서 계보학자는 권력관계를 초월한다』(1991: 50) 그러나 이것보다도 계보학자는 현재 지적·정치적으로 참여된 장소에서부터 작업에 임한다. 계보학자는 자기가 끼어들 지점을 주의 깊게 선택한다. 푸코에게 이론은 실행이지, 그에 대한 번역이나 이해가 아니다.(Foucault 1977b: 208)

만약 우리가 이것을 두 가지 용어로 규정짓는다면, 〈고고학〉은 지역적 담론성을 분석하는 적절한 방법론일 것이다. 〈계보학〉은 이러한 지역적 담론성의 서술에 근거하여, 그리하여 해방되게 된 종속적 지식이 유희로 사용할 술책이 될 것이다.(Foucault 1980b: 85)

그러므로 계보학적 방법은 사실주의적 페미니스트 접근과 완전히 양립된다. 지금까지 페미니스트는 종속된 담론관계보다 지배적 담론관계에 초점을 맞추면서, 담론을 분석하는 데 계보학보다는 고고학적 접근을 택해 온 경향이 있었다.

예를 들어 범죄학의 내 연구 분야에서 메어리 이튼(1986)과 힐러리 앨런(1987)은 법적 평등이 얼마나 젠더에 따라 차별화되었는지를 분명히 보여 주면서, 법정의 담론과 실행을 고고학적 양식으로 분석했다. 계보학적 접근은 이러한 오늘날의 담론이 어떻게 생겨났고, 여기까지 오는 동안 억압된 대안들이 어떤 것인지 생각할 것이다. 계보학 없이 고고학을 하는 것이 가능하고 유용한 반면 고고학 없이 계보학을 하는 것은 불가능한데, 담론의 내부관계가 항상 탐구되어져야 하기 때문이라고 말할 수 있을 것이다. 그러나 어떤 접근방법이 강조되든, 연구자의 참여 및 정체가 밝혀진 계보학의 책략적 사용은 페미니즘 계획의 한 부분이다. 페미니즘 역시 완전히 정치적 접근이다.

푸코와 페미니즘이 의견을 달리하는 곳은 연구자의 위치에서다. 푸코는 생물학적으로 주어진 여성의 가능성을 부인했을 것이다. 그런데 이 여성의 입장으로부터 계보학과 그밖의 다른 관계의 분석이 이루어질 수 있다. 이런 의미에서 관계를 중심으로 하는 입장주의는 보다 푸코적인 입장이다. 복합적인 사실주의 존재론과 인식론에서 유래한 관계를 중심으로 하는 입장주의는, 대변하는 위치는 생물학적으로 주어질 수 없고 관계를 통해 부여될 수 있을 뿐이라고 주장한다. 앞에서 언급하였듯이 사람이 지식을 만들어 낼 수 있는 위치는 정치적 의지의 소산인 행동과 필요하면 관계를 바꾸는 일을 통해 입장으로 전환된다. 따라서 연구 주제의 장을 공유할 수 있다. 적절한 관계의 유대를 만들어 내려는 이러한 노력이 예를 들어 비특권 계층 사람들을 위해 글쓰기를 원하는 중산층 학자에게 보통 필요하다.

입장이 이러한 정치적 방법, 관계를 맺는 방법으로 생각될 때 나타나는 또 다른 귀결은 예를 들어 남성이 여성 운동에 투신하게 되면 페미니스트로서 글을 쓸 수 있다는 점이다.(Cain 1986) 따라서 입장은 (부분적으로) 변화되고 선택될 수 있다. 이러한 관계의 개념을 사용할 때, 페미니스트 입장은 생산된 지식을 이용하거나 그것과 관여하기를 원하는 사람들에게 더 많은 문제를 제기하고 덜 명확한 것이 된다.

이런 이유 때문에 관계 중심의 입장주의적 페미니스트에게는 다소간 공유할 수 있는 담론, 즉 이론 안에서 자기의 위치를 탐구하고 드러내는 것이 필요하다. 이런 방식으로 페미니스트(반드시 모두 여자일 필요는 없다)에게는 차이에 관하여 전략적 결정을 내리는 것이 가능하게 된다. 특정 연결지점에서 관련 있는 것에 대하여, 말하자면 유용한 협력과 그 한계에 대하여, 그리고 차이의 담론 자체가 어떻게 발전·전개되는지에 대하여 모두 전략적 결정을 내릴 수 있다. 페미니스트가 모두 관계의 영역에서 한 자리와 장을 공유하지는 않지만, 그들이 선택하면 모두 한 입장을 공유할 수 있다.

결 론

푸코의 저서는 페미니스트에게 많은 교훈을 주며, 페미니스트는 이것을 좋게 활용하고 있다. 담론과 탈담론 사이의 관계와 단절의 지도그리기에 대한 그의 개념은 많은 페미니스트 연구와 양립되며, 적어도 페미니스트 인식론에서의 사실주의적 경향과 모순되지 않는다. 계보학자의 선택되고 관계를 맺게 된 역사의 장에 대한 푸코의 이해는 입장주의적 페미니즘의 관계 중심적 해석과 양립된다. 억압된 담론에 대한 푸코의 관심은 페미니스트의 작업에서 공유되어지지만, 페미니스트의 인식론은 담론 없이 감정을 갖는 것이 어떻게 가능한가를 이론화하기 위해 푸코를 넘어서야만 한다. 이것이 주체의 궁극적 정복이다. 바로 이러한 이유 때문에 우리는 우리들이 느끼는 이름 붙이지 못한 감정에 매달려야 한다. 말할 수 없는 것을 탐구하는 데 있어서 여기 말고 다른 어디서 출발할 수 있겠는가? 우리의 감정이 불가능하다는 것을 푸코조차도 우리에게 말하도록 허용할 수는 없다. 때때로 이런 감정이 우리가 가진 가장 중요한 정치적 자산이다.

II

정체성 · 차이 · 권력

5

푸코식의 페미니즘

경쟁 속의 신체 · 섹슈얼리티 · 정체성

—M. E. 베일리

　오늘날 페미니스트 정치학의 흐름은 페미니스트의 정체성, 즉 페미니즘이 무엇이며 무엇을 의미하는가라는 문제이다. 페미니즘의 〈주체〉는 표면상으로는 여성이며, 그것의 목표는 여성의 삶을 개선하자는 것이다. 이 개선의 개념은 서구 문화에서 여성들을 이해하는 방법이, 일반적으로 남성이 여성에게 권력을 행사하기 때문에 여성에게 많은 가능성을 부정하고 있다는 논의에 기반을 두고 있다.[1] 이러한 분석에 있어서 서구 문화는 여성을 기껏해야 근본적으로 남성과 다르고, 당연히 남성보다 열등하며, 그들의 정체성은 남성들에 대한 종속적인 보완의 관계에 의해서 결정되는 창조물로 간주한다. 최악의 경우에, 서구 문화는 여성을 열등하거나 비정상적인 남성과 동일시하며, 〈품질관리〉를 유지하기 위해, 결함이 있는 자들 중 가능한 한 많은 사람을 〈교정하고〉 나머지는 말살시켜 왔다. 1960년대 이래 페미니스트들은 서구 문화에 팽배한 젠더 정체성에 대한 이중적 · 가부장적 · 이성애적 모델을 중시하는 기준을 다른 방식으로 인지하고 비판해 왔다. 이제까지 서구 문화에서 인류는 남성과 여성으로 이루어져 있고 남녀 둘 다를 필요로 하지만 남성들이 능동적이고, 강력하고, 도덕적인 반쪽을 차지하고 있었다. 여성은 다른 반쪽이다. 즉 번식 및 남성의 다른 욕구를 위해 필요한 악에 불과하다.(Elshtain 1981: 15-16)

그러나 몇몇 페미니스트 비평에 함축된 가정은 〈남성〉과 〈여성〉이라는 이중적 범주를 주어진, 자연스럽고, 영원한 범주를 영속화시키는 것에 관한 것이다. 이것은 몇몇 페미니즘에 압박과 억압으로서 파악되는 가부장적 권력이라는 정적인 개념을 부여한다. 이것이 명백해지면서, 많은 페미니스트들은 〈가부장적〉 권력에 대한 여성의 저항이, 각각 본질적인 성을 지니고 있는 여성과 남성에 대한 가정에 근거를 둔다는 생각이 문제점과 한계를 지녔다고 지적하였다. 남성과 여성이 남성다움과 여성다움에 상응하는 특성들에 의해서 서로 구별된다고 가정함으로써 〈가부장제〉를 비판하는 페미니스트는 남녀에게 서로 구별되고 계급적인 역할을 부여하는 근본적인 〈가부장적〉 논의들, 즉 남성과 여성은 본질적·근본적으로 다른 창조물이라는 논의를 공유하고 있다는 사실이 밝혀졌다. 이 점 때문에 페미니스트 정치학은 여성을 남성보다 우월하게 만들며, 본질적인 성 또는 성별화된 실체들의 계급적 평가를 단순히 뒤엎으려는 전략에 국한되었다.

이러한 문제를 해결하는 한 가지 방법으로, 보편적이고 생물학적인 것으로 받아들여지는 〈성〉(sex)과 문화에 따라 다양하지만 아직도 어느 수준에서는 근본적인 것으로 간주되는 젠더의 정체성의 뚜렷한 특질 사이에 구분이 이루어졌다. 그러면 남성과 여성의 역할 사이의 젠더 차이는 생물학적이라기보다는 사회적인 것이기 때문에 그 차이는 인간의 독자적 행위에 의해서 변할 수 있다. 이와 같이 젠더에 기초한 이해에 뿌리를 둔 국제적인 페미니스트 운동의 요지는 여성을 지배하는 남성의 권력에 도전함으로써 여성을 가부장제로부터 해방시키는 것이다.[2]

〈여성〉을 보편적인 범주로 취급하는 페미니스트 이론은 유색 인종의 여성들, 동성연애여성들과 비서구 세계 여성들에 의해 즉시 비난을 받았다. 그런데 이들 여성들은 다른 여성과 비교해서 어떤 일부 여성들이 보유한 권력을 강조하며, 인종차별주의 억압을 종식시키는 일과 같이 일부 여성이 일부 남성과 공유하는 경험과 관심들을 확인시키는 작업을 해냈다. 보편적 〈여성〉은 수정되어야만 했다.

보다 최근의 페미니스트 분석은 성과 젠더 범주간의 확고한 구분에 이의를 제기하며, 그 구분은 유용성을 잃었다고 주장하였다. 생물학적 성의 개념과 구별되기 때문에, 젠더는 어떠한 희망을 가능하게 하였다. 만약에 생물학적 성이 운명이었으며, 젠더의 특징이 생물학적인 성의 특징과 분리될 수 있다면, 사람들은 젠더의 역할에 운명지어지거나 그 역할에 따를 필요가 없다. 그러나 이 구분은 문화와 사회화와는 명확히 구분되는 확정되고 고정된 〈자연적인〉 생물학의 개념에 의존한다. 문화보다 우선하고 영속적인, 생물학의 〈자연〉이라는 개념은 이제 많은 페미니스트와 후기구조주의자·철학자·과학사가들에게 매우 의심스러운 개념이다. 생물학적인 범주인 〈성〉에서 비롯한 사회·문화·역사의 특징을 지닌 젠더가 문제가 되는 것은 아니다. 오히려 젠더의 〈성〉, 〈정체성〉, 〈행동 배후의 행위자〉가 주요한 비판의 대상이 되고 있다.(Butler 1990: Haraway 1991)

〈여성〉이라는 안정된 정체성이 많은 페미니스트들에 의해 의문시될 때, 미셸 푸코의 작업은 페미니즘을 위해 몇 가지 전략적 가능성을 부여해준다. 푸코는 페미니스트 연구에 그의 사상을 적용하는 페미니스트에게 많은 것을 제공한다. 그 이유는, 한편으로는 그가 섹슈얼리티를 분석하는데 특별한 주의를 기울였기 때문이다. 또한 그의 계보학적 방법이 정체성, 성과 신체에 기초를 둔 정치학의 논쟁 용어를 바꾸어 놓았기 때문이다.[3] 따라서 페미니스트들은 푸코의 작업에 있어서 보이는 틈새를 연구함으로써 한 걸음 더 앞으로 나아갈 수 있다. 왜냐하면 푸코가 보이는 이러한 틈새는 페미니스트 목표의 다양함을 총괄할 수 있는 각양각색의 정치적 행동과 학문 연구의 필요성을 계속해서 입증하기 때문이다.

신체의 사회적 중요성에 대한 페미니스트의 다양한 해석은 잠재되어 있는 다른 현실을 가능한 것으로 만든다. 예를 들자면 내가 위에서 주장한 것처럼, 만약에 신체가 사회 이전의 혹은 문화 밖의 지위를 지닌 어떤 것으로 생각된다면, 페미니스트의 정치적 중재의 활동 무대가 제한되어 버린다. 만약에 생물학이 여전히 사회적인 것에 우선하고 어느 정도는 그밖에 있다고 이해된다면, 생물학이 묘사하고 각인시켜 놓은 차이점 — 그리고 유사점 — 들은 구체화될 것이다. 이 사실은 이러한 차이점들이 그 자신만의 존재, 절대적이고 부정할 수 없으며 영원한 〈자연적인〉 지위를 갖게 된다는 것을 의미한다. 사람들을 나누는 분리체계로서의 성과 젠더는 지속될 것이며, 페미니스트의 정치적 기획들은 성과 젠더라는 상호 구성적인 축의 주변에서 회전할 것이다. 생물학적 성의 개념은 신성한 것으로 남아 있을 것인데 — 이러한 기준을 선택하게 되는 데는 몇 가지 매력적인 이유가 있다.

여성의 생물학적 특성에 호소하는 일은 정도의 차이는 있지만, 여성의 건강 관리·강간·낙태·모성과 같은 〈생물학적인〉 문제들로 이미 정의 내려진 일부 페미니스트 기획이 보다 직접적으로 실현될 수 있게 한다. 확실히 〈성〉이라는 범주를 사용하는 데에는 어떤 이익이 있다. 게다가 초기 페미니스트들의 노력이 명백히 보여 준 것처럼, 〈성〉과 〈젠더〉 사이의 구분에는 전략적으로 유용한 구석이 있다. 〈젠더〉를 사회화된 행동의 범주로서 서술하는 것은 정치적인 간섭을 가능하게 한다 — 〈성〉과 달리 〈젠더〉는 〈타고난〉 것이거나, 변화할 수 없는 것으로 간주되지 않기 때문에, 남성에게는 열려진 가능성이나 기회의 영역으로부터 여성을 제한시키는 일을 정당화시키는 작업은 지속될 수 없다. 생물학적인 〈성〉의 개념을 사용하며 〈자연〉이라는 개념의 덫에 걸리지 않는 것이 가능한지의 여부는 의심스럽다. 그리고 본질적인, 생물학적 성에 대한 학식 있는 문화 변용적·사회적 표현인 〈젠더〉가 성을 전제로 하지 않고 몇 가지 개념을 고수하는 것이 가능한가? 푸코의 《성의 역사》는 페미니스트들이 사회 이전의, 혹은 사회 밖의 본질을 전제로 하지 않은 정체성의 유용성을 탐구하기 위해 사용할 몇 가지 길을 제시한다. 그의 역사적/이론적 방법인 〈계보학〉은, 예를 들어 서구의 과학과 형이상학 같은 〈객관적〉이라고 추정되는 〈진리〉의 기준들이, 그것들이 전개시키는 〈발견물〉과 같이 특정한 이익과 결탁되어 있는 방식들을 상술한다.

이 글은 페미니즘을 위해서 《성의 역사》 1권과 선정된 다른 자료들에 나타난 미셸 푸코의 신체 해석의 이론적 영역을 탐구하고 전개시키려는 목적에서 씌어졌다. 비록 푸코가 이 텍스트에서 젠더가 신체 정체성과 맺는 관계를 광범위하게 탐구하지는 않았지만, 신체에 대한 그의 해석은 이 문제들에 대한 페미니스트의 탐구에 꽤 우호적일 수 있다.

내가 《성의 역사》에 초점을 두는 데 대하여 정당화할 필요가 있을지 모르겠다. 확실히, 푸코의 다른 글들도 관련된 이 주제의 홍미로운 측면들을 고찰하고 있다.(Foucault 1977, 1980a) 그러나 《성의 역사》에서 중요한 것은 이 텍스트 안에서 특별히 신체들을 계보학적으로 자리매긴 점이다. 푸코는 대안이 되는 역사적 설명, 즉 〈종속된 지식〉을 회복하거나 재주장하기 위해 그의 계보학적 방법을 사용한다. 이러한 지식은 예를 들어 형벌제도 안의 죄인처럼 직접 관련되고 자격을 박탈당한 역사의 주체자들과 그리고 학자들에 의하여 종속된 지식이 되었다. 《성의 역사》는 명백하게 성의 계보학이다. 따라서 이 텍스트에서 신체는 섹슈얼리티와 성과의 관계 속에 위치할 것이다.[4] 섹슈얼리티와 성은 두 축으로서 그것을 따라서, 그리고 이 축을 통해서 신체가 이론화된다. 신체는 섹슈얼리티와 성에 대한 지식의 생산, 전수, 수용, 그리고 합법화와 관련되어 이해된다. 푸코의 저술은 페미니스트에게 가치 있는 것인데 그 이유는 섹슈얼리티/성의 초역사적인 불변의 범주에 대한 개념을 거부함으로써, 여성·신체·섹슈얼리티의 문화적 관계에 대한 전통적 이해의 한계에 기초를 둔 어떠한 분석도 해체시키기 때문이다. 역사적으로, 서구 문화에서 여성은 신체 —— 특히 성적 특징을 지닌 신체와 동일시되어 왔다. 나아가서, 새로운 형태의 권력, 생명 권력 혹은 신체의 훈육과 인구에 대한 규제에 관한 푸코의 제안은 킴 체르닌의 이론과 같은 여성 신체를 권력관계의 장소와 표현으로 보는 페미니스트 이론과 강하게 공명한다.(Bordo 1988: 87-91)

푸코의 계보학적 방법과 페미니즘과의 관련성

신체에 접근하며 푸코가 차용한 용어는 일종의 담론 생산인 계보학 그 자체의 특성에 의해서 결정된다. 〈종속된 지식〉은 그것이 학문적인 것이든지 지엽적인 것이든지 공식적이며, 공인되고, 권위 있는 역사들로부터 배제되었다. 그 이유는 종속된 지식이 절대적인 진리와 투명성을 요구하며, 진화해 온 역사의 통일성을 붕괴시키기 때문이다. 계보학은 단일한 역사를 더욱 정직하고, 더욱 절대적이며 초월적인 역사적 진실로 대치하려고 하지는 않는다. 오히려 푸코의 계보학은 모든 진리의 특별한 역사적 배경과 그 진리 안에 투입된 이해관계를 보여 준다. 공인된 역사와 마찬가지로, 계보학은 이해관계에 기초하여 편파적이다. 이와 같은 계보학의 특성은 주관적인 경험과 제한된 진실을 주장하는 것을 강조하기 때문에 특별히 일부 페미니스트들에게 호감을 준다. 이 때문에 서구의 전통에 있어서 좀더 유동적이고 변하기 쉬운 게릴라 유형의 공격이 가능해진다. 서구의 역사 전체는 재현되거나 설명되거나 훼손되거나 논박의 대상이 될 수 없기 때문에, 페미니스트들이 특정 관심의 영역에서 제한된 의미의 간섭만을 행사해 온 것이 정당화될 수 있다. 나아가 계보학적 기획은, 비록 그 이름이 그렇게 보일지는 몰라도 페미니스트에게 전혀 새로운 것이 아니다. 잊혀지고 간과된 여성들의 역사의 회복인 〈여성들의 이야기〉(herstories)는 페미니스트 지식의 소재이다.

푸코는 신체에서 원래의 존재인 본질적 자기를 찾지 않을 것이다. 이러한 기획은 존재론적 —— 근본적이고 초월적인 —— 진리를 명백히 거부하는 계보학에 역행한다. 계보학, 그리고 계보학자로서 푸코는 진리체계나 정체성의 근원을 추구하는 데 관심을 갖지 않는다 —— 이 후자의 추구는 본질적이고, 궁극적이며, 최초이며 최후인 본성에 대한 탐구이다. 페미니스트식 사고는 이런 종류의 추구 때문에 골치를 썩여 왔다.[5] 계보학은 존재의 불멸의 진리를 추구하는 데 저항한다. 섹슈얼리티와 성에 대한 담론을 통해 신체를 탐구하면서 근원의 추구를 거부했기 때문에 푸코의 계보학은 필연적으로 제한된 연구이다. 그것은 계보학이 스스로 공언한 경계에 의해서 한정되며 또한 가능해진다.

절대적이며, 보편적이고 단일한 진리와 지식을 거부했음에도 불구하고, 푸코는 진리와 지식의 문제들과 밀접하게 관련을 맺고 있다. 그러나 푸코는 그것들의 특성을 재정의하려고 시도한다. 그의 목적은 진리와 지식이 물질 세계에 존재한다는 것을 보여 주고자 하는 것이었는데, 여기서 권력은 그 공식화에 영향을 미치게 된다. 그의 시각에서 볼 때 계보학자의 역할은, 대안적 진리를 구성하고 〈종속된 지식〉을 설명함으로써, 진리와 정체성의 역사적 구성이 우연적 이었음을 자료 확증을 통해 입증하는 것이다. 여기서 이와 같은 〈오류의 역사〉, 우발적으로 공식화된 것의 제도화가 근본적으로 암시된다. 예를 들자면 계보학은 현존하는 문화적 배열과 권력관계가 〈가부장제〉와 같은 의식적이며 의도적인 단성적 구조의 논리적인 계승자가 될 필요가 없게 해준다. 이 점은 보편적인 두려움과, 여기에 비롯된 남성에 의한 여성의 억압이 역사적으로 존재하지 않았을지도 모른다는 사실을 시사한다. 대신 다른 권력관계와 같이, 여성의 억압과 훈육은 각 시기에 따라 다른 이론적 근거-진리를 지닌 상이한 형태를 취한다. 여기서 〈젠더〉란 개념은 완벽한 예가 된다. 즉 젠더 역할은 다양한 문화와 다른 시대에 따라 달라진다. 오로지 두 가지 사실만이 불변하다. 일반적인 권력관계(즉 대부분의 여성이 삶에서 선택하는 것은 대부분의 남성이 삶에서 선택한 것보다 더 구속을 받는다는 사실), 그리고 이 역할들이 진실의 개념, 절대적 본질인 〈성〉에 매여서 정당화된다는 점이다.

푸코의 역사적 방법은 역사학의 학문적 훈련이나 역사학의 지식을 발견하고 가능하게 하여 〈근원〉, 진리 또는 본질을 탐구하고자 하는 함축적 태도와 구별된다. 푸코의 방법은 절대적인 진리로서, 혹은 물질에 반영된 대로의 일련의 불변의 사건들이라는 피할 수 없는 결과로서 불안정한 지식의 효과를 가질 수 있다. 예를 들어 산드라 바트키(1988: 77-83)는, 푸코의 이론을 이용하여 〈여성다움〉이라는 이상을 통해 20세기 문화가 여성 신체에 섹슈얼리티와 성적 충동(libido)을 부여했음을 보여 주었다. 여성의 신체가 바로 여성들에 의해 역사적으로 특수한 사회적 이상에 순응하도록 다듬어졌다. 이것은 여성들이 〈접촉하는〉 본질적 여성성이 아니라 권력-지식관계의 표현이다.

계보학, 진리, 지식들이 모두 기꺼이 〈허구〉라는 호칭에 굴복하지만, 그럼에도 불구하고 계보학은 상상력의 작업만은 아니며, 존재의 우연한 다시 쓰기가 아니다. 완전한 주관성은 사상만이 독점적으로 주어지는 유연한 세계에서만 존재할 수 있다. 푸코의 저작은 대체로 신체와 신체의 쾌락과 같은 관념에 물질이 침투하는 일을 전제로 한다. 그러나 이것은 절대적인 인과관계에 의거한 붕괴성은 아니다. 세상의 물질성은 그 물질성에 대한 관념이 갖는 권력 효과만큼이나 부정할 수 없다. 관념들 그 자체는 도약의 장소로 물질 세계에 의존한다. 〈여성다움〉이라는 관념은 여성성에 대한 이전의 역사적 이해와 그 이해가 만들어 낸 신체 양자의 상호작용의 결과이다.(Bartky 1988; Bordo 1988) 관념과 물질은 서로 사정에 밝은 우연성의 나선으로 얽혀 있다. 물질성은 단순히 3차원적일 뿐 아니라, 물질과 관념의 이와 같은 복잡한 관계와 거의 지속적인 변형과정 때문에 시간의 지배 또한 받는다. 따라서 푸코의 계보학 개념에서 역사적 연구는 매우 중요하다. 역사의 불연속성을 입증함으로써, 푸코는 단성적이고, 초월적인 문화의 그림자를 떨쳐 버리는데, 이 문화에서 주변화된 집단과 개인은 그들의 정체성을 찾을 권리를 쟁취해야만 한다.

푸코의 역사 접근이 자신의 역사 연구(1970, 1972, 1977, 1978)에 공헌하면서 특히 중요한 경험적 차원을 지닌다. 그러나 그것은 과학과 형이상학이 요구하는 절대적 진리를 거부한다. 이같은 사실은 필연적으로 푸코의 방법이 요구할 수 있는 (혹은 그가 그러기를 원하는) 사실성을 어느 정도 제한한다. 사실과 허구 사이의 전통적 구분은 주관적 세계와 객관적 세계, 사실적인 물질 세계와 허위의 이념적 세계 사이의 구분에 기초한다. 이 구분은 〈사실적〉이며 최종적인 진리에 대한 믿음을 전제로 한다. 계보학은 그 자신의 이익을 인정하고 그 강조의 주관적 과정을 인식함으로써 〈사실〉과 〈허구〉 사이의 경계를 무너뜨린다. 계보학자는 진리가 허구이지만 역설적으로 진실이라는 사실을 충분히 알면서 해석하고, 중요성을 부여하며, 역사로부터 진리를 창조해야 한다고 푸코는 주장한다. 푸코는 우리가 절대적인 진리를 생산할 수 있다는 생각을 거부하기 때문에 계보학은 아무것도 강조할 수 없다. 그러나 계보학은 절대적 진실의 의문스러운 요구에 의해 흔히 차용되는 역할을 떠맡을 수 있는 담론을 생산해 낼 수 있다.

　　허구의 문제에 관한 한, 그것이 내게는 매우 중요한 것 같다. 내가 허구 이외에는 결코 쓰지 않았다는 사실을 잘 알고 있다. 그렇다고 해서 진리가 존재하지 않는다는 의미는 아니다. 허구가 진실 안에서 작용할 수 있는 기회, 허구적 담론이 진실의 효과를 유도할 기회, 그리고 진실된 담론이 아직까지 존재하지 않는 어떤 것을 싹트게 하거나 혹은 〈제조하는〉, 즉 그것을 〈만들어 내게〉 하는 기회가 존재하는 것 같다. 사람들은 그것을 진실로 만드는 정치적 현실에 기초를 둔 역사를 〈만들어 내며〉, 역사적 진실에 기초하여 아직 존재하지 않는 정치학을 〈만들어 낸다.〉(Foucault 1980b: 193)

젠더의 계보학은 남녀의 삶에 나타나는 특정의 역사적 차이 중 일부를 진실로 허용한다. 하지만, 남녀의 본질에 관한 절대 진리가 기존의 관계를 정당화하거나 설명하는 기회는 허용하지 않는다.

푸코에게 있어서 신체는 역사적으로 제조된다. 초월적이며, 무역사적인 구조 안에서의 연루를 밝히기보다는, 푸코의 섹슈얼리티의 계보학은 시간, 공간, 그리고 세력의 산물로서 신체의 진실을 제조해 낼 것이며, 권력-지식-진리의 투쟁에서의 초점으로서, 특별한 역사적/물질적 구성물로서 신체를 구축하고자 할 것이다. 구체적이고 역사를 가로지르는 여성적인 본질에 의존하고 있는 메리 댈리의 저서(1978)와 같이 급진적 페미니즘은 이러한 배경에서 지지받을 수 없다. 시간과 문화를 통틀어 남성에게 고유한 신체적 취약성을 내보이는 여성의 신체에 관한 수잔 브라운밀러의 페미니즘은, 신체에 대한 계보학적 설명(Woodhull 1988: 170-1)에 의해서 심하게 훼손당한다. 의미의 표현, 효과 혹은 신체의 종속이 연속한다는 사고에 반대하면서, 이것은 역사적 단절, 의미의 불연속성, 신체의 종속을 강조할 것이다. 이 역사를 넘어선 여성의 신체 그 어느것도 이와 같은 논의의 참고로서 존재하지 않을 것이다. 그 대신 〈신체〉라고 불리는 것은 다양한 시대와 장소에서 벌어지는 다양한 이해관계를 표방하는 권력관계의 장이며 표현이 될 것이다. 페미니즘에 함축되어 있거나 명백히 드러난 본질주의에 대한 이러한 비판이 부정적인 것으로 간주될 필요는 없다. 왜냐하면 페미니즘은 〈가부장제〉라는 원시적인 단일체에 저항한다기보다 단편적이고 산만하지만 부정할 수 없이 서로 맞물린 남성적 권력이라는 특별한 구조에 좀더 저항적이기 때문이다.

중요한 것은 투쟁의 용어를 바꾸는 능력이며, 현존하는 구조 안에서 우리의 위치를 보지만 우리 위치 밖의 어딘가로부터 반응하는 능력이다. 좌파들이 여성 운동에서 단편성, 조직의 결여, 통합적이고 일관성 있는 이론의 부재, 그리고 정면 공격을 취할 만한 능력의 결여 등으로 비판한 것은, 우리 사회에 나타난 좌파의 사상을 지속적으로 괴롭히는 집중화와 추상화보다, 보다 더 권력의 전개에 대해 근본적으로 좀더 급진적이고 효과적인 반응을 보이고 있음을 매우 잘 표현한 것일지도 모른다.(Martin 1988: 10)

페미니즘과 푸코의 신체

푸코를 대략 이해하고 나서, 페미니스트적 정체성과 그것의 여성 신체와의 관계를 다루기 위해서는 푸코의 신체 읽기에 의해 이루어진 가능성을 요약하는 일이 남았다. 《성의 역사》의 탐구는 권력의 새로운 형태——훈육, 복종, 생명 권력——와 이러한 권력이 어떻게 정체성을 만들어 내고 제한하는지에 대한 푸코의 이론을 설명하고 있다. 그것은 또한 〈섹슈얼리티〉와 〈성〉의 역사적 우연성, 그리고 그 진실에 신체가 굴복하는 방식을 문서화하고 있다.

푸코는 신체에 대해 감질나는 약속을 했다. 그런데 그 신체의 진리는 궁극적으로 섹슈얼리티나 성의 진실이 아니다. 신체, 즉 여성의 신체는 고정된 섹슈얼리티의 객관적인 진실로 해석되는 신체와 대조적으로 편파적인 이해관계에 얽혀 있는 진실을 지닌다. 또한 단편화된 정체성, 편파적인 책략, 그리고 특별하고 이해관계를 지닌 저항을 허용한다. 푸코는 페미니스트 정체성을 얻기 위해 쉽게 책략을 꾸밀 수 있게 도와 줄 권력을 재공식화한다. 권력은 더 이상 유일한 것이거나, 기본적으로라도 법률적인 것이 아니기 때문에 특정한 권력관계에 대한 저항은 무수히 많은 부분적 형태를 취해야만 한다. 페미니스트 학문은 이와 같은 투쟁이다. 근본적인 정치적 조직도 이와 같은 투쟁이다. (나는 마돈나와 같은 대중 가수의 작업에서 〈여성적〉이라는 개념을 통한 유혹과 여성적인 개념의 전복이 나타나는데, 이것은 부분적 투쟁이라는 점을 또한 주장하고 싶다.)

《성의 역사》에서 신체에 대한 푸코의 개념, 그가 진리와 지식의 정체성을 가능하게 하고 또 제한하는 권력으로 분석하는 것은 절대적이고 최종적인 문화적 변형의 가능성을 거부한다. 그 대신에, 20세기 후반기의 후기산업자본주의 문화의 권력관계의 지배를 받는 우리 신체의 역사에 대한 푸코의 해석은, 우리가 실제로 투쟁(예를 들자면 가부장제에 대항하는)을 치르지 않고도 승리하거나 패배하게 만든다. 특정한 권력관계에 대한 저항이 신체와 쾌락에 편향하여 시작되어야 하며, 푸코는 편파적인 정체성뿐 아니라, 결과적으로 이러한 정체성을 생산하는 부분적인 지식까지도 포괄한다고 시사한다.

이것은 과연 신체가 성의 장소이며 섹슈얼리티의 중요한 원천으로 신체를 묘사하고 있는 담론의 권력-지식 관행에 선재하는가라는 문제를 야기시킨다. 푸코는 여성이 섹슈얼리티와 성이라는 주도권을 다투는 권력-지식제도로부터보다는 〈신체와 쾌락〉으로부터 저항을 시작한다는 점을 시사한다. 그렇다면 푸코는 우월한 본질적인 권력에 의해 더욱 방어적인 입장을 내세우며 역사적으로 의문스러운 입장을 거부하는 것이 아닌가?

푸코가 그 안에서 그것을 위해 성의 역사를 만들어 낸 신체는 행복한 이상향, 정체성을 수립하기 위해 해방을 유도하는 땅에 대한 기대를 가져오지 않는다는 점은 명백한 사실이다. 푸코는 기본적인 문화 이전의 신체나 섹슈얼리티에 의지하려고 하지는 않는다. 오히려 푸코의 신체는 〈난폭한 운명의 투석과 화살〉의 흔적을 가장 깊이 지니고 있다. 신체, 그리고 신체에 대한 이해에 치중하는 담론들은 인간의 섹슈얼리티와 성을 둘러싸고, 그리고 그것을 통해 세워진 권력-지식 기구에 의해 영속적으로 변화한다. 결과적으로 성의 정체성을 신체의 문화적 형성으로부터 분리시키는 것은 불가능하다. 이러한 견해는 신체 안에서 좀더 본질적인 물질적/생물학적 · 정신분석학적 · 형이상학적 진실을 드러내는 변화가 아니다. 그리고 프로이트학파와 후기-프로이트학파의 억압 이론이 그러하듯이, 신체가 섹슈얼리티와 성에 의해서 낙인을 찍히기 이전의 황금시대로 회귀하려는 구실도 아니다. 신체는 신체에 대한 생물학적 · 정신분석학적 〈지식〉에 따라 철저히 이해되기 때문에, 이러한 진리체계 밖에서는 어떠한 〈국외〉도 있을 수 없으며, 신체에 대한 어떠한 접근도, 그리고 신체도 존재할 수 없다.

그러나 우리는 이와 같이 진리체계에 의해서 각인된 사실을 통해 얻을 수 있는 것을 거부하면 안 된다. 푸코는 신체를 섹슈얼리티에 가해진/섹슈얼리티를 존재시키기 위하여 가해진 무력화에 대항하는 저항의 근원/장소로 제공한다.[6] 신체는 서로 다른 경쟁적인 이해관계에 의해 여러 겹으로 둘러싸여 있지만, 신체의 종속은 결코 완전하지 않다. 신체는 완전하게 〈섹슈얼리티〉에 종속된 적이 없다. 왜냐하면 섹슈얼리티의 〈진실〉이 다른 진리들과 경쟁관계 속에서 투쟁하기 때문이며, 그것의 전개는 흔히 편파적이고 스스로도 갈등에 빠지기 때문이다.

푸코는 성과 섹슈얼리티의 담론이 지니고 있는 해설적 능력을 능가하는 신체의 어떠한 자질에 의존한다. 그러나 신체의 이 요소가 선재하든 아니든간에, 섹슈얼리티의 담론의 지배권은 명확하게 인식할 수 없다 —— 그것에 대해 이야기하거나, 생각하거나, 기술하거나 알 방법이 없다── 왜냐하면 섹슈얼리티에 대한 현대적인 과학적 연구인 성과학의 〈밖〉에 존재하는 언어에 대해 조금도 의지하지 않기 때문이다. 따라서 푸코의 신체는 본질적이고, 근원적인, 불멸의 사실이 아니다. 그것은 섹슈얼리티와 성과 같이 역사적으로 구성된 것이다. 신체는 역사적 환경에 의해 영향을 받고, 변화되고, 문신이 각인된다── 그리고 신체는 이러한 영향, 변화, 각인과 구분될 수 없다.

현재의 연구 목적은 사실상 권력의 전개가 어떻게 신체── 구체적으로 신체 부위들, 기능, 생리적인 과정, 느낌, 그리고 쾌락 등과 직결되어 있는가를 보여 주는 것이다. 지워진 신체와는 별개로, 필요한 것은 최초의 사회학자들이 주장한 진화론에서와 같이, 인생 내부의 생물학적·역사적인 요소들이 서로 모순되더라도, 인생을 목표로 삼는 권력의 현대적 테크놀로지의 발전에 따라서 점차 복합적인 양식으로 서로 결속되는 분석을 통해서 실체를 명백하게 만드는 것이다. 따라서 나는 신체가 인식되어지고 의미와 가치를 부여받는 방식을 통해서만, 그것을 고려의 대상으로 삼는 〈정신의 역사〉를 그리지 않는다. 대신에 〈신체의 역사〉와 신체 안에서 가장 물질적이며 가장 생기 있는 것이 투자되는 방식을 그린다.(Foucault 1978: 151)

여기에서 가장 놀라운 사실은 푸코가 〈정신〉과 〈신체〉의 구분을 거부하고 있다는 점이다. 그것들은 너무나 철저하게 결속되어 있기 때문에 구분할 수 없다.

신체 · 권력 · 섹슈얼리티의 역사

《성의 역사》에서 푸코는 서두에서 보인 관심으로부터, 그가 〈억압의 가설〉이라고 이름 붙인 섹슈얼리티 특성에 대한 현대의 불완전한 공식화에 이르기까지, 우리가 서구에서 섹슈얼리티라고 알고 있는 것의 진화과정을 추적한다. 푸코가 〈억압의 가설〉이라고 명명한 것은 섹슈얼리티에 대한 여러 가지 정신분석학적 학설——프로이트·마르쿠제, 그리고 일부 페미니스트 정신분석 이론과 같은——중에서 중요한 이론적 근간을 이룬다. 이 가설은 원초적인 성적 에너지(개인에게는 아기에게 있는 본능, 집단에게는 문화 이전의 성관계와 같은)가 존재한다고 가정한다. 그런데 이 에너지는 그것에 대한 외적·내면화된 억압이 정신(혹은 자기)에 미치는 무력화를 중화시키기 위해서 회복되어야만 한다. 여기에서 욕망은 자신을 해방시키기 위해 원초적인, 본연의 섹슈얼리티로 돌아가려는 당연한 결과로서 존재한다.

푸코는 이러한 계보학에서 권력은 우리의 이해의 대상이 아니며, 적어도 더 이상은 그렇지 않다는 점을 강조한다. 권력은 제한적이고, 금지된, 비지향적 관계 속에서 권위에 의해 주체를 억압하는 것으로 자신을 선언하지 않는다. 오히려 푸코는 권력을 제한적인 기회일 뿐 아니라 생성력生成力으로 이해한다. 권력은 이전에 존재하지 않았던 존재에게 쾌락과 중요함을 창조할 수 있다. 예를 들자면 푸코가 사람의 〈자기〉——예를 들어 〈호모섹슈얼〉과 같은——에 걸맞는 이름을 찾는 과정에서, 그리고 이 이름에 사회적으로 부여된 정체성을 포괄하는 과정에서 그가 자세히 열거한 쾌락이 있다. 이것은 자기에 관한 〈진실〉을 폭로하는 즐거움이다. 푸코는 또한 이러한 진보가, 예를 들어 산업의 탄생과 발전과 같은 특별한 역사적 환경에 의해 결정되어 왔다는 점을 강조한다. 산업은 인간의 노동자본을 요구하며, 따라서 인구 정책의 필요성 때문에 섹슈얼리티는 인구를 통제하는 하나의 기술로서 채택될 수 있었다.

푸코는 권력에 대한 전통적인 이중적 이해가 불충분하다고 주장한다. 지배자와 피지배자, 압제자와 피압제자, 군주와 신하라는 양극화는 권력의 천명과 가능성을 해결하지 못하는 범주들이다. 권력은 역사적 범주의 변화에 따라서 그 형태/표현이 변화한다. 만약 인구의 과학적 정상화 계획이 갖는 지배 효과가 전복되려면 이러한 변화를 이해해야 한다. 권력은 파괴될 수 있는 법률이 아니다. 그것은 예를 들자면 〈알맞는〉 성적인 대상에 대한 애착, 혹은 밤에는 잠자고 어떤 시간에 식사를 하는 것 등을 배우는 것처럼 육성되는 훈육이다. 신체와 섹슈얼리티/성의 〈진리〉 담론의 매력은 그것들이 정체성을 형성하고 심지어는 〈비정상적인〉 행동까지도 포함해서 행동을 지도한다는 점이다. 섹슈얼리티의 담론에 있어서 권력은 단순히 한 사회를 군주의 지배에 종속시키거나, 한 계층을 좀더 부유한 계층의 지배에 종속시키는 억압의 권력이 아니다.『그것은 시대에 걸쳐 분배된 조세제도나 의무에 의해 비연속적인 방식으로 행사되는 것이 아니라, 감시에 의해 지속적으로 행사되는 유형의 권력이다』(Foucault 1980c: 104) 다른 형태의 권력과 같이, 성적인 권력은 주어진 사회조직의 모든 요소 사이에서 관계로서 존재하며, 금지·거부·부정과 같은 형태를 취할 필요는 없다.

《성의 역사》는 인간의 성적 욕망과 그것을 구성하는 권력-지식관계를 상술하고 있다. 이 계보학에서 푸코는 인간의 성적 규범이 사회적/문화적 구조물이라는 사실을 가정하지 않는다. 이것은 특별히 독창적이거나 지각력이 있는 발견은 아니다. 예를 들어 아드리엔 리치는 강요된 이성애가 사회적으로 형성되고 강화되는 모습을 보여 주었다.(Eisenstein 1984: 55-6, 105) 오히려 이러한 분석의 기저에 깔려 있는 가치는 특별한 역사적 범주 안에서 인간의 섹슈얼리티의 창조과정에 개입된 권력관계를 푸코가 지식의 목표로서, 진리의 원천으로서 해석하고 이해한다는 점이다.

지식의 본체에 무엇인가를 종속시키는 데 관련된 권력에 대해, 그리고 그 지식을 진리로서, 그리고 진리에 의해서 알 수 있게 만드는 데 대해 인식하고 나면 섹슈얼리티에 대한 진실을 이해하는 것이 어떻게 개인적으로/정치적으로 해방시키는 행동으로 인식되는가에 대해 재고할 필요가 있다. 따라서 기본적·본질적인 섹슈얼리티에 의지함으로써 남성적 권력을 전복시키거나 붕괴시키려는 페미니스트 이론은 그들이 어떤 이익을 위해서 일하고 있는가를 재고할 필요가 있다.(Martin 1988: 11)

《성의 역사》는 진리의 형성과 유포에 있어서, 권력의 내재성과 완전한 자기를 정의하는 데 개입된 권력놀이를 위한 장소로서뿐만 아니라 지식과 진리의 주체로서 인간의 섹슈얼리티가 특별하게 구성되는 과정에 대해 상술하는 역할을 한다. 푸코가 자신의 성의 역사를 통해 권력·진리·쾌락에 대한 기존의 해석에 도전한 방식은 페미니즘적 함축을 담고 있다. 그는 우리가 권력의 현대적 표현인 〈지식에의 의지〉의 가능성을 부정적이고 위압적일 뿐 아니라, 긍정적이고 생산적으로 심각하게 대하기를 요구한다. 이러한 추세에 있어서, 소비적인 충동, 즉 〈신실〉을 향한 특히 자기-진실을 알기 위한 충동이 필요한데, 이 충동 안에서 동시에 존재에 기초를 두고 행동을 가능하게 하고, 가능성도 제한하는 정체성이 산출된다.

푸코는 섹슈얼리티와 성에 대한 연구의 발달과 매우 특별하게 신체를 이해하는 것 사이의 관계를 명백히 그린다. 페미니스트 —— 섹슈얼리티에 대한 담론과 담론들이 지니는 신체적 정체성에 대한 진실이 부여하는 특별한 관심을 부분적으로 통합시키고, 여성으로서 그것과 제휴할 수 있는 능력에 의해 페미니스트가 될 수 있는 가능성을 지닌 사람들 —— 에게 중요한 것은 권력에는 〈국외〉가 존재하지 않는다는 사실을 깨닫는 것이다. 따라서 순전히 억압만 받는 〈결백한〉 계층이란 없으며, 따라서 페미니스트는 정체성에 근거해서 수립된 정치학의 한계와 위험성을 인식할 필요가 있다.

19세기 초엽에, 섹슈얼리티는 성의 테크놀로지에 있어서 대중적인 행정 혁신과정을 통해서 의학적 연구의 영역으로 형성되었다.(〈신체가 유기체의 수준으로 내려왔다.〉 Foucault 1978: 117) 이후에, 성의 테크놀로지의 수정과 변화가 만연하였다. 성적인 정상성/일탈에 관한 의학적 연구가 우생학의 정치학과 결합하였으며, 그 사이에 〈영혼〉의 출현은 정신치료사들의 〈이야기 치료〉와 결합하였다. 여하튼 신체는 성이라는 주제를 인식하고, 그것을 실제적이고 물질적인 것으로 만드는 데 매우 중요한 것이었다. 〈섹슈얼리티〉가 주입되고 발견된 것은 신체적 행동과 신체의 흥분에 대한 연구를 통해서이다. 신체는 주제로서 필요하며 신체에서 섹슈얼리티가 고립·인지·질문·탐구되며, 만약 필요하다면 (〈변태적〉 섹슈얼리티의 경우에서처럼) 변화할 수 있는 장소로서 필수적인 것이다. 섹슈얼리티에 주의를 집중한 담론은 필수적으로 신체에 대해 대단한 관심을 갖는다. 성과 섹슈얼리티에 대한 지식은 신체와의 접촉에 의해 유도된다.(Foucault 1978: 44)

새로운 지식 영역의 출현은 새로운 종류의 권력의 결과이며, 또한 그 권력에 깊은 영향을 미친다. 그 결과들 중의 하나는 신체와 섹슈얼리티/성의 접속·결합이다. 이와 같은 새로운 권력-지식제도는 그 제도의 주체로 하여금 고백과 조사와 상술에 참여하도록 한다. 예를 들어 부르주아 계층의 아내들은 그들의 〈신경질〉의 근원 —— 그리고 가능한 치료 —— 을 밝히는 분석에 복종함으로써 더 나은 아내와 어머니가 되도록 강요를 받는다. 섹슈얼리티에 대한 지식과 진실을 탐구하는 과정에서, 권력과 쾌락은 분리될 수 없으며 서로를 강화시킨다. 성의 진실은 만들어지는 것이며, 그것을 발견하는 기쁨과 발견을 위해 형성된 욕구를 통해 깊이 새겨지고 〈발견〉된다.

성적 도착의 증가는 빅토리아 시대 사람들의 견실한 정신을 사로잡고 있던 교훈적인 주제는 아니다. 그것은 어떤 유형의 권력이 신체와 신체의 쾌락을 잠식한 결과로 나온 산물이다. 서구 세계가 어떤 새로운 쾌락을 만들어 낼 능력이 없었다는 것은 있음직한 일이며, 서구 세계가 어떤 독창적인 사악함을 발견하지는 않았다는 것은 의심할 바 없는 사실이다. 그러나 서구는 권력놀이와 쾌락을 위한 새로운 규칙들을 정의하였으며, 성도착의 냉혹한 모습은 이러한 놀이가 고착된 결과이다.(Foucault 1978: 47-8)

섹슈얼리티는 그것이 전달하는 진실에 대한 욕구를 창조하며, 자기의 진실을 현존하는 새로운 쾌락과 결합시킴으로써 스스로를 재생산했다. 그리고 섹슈얼리티는 그것을 통해서 개인적·집단적 행동의 문제점들이 분석되는 중요한 이론적 렌즈로 성장하며, 쾌락과 자기에게 접근할 수 있게 함으로써 자신을 필요불가결한 존재로 만들었다. 섹슈얼리티는 그 자신에 대해, 근대 성의 과학에 대해 제도의 역할을 하며, 열거·분류·상술·세분화를 통해 권력과 쾌락의 범위를 넓혔다.

오늘날의 섹슈얼리티의 형태를 결정하는 것은 권력의 테크닉의 보급이었다. 궁극적으로, 섹슈얼리티에 있어서 기득권의 영역은 주로 교회나 상당한 적의를 지닌 정부가 아니라 과학의 진리 추구를 포함했다.(Foucault 1978: 12-13) 그럼에도 불구하고 많은 권력관계——예를 들어 남성우월주의적 제도에 대한 여성들의 관계——들은 그들이 특정한 이익에 지속적으로 공헌하기 때문에 원형 그대로 보존이 되거나 좀더 세련되어졌다.

푸코에 의해 상술된 성의 역사의 문제는 어떤 이유에서든지 성을 억압하거나 통제한 죄를 범한 집단을 확인하지 않는다. 오히려 이 문제는 특정한 역사적 시기에 섹슈얼리티가 중요한 문제점으로서 형성되었다는 사실(이득을 보는)을 확인하였다. 그리고 성·신체·삶을 통제하기 위해 사용된 수단뿐 아니라 이와 같은 성의 담론에 있어서 집단을 추적하였다. 푸코는 18, 19세기 유럽의 산업 부르주아 계층의 이해관계와, 특히 진리로서 성의 과학적 지식을 제도화하면서 초기의 과학적 그리고 의학 집단이 지녔던 이해관계를 지적하였다. 그런데 푸코는 전혀 언급하지 않았지만 이러한 관심 역시 남성 중심적이라는 사실을 주목하는 것이 중요하다. 푸코는 그가 이론화한 권력의 양식에 있어서 전체적인 변화가 중요한 반면 그것은 단지 근대 권력관계의 역사의 차원에 불과하다는 점을 강조한다. 권력의 표현에 있어서 변화와 그 표현의 기능 사이의 구분은 실제로 그어질 수 없다.

푸코는 섹슈얼리티가 억압의 가설을 통해 이해될 때, 그것은 부르주아 윤리의 산물이라는 점을 인정한다. 그러나 그 이야기는 우리가 생각하듯이 정확하게 진행되지는 않는다. 부르주아 계층은 원래 노동에서처럼 직접적인 방식으로, 혹은 인구나 노동자금을 증가시킴으로써 장기적인 계획에 의해 성적인 충동의 에너지를 자본주의적 생산으로 전환시키기 위해 인간의 섹슈얼리티를 거부하거나, 말살거나, 부정하는 일에 착수하지는 않았다. 애초에 섹슈얼리티는 중요한 산업자본으로서, 노동자의 수를 늘리기 위해 노동 계층을 통제하기 위해 사용되지는 않았다. 오히려 그것은 부르주아 계층에게 있어서 어떤 것이 독특한 것이며 우월한 것인가를 정의하고, 타락한 명문 출신의 귀족, 그리고 선천적으로 타락한 하층 계급보다 그들을 호의적인 입장에서 구별하는 긍정적인 역할을 하도록 도입되었다.(Foucault 1978: 123-4)

확실히 신체는 계급의 성적인 정체성을 형성하는 부르주아 계획에 대해서 비판적이다. 그 이후로 신체는 그 신체뿐만 아니라 부르주아 섹슈얼리티까지도 정의하는 것의 산물이며 장소로 간주된다. 하지만 신체는 매우 중요한 섹슈얼리티와 성을 위한 장소에 불과하지만은 않다. 더 나아가서 그것은 부르주아의 신체를 다른 사회계층의 신체로부터 필수적으로 구분하고 정의하도록 고안된 과정에 종속된다. 신체는 문화적 수준에 있어서 뿐만 아니라 種種에 있어서 부르주아 계층의 능력과 활력을 보장함으로써, 정의되고 구성된다. 부르주아 계층이 초기의 섹슈얼리티를 형성하여 인구 조절로 사람들을 통제하는 데 사용된 것은 단지 유럽에 있어서 어떤 물질적·역사적 상황에 대한 반응으로서였다.

푸코의 분석은 페미니스트들에게 많은 생각할 거리를 제공한다. 예를 들자면 비록 권력관계를 제도화하는 과정의 〈우연한〉 특성이 〈가부장제〉라는 개념을 훼손시키지만, 권력을 표현하는 데 있어서 남성우월주의적인 것으로 공공연히 해석할 여지를 남겨둔다. 푸코는 또한 〈진리〉를 위해 과학으로 전환하는 것의 위험을 지적한다. 이것은 과학과 의학에 대한 많은 페미니스트 비판과 공명한다. 또한 여성의 신체의 궤적에 있어서 다양한 이해관계와 교차점을 보여 준다 ── 의학과 과학의 경우에서처럼, 이해관계를 지닌 권력은 남성 중심적일 뿐 아니라, 자본주의적이고 부르주아적이며 제도적이다.

이와 같이 권력에 대한 푸코의 분석은, 강간이 비정상적 행위이거나 〈성적인 특징이 없는〉 폭력행위가 아니라 현존하는 권력관계의 한 극단이라고 주장하는, 캐서린 맥키논과 같은 페미니스트들의 신념을 지지하는 경향이 있다.(MacKinnon 1987) 그러나 권력을 분석할 때 그는 권력을 순수하게 거부하기보다는 저항을 허용한다. 그리고 나서 맥키논의 공식과 달리, 모든 표현들을 논리적이고 받아들일 수 있는 결론으로 만들 필요 없이, 이러한 권력관계의 몇 가지 표현을 포괄하는 것을 허락한다. 결국 정체성의 구성된 특성과 그것을 가능하게 하는 담론과 그것의 연루는 정체성의 정치학의 한계를 지적한다. 정체성은 어떠한 허구적 단일성—역사적 정체성과 특정한 권력관계 주변에 형성된 단일성—을 허용한다. 비록 여성에 대한 보편적 범주는 없지만, 그들의 관심이 권력의 현대적 조직 속에서 지니고 있는 유사한 위치를 통해 결합될 수 있는 여성들은 존재한다.

저항과 정체성

페미니스트 저항의 전략을 개괄하는 것은 아마도 불가능한 작업일 것이다—그것들은 무수히 많으며, 지엽적이고, 제도적으로 정치적이며, 학문적이고, 이론적이다. 진리의 편파성에 대한 푸코의 분석, 그리고 결과적으로 그가 지엽적이고 특정한 투쟁으로 전환한 것은 어떤 책략의 유효성에 대해 의구심을 나타내는 경향을 보여 준다. 예를 들어 비록 법률적·사법적인 제도상의 투쟁이 결코 멈춰서는 안 되지만, 그것들은 단지 저항하는 빙산의 일각에 불과하다. 권력은 주로 법률적-사법적 구조를 통해서만 표현되는 것은 아니다.

자나 사위키(1988: 186-90)는 권력에 대한 푸코의 개념이 개인적인 것을 정치적으로 이해하는 페미니스트식 이해와 명백히 양립할 수 있다는 점을 지적한다. 그녀는 또한 푸코가 정체성을 역사적 구성물로서 분석한 것이, 정체성의 개조를 실행하고 있는 여성동성연애자 페미니스트들에 의한 정체성의 분석과 양립될 수 있다는 점에 주목한다. 그녀는 다른 정체성—예를 들어 남성동성연애자—과의 계급적 구분에 기초하여 재구성된 정체성을 포용하는 것은, 특별한 문제점을 둘러싸고 벌어지는 지엽적 투쟁을 강화할 수 있는 제휴를 제한한다는 점을 지적한다. 섹슈얼리티의 역사에 있어서 신체의 중요성은 명백하다. 신체는 특정한 이해관계와 권력관계에 도움이 되는 방식으로 생산되고, 이해되며, 전개된다. 따라서 신체는 이해관계와 권력의 전쟁터이며, 비록 이러한 관점에서는 아니더라도 페미니스트들이 오랫동안 이해해 왔던 것이다. 따라서 푸코는 이러한 투쟁의 초점을 정의하는 데 도움이 된다는 측면에서 페미니스트 연구에 가장 큰 공헌을 한다.

만약에 권력의 효과가 많지 않고 전적으로 예측할 수 없는 것이라면, 신체에 있어서 희망적이거나 유용한 어떤 것도 존재할 수 없다는 말은 아마도 사실일 것이다. 푸코가 신체를 자기라는 개념의 근원인 동시에 산물로 이해하는 방식은 이와 같이 요새화된 신체가 전략적으로 재배치될 수 있게 한다.

자기에 대한 이러한 견해에 있어서, 개인과 사회의 관계는 사회적 결정론—완전한 사회화의 하나로 묘사되지는 않는다. 오히려 사회화는 실행에 있어 결코 완전히 실현되지 못한 계획으로 등장한다. 따라서 사회적 형성주의는 사회적 결정론을 암시하지는 않는다. 푸코의 것도 확실히 그렇지 않다.(Sawicki 1988: 184)

푸코가 묘사한 신체는 엄격한 수정, 유혹, 자극에 종속된다. 그러나 푸코는 신체와 쾌락이 성과 섹슈얼리티의 영향력 있는 자기 진실에 대한 저항의 원천이 될지도 모른다는 점을 암시한다. 사회화는 결코 완벽하지 못한데, 그 이유는 서로 경쟁하는 이해관계와 정체성이 갈등을 만들어 내기 때문이다. 정체성의 권력-지식은 정체성들 사이를 중재하며, 우리가 아마도 〈자발적인 행위〉라고 이름 붙일 수 있는 자기 정의와 자기 결정을 제한된 범위에서 허용하며, 그리고 새로운 결합과 새로운 이해의 가능성을 허용한다. 그렇다면 푸코가 삶을 성적으로 만드는 과정에서 의도하지 않은 결과로 나온 새로운 쾌락을 언급하는 것이 가능할까?

아니다. 푸코는 새로운 쾌락—— 자기의 진실에 대해 이야기하는 즐거움—— 을 묘사하면서, 우리 진리 추구자들이 섹슈얼리티의 단일한 권력-지식-진리의 지배에 자신을 종속시키는 데 기꺼이 공모한다는 사실이 어떤 것인가를 보여 주고 있다. 그러나 확실히 푸코는 쾌락으로 전환하거나, 신체에 쾌락을 스며들게 하는 진실로 전환할 것을 시사하지는 않는다. 이와 같은 쾌락은 인간 삶의 가능성을 속박하기 위해 고통스럽게 협조하는 정체성의 진리체계의 일부분이다.

섹슈얼리티와 성이 문화적 구성물인 것과 같이 신체도 생물학적인 본질이 아니라, 문화적으로 구성되었다는 이론은 어떤 종류이든 여성이 지닌 〈자연의〉 범주에 기초를 둔 페미니스트 정체성의 가능성을 구속한다. 이 사실은 여성이 단순히 본질적으로, 생물학적으로 여성이라는 사실에 근거한 보편적이고 영원한 정체성은 공유할 수 없다는 것을 의미한다. 그러나 아마도 이것이 페미니즘에 있어서 매우 유감스러운 상태는 아닐 것이다. 지엽적인 투쟁을 위한 특별한 책략에 대한 푸코 자신의 주장은 아마도 구체적인 이득—— 예를 들자면 건강 · 낙태 · 모성 · 강간 등을 둘러싼 여성의 투쟁에 있어서—— 을 위한 본질주의의 사려 깊고 온건한 전개를 가능하게 할 것이다. 모든 담론은 저항을 불러일으킬 수 있다는 푸코의 제안은, 페미니스트 정치학을 절대적이고 영원한 페미니스트 정체성에 굴복시키지 않고도 이러한 정치학을 가능하게 할 수 있는 더욱 유동적이고 편파적인 〈정체성〉을 제공한다. 푸코는 다음과 같이 주장한다.

　　다수의 저항이 존재하는데, 그것들 각각은 특별한 경우이다. 그것들은 가능하고, 필요하고, 사실 같지 않은 저항들이며, 자발적이고, 야만적이고, 고독하고, 합의된, 맹렬한, 혹은 난폭한 다른 저항들, 또한 쉽게 타협하고, 타산적이고, 혹은 희생적인 저항들이다. 정의에 의하면, 이 저항은 권력관계의 전략적인 영역에서만 존재할 수 있다.(Foucault 1978: 96)

머릿속에 떠오르는 한 가지 가능성은 본질로서, 결정적인 정체성으로서 진실에 자신을 예속시키지 않고 어떠한 특징이나 역할과 동일시하는 것이다. 푸코는 섹슈얼리티와 성에 대한 지배적인 담론을 통해 만들어진 정체성인 〈동성애〉가 이렇게 제한된 정체성의 한계를 타파하였다. 또한 많은 다른 부분적인 정체성들과 차이를 포함하는 남성동성연애자 집단에 의해 구성되었고, 또 그런 집단을 가능하게 하는 방법을 지적하였다. 유사하게, 주디스 버틀러(1990)는 호모와 레즈비언을 남자 역할을 하는 여성동성연애자/아내의 역할과 동일시하는 것은 본질로서의 정체성이라는 개념을 전복시킬 수 있다는 주장을 한다.

전통적인 정치적 저항의 의미에 있어서 혁명은 효과가 없는 저항이라고 배제된다. 왜냐하면 그 혁명은 권력이란 일부 지배 집단이 소유하고 있으며, 법과 금지를 통해 행사되는 외부적인 힘이라는 가정에 기초하고 있기 때문이다. 푸코는 훈육하는 권력에 저항하고 반대하는 정치와 정치적 비판은 아직 이루어지지 않았다는 점을 시사한다. 이러한 정치학은 특정한 시기에 한정되지 않는 정체성의 진리를 언급할 수 없다——그 대신에, 그것은 단편화되고 편파적인 정체성이 지니는 다양하고 변화하는 이해관계에 예속될 것이다.

정치적 분석과 비판은 아직도 상당히 많은 부분이 이루어져야만 한다——또한 권력관계를 수정할 수 있고, 그러한 수정이 가능하고 현실 속에서 각인될 수 있는 방법으로 그것을 통제할 수 있는 책략도 만들어져야만 한다. 이 말은 그 문제가 정치적인 〈지위〉(미리 존재하는 일련의 가능성 중에서 선택하는)를 정의하는 문제라기보다는 정치화의 새로운 도식을 구상하고 존재하게 하는 것이라는 뜻이다. 만약에 〈정치화〉가 기성의 선택과 제도에 의지하는 것을 의미한다면, 힘의 관계와 권력의 구조를 밝히는 데 관련된 분석의 노력은 가치가 없게 된다. 다국적 경제와 관료주의 국가와 관련된 거대하고 새로운 권력의 테크닉에 대항해서 새로운 형태를 취할 정치화를 대립시켜야 할 것이다.(Foucault 1980b: 190)

이와 같은 새로운 정치학은 항상 다른 이해관계들에 의해 흡수될 것이라는 점을 염두에 두어야 한다. 이것은 아마도 제한된 방법에서일지라도 전략적인 본질주의를 전개시킬 때 경계해야 할 가장 위압적인 함정일 것이다.

푸코가 진리·지식·권력이 서로 얽혀 있는 것으로 보기 때문에, 새로운 페미니스트 정치학은 자기에 대한 새로운 이해를 구체화시킬 필요가 있다. 이것은 어떤 사람의 〈정체성〉과 그것의 가능성에 관한 새로운 진리와 지식을 의미할 것이다. 따라서 푸코의 저항의 개념은 페미니즘에 있어서 정체성의 문제를 해결해 주지 않는다. 정체성에 대한 여성의 욕구는 진리에 대한 욕구로서 현대 서구의 권력관계에 의해서 생겨났는데, 그 안에서는 권력에 대해 어떠한 〈국외〉도 존재하지 않고 남성의 권력 소유도 없다. 그러나 푸코의 이론이 우리에게 완전한 진리를 제공하지 않기 때문에, 그 이론은 남성과 여성이 불완전한 정체성을 갖는 것을 허용할 수 있다. 예를 들어 인종·계급·젠더의 귀속 등에 대한 갈등은 더 이상 〈진실하고〉 중요한 억압체계만을 선택하거나 그것과 동일시하려는 욕구에 예속되지 않고, 이러한 배타성에 대한 저항의 장소이며 새롭게 가능한 동일시의 근원이 될 수 있다. 사위키는 단일한 진리의 담론과 그것의 단일한 정체성이 부르주아 계층의 제도적인, 그리고 남성 중심주의적 이해관계에 도움을 주는 방식에 저항하는 푸코식 분석의 장점을 지적한다.

이러한 분석은 우리가 차이점을 위협이라기보다는 원천으로서 생각하는 것을 가능케 한다…… 〈차이의 정치학〉에서 사람들은 항상 차이점을 극복하려는 시도를 하지는 않는다. 또한 차이점을 효과적인 저항에 대한 장애로 간주하지도 않는다. 차이점은 우리가 사회적 영역을 통해 순환하는, 무수히 많은 지배관계에 대한 저항의 근원을 증가시킬 수 있게 하는 하나의 원천이 될 수 있다. 만약 권력의 중심 위치가 없다면, 저항의 중심 궤적도 존재하지 않을 것이다.(Sawicki 1988: 187)

〈정체성〉이 고정된 본질이 아니라 문화적으로 구성된 것이라는 이론은, 특히 에르네스토 라클로와 챈탈 무페(1985: 193)가 묘사한 차이점을 포괄할 수 있는 고정되지 않고 기회주의적인 제휴와 양립될 수 있다. 주체의 〈필연적인〉 이해관계를 결정하는 절대적인 정체성 없이는 드러낼 어떤 근본적인 이해관계도 존재하지 않으며, 〈제휴 정치학〉── 스토클리 카마이클과 찰스 해밀튼(1967: 58-84)에 의해 확인된── 의 위험성도 그다지 심각한 것은 아니다.

결 론

미셸 푸코 이론의 급진적인 잠재성을 완전하게 이용하기 위해서, 페미니스트들은 그 이론이 지닌 상상력을 이용해야 할 것이다. 그리고 페미니스트 논의에 특별히 관심을 갖지 않았던 푸코가 남긴 간격을 메워야 할 것이다. 그러나 이것은 그다지 성가신 일이 아니며, 푸코가 지식과 진리를 편파적이며 타산적인 것으로 이해하는 방식과 잘 들어맞는다. 따라서 계보학은 페미니스트 연구를 위해 탁월한 푸코식의 방법이라 할 수 있다.

섹슈얼리티와 신체에 대한 푸코의 이해는(신체는 섹슈얼리티의 권력-지식 제도의 범주를 통해서만 역사적으로 이해된다) 페미니스트에게 정체성의 정치학이 지닌 한계와 위험성을 지적한다. 페미니즘과 본질적인 여성의 정체성을 결합하는 것은, 여성들간의 차이를 힘의 근원이 아니라 갈등의 근원으로 만든다. 그러나 이러한 신중함은 남성 중심주의적 권력의 특별한 범주에 의해, 그리고 당면한 페미니스트의 이익을 위해 전략적 본질주의를 구하려는 가능한 요구에 의해 알맞게 조절된다. 〈전략적 본질주의〉는 그 안에서 논의의 용어가 이미 규정되어 있는 매우 특별한 제도적 배경 안에서 전개되는 허구적인 본질을 의미한다. 따라서 토의의 용어를 바꾸려는 노력을 포기해서는 안 된다.

비록 권력에 대한 푸코의 분석이 예전의 페미니스트가 가부장제를 단

성적인 권력구조로서 이해하는 방식을 훼손시키지만, 그렇다고 젠더 관계를 특별히 서로 맞물린 이해관계에 도움이 되는 것으로 이해할 가능성을 부정하지는 않는다. 따라서 그것은 사회적 형성이 남성 중심주의적으로 이루어진다는 사실을 이해하도록 한다. 〈가부장제〉라는 개념이 붕괴됨으로써, 페미니스트들은 전적으로 남성적인 권력체계와 그 반대의 결과인 여성의 무력함과 관련하여 이것들을 정당화시키지 않고도 특별한, 지엽적인 투쟁을 자유롭게 추구하게 되었다.

결론적으로 푸코가 정체성을 다원적이고 부분적인 것으로서 분석한 것은 자나 사위키(1991)가 이름 붙인 〈차이의 정치학〉을 가능하게 만든다. 그런데 이 정치학 안에서는 정체성을 분류하는 어떠한 체계도 다른 것보다 더욱 중요한 것으로 취급되지 않으며, 서로 다른 정체성들은 개인 안에서 만나고 특정한 권력 투쟁을 넘어서서 연합될 수 있다. 대체로 비록 우리 페미니스트들이 〈상세한 조사〉의 대부분을 스스로가 해야 하겠지만, 푸코의 연구와 페미니스트 연구에는 많은 생산적인 교차점들이 있다고 할 수 있다.

6

페미니즘 · 차이 · 담론
페미니즘에 필요한 담론적 분석의 한계
자네트 랜섬

서 론

> 누가 말하고 있는지가 무슨 상관인가; 어떤 사람이 이야기했다; 누가
> 말하고 있는지 무슨 상관인가.(Foucault 1991: 72)

푸코가 그의 역사적 · 철학적 분석방법이 화자가 아니라 논의되는 내용
에 초점을 두는 것이라고 설명했을 때, 그는 모더니스트의 인본주의적 사
고의 용어로부터 그 자신을 멀리하고 있다.[1] 그 토대를 계몽주의에 두고
있는 모더니스트 사고는 이성적인 존재의 집합으로서 사회라는 개념, 그
리고 의미와 가치의 근원으로서 인간행위자라는 개념과 함께 나아간다.
그것은 화자나 필자가 단일화되었고 일관성 있으며, 이야기된 것이나 씌
어진 것의 근원이라고 가정한다. 푸코는 이론가인 자신에게 있어 겸손의
행위로 간주될 수 있는 용어의 바꾸기에 대해 논의했다.(Foucault 1991)
푸코에게 있어서 중요한 것은 글쓰기에 대한 작가의 열망이나 〈내〉가
〈이것〉을 쓰고 싶도록 만드는 개인사나 정치적 · 도덕적 입장이 아니다. 오

히려 그는 근원의 다른 잣대로부터 나온 방법을 발전시키기를 원한다.

푸코 작업의 초점은 담론-문화 안에서 산출되었으며, 문화의 형성자인 지식의 구조적인 방법이다. 담론은 언어학적 현상일 뿐 아니라, 항상 권력과 결부되어 있으며 실제로서 제도화되어 있다. 따라서 예를 들어 의학적 담론은 일련의 용어나 기호일 뿐만 아니라, 상황에 대한 의사의 설명이 의학적 배려를 제도적으로 유형화시킨 것은 물론 환자의 상황에 영향을 미치는 권력을 포함한다.[2] 푸코를 발전도상의 포스트모더니스트 사상의 전통 안에 두는 것은 부분적으로, 역사적 이해의 초점을 이와 같이 옮겨 놓는 것이다. 그리고 이러한 초점의 전환은 〈여성다움〉이 역사적으로 형성되어 온 방법을 연구하려는 페미니스트들의 관심과 공명하는 것으로 느껴진다.

푸코의 작업을 포스트모더니즘 안에 자리매김하는 두번째 특질은, 역사의 개념을 목적을 지닌 과정으로, 그리고 프롤레타리아와 같은 역사 주체의 발전 혹은 〈계급투쟁〉과 같은 특별한 서사에 덧붙여진 이야기로 보기를 거부하는 점이다. 포스트모더니즘은 그 안에서 정치적 관심의 초점들이 단편적이고, 무한하며, 공통점이 없는 것으로 간주되며, 어떠한 투쟁도 필연적으로 중요하게 생각되지 않는 사회적 현실을 설명한다. 푸코는 페미니스트의 정치적 투쟁의 완전함을 허용하고, 페미니스트 작업의 다양함을 수용할 수 있는 개념적 공간을 제공한 듯싶다. 따라서 페미니즘 혹은 여러 가지 페미니즘들은 좀더 일반적인 단편화의 일부분으로 보일 것이며, 곧 현대의 삶이라 할 수 있는 고정되지 않은 현실 안에서 다수의 원인을 고려하는, 양자택일의 목소리가 느슨하게 연결된 영역의 일부분으로 보일 것이다.

그러나 페미니즘과 포스트모더니즘의 특성을 지닌 담론 사이의 관계에는 논의의 여지가 있다. 포스트모더니즘은 페미니즘 그 자체를 설명하고 잠재적으로 포괄하는 듯이 보일지도 모른다. 그러나 푸코의 포스트모더니즘과 페미니즘과의 관계는 페미니즘과 사상의 주류 혹은 (좀더 의문스럽게) 남성 중심적인 사상의 생산 사이에서 진행되고 있는, 복합적이고 때로는 불길한 대화의 일부분으로 볼 수 있다. 이 장에서 나는 페미니스트에게 있어서 화자의 문제가 중요한지, 푸코가 우리에게 화자보다는 이야기되는 내용에 주목하도록 고무시켰을 때, 페미니즘이 방법론적으로 포기했던 말하는 주체를 간직할 필요가 있는지의 문제를 거론하고 싶다. 이 문제는 중요하다. 그 이유는 페미니즘 혹은 여러 가지 페미니즘들이 포스트모더니즘의 양상으로서 가장 잘 고려될 수 있는지 혹은 포스트모더니즘과의 갈등 속에서 더 잘 보여질 수 있는지의 여부와 관계가 있기 때문이다. 나는 비록 푸코의 사상이 어떤 단계에서는 페미니즘과 결합될 수 있는 듯이 보일지도 모르지만, 그 사상이 페미니즘을 훼손시키는 좀더 절박한 단계가 있을 것이라는 점에 대해 논의할 것이다. 그리고 페미니즘은 인간 주체와 푸코가 제안한 사회적 세계 사이의 관계를 수정하는 것으로부터 비판적 거리를 지닐 필요가 있다는 점을 논의하겠다. 페미니즘은 푸코의 이론에서 충분히 제시되지 않은 어떤 종류의 서술 능력 위에 세워지며, 그것을 필요로 한다. 따라서 푸코가 전개시키는 분석의 담론적 양식은 결국 페미니스트의 관심에 적합하지 않다고 할 수 있다.

이것은 포스트모더니즘의 특성을 나타내는 사회적 현실을 재구성하는 것이 페미니스트 이론에 근본적인 문제를 제기하지 않는다는 말은 아니다. 반대로 억압의 관계들이 단일한 용어체계 안에서는 설명될 수 없다는 통찰은, 페미니스트 사고를 전개시키는 데 있어서 중추적인 것이다. 새로운 조류의 페미니즘은 성적인 혹은 젠더의 억압이 좀더 일반적으로 인정된 억압의 형태 —— 예를 들어 계급과 같은 —— 와 성질상 구분된다는 주장 때문에 눈에 띈다. 따라서 페미니즘은 공통의 문제와 차이점의 문제 모두를 제기하며 이론적인 영역에 들어선다. 그런데 전자는 어떻게 우리가 여성으로서 공유하거나 공통된 여성의 억압을 개념화하고 설명하는가의 문제이며, 후자는 여성의 억압이 다른 형태, 그리고 여성들간의 차이에 있어서 나타난 권력관계의 다른 양상과 어떻게 구별되는가의 문제이다. 만약 오늘날 페미니스트 논쟁에서 가장 어려운 것이 있다면, 그것은 여성의 경험에 있어서 공통점과 차이점을 둘 다 설명하고 상술할 수 있는 이론을 만들어 내는 문제일 것이다. 여성들은 사회적 차별에 따라 분리되었기 때문에 여성의 삶의 이질성은 페미니즘 그 자체에 일관성을 부여하는 어려운 작업의 주된 축을 형성한다.[3]

공통점과 차이점

이와 같이 상이한 사회적 경험을 통해 여성들이 지니고 있는 공통점을 확인하는 작업은 어려움 때문에 페미니즘을 해체시킬 정도로 위협적이거나, 혹은 적어도 우리 자신이 만들어 내고 있는 지식을 재개념화할 것을 요구한다. 만약 여성들간의 인종과 섹슈얼리티의 차이가 단일한 이론체계로 간주된 〈페미니즘〉에 대한 비판의 중요한 출발점을 제공한다면, 이러한 차이 혹은 그 때문에 계급 차이가 재고될 필요가 있는 경계선을 설정하도록 방향을 정할 수 있다는 말은 사실이 아닐 것이다. 조사에 의하면 여성들간의 차이의 가능한 범위는 무한정한 것으로 판명되었다. 또한 여성의 경험으로 이루어진 현실은 문제가 없을 정도로 동질적인 것이 아니라, 서로 교차하는 방식으로 내부에서 차별화되어 있는 것으로 판명되었다. 젠더와 다를 뿐 아니라 〈인종〉과 계급과도 분석적으로 구분되는 차별화의 형태들은 정치적 행위의 통일성을 요구한다. 예를 들어 불구 여성은 (남성과 함께) 더 나은 시설과 그들의 정체성에 대한 사회적 재개념화를 위한 운동에 참가한다. 최근에 우리는 (많은 숫자는 아니지만) 남성을 포함하여 아동 학대의 생존자 집단의 목소리를 들었다. 〈노년〉이라는 개념의 사회적 형성에는 의문의 여지가 있다. 차이의 급증식은 유형화되거나 일관된 방식으로 개념화하기 어려운데, 그 이유는 부분적으로는 여성들을 서로 다르게 만드는 요소들이 흔히 일부 여성과 남성 사이의 공통점으로 되기 때문이며, 또한 이와 같이 나타나는 총체성은 개별적으로 젠더의 불균형과 교차하고 있기 때문이다. 이러한 사실 때문에 페미니즘의 일관성이 의존하고 있는 듯이 보이는 통일된 여성적 주체를 분리해 내거나 형성하는 것이 어려워진다. 우리의 페미니즘을 그 위에 걸어야 하는 걸쇠가 사라질 위기에 처해 있다.

페미니즘의 주체로서 〈여성〉이라는 의미에 있어서의 공통점은 실제 여성들의 경험의 입장에서 확인하기 어렵다. 여성들이 경험하는 억압의 질적인 차이를 파악하는 데 있어서 역사적·문화적 특수성이 필요하기 때문에, 스펠만(1990)은 우리가 복합성을 수용하기 위해서는 두 가지 젠더의 개념이 아니라, 다수의 젠더의 개념이 필요하다는 제안을 하게 되었다. 〈여성의 억압〉을 지지하거나 설명하는 것으로서 여성의 생물학적 동일성이라는 기본 원리는 여기서 사라진다. 다른 측면에서 푸코는 우리가 그 범주 안에서 신체에 대해서 생각해야 하는 식으로 용어들을 고쳐 씀으로써 그 문제를 해결해 낸다. 남성과 여성의 생물학적 차이가 여성이 단지 〈여성이기 때문에〉 억압받는다는 생각을 지지할 수 있는 유일한 차이를 제공하는 듯이 보이는 반면에, 푸코는 신체를 형성하는 담론에 초점을 둠으로써 이 개념에 도전을 하였다. 여기에서 신체에 대한 우리의 경험은 근본적으로 사회적으로 구성된 것으로 보인다. 푸코는 신체의 위치가 자연적으로 주어진 것이며, 권력의 작용 밖에 존재하는 것이라는 생각을 의심함으로써, 여성의 신체에 대한 본질주의적 가정에 의문을 제기하였다. 그의 견해에 있어서 신체는 그 자체로서 〈타고난〉 것으로서 유용한 것으로 간주되는 것이 아니라, 철저하게 사회화된다. 따라서 고정된 본성과 변화될 수 있는 문화 사이의 구분, 그리고 생물학적인 성과 사회적인 젠더 사이의 어떠한 구분의 일관성도 붕괴된다. 푸코에게 있어서, 우리가 신체에 대해 생각하는 범주는 투명한 필연성으로부터 유래한 것이 아니라, 그 안에 권력의 작용이 근본적으로 문화적으로 각인되고 스며들어 있다. 예를 들어 〈성〉이나 〈섹슈얼리티〉는 자명한 것이 아니다. 오히려 우리는 성과 섹슈얼리티의 담론 안에서 호색적으로 되며, 〈이성애의〉, 〈레즈비언의〉, 〈변태성욕의〉, 혹은 〈성적으로 건전한〉 등과 같은 정체성의 일관성을 배우게 된다.[4] 만약에 이와 같이 신체가 경험적 수준에서 전개되고 형성된다면, 역사적 경험을 가로지르는 결합 요소로서 〈여성으로 존재한다는 것〉의 지위는 문제의 여지가 있는 것이 될 것이다.

만약 〈여성〉이 고정된 범주가 아니라면 〈여성〉에 초점을 둔 페미니스트 이론의 일관성은 어떻게 유지될 수 있을 것인가? 생물학적 신체는 단지 분류만을 필요로 하는 동물적인 소재를 더 이상 제공하지 않는다. 철학적으로, 이론과 세계 사이의 대응관계를 찾을 수 있는 가능성은 자리를 잃어버렸다. 사회학적으로 여성의 경험 자체의 사회적 차별화는, 〈여성〉이란 어떤 의미에 있어서도 단일한 사회적 범주가 아니라는 것을 의미한다.

몇몇 페미니스트들에게 푸코의 이론은, 우리가 우리의 공통성을 확인할 때 직면하는 문제점들을 제거할 수 있는 방식으로 페미니스트 이론을 고쳐 쓰기 위한 기본 골격을 제공하는 듯이 보인다.(Weedon 1987: Flax 1990) 페미니즘의 다른 전통들 혹은 페미니즘 내의 다른 충동들 사이의 차이는, 만약에 〈페미니즘〉이 복수의 〈페미니즘들〉이 된다면 덜 억압적인 것이 될 것이라고 논의된다. 그러면 페미니즘은 과학에 역행하는 방식의 형태, 〈종속된 지식의 반란〉에 있어서 사건들과 같은 여러 가지 담론 중에서 하나의 전복적인 담론의 전략이 될 것이다.(Foucault 1980: 81) 푸코에 의하면 이것들은 현대 세계에서 잠재적으로 급진적인 지식이나 정치적 행동의 유일한 형태를 제공한다.(Hartsock 1990) 이것이 시사하는 바는 페미니즘이 〈여성다움〉의 무감각한 생물학적 조건이나 혹은 그 조건이 묻혀 있는 문화적 관계에 근거하여, 단일한 여성 주체를 형성하는 데 대한 애착을 잃을 수 있다는 점이다. 오히려 차이점, 역담론의 도전이 저항의 움직임을 제공한다.

다음 부분에서 나는 푸코의 담론 분석이, 우리 페미니스트들이 여성들이 경험하는 현실의 다중성을 수용할 수 있는 종류의 이론에 대한 명백한 요구를 충족시키는 데에 도움이 되는지를 고찰하겠다. 푸코의 작업은 방향 설정에 있어서 다원적이다. 그러나 과연 그 다중성은 페미니스트적 통찰력을 지탱하는 데에 도움이 되는가? 이 질문에 대답하기 위해, 우선 푸코의 방법에 대한 자신의 설명을 살펴볼 필요가 있다. 이 장의 두번째, 세번째 부분에서 나는 페미니즘에 있어서 불확실한 것으로 논의될 수 있는 몇 가지 방법들을 고찰하겠다.

담론과 다원성

푸코의 작업은 어떤 방식으로든지 특징을 설명하기 어렵다. 그러나 자신의 강의와 대담에서 푸코가 특히 강력하게 강조하는 것은 다원성의 중요함이다. 푸코는 담론에 대한 자신의 개념에 근거하여 인본주의적 사고에 반대하는 다원적인 형태의 학설을 발전시켰다. 푸코의 저술은 『담론은 無나 無에 가까운 것이 아니다』(1991: 63)라는 사실을 입증하려는 시도라고 말한다. 담론에 초점을 둠으로써 푸코는 인본주의적 사고의 문제점들을 전복시키는 한편, 그것을 비판하기에 적합한 다원적인 방법론을 발전시켰다.

헤크먼(1990)이 지적하듯이, 일반적으로 푸코는 특별한 종류의 이론가로서 이름 붙여지는 것을 좋아하지 않지만, 반인본주의자라는 이름에는 이의를 제기하지 않는다. 푸코는 사회적·정치적 변화의 계획을 알려 줄 수 있는 근본적인 인간성이라는 개념을 거부하기 때문에, 그리고 특정한 집단적 주체의 발전과정으로서 역사의 이론을 거부하기 때문에 인본주의에 대한 비판을 불러일으키길 원했다. 그런데 사회적 현실에 대한 인본주의적 생각과 인간 주체의 부적합함에 대한 푸코의 광범위한 주장들은, 종종 자신의 방법을 논의하는 특별한 방식에 의해 완화되기 때문에 그의 저술에는 어떠한 긴장이 존재한다. 대부분의 경우에 그는 자신을 매우 특정한 요구에 국한시킨다. 그는 자신의 저술에서 특정한 문제들을 제기하였으며, 그의 방법이 그 문제들에 대응하기 위해 그의 방법론이 개발되었다는 점도 설명한다.(Foucault 1980, 1991) 페미니스트인 우리에게 남겨진 문제는 푸코가 발전시킨 방법이 그가 때때로 원했듯이, 단순히 특정한 지적인 연구에 적합한 일련의 특별한 도구로 보일 수 있는지, 혹은 그가 발전시킨 다원적인 방법에 내재한 반인본주의가 페미니즘과 양립할 수 없는지의 문제이다. 푸코의 다원론은 여러 가지 방식으로 자유인본주의적 다원론과는 구별된다. 가장 중요한 사실은 그것은 독특한 권력의 이론을 전제로 하고 있다는 점이다.

권력과 진실

푸코에게 있어서, 사회 안에서의 타협이나 투쟁은 근본적으로 권력의 소유에 대한 것이 아니라, 권력의 전개에 있어서 논쟁적인 용어들에 대한 것이다. 그는 권력은 한계가 없고 생산적이며, 지식과 동일한 연장선 상에 있다고 주장한다. 즉 지식이 있는 곳에, 권력도 있다는 사실이다.(Foucault 1980) 권력이란 원래 사람들이나 집단에 의해 소유된 것이 아니기 때문에, 사람들 사이에서 분배될 수 있거나 영점의 모형으로 취급될 수 있는 것으로 생각될 수 없다. 권력은 케이크와 같이 한정된 것이 아니다. 만약 내가 그것을 더 가지고 있다면 당신은 덜 가졌을 것이라는 식으로 되는 것이 아니다. 또한 그것은 특정한 사람에게 부착될 수 있는 것도 아니다. 따라서 예를 들어 푸코는 함축적으로 남성이 여성에 대한 권력을 소유하고 있다는 생각에 반론을 제기한다. 이러한 이유 때문에, 푸코의 다원론은 권력을 경쟁적인 이익 집단의 투쟁을 소유하기 위한 어떤 것으로 간주하는 자유주의적 형태의 다원론과 본질적으로 구분된다. 푸코의 생각에 있어서는 누가 권력을 〈소유〉해야만 하는가를 〈공정하게〉 결정할 수 있는, 권력의 범위 밖의 어떤 잣대도 없다. 따라서 지식은 권력의 영역 바깥에 존재한다는 의미에 있어서 중립적일 수 없다.

이와 같은 권력 이론은 푸코의 다원론을 지지해 준다. 권력은 〈도처에서 오기 때문에〉(1981: 93) 권력이 있는 곳에 저항이 있다는 사실을 주장할 수 있다. 급진적인 운동은 권력을 확보하려는 시도가 아니라, 권력이 스며든 또 다른 지식을 산출하는 것으로 가장 잘 이해될 수 있다. 따라서 권력은 그 자체가 다원적인 것이다. 그것은 단일한 궤도 위에서, 혹은 단일한 핵심 문제와 관련하여 작용하지 않고, 망상조직의 은유 안에서 담론과 신체와 관계들을 통해 퍼져 있는 모세관으로 간주된다.(Foucault 1980) 많은 지식이 존재하며, 정치적 투쟁은 이러한 지식의 투쟁이다. 그러나 단일한 진리는 존재하지 않는다.

푸코의 다원론은 인본주의적 사고와 거리가 있는데, 그 이유는 인본주의적 사고가 지식에는 확실한 기준, 즉 그 기준으로부터 진리에 접근할 수 있고, 진리와 오류를 구분할 수 있는 아르키메데스적인 기준이 존재할 수 있다는 사실을 시사하기 때문이다. 푸코의 사상은 이러한 입장을 단호하게 거부하며, 이 입장은 필연적으로 폭정의 위협, 즉 하나의 특정한 세계관을 다른 것들에게 강요하는 위협을 던진다고 주장하기 때문에 다원적이다. 푸코가 주장하는 다원론은 실제로 진리란 밝혀지는 것이 아니라 생산되는 것이라고 주장한다.(Foucault 1991) 그렇다면 이와 같은 방법론적인 유형에 있어서, 우리는 문화 안에서 〈여성다움〉이 만들어지는 방식, 예를 들어 여성에 대한 생각들이 처녀와 창녀 사이의 구분에 의거해서 간주되어 온 방식에 초점을 둘 수 있다.[5]

따라서 푸코는 새로 출현하는, 확인할 수 있는 범주의 물질로서 진리라는 개념을 위하여, 진리의 현실적인 개념을 추방하였다는 점에 있어서 니체 사상의 전통 안에 자리매김한다. 그런데 그가 대치시킨 현실적인 진리 개념은 직접 알 수 있고 비진리와 구별될 수 있는 것으로서의 진리를 뜻한다.(Foucault 1980) 이러한 움직임의 힘은 부분적으로 그것이 우리에게 문화적으로 〈여성적인〉 혹은 〈성적인〉 개념의 특수성에 주목할 수 있도록 도와 주는 데에 있다. 우리는 이것들이 고정된 영원불변의 진리라고 가정할 수는 없다. 그보다는 특정한 권력이 스며든 의미체계의 범주 안에서 다른 사회적, 그리고 이념적 현상과 대조되는 방식에 의해서 그것들을 연구하도록 고무된다. 그러나 푸코에게 있어서, 이 점은 주어진 범주나 담론 안에서 진리로 간주되는 것을 넘어서 존재하는 진리를 언급하는 것은 부당하다는 논의와 연결된다.

니체 이래로 진리에 대한 이러한 질문은 변화되었다. 그 질문은 더 이상 〈진리로 가는 가장 확실한 길은 무엇인가〉가 아니라, 〈진리가 따라가는 위험한 여정은 무엇인가〉라는 물음이다. 이와 같은 〈진리에의 의지〉의 역사는 무엇인가? 그것의 효과는 무엇인가라는 질문이다.(Foucault 1980: 66)

푸코는 이러한 방법론적, 이론적인 움직임이 지식의 생산을 의심스럽게 만든다는 사실을 인식한다. 따라서 그 질문은 『어떤 역사적 지식이 그 자체로 그 지식이 의존하고 있는 진위의 구분을 만들어 내는 역사를 가능하게 하는가』라는 문제로 되어간다.(1991: 82) 역사가나 철학자에게 있어 (그리고 푸코의 저술은 그 자체로서 이들 사이의 명확한 구분이 거짓이라는 증거이다) 그 과업은 〈진리〉를 확인하는 것일 수 없다. 이것은 푸코에게 있어서 그의 작업을 진리에 접근할 수 있는 외적인 샛대를 제시함으로써, 진리에 대한 지고의 열망을 표현하는 인본주의적 사고의 개념적 구조로부터 구별하는 중요한 부분이다. 푸코에게 있어 이것은 이론가의 임무가 규범적인 것일 수는 없다는 의미이다. 그는 〈이 세계의 사물〉로서 진리에 대한 그의 개념과 일치하는 견해 속에서 이론가와 이론가의 연구 목적 사이의 관계를 재조정해야 한다.(1981: 131) 이론가들은 저항에 참여하는 사람들보다 더 많은 지식을 지니고 있다는 의미에서 우월한 사람들이 아니다. 이론은 사람들이 올바른 정치적 책략을 위해서 참조하는 어떤 것이 아니다. 오히려 푸코의 다원론은 정치적 문제가 『행동하는 주체 —— 그 행동을 통해 진실된 것이 변화되는 행동을 하는 주체』를 위한 문제가 될 것을 요구한다.(1991: 84)

담론의 개념이 중요하게 되는 것은 이 시점에서이다. 왜냐하면 담론은 푸코에게 그를 위해서 특별한 도덕적·정치적 현실을 규정하거나 전제조건으로 하지 않는 종류의 지식을 만들어 내는 방법을 제공하기 때문이다.

담 론

푸코는 담론이 단순히 개념에 불과한 것은 아니라고 주장한다. 담론은 현실 안에 존재한다. 그것은 객관적 실체를 지닌다. 담론은 단지 이상적인 유형, 혹은 좀더 현상학적인 해석에 있어서, 그것을 통해 이론가들이 세상을 보는 단순한 틀이 아니다. 『실제의 삶이 이론가의 도표와 다르다는 사실은 이 도표들이 이상주의적이고, 상상적일 필요가 있다는 말은 아니다.』(1991: 81) 담론은 오히려 뒤르켐식의 사회적 사실과 같이 그것들이 유동성의 상태로 존재하며, 지식으로서 권력의 이동과 동일선 상에 있다는 사실을 제외하고는 뚜렷한 학문의 대상이 된다. 푸코는 『담론에서는 명확히 정의할 수 있는 규칙에 따라 무엇인가가 형성된다. 사회가 만들어낼 수 있는 모든 것과 병행하여(사회와 명확한 관계를 맺는다는 의미) 〈언급된 것〉의 형성과 변형이 존재한다』고 설명한다.(1991: 63)

따라서 푸코에게 담론은 〈외형성〉이라는 특질을 지닌다.(1991: 60) 이론가에게 어울리는 방법론의 이와 같은 개념에 대해서, 예를 들어 성과학의 담론 안에서 여성에 대해 〈언급된 것〉을 연구하고, 세부적인 역사적 분석을 이루는 것이 가능해졌다. 그러나 이러한 지식을 특별한 행동을 위해 취할 점으로 보는 것은 합당치 않다. 이론가의 임무는 그릇된 담론을 바로잡는 것이 아니다. 우리는 성과학의 담론이 여성의 섹슈얼리티를 그릇되게 묘사한다거나, 무관심의 언어나 성의 도구화가 여성의 섹슈얼리티를 어떤 식으로 부정한다는 진술을 할 수는 없다. 푸코의 초점은 담론이 형성하는 주관적 입장—— 예를 들어 〈불안하고 무관심한 아내〉—— 을 확인하고, 그리고 그 주관적 입장이 다른 범주와의 관계 속에서 어떻게 담론으로 자리잡는지를 보는 것이다. 또한 그것은 〈무관심한〉이라는 호칭에 즉시 권력이 스며드는 것을 보여 준다. 문제가 되는 것은 명확한 묘사가 아니다. 그러나 여성 자신이 이론가의 관심 속에 존재하지 않는 것은 이상한 일이다. 만약 그 호칭의 정화성이 도전을 받는다면, 그녀는 스스로가 그렇게 이름 붙여진 다른 여성들과 함께 도전해야 할 것이다. 그러나 그녀가 도전할 때, 그녀는 이론가로서가 아니라 정치적 행위자로서 행동하는 것이다.

푸코에게 있어서 이 구분은 중요하다. 이론가의 작업이 해석이라기보다 정확성의 문제가 될 수 있고, 〈진리〉에 대한 아르키메데스식의 잣대를 설정하려는 유혹을 피할 수 있는 것은 담론이 〈중립적〉 의미 안에 존재하기 때문이다. 『담론의 분야는 그 안에서 말하기와 글쓰기가 대립의 체계와 기능의 차이를 다양하게 할 〈중립적〉 영역을 전개시킨다』(Foucault 1991: 63) 담론의 형식주의와 그것이 전개시키는 중립적 영역은 『〈역사적〉 분석

과 심리적 진단의 절차가 혼합되는 것을 피할 수 있게』한다.(1991: 58)

푸코는 만약 우리가 담론과 담론에 있어서의 변형을 확인하는 절차를 통해 역사를 분석한다면, 어떤 종류의 과정 자체에 대한 선입견의 망을 통해 역사를 분석하는 습관으로부터 자유로워질 수 있다고 주장한다. 실제로 우리는 그 과정의 방향을 바꾸고 이러한 선입견 자체를 담론의 현상으로 질문할 수 있다. 예를 들어 역사는 여성에 대한 남성의 억압의 역사라는 방법론적으로 부당한 가정을 하기보다는, 우리는 페미니스트 담론의 도래를 확인하려 한다. 그리고 여성들이 〈여성이기 때문에〉 억압받았다는 주장을 하는 것이 의미 있게 되는 시기를 확인하고자 한다. 이것은 〈특별한 수정의 연극〉이라는 역사 의식을 낳는다.(1991: 58) 간단히 말해, 역사는 예를 들어 〈본질적으로〉 계급투쟁이나 진보 혹은 과학적 증명의 역사 혹은 암시적으로 가부장제의 역사로 추정될 수 없다. 그러나 요점은 방법론적인 것이다.『나는 인류가 진보하지 않는다고 말하지는 않는다. 〈우리가 진보하였다는 것은 어떤 방식으로서인가〉라는 문제를 제기하는 것은 좋은 방법이 아니라고 말한다. 문제는 〈어떻게 일이 발생하는가〉이다』(Foucault 1980: 50) 그렇다고 이것이 역사적 소재 안에 결정적이거나 이해할 수 있는 유형이 없다고 주장하는 것은 아니다. 명료함이란 어떠한 내적인 혹은 목적론적인 필연성에 의해서 제공되는 것이 아니라, 과거의 방식으로 일시적으로 그것을 앞서고 특정한 명제가 자명함, 혹은 일관성의 특질을 지닐 수 있게 하는 공간의 논리 안에서 제공된다는 점을 주장한다. 푸코는 그가『그들의 자리에 다른 것이 아니라 그것들을 가능하게 하는 명제의 존재의 법칙』이라고 부른 것을 탐구하고 있다.(1991: 59) 여기에서 역사는 〈하나의〉 과정이 아니다.『나의 문제는 우리가 연속을 개념화시키기 위한 수단으로서 쉽게 도움을 주는 추상적이고 일반적이고 단조로운 〈변화〉의 형태를 다른 유형의 변형에 대한 분석으로 대치시키는 것이다』(1991: 55-6)

그렇다면 담론은 푸코의 다원론의 더 많은 국면을 받쳐 준다. 여기에서 역사는 잠정적인 생산성을 통해 형성된 현상의 모체이다. 역사는 그 자체에 내재적인 속성을 지녔다고 해서 한 가지 현상에 다른 것보다 우선권을 부여하지 않으며, 따라서 우리는 특권적인 것을 사회적 현실의 형태로 볼 수 없다. 역사는 그 안에서 어떤 현상들이 본질적으로 다른 것들을 반영하거나 내적인 의도를 반영하는 발전 혹은 연속성의 규범 위에서 고려되지 않는다. 그것은 단지 실제적인 표현 안에서 연구될 수 있으며, 그 임무는 방법론적으로 적당한 수단을 개발하는 것이다.

그렇다면 담론과 담론에 내포된 인간 주체 사이의 관계는 무엇인가? 푸코의 권력과 저항 이론이 시사하듯이, 그것은 인간행위자가 담론과 어떤 종류의 갈등관계 속에 존재하는 것인가? 그 문제는 푸코가 체계적으로 거부한 문제이다. 그는 인간 주체가 경험한 세계의 복합성을 언급하는 것은 이론가의 임무가 아니라는 점을 명백히 한다. 푸코의 방법론적 다원론은 여기에서 멈춘다. 그가 경험하고 있는 주체의 위치를 논의할 때, 그는 자신에게 부과하는 강요로 그렇게 하는 경향이 있다. 그는 자신의 역사적인 의문들에 대답하려고 한다.

담론의 사실을 그 저자들의 무의식적인 의지에 관련시키지 않고, 실제로 언급되는 것을 언제나 넘어서는 이야기의 의도에 의지하지 않고, 텍스트를 가지지 않는 한 단어의 알려지지 않은 덧없는 미묘함을 포착하려고 하지 않는다.(Foucault 1991: 59)

푸코는 담론은 『차별화된 주체의 위치와 주체의 기능의 장소이며』(1991: 58) 주관적 경험·의도성 혹은 개인적 열망에 의존하지 않고도 확인될 수 있다고 주장한다. 이것은 하트삭이 주목하듯이 『사람보다 사물이 움직이는 세계』를 형성하는 언어를 만들어 내는 효과를 지닌다.(1990: 167) 푸코의 방법론은 명백하게 정치적 관심이 다원적일 가능성을 제시한다. 그리고 지식의 위계적 개념이 지니는 위험성을 인식하는 데 있어서, 보다 대중적인 지식 생산의 형태를 창조하려는 페미니스트의 시도와 어떤 수준에서 조화를 이룰지도 모른다. 그러나 푸코의 지식의 민주화는 이론가와 이론화되는 것 사이의 도덕적 연결을 단절하는 방법의 결과로 나온 것이다. 또한 지식의 민주화는 많은 페미니스트의 작업의 토대가 된 감정 이입이나 동일화의 인식론적인 근원을 폐쇄시키는 결과를 낳는다.

그러나 이것은 푸코의 편에서 방법론적인 자기 훈육의 문제이며, 행위의 이론은 푸코의 이론에 의해서 당연히 제외되지 않았다는 점이 논의될 수 있다. 나는 이제 여기에서 제기된 문제로 전환하겠다.

페미니즘과 담론 분석의 한계

주체성 · 행위 · 저항

푸코의 저술에 접근하는 페미니스트들은 당연히 푸코가 권력과 연결된 담론의 기본적인 개념을 발전시키는 과정에서, 인간 주체의 행위를 손상시키고 그것을 수동적인 개념으로 대치시켰다는 비난으로부터 그를 해방시키는 데에 관심을 가져왔다. 광범위하게, 이러한 비난은 푸코의 저술이 담론과 주체의 위치를 생산하는 데에 초점을 두고, 세상을 변화시키려는 행동에 있어서 인간의 경험과 의식의 장소를 설명할 수 없다고 보는 것이다. 여기에서 논점은 주된 주동자는 담론이며, 인간행위자는 단순히 사회가 그 위에 질서를 써넣는 백지라는 사실이다. 푸코의 저술에 공감하는 페미니스트들은 이러한 비판의 힘에 저항해 왔다. 『비록 주체가……담론의 실천에 있어서 사회적으로 형성되었더라도, 그럼에도 불구하고 그녀는 서로 모순되는 주체적 위치와 실천 사이의 충돌에서 나온 저항과 혁신이 가능한 사고, 느낌 그리고 사회적 주체와 행위자로서 존재한다』(Weedon 1987: 125) 이 논의에 있어서 푸코는 스스로 행동하는 여성들의 능력을 훼손하지는 않지만, 주체성을 담론 안에서 논쟁하는 장소로 봄으로써 그 것을 중심 위치에 놓는다. 따라서 예를 들어 완벽한 어머니라는 담론이 형성될 수 있지만 어떤 여성들이 그렇게 될 수 있는지, 혹은 여성들이 어머니가 될 수 있는 방법에 대해서 이에 필적할 만한 페미니스트적 개념에 의해서 도전을 받는다. 어머니라는 여성의 정체성은 논쟁의 여지가 있는 것이다. 어떤 여성은 어머니이기를 거부함으로써, 대안적 가족체계를 설정함으로써, 그녀의 자녀가 지붕 공사에서 야간 작업을 하게 한다든지 해서 모성이라는 전통적인 담론에 저항할 수 있다. 영원한 비이성적인 성격을 지닌 주체라는 단순하고 편견 없는 생각을 버림으로써 주체성이 논의되고 경험을 변형하는 방법을 더 잘 개념화시킬 수 있다.

유사한 계열로서, 헤크먼(1990)은 담론적 분석을 주체의 권한을 박탈하는 행위로 보는 비평은 그 자체로서 인본주의적 사고의 모순성에 말려든다고 주장한다. 그녀는 푸코가 한편으로는 자유로운 개인과, 다른 한편으로는 조건부의 수동적인 주체라는 그릇된 양자 선택을 거부했다는 점을 장점으로 받아들인다.『푸코의 개념 속에서 형성된 주체는 저항하는 주체이다』(Heckman 1990: 73) 다시 말하면, 사회적·역사적으로 주체가 형성되는 것은 여성의 기능을 제한하는 것이 아니라 여성이 행동을 하기 위한 전제조건이다. 우리가 담론적 실천에 묻혀 있음에도 불구하고 정치적 행동이 가능한 것이 아니라 담론적 실천 속에 묻혀 있기 때문에 정치적 행동이 가능해지는 것이다.

헤크먼의 입장에서 볼 때, 푸코가 깎아내리려고 하는 것은 주체의 행위가 아니라 인본주의적 사고의 중심을 제공하는 주체의 편견 없는 본질주의적 개념이다. 계몽주의 사상가들이 인식 주체와 인식되어진 세계 사이의 양분을 제안할 때, 푸코는 주체와 개인이 타인과 결부되고 타인을 포함하는 세계 사이의 관계를 제안한다. 헤크먼에게 있어서, 푸코의 방법——즉 말하는 주체로부터 담론이 전개되는 주체의 위치와 주체의 기능의 중립적 영역으로 초점을 전이시키는 것은 페미니즘에게 있어서 중요하다. 왜냐하면 그것은『본질적으로 여성적인 것을 정의하려는 일부 페미니스트의 경향에 대해 중요한 교정 수단 역할을 하는』사회 현실의 방법과 이론을 제공하기 때문이다.(1990: 72) 여성의 생물학적 조건이 고정된 본성의 한계를 정한다는 가정에 근거하지 않은 형태의 페미니즘을 만들어 내는 것이 가능해진다.

따라서 여기에서, 주체의 위치와 주체의 기능의 전개를 생각하는 것은 인간의 경험 혹은 정치적 저항이 어떤 식으로든 비현실적이라는 뜻이 아니다. 그리고 권력이 곳곳에 스며든다는 사실은 저항이 항상 이미 패배했다는 것을 의미하지는 않는다.『누구든지 결코 권력을 〈벗어나서〉 존재할 수 없다는 말은, 그 사람이 덫에 걸려서 어쨌든 패배할 운명이라는 의미는 아니다.』(Foucault 1980: 141-2)

그러므로, 푸코의 저술이 훼손한 것은 사람들의 행위가 아니라는 점은 이론의 여지가 없다. 푸코의 주체는 그 안에서 행동하고 저항할 수 있다는 점에서, 그리고 역사적 범주가 가하는 억압과 관계에 있어서 마르크스의 주체와 같다. 푸코는 권력의 전개를 그의 중심 개념으로 취급하는 점에 있어서는 마르크스와 다르나, 인간의 행위가 영향을 미칠 수 있는 이론의 형태를 보유하고 있다.

푸코에게 있어서 이러한 방식으로 주체성을 중심으로부터 이탈시키는 것은 중요하다. 왜냐하면 그는 이성에 의해 지배되는 의식을 지니고 있으며, 따라서 보편적이고 영원한 형태의 진리에 접근할 수 있을 것으로 추정되는 계몽주의 인본주의의 주체에 대한 믿음에 도전하기 때문이다. 푸코는 이성이 사회적으로 각인되어 있는 한계와 당파적인 시각을 넘어서 존재할 수 있다는 사실을 인정하지 않았다. 이러한 형태의 이성을 요구하는 것은 개념적이고 설명적인 제국주의의 한 가지 형태이다. 왜냐하면 그것은 지식도 결정적이고 공정하다는 의미에서 진실할 수 있다는 주장을 수반하기 때문이다. 그것은 지식에 있어서 폐쇄적인 태도를 통해서 (위험스러운) 정당화를 위한 기초를 마련한다.[6]

그러나 만약에 우리가 푸코의 입장과 일관된 반본질주의적 페미니즘을 채택하기로 하였다면 잃는 것이 무엇인지에 대해 주의 깊게 생각할 필요가 있다. 이것은 생물학이 여성들의 여성다움의 경험을 기계적으로 결정하는지 여부에 관한 문제일 뿐 아니라, 인간의 한계나 능력에 대한 어떠한 개념, 인간 삶의 정서적 현실, 질적인 구별을 할 수 있게 하는 언어의 가능성의 일관성에 대한 문제이다.

정서 · 이성 · 주체성

페미니스트들이 푸코의 이론에 호의를 보이는 것은, 흔히 그들이 보편성, 그리고 가치 중립적이고 공정하며 객관적인 지식에 대한 페미니스트의 도전과 그 이론 사이의 유사성을 보았기 때문이다. 그러나 계몽주의 사고에 대한 페미니스트의 참여와 비판의 용어는 흔히 그 비평을 능가하고, 우리가 인식론적 근원의 정당한 영역이라고 간주할 수 있는 것에 영향을 미치는 방식에서, 푸코식의 비평방식과 뚜렷하고 중요한 차이를 보여 준다.

1960년대 후반의 여성 해방 운동은 단순히 이성을 몰아내는 부정적인 작업과 관련된 것은 아니었다. 그것은 우리가 어떻게 이성과 감정 사이의 계몽주의적인 이분법의 용어에 비판적으로 참여함으로써 세계를 이해하는가라는 전반적인 문제에 대해 다시 썼다. 페미니즘은 푸코가 제시한 다른 길을 통해 이러한 이분법적 용어에 도전할 수 있고, 그것은 의식을 향상시키는 페미니스트적 실천의 발전에 반영된 차이이다. 그것의 어려움이 무엇이든간에, 그것은 종속되는 느낌이 어떤지를 질문함으로써 진행되었다. 그리고 그 질문에 대한 반응의 시초가 요구하는 경험에 대해, 비판적이며 반영적인 관계를 발전시킬 수 있는 범주를 제공하려고 시도함으로써 진행되었다. 페미니스트들은 어떻게 해서 현실에 대한 특정한 해석이 다른 해석들보다 특권을 지닐 수 있는가, 그리고 그들 자신을 공정하고 개인적 경험의 특수성과는 관계 없는 것으로 제시할 수 있는 세계에 대한 설명이, 어떻게 〈단순히〉 개인적이거나 감정적인 것으로 보이는 것들보다 더욱 중요한가에 대해 관심이 있다. 요점은 이중성과는 동떨어진 언어를 만들어 내는 것이 아니라, 인식론적으로 승인될 수 있는 것의 변형된 의미를 발전시킴으로써 그것을 초월하는 것이다. 이성 그 자체가 아니라, 특정한 것과 감정적인 것에 반대하여 그 자신을 정의하는 이성의 형태에 도전함으로써, 페미니스트들은 성적인 정의 · 사회적 정의에 대한 다른 비전을 제시하려고 한다.

이것은 우리가 단지 연구의 목적으로서 무엇을 선택할 것인지의 문제가 아니라, 만약 인간 경험의 전체적 국면이 무시된다면 전체적 위상은 왜곡될 것이라는 사실을 깨닫는 문제이다. 계몽주의 사고의 특징을 이루는 인간 주체라는 개념이 객관성이 요구될 수 있는 가상의 잣대를 설정했다는 의미에서 뿐 아니라, 그 객관성이 세계를 이해하는 과정에 중요한 경험의 특정한 영역을 거부하고 제공되었다는 점에서, 결함이 있다는 사실을 깨닫는 것은 페미니스트들에게 중요하다. 따라서 예를 들어 밀러 (1976)는 중요한 개념들이 경험의 이러한 영역을 인식하는 어려움을 반영하는 과정의 일부분으로서, 여성의 직관적 기술이 발달한다고 주장했을 때 그 기술과 그것의 오염을 설명하려고 했다. 만약 이러한 종류의 설명이 생물학적 결정론과 문화적 특수성의 측면에서 여전히 의심스러운 것일지라도, 우리는 여성을 표시나지 않고 설명되지 않는 특수하고 감정적인 것으로 연상하게 내버려두는 이론을 채택하는 것을 경계해야만 한다.

푸코의 작품에서 이성과 감정의 이분은 재구성된 형태로 나타난다. 종속되는 것이 어떻게 느껴지는가라는 문제는 정치적 행위자에게 남겨지고, 그 행위자는 중립적 영역에 대한 지식을 생성하는 이론가로부터 분리된 장소에 자리잡는다. 정치적 행위자의 행동은 어떤 단계에서 임의적인 것으로 남겨진다.

여기에서 문제가 되는 것은 사람들의 정서적 경험이 그들의 물질적 현실과 충돌한다는 느낌이다. 페미니즘과 푸코의 관계는 경험과 현실 사이의 관계가 정치적 행위자의 경험의 용어를 사용하기를 거부하는 담론 분석의 입장에서 잘 이해될 수 있는지의 여부에 의존하고 있다. 가정 내 폭력의 흔한 경험은 여기에서 중요한 실례를 제공할 수 있다. 여성이 가정 내에서 폭력의 경험을 이해하기 위해서는 복잡성에 민감할 필요가 있다. 그것은 정서적 삶이 확실하게 투명한 것이 아니라 분석을 시작하는 것조차 비록 복합적인 방법으로서이지만, 내적으로 제한된 인간 조건의 개념을 포함한다는 사실이다. 따라서 여성은 여러 가지 이유 때문에 폭력적 관계 속에 머물고 있으며, 자존심의 결핍 혹은 심지어 그녀가 어떤 종류의 처벌을 받아 마땅하다는 느낌이 이러한 관계를 유지시키는 데 도움을 준다. 그러나 우리는 여기에서 무한한 범위의 반응을 상상할 수 없다. 그녀는 공격을 받을 때 기쁨이나 상쾌함을 느끼지는 않을 것이다. 그녀가 겪는 폭력의 경험은 외형적으로 질문될 수 있는 주체적 위치의 전개에 의해서는 적절하게 표현될 수 없다.

푸코는 그의 저서가 갈등의 내적인 명료함을 설명할 수 있어야 한다는 사실을 중요하게 여겼다. 그러나 페미니스트 시각에서 볼 때, 우리가 근심 혹은 고민의 내적인 명료성을 가정하지 않고서 갈등에 대한 이론을 적절하게 만들어 낼 수 있는지는 확실하지 않다. 가정 내 폭력은 필연적으로 일어나는 이론적인 질문들이 경찰·판사, 그리고 여성잡지의 증언뿐 아니라 그것에 따르는 경험과 고통에 관심을 갖기 때문에, 담론에 대한 외적인 관계에 의해서 주어진 분석에 저항한다. 성적인 그리고 가정 내의 폭력에 있어서 끔찍한 것은 바로 그것이 성적 폭력, 그리고 가정 내 폭력이라는 사실이며, 그 폭력이 실제 상황의 속성을 지니고 있다는 점이다. 변명자에 의해 언급된 것에 대한 연구는 페미니스트에게 중요할지도 모른다. 그러나 그것은 결코 페미니스트적 관심을 고갈시키거나, 충분히 성숙된 페미니스트 방법론을 위한 기초를 제공하지 못한다.

억압·정서·지식의 관계는 가정 내 폭력의 경우에 있어서 특별히 경직되어 있다. 그러나 나는 다음장에서 그것이 텍스트의 분석의 범주에서 역시 적절하다고 주장할 것이다. 푸코는 억압을 경험한 주체의 사회적 각인과 역사적 이론가에 의한 지식의 형성간의 갈등을, 이론가와 연구의 대상 사이에 거리를 둠으로써 해결하려고 하는데, 그는 이것을 단순히 방법의 문제로 논하는 경향이 있다. 따라서 그는 새로운 방식으로 사회과학에 있어서 근본적인 문제, 즉 중립성의 문제를 제기한다.

푸코의 방법론과 중립성의 문제

푸코의 작업은 그가 지식의 민주화를 원하는 한편, 그 과정 속에서 담론의 중립적 영역을 강조할 것을 요구하기 때문에 페미니즘과 관련하여 지적하는 것이 어렵다. 페미니스트가 지니는 유리한 입장에서 볼 때 이 방법론은 역설적으로 중요성을 지닐 수 있다. 일부 페미니스트들에게 차이점은 역사와 사회적 현실의 소재라는 푸코의 주장은, 그의 이론이 페미니즘 내부의 서로 다른 충동들과 그것들이 포괄하는 여성의 서로 다른 경험을 수용할 수 있다는 의미로 비춰진다. 푸코의 이론은 젠더의 차이가 결정하는 영속적인 부조화를 이야기할 수 있는 능력이 없다는 특징을 지니고 있다. 브래이도티는『푸코는 성적 동일함의 구속 안에 머물고 있는 새로운 윤리학을 상술하고 있다』(1990: 38)는 귀절에 대해 논한다. 푸코가 표현하듯이, 바로 권력이『개인의 모든 구석까지 미쳐서, 그들의 신체를 어루만지고 과정과 일상사를 배우며, 권력 자신을 그들의 행동과 태도와 담론 안에 끼워넣기』(1980: 39) 때문에 여기에서 담론의 형식주의라는 개념은 의심스러운 것이다. 젠더의 권력을 벗어나서는 담론 안에서 〈언급된 것〉을 확인할 어떤 위치도 존재하지 않는다. 푸코가 결국에 소유될 것으로서 권력의 메타포에 도전한 것은 옳은 일이다. 그러나 한편으로 그 도전은 젠더의 권력이 주체성과 연결되어 있다는 이유 때문에 유효하다.

이 문제는 섹슈얼리티에 대한 푸코의 저서에 가장 명확하게 예시되어 있다. 그는 성이 어떤 종류의 영원한 본질이거나 혹은 사회로부터 억압을 받는 타고난 본능이라는 개념에 이의를 제기하는 데에 관심이 있다.

내가 제기하려는 문제는 왜 우리가 억압받고 있느냐가 아니라, 그보다는 왜 우리는 그만한 열성을 지니고, 가장 가까운 과거, 현재, 그리고 자신에 대해 그토록 반감을 지닌 채 우리가 억압받고 있다고 말하는가이다. 어떤 나선에 의해 우리는 성이 부정된다는 사실을 인정하게 되었는가?(Foucault

1981: 8-9)

여기에서 푸코는 어떠한 종류의 〈우리〉도 역사적 탐구의 시발점이 아니라 결과가 되어야 한다는 것을 요구하는 자신의 방법론적 엄격함으로부터 떠난 듯이 보인다. 그가 언급하는 자기 징계가 공유된 현상이라는 사실은 전혀 자명한 것이 아니다. 우리는 성과 섹슈얼리티의 담론 안에서 남성과 여성들이 〈같은 사실〉에 대해 이야기하는지, 그들이 역사적으로 이야기해 왔는지의 여부에 문제를 제기해야 한다. 그리고 이러한 담론 안에서 〈언급된 것〉과 섹슈얼리티의 담론이 전개시키는 주체적 위치와 주체적 기능들이, 어떤 의미에서 〈중립적〉 영역으로 간주될 수 있는지의 여부를 의문시할 필요가 있다. 비록 그 안에서 성이 우리에게 쾌락으로 제공되는 언어를 연구하는 것은 가치 있는 일이겠지만, 푸코는 그 언어 안에서 성과 섹슈얼리티의 남성적 담론과 관련된 체계적 성의 부조화를 인식할 수 있는 틀을 우리에게 주지 않는다. 브레이도티가 논하듯이, 『여성이 〈쾌락을 사용하는 것〉이 무엇이든지간에 그것의 진리-효과와 여성적 주체에 대한 지식의 생산과 함께 연구의 소재로 남아 있다』(1990: 42)

여성에게 있어서 성과 섹슈얼리티라는 영역은, 형성되어진 하나의 대상으로서 적절하게 고려되지 않고 그보다는 모순되는 경험의 혼란스러운 범주로서 존재한다. 여기에는 쾌락만이 포함된 것이 아니라, 공포와 폭력과 많은 여성들의 섹슈얼리티에 있어서 남성 중심적으로 형성된 논쟁점(그것이 별개의 영역으로서 존재한다는 생각을 포함해서)과 일상적으로 타협하는 전체적 범위가 포함된다.

푸코가 담론을 〈중립적인〉 것으로 묘사할 때, 그는 물론 주체의 위치의 전개가 그 자체로서 우세한 집단의 지배적인 위치의 기능을 하지 않는다는 점을 주장하지는 않는다. 푸코는 모든 사회적 상황에는 권력이 스며들어 있다는 자신의 전제에 따라 권력 중립 혹은 가치 중립상태를 요구하지 않는다. 그러나 우리는 다양한 갈등을 인식하고, 그것들의 상이한 단계와 시기를 상술하는 데 있어서 다원적인 방법론을 필요로 한다. 다시 말해서, 우리는 사회적 행위자의 젠더가 그 안에서 〈성〉이 우리에게 제시되는 범주와의 관계에 있어서의 부조화를 결정한다는 사실을 납득할 수 있는 이론을 필요로 한다.

푸코가 주장하듯이, 만약에 권력이 필연적으로 주체성의 형성과 관련되어 있다면, 이론가와 〈언급된 것〉과의 관계는 권력관계를 떠나서 지적할 수 없다. 이것은 언급된 것에서 들은 것이 일관성에 있어서 부분적으로 젠더와 권력이 서로 얽혀 있는 방식에 의해서 결정된다는 것을 의미한다. 예를 들어 푸코는 특정한 시기의 성적인 담론의 특징을 묘사하기 위해 〈여성 신체의 광란〉이라는 이름을 사용하였는데, 우리가 이러한 명칭을 중립적인 것으로 취급한다면 문제의 여지가 있다.(Foucault 1981: 104) 언어 자체의 중립성은 명칭의 정치적 형성에 기여한다. 여기에서 중립성은 방법론의 엄격함의 표현이라기보다는 이러한 특정한 담론의 경험과 푸코 개인의 차이로 간주될 수 있다. 우리가 페미니스트 관점에서 그 명칭이 성적인 특권의 기능을 갖는다고 주장할지도 모를 때에 푸코는 이 차이 때문에 담론을 중립적인 것으로 인식할 수 있다. 맥키논이 주장하듯이 『구체화는 단순히 구체화된 것에 대한 환상이 아니다. 그것은 또한 구체화된 대상의 실체다.』(1982: 28) 이 경우에 우리는 푸코의 방법의 적절함을 의심할 수 있는데, 그 이유는 유용한 순수함을 요구하는 그 방법이 실행에 있어서 가공의 조화를 가정함으로써 여성에 대항하는 정치적 근원으로 작용할 수 있는 지식을 만들어 내기 때문이다.

우리는 푸코의 방법이 부분적으로 어떤 역사적 작업의 가능성을 제시하려는 시도라는 사실을 알고 있다. 이 작업은 특별하고, 독특하며, 만물을 꿰뚫어 보는 유리한 위치의 점유자라는 이론가의 개념을 훼손시킨다. 그러나 이것은 페미니즘에게는 필연적으로 의심스러운 중립성이라는 개념에 상당 부분을 의존하는 노력이다. 보르도가 주장하듯이, 이론이 본질주의적 전제를 거부하기에 여념이 없게 될 때 역설적 의미에서 아르키메데스의 기준이 회귀하게 된다. 이론가는 모든 가능한 현실에 주의를 기울이는 것이 가능한 것처럼 행동한다. 그 결과로서 억압에 대한 공유관계의 중요성을 인식하는 어떠한 가능성도 담론 분석에서 사라져 버리려는 징조를 보인다. 〈젠더가 만드는 차이〉에 대한 어떠한 언급도 어렵게 된다.(Bordo 1990: 137)

이론가가 자신에 대해 자기 반영적인 해명을 한다고 주장하는 것은 초기의 신조류 페미니즘의 특징이었다. 이러한 주장은 페미니스트 지식의 생산과 페미니즘에 대한 정치적 헌신, 그리고 관계로서의 페미니스트 연구 사이의 연결에 기초를 두고 있었다.(Stanley and Wise 1983; Du Bois 1983; Mies 1983) 초기 신조류 페미니즘은 예속된다는 모순적인 경험에 초점을 맞추고, 근거가 확실한 인식론적 근원으로서 〈느끼는〉 바를 통합함으로써, 억압된 자들의 실제 경험에 의존하지 않고 여성에 대한 역사적 억압의 문제를 제기하는 것에 대해 체계적인 반대를 표시했다. 신조류 페미니즘은 진리가 거짓됨과 구별될 수 있는 외적인 기준이라는 계몽주의적 개념에 도전하였다. 그런데 그것은 새로운 이론적 기반 위에 중립성을 설정하는 것이 아니라, 진리가 객관적으로 식별될 수 있는 기준이 남성다움의 지배적 형태의 사회적 구성과 연결되는 방식을 지적함으로써 그렇게 하였다.[7] 말하기와 듣기는 그 자체로서 성차별적인 내용을 지니는 행위가 되었다. 길리건이 도덕적 딜레마에 대한 남성과 여성의 인식의 차이에 대한 그녀의 연구에서 논하듯이,

　　남성과 여성이 그들이 가정하는 다른 언어로 말한다는 사실은, 자기와 사회적 관계의 상이한 경험들을 기호화하기 위해 유사한 단어들을 사용하는 것과 마찬가지이다. 이러한 언어들은 공통된…… 어휘를 갖고 있기 때문에 그것들은 체계적으로 오역될 수 있는 성향을 지니고 있다.(Gilligan 1982: 173)[8]

합리성·공평함·객관성은 결코 젠더 중립적이지 않다. 보르도가 말하듯이,

페미니즘은…… 계시와 구원의 문화적 시점이다. 〈인간〉이라는 범주——
이 기준과 다른 모든 기준은 결핍과 불충분으로 해석된다—— 는 지상으
로 불려 내려와 한 벌의 바지를 입고, 자신이 마을에서 유일한 배우가 아
니라는 사실을 상기했다.(Bordo 1990: 137)

이것 때문에 페미니스트들은 권력이 주체성의 내부로 스며드는 방식을
완전하게 감지하게 된다. 공평함에 대한 이성의 진리 요구를 거부하는 것
뿐만 아니라, 그 요구들의 믿을 만함을 설명하는 것은 페미니스트 작업의
중요한 부분이었다.

이성과 정서의 관계를 계급 안에 설정하는 것은 계몽주의 사고의 근본
적 특징이다. 여기에서 무시되었던 그리핀(1981)의 작업이 중요하다. 그
리핀은 주체성의 가장 중요한 특징으로서 이성과 정서 사이의 이분법적
관계를 탐구하였다. 그런데 이 주체성은 자연 속에서 그것의 위치 때문
에, 그리고 본질적 한계를 지닌 존재—— 정서적으로 특별하게 구성되어
있고 자연적 욕구를 지닌 존재로서 실존한다는 사실에 의해 근본적인 위
협을 받아 왔다. 그녀는 결정론으로부터의 도피를 통해서만 자신의 위엄
을 보장할 수 있는 주체에게 인간의 한계가 제시하는 위협으로부터 도피
하려는 시도가 어떻게 서구 문화에 스며드는가를 보여 주었다. 그리핀은
이 사실로 인해 통제에서 벗어남으로써 생성된 공포가 투사될 수 있는
공간인 〈타자〉가 형성된다고 말했다. 종속 집단—— 여성·유색 인종·유
태인들은 본질적 한계로부터의 자유인 공평함과 중립성을 묘사하는 데
종사하는 사람들의 공포를 지니고 있으며, 그 공포를 재현하도록 형성되
어 있다. 따라서 그의 정서가 지속되는 내적 갈등 때문에 자유와 대항하
는 주체는 단순한 허구가 아니라, 특별하고 견고한 형태로 권력관계를 제
도화하는 자기의 형태가 된다. 공평함은 권력의 형태를 재현한다. 그러나
그 권력은 공평함이 반대하는 것을 참조하지 않고는 이해할 수 없는 하
나의 형식이다.

예를 들어 그리핀은 지배 집단의 마음 속에서 종속 집단은 유아적이고

자신을 적절하게 통제할 수 없을 뿐 아니라 매우 성적으로 보인다는 것이 사실이라는 점을 지적한다. 자유를 결정론으로부터의 자유로 생각하는 주관성의 형태와, 그것이 다른 장소에 투사하는 〈본성〉 사이의 이와 같은 핵심적인 균열은, 푸코가 저항의 잠재성을 지닌 것으로 보는 종속된 지식의 일관성을 이해하는 데 있어서 중요하다. 그런데 종속 집단은 그들 자신의 이러한 이미지에 도전해야 한다. 이 점은 중요한데, 그 이유는 종속 집단과 공유하는 것이 무엇인가에 대해 생각할 필요성이 페미니즘과 푸코의 사상 사이의 관계에 있어서 연속성이 아니라 마찰점을 제공하기 때문이다.

물론 이들 중 어느것도 푸코의 광대한 작업이 페미니스트를 위해 자원을 제공할 수 있는 의미가 없다는 사실을 시사하지는 않는다. 그러나 그것은 푸코의 용어를 빌리자면 이것은 페미니즘이 푸코의 범주 안에 포함될 수 있다는 견해에 반론을 제기하는 것이다. 페미니즘에 있어서 공통점과 차이점 사이의 긴장은 이론가와 여성 경험의 관계를 멀리하게 하는 방법을 통해서는 해소될 수 없다.

이것은 또한 우리가 투명한 것으로서 경험이라는 개념 혹은 존재론적으로 수립된 여성의 〈타자성〉이라는 개념으로부터 의문의 여지 없이 진행할 수 있다는 뜻은 아니다. 우리는 계몽주의적 사고와 상식적 인식의 구조를 형성하는 이원론의 실제적 복합성에 초점을 맞추고, 그것들이 억압과 가능성을 지닌 모순적인 기반을 전개시키는 것을 볼 필요가 있다. 페미니즘은 예를 들어 정서적인 지식이 어떻게 탐구되고 이용될 수 있는지를 보여 준다. 그리고 종속에 근원을 두고 있는 직관적 기술이, 문화적으로 충족되지 못한 사람들의 집단에 대해 설명할 수 없고 단순히 개인적인 지식으로서가 아니라, 힘의 긍정적인 근원으로서 어떻게 재개념화될 수 있는지를 보여 준다.

결론

 어떠한 의미에서든지 인간의 능력이나 한계가 제거되고, 이론가와 연구의 대상 사이의 거리 안에 보장된 다원론의 채택은 우리의 공통점, 혹은 차이점을 수용하기 위해 적절한 이론을 페미니즘에 제공하지 않는다. 푸코의 작업은 광범위한 해석을 인정한다는 점에서 페미니즘과 공명하는 듯이 보일지도 모른다. 그러나 그 역시 여성들의 삶에 관련된 여러 종류의 차이들을 구별할 수 있는 이론적 체계를 제공하지는 않는다. 따라서 우리가 여성문화의 풍요로운 다양성을 찬양하길 원하지만, 우리의 차이점의 구조적 모순을 확인할 능력을 지닐 필요가 있다. 만약에 두 여성 사이의 차이가, 한 여성이 열악한 환경에서 값싼 차를 생산하기 위해 오랜 시간을 일하는 반면에 다른 한 여성은 그것을 살 수 있다는 것이라면, 그것은 모순된 사회적 현실의 차이로 이해되어야 한다. 차 구매자가 물러날 만한 도덕적 순수성 혹은 중립성의 장소는 없다. 가장 중요한 사실은 그것이 담론 분석의 용어로 포착될 수 있는 차이가 아니라는 것이다.

 푸코의 이론은 차이를 수용하는 담론 분석의 능력 때문에 칭송될 수 있지만, 동시에 그가 동질성을 영속화시킨 것 때문에 혹평을 받는다. 여기에서 드러난 갈등은 페미니즘과 담론 이론 사이의 모순적 관계의 핵심을 향한다. 페미니즘은 동질성과 차이의 문제들의 변수 안에서 투쟁한다. 그리고 이 문제들은 어떤 결정적인 의미에서 순수하게 이론적인 결론을 산출하지 않는다. 그러나 여성들이 공유하는 것과 우리들을 구분하는 문화적·구조적 요소 모두에 의하면, 페미니즘은 언급되는 것에서 화자의 존재를 인정하는 방법론의 개발을 필요로 한다. 페미니즘은 다른 여성들의 경험에 주의를 기울이는 특별한 종류의 노력을 전제로 하고 있기 때문에 〈이야기하고 있는 사람〉이 중요하다. 우리가 공유하는 것과 우리가 서로 다른 방식에 주의를 기울이는 이러한 노력은 화자, 그녀의 세계, 그녀의 지식과 그녀의 오늘날 침묵 혹은 역사 속의 침묵을 이론가의 경험과 지식 생산과 연결시킨다. 페미니즘은 모더니스트적 사고의 표현을 능가하고 포스트모더니즘의 속성을 지닌 담론 안에 흡수되기를 거부한다. 그 이유는 부분적으로 페미니즘이 〈차이점〉뿐 아니라, 그 차이점이 내포하는 다양한 도덕적·정치적 무게와 〈차이점〉의 서로 다른 역학에 관심을 갖기 때문이다.

ㄱ

푸코와 함께 춤을

페미니즘과 권력-지식[1)]

모린 맥닐

나는 이것으로부터 사람들이 이론의 규칙 안에서 아무 이야기나 하는 것이 아니라, 정반대로 대단한 노력을 필요로 하며, 신중하고 〈실험적인〉 태도가 필요하다는 결론을 내린다. 그런데 모든 순간에 사람들은 단계적으로, 그들이 생각하는 것과 이야기하는 것을 그가 하고 있는 일과 그밖의 다른 것들과 직면하게 해야 한다. 그러나 한편으로 나는 항상 권력관계와 제도, 지식에 대한 역사적·이론적인 분석을 그것들을 현실 안에서 문제로 삼는 운동, 비판, 그리고 경험과 가능한 한 단단하게 연결시키는 데 관심을 가져왔다.(Foucault 1991a: 374)

이 장의 제목은 유트레이트 대학의 여성학 연구소에서 나온 한 포스터로부터 영감을 받은 것이다. 그 포스터에는 〈춤을 추는 푸코〉라는 제목 아래 몇 명의 남녀들이 디스코 춤을 추고 있는 모습과 함께, 『그녀는 이론상으로는 그를 사랑했다. 하지만 실제로 그녀가 어떻게 그를 위한 자리를 마련할 수 있을까?』[2)]라는 설명문이 있다. 춤의 이미지는 푸코와 페미니즘 사이의 상호관계, 즉 끊임없는 움직임 —— 한 번은 가까이 만났다가 다시 멀어지고, 그 다음에 또 가까워졌다가는 다시 멀어지는 동작의 반복—에 대한 적절한 묘사인 것 같다. 그것은 이 장의 주제로서, 푸코를 중심에서 이탈시키고, 페미니즘을 동등한 주체/동료이거나 어쩌면 지도적인 파트너로 만들려는 나의 의도에 대한 암시이다. 이 이미지는 내가 다른 남성 이론가에 대해 접근할 때 관례적인 어조가 없음을 역시 암시하고 있다. 나의 의도는 찬성 혹은 반대표를 던지는 것이 아니다. 내 관심을 끄는 것은 어떻게 페미니스트들이 푸코와 함께 춤을 추는가, 그리고 그들이 푸코의 사상에 참여하는 것이 무엇을 함축하는 가이다. 푸코는 많은 동반자 중의 한 사람이고 그것은 〈숙녀〉가 아니라 〈여성〉의 선택이다. 간단히 말해, 페미니즘은 푸코를 요구하지 않고 여성들은 그를 필요로 하지 않는다. 그러나 페미니스트들은 푸코의 사상에 대한 관심을 표명해 왔고, 많은 사람들은 계속해서 표현하고 있다.[3] 내가 제시하겠지만, 어떤 페미니스트들은 그의 영향을 받아 왔고, 그의 사상의 일부는 페미니즘의 발생, 변화, 그리고 현재의 상태를 고찰하는 데 도움이 될 수 있다.

이 장에서 나는 여러 가지 방식으로 푸코로부터 지침을 얻는다. 나는 최근의 페미니스트 사상의 역사와 그 안에서 발전한 권력-지식의 관계의 역사에 대해서 고찰하겠다. 이러한 생각들은 푸코가 그 안에서 『사람들이 하나의 문제에 대해 어떻게 다른 해답들이 만들어지는가를 보려고 하며, 또한 어떻게 이 다른 해답들이 특별한 형태의 문제화로부터 기인하는가를 보려고 한다』(Foucault 1991a: 389)라고 묘사한 비평적 분석의 방식을 따르고 있다. 푸코와 같이 나는 〈하나의 다양한 해답을 제외한 모든 가능한 해답들을 거부하기 위한 방법론적 검토〉를 제안하지 않는다. 오히려 푸코가 『나에게 정치학의 문제를 제기하는 것처럼 보이는 행위, 실천, 그리고 사고의 영역을 개발시키는 것으로 보이는 〈문제화〉의 질서』(Foucault 1991a: 384)라고 한 것의 진의 안에 모든 것이 있다. 따라서 모험의 정신은 그 자체로서 푸코식라 할 수 있다. 덧붙여서 명백한 내용의 측면에서 볼 때 이 장은 푸코가 어떻게 페미니스트 사고와 실천에 영향을 주었으며, 어떻게 그의 사상이 페미니즘 안에서의 발전을 반영하는 데 사용될 수 있는가에 대해 고찰한다. 나 자신의 지식과 경험의 한계 때문에 나는 영·미 페미니즘 안에서, 그리고 그것의 범주에서 때때로 협력을 구할 것이다.

그리고 음악이 연주되기 시작하였다……
—— 푸코에게 있어서 권력과 지식

나는 페미니즘과 푸코가 같은 음조로 춤을 추거나 연주해 왔다는 사실에 주목하는 것으로 시작하겠다. 푸코의 모든 탐구의 중심에는 권력-지식 관계에 대한 관심이 있었다. 이것은 그의 초기의 방법론적 텍스트, 특히 《지식의 고고학》(1972)으로부터 시작되어 《사물의 질서》에서 근대의 일반적 특징에 대한 연구를 거쳐서, 그의 특정한 역사 연구에 이르기까지 지속된다. 후자는 광기와 범죄행위, 그리고 섹슈얼리티에 대한 사례 연구인데, 푸코는 이것들이 다음과 같은 사실에 관련된 것이라고 설명하였다.

경험들(광기·질병·위법·섹슈얼리티·자기 정체성과 같은)과 지식(정신병학·의학·범죄학·성의학·심리학과 같은), 그리고 권력(정신병 치료제도와 형벌제도에서 휘둘러지는 권력과 개인의 통제에 관한 모든 다른 제도에서 행사되는 권력과 같은) 사이의 관계들. (Foucault 1991a: 71, 387도 보라.)

이것들은 결국 그가 계보학[4]이라고 이름 붙이고, 다음과 같이 정의한 비평적 탐구양식의 초점들이다.

사건의 분야와의 관계에서 초월적이거나 혹은 역사의 노정을 통해 무의미한 동일성과 일치하는 주체와 상관 없이 지식, 담론, 객체의 영역 등의 형성을 설명할 수 있는 역사의 한 형태. (Foucault 1980: 117, 83-4도 보라.)

계보학적인 탐구는 일반적인 사상사가 아니라 『현재에 제기된 문제로부터』(Foucault 1990c: 262) 시작된 『문화에 있어서 〈사상을 지닌〉 모든 것』(Foucault 1989: 9) 주위를 맴돈다. 그것은 권력의 패턴, 즉 누가 권력을 지니고 있는가가 아니라 권력 행사의 양식을 발굴하도록 고안되었다.[5] 푸코의 계보학은 근원에 대한 탐구를 거부하고 탐구의 대상과 주체로서 지식과 권력의 관계를 택하는 방법이며 기획이다. 『권력의 행사는 지속적으로 지식을 창조하고, 역으로 지식은 항상 권력의 효과를 유도해 낸다』 (Foucault 1980: 52) 실제로 〈지식/권력〉(Foucault 1980)이라고 결합된 명칭은 푸코와 관련지어 생각하게 되었다. 이러한 연상에도 불구하고, 그는 『그것들의 관계를 연구하는 것은 바로 나의 문제라고』(Foucault 1991a: 43; Foucault 1990c: 263도 보라) 주장한다.

그 동안에, 방의 다른 쪽에서는......
—— 페미니즘에서의 권력과 지식

페미니즘의 두번째 조류를 탄생시킨 여성들은 계몽주의의 딸들로 간주될 수 있으며, 그들은 또한 몇 가지 계몽주의적 가정을 물려받은 것 같다.[6] 1960년대 후반과 1970년대 초창기의 성급했던 시절에, 그들은 젠더 관계에 대해 양적·질적으로 나아진 지식에의 기대와 이 지식을 통해 여성의 해방에 대한 기대를 지속시켰던 운동을 창조해 내었다. 지식과 해방은 서로 증가하는 관련된 목표로서 간주되었다. 즉 여성이 세상에서 그들의 위치를 더 잘 알게 됨에 따라 세상을 변화시킬 그들의 힘이 증가된다고 생각되었다. 해방을 유도하는 지식을 얻을 수 있는 방법은 두 부분으로 이루어져 있다. 가부장적 질서에 대한 다양한 연구와 의식을 향상시키는 것이다. 이 시기의 대부분의 페미니스트들은 이 두 방법이 공통적으로 가부장적 질서의 특징들을 드러내는 방향으로 쏠려 있다고 추정한다. 이 둘은 여성들이 그 그물 속에 빠져 있는 억압의 구조를 조명한다.

그럼에도 불구하고 의식의 향상은 독특하고, 페미니즘 비평가들에게 있어 논란의 여지가 있는 방법이다. 줄리엣 미첼은 그것을 『여성의 감춰진, 개인적 두려움의 의미를 사회적 문제로서 공동으로 인식하도록 변형시키는 과정』이라고 묘사한다.(Mitchel 1974a: 61) 비록 그들의 운동의 독특한 방법이라고 주장되었지만, 그들은 다른 정치적 운동, 특히 중국 혁명으로부터 형식을 빌려 오고 채택하였다.(Mitchel 1974a: 62) 게다가 계몽주의 족보에 대해서 질문이 제기될 수 있는데, 그 족보 안에서 의식의 향상은 이성적 탐구라는 전통적인 양식을 통해서는 일반적으로 접근할 수 없는 지식 형태의 저장소인 무의식을 내포하는 듯이 보인다.[7] 의식의 향상의 실천은 독특한 여성만의 장소와 여성들간의 관계의 새로운 형태를 창조하는 것을 고무시킨다. 사실 일부 페미니스트들, 특히 캐서린 맥키논(1982)은 이것을 페미니즘의 급소이며 독특한 페미니스트적 인식론의 토대로 간주하였다.

의식의 향상이 방법으로서 아무리 독특하다 해도, 그것은 여성의 억압의 패턴을 폭로하고 변형시키는 페미니즘의 더 큰 위상에 들어맞는다. 의식 향상 집단 중에서 〈안전한〉 것으로 추정되는 장소에서 여성들은 개별적으로 〈빛을 보기〉 시작하였고, 그 동안에 더 크고 좀더 대중적인 위상이 페미니스트 논객들과 학자들에 의해서 밝혀졌다. 이와 같은 운동의 초기의 텍스트 중 많은 부분이 실제적이며 흥분된 어조를 지니고 있으며, 이러한 두 종류의 활동으로부터 골라낸 새로운 발견의 빛을 쬐고 있었다. 페미니스트 특급은 빠르게 움직이고 있었으며, 지체할 여지가 없었다. 도약하여 당신의 가부장적 과거를 뒤에 남겨 놓았다! 실제로 페미니스트의 빛과 진리를 한 번 본 사람이라면, 누가 가부장적 이데올로기에 의해 눈멀고, 혼란스러우며, 학대받는 얼뜨기 여성으로 남아 있기를 원하겠는가?

그들이 동반자로서 적합한가?
—— 페미니즘과 푸코

신조류 페미니스트와 계몽주의의 반항아인 미셸 푸코의 만남의 작업은 첫눈에는 불운한 것처럼 보였다. 푸코는 비록 페미니즘을 〈혁명적 운동〉(Foucault 1977: 216)으로 간주하고, 그 운동의 힘이라고 생각한 것에 대해 경탄을 표현했지만, 결코 자신을 페미니즘의 수호자로서 제시하지 않았다.[8] 그의 저술 안에서 페미니스트 저자나 활동에 대한 언급은 별로 없었다.[9] 그러나 그는 섹슈얼리티의 역사에 관한 그의 중요한 연구에서 여성의 위치에 주목하였으며 이런 사실에도 불구하고, 특히 〈히스테리에 걸린 여성에 대한 모든 논쟁〉(Foucault 1990c: 9)에 주목하였다. 젠더 구분의 무시, 혹은 주디스 버틀러가 〈성적인 차이에 대한 의심스러운 무관심〉이라고 묘사한 것은 그의 저술에서 상당히 주목되는 특징이다. (Butler 1990: xii; Bland 1981도 보라.)

더 일반적으로, 계몽주의의 전통과 추정들 중 많은 부분에 도전하는 데 있어서, 푸코는 신조류 페미니즘의 초기의 방향과 반목하고 있는 듯이 보였다. 그러나 몇몇 페미니스트들이 주장하듯이, 푸코는 결코 계몽주의 특징을 전적으로 포기하지 않았다.[10] 그보다는 푸코가 그것이 『철학적 사고 전체를 가로지른다』고 주장하듯이 그의 말을 빌리자면, 『역사적 문제로서 이성의 문제』가 그의 모든 저서에 늘 붙어다니는 방식이 있다.(Foucault 1990c: 95)[11] 초기의 신조류 페미니즘과 푸코 모두에게 권력-지식이 중요했다는 사실은 정말로 놀랍다. 페미니즘은 그것이 해방을 유도하는 지식의 개념을 사용할 수 있게 했다는 점에서 명백하게 계몽주의의 정당한 후계자이다. 대조적으로, 반항적인 사생아인 푸코는 지식과 자유가 병행한다는 계몽주의적 가정을 거부하면서, 페미니즘을 포함한 모든 담론 안에 함축되어 있는 해방의 충동에 대한 요구를 거부하였다. 그러나 권력-지식관계에 그가 몰두하는 것은 그가 계몽주의 족보 안에 머물고 있음을 나타낸다.

그리고 음악대가 연주되었다……
—— 페미니즘 안에서 권력-지식의 연구의 변형

계몽주의 연구로서 현재의 페미니즘의 조류에 대한 나의 관찰은, 푸코의 사상과 페미니즘의 관계를 이해하는 데 있어서 지식과 권력이 중요한 출발점이라는 사실에 집중되었다. 그러나 이야기는 거기서 끝나지 않는다. 다음에 나오는 것은 영·미 컨텍스트(Context)에 있어서 지난 20년 내지 25년간 이 연구에 일어난 일과 현재 페미니스트들에게 닥친 몇 가지 딜레마에 대한 고찰이다. 푸코의 사상에 곁들여서 다음과 같은 사실을 시사하는 반복되는 참조점이 있을 것이다. 첫째, 페미니즘 안에서 일어났던 변화 동안 그들이 의존했던 방법들이다. 둘째, 이러한 변형의 특징을 분석하는 데 그것들이 어떻게 사용되었는가. 따라서 표면으로 부각되는 문제점들은 다음 사실들을 포함할 것이다. 페미니즘 안에서 여성들에게 푸코는 과연 무엇을 의미하는가? 그의 사상들은 어떻게 사용되었으며, 아직도 유용한 것인가?

20여 년 후에 서구에서 여성 운동의 재착수, 즉 페미니즘 안에서 지식 연구인, 가부장제를 이해하는 것은 훨씬 더 복잡하고 다양화되었다.[12] 지난 25년에 걸쳐 페미니스트들은 젠더 관계를 분석하는 세련된 수단을 발전시켰다. 출판업자의 목록과 서점은 젠더 관계에 대한 지식이 정말로 폭주했음을 증명한다. 이것이 지난 20년간 서구 세계에서 가장 빠르게 팽창한 분석의 영역 중의 하나가 되었다고 시사하는 것은 무리가 아닐 것이다. 그리고 단지 양적으로 많이 있는 것만이 아니다. 이러한 폭발 증대에는 주목할 만한 질적인 규모가 있어 왔다. 초기 페미니스트 텍스트 중에서 많은 부분을 돌아보면 그것의 수사학은 경탄할 만하나, 그들중 많은 것이 최근의 페미니스트 생산에 있어서의 이론의 체계적 발전과 비교해 볼 때 깊이가 없고 한계를 지닌 것 같다.

이와 같은 양적인 폭증에도 불구하고, 지금 매우 놀라운 사실은 이 학문 연구의 다양성이다. 나는 위에서 이 운동의 초기에서 사용된 방법은 두 가지라고 말했다. 즉 의식의 향상과 가부장제의 특징에 대한 다양하고도, 주로 경험적인 연구가 페미니스트 학자와 논객에 의해 행해진다는 점이다. 비록 의식의 향상이 사라지지는 않았지만 훨씬 좁은 범위에서 시행되고 있다. 그것은 개별적 혹은 집단 요법의 다양한 형태에 의해 교체되거나, 그 안에 병합되었다. (Ernst and Goodison 1981; Eichenbaum and Orbach 1983; Ernst and Maguire 1987을 보라.) 젠더 관계에 대한 경험적인 저술은 계속되었다. 그러나 더욱 이론적인 연구가 현재 페미니즘 내에서 눈에 띄는 윤곽을 지니고 있는데, 그들 중 많은 것이 정신분석학적 그리고/혹은 후기구조주의적 이론(푸코식의 담론 분석을 포함하여)을 이용한다.[13] 간단히 말해, 페미니즘의 학문 연구는 다양한 치료의 양식과 이론적인 양식 안에서, 그리고 양식을 통해 변형되었다.

치료상의 전환은 20세기 후기의 페미니즘에서 많은 주목을 받는 특징이다. 따라서 페미니스트 연구의 확대는 출판된 자료에서뿐 아니라 신체에 대한 상세한 자기 인식과—— 비록 여기에서 페미니즘이 결코 유일한 요소는 아니지만—— 서구 세계의 많은 여성들이 지금도 도야陶冶하고 있는 정서와 정신에 있어서도 기록되었다. 분명히 이러한 방법들 안에는 특별한 구분이 있는데, 이 구분은 한편으로 특히 정신분석과 다른 한편으로 과거 20년간 서구 세계에서 점점 번성했던 다양한 종류의 대중심리학, 자조自助, 그리고 다양한 상담방법들 사이에 존재한다. 이와 같이 요약적인 소논문에서 발전의 이러한 영역에 대해 상세히 고찰하는 것은 불가능하다. 그래서 다음과 같이 두 부분으로 접근하겠다. 첫째, 정신분석에 대해 간략하게 논의하겠다. 정신분석은 직접적인 치료상의 중요성 때문에 페미니즘 안에서 좀더 일반적인 분석의 도구로서 중요하게 간주되었다. 그리고 두번째 집단으로서 기타 특수한 치료상의 발전들을 고찰해 보겠다.[14]

줄리엣 미첼의 《정신분석과 페미니즘 *Psychoanalysis and Feminism*》

(1974b)의 출판은 영어권의 페미니즘에 있어서 분수령과 같은 것이다. 미첼은 현대 자본주의사회에서 남성의 권력이 어떻게 지속적으로 재생산되었는가에 대해 더욱 깊이 이해하기 위해서 페미니즘이 정신분석으로 전환할 것을 제안하였다. 미첼이 정신분석을 옹호하는 것은 그것이 지닌 치료상의 잠재성 때문이 아니라, 그보다는 그것이 가부장제가 어떻게 〈작용하는가〉에 대해 보다 적절한 설명을 하기 때문이다. 그 이래로 페미니즘 내에서는 정신분석의 이득과 위험성에 대해 끝없는 논쟁이 이어졌다. (Wilson 1981; Gallop 1982; Sayers 1982; Mitchell and Rose 1982; Rose 1983; Sayers 1986; Rose 1986; Brennan 1990) 점점 많은 페미니스트들이 치료상의 실제로서 정신치료로 전환함에 따라 정신분석의 분석적 잠재성에 대한 이러한 논쟁은 이면에서 맹위를 떨쳤다. 영국에서는 정신분석이론과 실제의 특별한 응용이 〈페미니스트 치료〉라는 이름 아래 개발되었다. (Eichenbaum and Orbach 1983, 특히 1장; Ernst and Maguire 1987을 보라.)

일단의 페미니스트들이 정신분석에서 기반을 찾는 반면 다른 이들은 1970년대 이래로 서구 세계에서 인기를 얻은 몇몇 가지 다른 종류의 치료와 상담을 표본으로 선택하였다. 미국의 페미니스트인 글로리아 스타이넘(1992)은 가장 최근에 이러한 기술과의 관련을 선언한 사람들 중 하나이다. 스타이넘과 많은 다른 여성들(페미니스트와 페미니스트가 아닌)은 일련의 실행을 선택하였다. 그 실행 안에서 한 해설자가 표현하듯이, 그들은 〈진정한 자기〉를 찾기 위해 〈치료와 신비주의를 결합〉하는 방법을 사용한다.(Sternhell 1992: 6)

이처럼 광범위하고 다양한 일련의 실행과 이론에 대해서 일반화하는 것은 어렵다. 그러나 그것들은 원래의 해방을 유도하는 페미니스트 학문 연구의 확대로 볼 수 있다. 어떤 형태에 있어서든지, 그것들은 다소간 페미니스트적이며, 이것은 여성의 억압에 도전하는 경향이 있다는 뜻이다. 그리고 가치 평가에 있어서의 차이는 어떤 특정한 실행에 내재한 〈페미니스트적 잠재성〉에 대한 평가에 있어서일 것 같다. 그것들이 페미니즘의 권력-지식 연구의 측면에서 재현되는 한, 그들은 흔히 심오한 지식에 대한 여성의 욕구, 특히 그들 자신에 대해, 그리고 가부장제 안에서 그들이 어떻게 결부되고 있는지에 대해 알려는 욕구의 측면에서 설명된다. 이러한 전환의 결과로 모든 페미니스트들은 자기 인식의 테크닉에 있어서 정서적, 재정적인 면에서 많은 투자를 하였다.

페미니즘 내에서의 이러한 발전은 초기의 학문 연구를 변형시켰다. 초기 운동이 가부장적 질서와 의식의 향상에 대해 다양한 연구를 한 것은 가부장적 질서에 대한 지식을 습득하여 그것을 변화시키려는 수단이었다. 확실히, 특히 의식의 향상 내에서 자기 인식은 이 과정 중의 일부에 불과했다. 그런데 오늘날의 페미니즘에서 자기 인식은 그 자체가 목적이 된 것 같다. 정말로 현대의 페미니즘은 〈너 자신을 알라〉는 인본주의적 명령어의 탁월한 선구자가 된 것처럼 보인다. 덧붙여서 다음에서 논의하겠지만, 치료의 양식들은 페미니즘을 점차로 직업적인 전문가적 지식의 영역으로 옮겨가게 하고 있다.

페미니즘이 새로운 동반자로 푸코를 맞아들이기

푸코와 그의 많은 추종자들은, 19세기 유럽에서 일어난 새로운 인문과학과 20세기에 양성된 자기 인식을 둘러싸고 방향 설정된 치료법에 대해서 매우 회의적이었다. 푸코는 자율적이고, 스스로 결정하는 주체에 대한 가정은 인본주의 전통과 관련된 훈육의 실행에 의해 이끌어진 계몽주의의 위대한 환상들 중의 하나라고 주장한다. 그 대신에 그는 〈주체들〉이 담론과 담론의 실제 안에서 그리고 담론의 실제를 통해 창조되었으며, 『주체라는 개념에 대한 가장 지속적인 비판』의 특징을 지닌 것으로 발전되었다고 시사한다.(Hekman 1990: 68)[15]

따라서 푸코의 관점 안에서 인문과학과 그 테크닉의 발전과 세부 묘사는 결코 자유의 선구자가 아니다. 『인문과학의 탄생은 새로운 권력 기제의 설치와 병행한다』(Foucault 1990c: 106) 푸코에게 있어서 이러한 학문과 관련된 테크닉은 독특한 방식으로 자유를 구속한다. 그것들은 산드라리 바트키의 용어의 수정판에서 『신체, 그리고 정신의 시간과 움직임을 더잘 조절할 수 있는 것—— 특정 인물에 대한 끊임없는 감시와 더 나은 이해 없이는 이루어질 수 없는 조절』을 포함하는 것으로 묘사될 수 있다. (Bartky 1990: 79, 나의 첨가) 특히 푸코는 본질적인 자기를 환상으로서 가정하는 것을 고려하였다. (Foucault 1977: 221-2를 보라.) 대부분의 현대적 자조와 치료제도에서 사용된 세속적인 적응에 있어서 고백의 양식은, 푸코의 비판적 검토에서 더 향상된 목표였다.[16]

이러한 비판에도 불구하고, 정신분석과 푸코의 관계는 더욱 불분명하다. 그는 정신분석을 인문과학의 하나이며, 그 성격상 현대적인 형태의 사회적 규제로 간주하였다. 위에서 알아보았듯이, 푸코는 세속화된 고백적 양식에도 주목을 하는데, 이 양식은 정신분석의 실제적 핵심이며, 〈우리로 하여금 『성에 대해 이야기하도록 이끌고, 유도하고, 그리고 강요하는』 기제 중의 하나이다.(Foucault 1989: 138) 푸코는 정신분석 안에서 그가 〈이론적-상업적 제도〉라고 부른 것에 구현된 〈조직적 과학적 담론의 제도와 기능〉을 인식하였다.(Foucault 1980: 84) 더구나 정신분석은 〈진정한 자기〉라는 개념 주변을 맴돌며 성의 정체성이 핵심을 이룬다는 믿음을 강화시키는데, 푸코는 이 개념을 의문시하고 역사적으로 특별한 것으로 지적하였다. 1983년의 한 대담에서, 그는 자신이 『결코 프로이트학파에 속한 적이 없었다』는 점을 상기시켰다.(Foucault 1990c: 22)[17]

그러나 푸코는 정신분석의 영향을 받았다. 실제로 그는 『과학과 인간 지식의 역사에서 정신분석에서 말하는 무의식과도 같은 것을 발견하려고 했다』고 설명하면서 자신의 계보학적 연구를 정신분석과 일직선 상에 둔다.(Foucault 1989: 39) 비록 그가 『욕망과 지식의 범주에 있어서 주체와 객체의 입장에 대한 정신분석의 기초적인 상술』이 역사 연구에 쉽게 적용될 수 없다는 점을 인식했지만, 이러한 평가는 그것의 잠재성을 우회적으로 칭찬하는 것이다.(Foucault 1977: 201) 비록 푸코가 정신분석을 자기 조절과 통제라는 현대적 학문으로 만든 그것의 많은 특징들을 경계하지만, 정신분석의 거대 연구와 프로이트의 사상들은 푸코에게 중요한 자원이었다.[18]

푸코와 페미니즘 — 함께 그리고 떨어져서
— 식욕장애의 경우

아마도 현대 페미니즘에서 푸코식의 분석이 치료적인 경향에 대해서 제기하는 딜레마를 설명하는 것보다 더 좋은 경우는 없을 것이다. 오늘날 서구 산업사회에서 큰 비율을 차지하고 있는 이 성가신 사회 문제들에 대해 광범위한 페미니스트 문학이 존재한다.(Erbach 1984; Diamond 1985; Wolf 1991) 페미니스트들은 이러한 문제를 처리하는 데 있어서 의학적 담론이 지니는 단조로움에 도전하려고 했다. 이러한 도전은 흔히 본질적 주체, 그리고 정체성이나 자존심의 회복이라는 개념에 의존하는 정신분석학적 치료 혹은 자조 치료를 끌어들였다. 이와 같은 전략의 성공은 사례별로 다양하다. 그러나 그것들이 이러한 사회 문제를 결코 〈해결하지〉 못한 것은 명백한 사실이다.

신경성 식욕부진(식욕장애의 한 예를 들자면)은 현대의 상황에서는 『주체의 형성과 같은 구체적인 경우에 있어서 복종을 확보해야 할 필요가 있다』는 푸코의 판단을 예증하는 것 같다.(Foucault 1980: 97) 그것은 〈주체〉를 〈사회적인〉 것으로부터 전환하는 것이 불가능함을 매우 민감하고 날카롭게 예시하는 듯이 보인다.(Henriques et al. 1984) 이러한 이유 때문에, 일부 페미니스트 분석가들은 이 문제를 다루는 데 있어서(Diamond 1985; Bordo 1990b), 그리고 신체의 정치학에 대한 좀더 일반적인 저술(Bartky 1990; Bordo 1990a; Jacobus et al. 1990; Sawicki 1991)에서 푸코식의 접근을 사용하였다. 게다가 인문과학의 제도에 대한 푸코의 통찰력은 식욕장애의 치료에 있어서 자기 인식과 규제를 둘러싸고 형성된 책략의 위험성에 대한 경고로 여겨질 수 있다. 비록 식욕장애라는 특별한 문제를 취급하지는 않았지만, 산드라 리 바트키가 현대 서구 세계에 만연하고 있는 여성의 신체를 둘러싼 〈처벌 관행〉에 대해 푸코식으로 분석한 것은 이 문제에 잘 들어맞는다.(1990: 63-82) 그녀는 자신이 〈가부장적 권력의 현대화〉의 특징이라고 본 이러한 관행의 몇 가지를 개략하였다. 여러 가지 측면에서 식욕장애는 이러한 관행의 극단적인 해석이라고 볼 수 있다.

바트키와 푸코는 경고로서 끌어들여질 수 있는 것 같은데, 이 경고는 해방된 여성과는 별개로, 치료의 책략들이 문제의 바로 핵심인 자기 규제와 자기 통제의 메커니즘을 강화시키고 증식시킬 수 있다는 점이다. 나의 취지는 페미니스트가 정신분석이나 다른 요법으로 전환하는 것을 비난하는 것이 아니라, 푸코의 작업이 최근의 페미니즘 안에서 개인적인 발달이나 〈성장〉에 몰두하는 경향이 지니는 몇 가지 위험성을 강조한다는 점이다. 푸코와 그의 추종자들이 제시한 〈규범화된〉 자기 규제의 유형에 대한 분석들은 여성의 해방을 위한 수단으로서 〈본질적으로〉, 그리고 〈독자적으로〉 자기 인식에 의존하는 것이 어려움을 강조한다.[19]

무도장 바닥을 거닐어 보자……
—— 페미니스트 이론

위에서 개략한 것과 같이, 정신분석은 개인적인 임상실습으로서, 또 페미니스트 이론을 알려 줄 수 있는 분석의 목록으로서 페미니스트들에 의해 추구되어 왔다. 이것에 의해서 나는 현대의 페미니스트 권력-지식 연구의 세번째 갈래에 도달하게 된다. 그것의 특징은 가부장제에 대한 더욱 복잡하고 매우 이론적인 지식의 본체가 나타났다는 사실이다. 여성 운동의 초기 텍스트는 널리 유포되었으며, 많은 페미니스트들이 광범위한 독자들이 접근하기 쉽게 글을 쓰는 한편 전문가의 학문적 기술을 끌어들였다. 저메인 그리어·쉴라 로우바덤·줄리엣 미첼·케이트 밀레·앤 오클리와 같은 저자들이 그들의 초기 텍스트에서 넓은 독자층을 상대로 여성의 억압의 본질을 폭로하였다. 그 이래로, 페미니스트 분석은 더욱 전문화되었다. 이것은 매우 경직된 학문적 테두리 안에서 실행되어야 한다. 그리고 그 적소論所 안에서 관행에 도전하고 그것을 변형시키기를 원하는 페미니스트들의 학회로 입문하였기 때문에 어느 정도 가능해졌다. 그 결과 오늘날 우리는 페미니스트 문학 비평·페미니스트 철학·페미니스트 역사학 등을 지니게 되었다.

페미니스트 지식의 이와 같은 다양화와 전문화는 아마도 예측할 수 있었을 것이다. 예측하기 힘든 것은 〈페미니스트 이론〉이라고 이름 붙여진 지식이 독특한 형태로, 특별한 수준으로 출현한 것이었다. 이러한 자료 중 어떤 것은 글을 아는 대다수의 여성들에게는 말할 것도 없고, 많은 페미니스트 운동에도 접근할 수 없다. 비록 다양하게 나타나지만 그것은 젠더 관계와 가부장제에 대한 경험적인 탐구에서 벗어나려는 움직임, 그리고 때로는 그것에 대한 경멸이라는 특징을 지니고 있다.[20] 게다가 이러한 문학 안에서 이와 같은 조사가 어떤 맥락에서 여성을 해방시키는 계획 또는 그러한 관심을 거부하는지에 대해 표현하는 불명확함은 흔히 찾을 수 있다. 이러한 궤도는 타니아 모들레스키의 다음과 같은 최근의 논평에 나타나 있다.

〈본질적인〉 여성적 특성은 존재하지 않는다는, 한때 우리를 고무시켜 주던 명제는 더욱 다듬어져서, 이제는 〈여성들〉이 어떠한 일반화를 하거나 〈여성〉이라는 집단을 대표해서 정치적 요구를 하지 못하도록 위협해서 쫓아버리는 데 흔히 사용되는 지경에 이르렀다.(Modleski 1991: 15)

이러한 자료의 본체에 있어서 분석의 양식은, 주디스 버틀러(1990)의 최근의 저서에 대한 모들레스키의 평가에서 예시된 것처럼 다소간 추상적이다.『그녀의 책은 섹슈얼리티와 성차이의 이론에 대한 매우 추상적인 푸코식의 고찰이 되었다.』(Modleski 1991: 18)

푸코는 페미니스트 권력-지식 연구 안에서 존재하는 이러한 경향에 있어서 비록 유일하지는 않지만 중요하고 영향력 있는 인물이었다. 여러 가지 측면에서, 페미니스트들은 명백히 혹은 암시적으로 비판적인 지적 작업에 대한 푸코의 시각을 고수하였다. 그런데 푸코는 이 작업이 특별한 지식체계의 가능성에 대한 탐구를 포함하는 것으로 보았다. 그들은 푸코 식의 비판 형식에 참여하였는데, 그 비판은『사물이 있는 그대로 옳지 않다고 말하는』식의 문제가 아니라,『우리가 인정한 관행이 어떤 종류의 가정과 어떤 종류의 익숙하고, 의심할 바 없는, 고려되지 않은 사고방식에 의존하고 있는가를 지적하는 문제이다.』(Foucault 1990c: 155) 〈여성〉과 〈젠더〉라는 범주에 대한 연구는 페미니즘 자신의 담론에 대한 의문을 포함하는 최근의 전형적인 페미니스트 작업인데, 이것은 일반적으로는 후기구조주의에 의해, 특별하게는 푸코에 의해 고무되었다. (예를 들어 Riley 1988; Butler 1990을 보라.) 이러한 연구는 주디스 버틀러가 이름 붙이듯이,『여성이라는 범주에 대한 페미니스트 계보학』을 형성한다.(Butler 1990: 5)

〈페미니스트 이론〉의 세계는 흔히 푸코의 스승인 루이 알튀세와 연관된 〈이론적 실제〉라는 용어와 동일시되며, 〈이론은 실제이다〉라는 푸코의 논평 안에서 되풀이된다.(Foucault 1977: 208) 이것들은 지적인 작업형식을 위한 시금석試金石으로 존재하는데, 그 작업 안에서는 더욱 광범위한 운동이나 여성 해방의 목표에 대한 언급은 희미해지거나 뒷전으로 사라져 버린다. (Stuart 1990; Modleski 1991; Campbell 1992를 보라.) 푸코는 페미니즘과 다른 급진적인 작업 안에서 이러한 경향을 제안한 사람들 중 하나로 취급될 수 있으며, 그 안에서 푸코는 당면한 정치적 소동으로부터 뒤로 물러설 것과, 간격을 반영하는 사고의 형식들을 요구하는 것 같다. 다른 한편으로 그가 지식인들에게 〈진리의 새로운 정치학을 형성〉하는 데 참여할 것을 요구하는 것은 다소 다른 방향으로 진행할 수 있다.(Foucault 1980: 132) 이론을 〈도구 세트〉로 여기는 푸코의 생각은 확실히 지엽적이고, 특별하며, 반영적인 지식을 억압하는 경향이 있다.(Foucault 1980: 145) 이론에 대한 푸코의 해석에 있어서의 차이점은 우리에게 지식인의 역할이라는 더욱 큰 문제와 직면하게 한다.

〈대중의 무용가〉: 푸코식의 지식인[21]

지식을 향한 페미니스트 해방의 추진력을 다양한 형태의 치료법(정신분석을 포함해서)과 강화된 페미니스트 이론(특히 후기구조주의와 정신분석을 포섭하는)으로 광범위하게 방향 전환하는 것은 페미니즘을 변화시켰다. 이러한 발전의 한 가지 중요한 파생물은 전문가—— 페미니즘 안의, 그리고 주변의 치료사·상담가·학자들의 역할이 증대된 점이다. 제2차 세계 대전 이후의 사회 개혁을 통해서 점차 많은 여성들이 고등 교육을 받을 기회가 실현되었고, 영국과 북미의 여성 운동에 의해 고무된 결과로 많은 여성들(일부 페미니스트를 포함해서)이 이 일을 맡았다. 이러한 관점에서 볼 때, 이러한 개요는 한편으로 페미니스트 투쟁이 성취한 업적의 반가운 산물이다.

그러나 페미니즘 안에서, 그리고 페미니즘을 위한 전문적인 작업이 점차 중요해지는 것은 자체의 문제점을 안고 있다. 우선 페미니즘의 〈평등〉 궤도는 결코 점진적으로 그것의 목표를 실현시키지 않는다.[22] 더욱이 여러 가지 직업의 계급구조 안에는 확고한 젠더 구분이 존재하는데, 남성들이 일반적으로 더욱 우세한 위치를 차지하고 있다. 직업 세계의 개방은 특히 계급, 인종, 성적인 적응, 신체적인 능력의 차이에 따라서 여성들 사이의 불평등을 드러내었다. 이것 이외에 여성들이 이러한 위치에서 부담하는 노동의 형태는, 역시 보살피는 일과 흔히 경시되는 일에서 여성을 포함하여 노동의 전통적인 성적인 구분의 또 다른 입장으로 해석될 수 있다. 아마도 모든 것들 중에서 가장 염려스러운 것은 안드레아 스튜어트 (1990)가 추적한 〈전문적 페미니즘〉과 〈대중적 페미니즘〉의 분리 경향일 것이다.

푸코로 전환하면서 나는 그에게서 현대의 직업과 전문가에 대해 많은 관심을 가진 사회분석가의 소질을 발견하였다. 정신병학·의학·심리학·인문과학의 다른 분야에 대한 그의 역사적인 작업이 그를 이런 방향으로 이끌어 갔다. 부분적으로 이것 때문에, 그리고 프랑스와 더 넓은 서구 지식인 범위 안에서의 탁월한 명성과 위치 때문에, 그는 흔히 지식인의 역할에 대해 고찰하도록 부탁을 받았다. 그의 사상의 다른 측면에서와 마찬가지로 푸코가 이 주제를 고찰하는 데에는 젠더의 구분이 없다. 그럼에도 불구하고 푸코는 널리 알려지고 페미니스트와 다른 진보적 지식인들 사이에서 논쟁을 불러일으키는 일련의 고찰을 제시하였다.(Weedon 1987; Hartsock 1990; West 1992) 지식인이라는 주제에 대해 푸코와 페미니즘 사이의 상호관계에 대한 철저한 검토는 이 시점에서 내가 다룰 범위 밖의 일이다. 대신에 내가 제시할 것은 이와 같이 때로는 현실화되고, 때로는 잠재적인 결합에 대한 몇 가지 고찰이다.

나는 만약 우리가 이 주제에 관한 푸코의 사상을 사용하려면, 그것들을 완전한 역사적 범주 안에 놓아야만 한다는 사실을 주장하는 것으로 시작하겠다. 이 범주에 대한 나의 이해는 제한된 것이다. 그러나 나는 푸코가 높은 지위가 따르는 위치에서, 대중적인 인물(사르트르로부터 《신철학 Nouveau Philosophes》에 이르기까지)로서 철학자들의 전통이 있어 온 나라에서, 그리고 그런 시기에 일류 대학 교수로서 글을 썼다는 사실이 중요하다고 느낀다. 그리고 그는 정당의 요원으로서(특히 PCF-프랑스 공산당) 지식인의 역할이 흔히 당연한 것으로 받아들여졌던 정치적 상황 안에 처해 있었다.

나의 푸코 읽기는 그가 지식인을 위해 중용과 물러나기를 비판적으로 옹호하는 것을 강조하지만, 이 점을 푸코의 매우 특별한 역사적·정치적 범주 안에서 보았다. 지식인에게서 많은 잠재적인 역할을 박탈하는 것에 대한 푸코의 논평 안에는 반복되는 움직임이 있다. 그는 〈예언주의에 대한 요구〉를 개탄하고 『지식인의 역할은 타인에게 그들이 무엇을 해야 하는지를 말하지 않는 것』이라고 주장했다.(Foucault 1990c: 16, 265) 그는 『지식인이 지난 2백 년 동안 힘들여 만들었고, 우리가 지금 그것의 결과를 보

고 있는 모든 예언·약속·명령·계획』에 대해서 낙관적이지 않았다. (Foucault 1990c: 265)

나는 이러한 고찰이 두 가지 뜻으로 해석된다는 것을 알았다. 한편으로 낸시 하트삭이 좀더 일반적으로 논의했듯이, 푸코는 많은 다른 주제에 대해서도 마찬가지로 이 주제에 대해서 권력의 시각에서 이야기한다. 하트삭이 알버트 메미(1967)로부터 빌려 온 말을 사용하면, 지적인 엘리트 집단의 구성원인 백인 남성으로서 푸코는 『거부했기 때문에, 고통스러운 불명확함 속에 존재한 식민주의자이며…… 자신의 집단의 일부분이 되기를 거부한 식민주의자』이다.(Hartsock 1990: 164) 푸코가 여러 가지 주제들에 관해 이야기한 기준을 인식하고 나면, 하트삭과 다른 사람들이 페미니스트에 대한 그의 사상의 가치를 의문시하게 된다.

내 자신의 입장은 좀더 불확실하다. 나는 푸코가 지식인을 거부하는 것에서 유용한 것을 많이 발견했다. 나는 지식인들이 〈예언·약속·명령·계획〉에 있어서 그러하듯이 만약 백인, 주로 중류의 서구 유럽 남성들이 그들이 지니고 있는 〈권력에의 의지〉를 깨닫지 않는다면, 이 세계는 좀더 나은 곳이 될 것이라는 생각에 있어서 그에게 동의한다. (비록 그가 이러한 용어로 표현하지는 않았고, 이 사실이 그 자체로서 중요하지만.) 이것 이외에도 현대의 페미니스트 전문가들이 중용의 필요성, 예언과 약속에 있어서 신중함의 필요, 우리의 명령과 계획에 있어서 위험성의 필요에 대한 그의 조언에 주의를 기울이는 것은 당연한 일이다. 한편으로 나는 하트삭의 비평 귀절 이상으로 나아가길 원한다. 비록 지식인의 기대와 그들에 대한 기대에 도전하고 있지만, 그 역할이 항상 당연한 것으로 받아들여진다는 점에 있어서 푸코의 거부에는 반어적인 측면이 있다.

페미니스트들, 그리고 좀더 일반적으로 말해 실제로 여성 지식인과 전문가들은 지식과 권력의 〈자연스러운〉 후계자(여성 후계자?)가 아니다. 따라서 우리는 우리 자신을 〈거부하는 식민주의자〉로서 푸코의 위치에 앉힐 수 없다. 더구나 그가 충고하듯이, 푸코의 고찰은 특히 그것들이 지닌 특수한 범주를 고려하지 않고 관행적으로 받아들여져서는 안 된다. 그 범주는 지식인들이 존경을 받아 왔고, 그 안에서 그들이 좌파(특히 PCF 안에서)에 대해 비상한 권력을 휘둘렀던 상황이었다. 간단히 말해, 우리는 직업과 지적 노동에 대한 우리 자신의 정치학을 만들어 내야 한다. 푸코는 그것을 제시하지 못했다.

그럼에도 불구하고 많은 사람들이 〈특별한 지식인〉이라는 푸코의 개념에 이끌렸다. 그는 이러한 범주를 제시하고, 제2차 세계대전 이래로 자본주의 안에서 발전의 특징(과학과 테크놀로지를 포함해서)으로서, 이 지식인의 역할이 대두된 사실을 추적하는 데 있어서 분석가로서, 옹호자로서 이야기했다. 그리고 그는 자신을 〈보편적 가치를 지닌 사람〉으로서, 그리고 〈확실한 천재적 대학자〉로서(Foucault 1980: 132, 129) 묘사하는 〈일반적〉 지식인에게 바람직한 대안으로서 그것을 제시하였다. 그의 평가에 의하면, 〈특별한〉 지식인은 〈일반적 지식인〉과 관련된 직접적인 도덕적 혹은 정치적 임무로부터 거리를 지녀야 한다. 이러한 생각을 통해 푸코는 『정신분석가·변호사·공학자 혹은 기술자로서 자신의 일을 하는 것이 가능하며, 한편으로 고유하게 지적이라고 불릴 수 있는 일, 본질적으로 비판적인 작업을 수행하는 것이 가능하다』는 점을 강조한다.(Foucault 1990c: 107) 따라서 그는 실제로 현존하는 분업을 받아들이고 그 안에서 일하며 특별한 장소에서의 작업을 요구한다.

〈특별한 지식인〉이라는 푸코의 모델은 20세기 후반의 전문가들에게 많은 동조를 얻었다. 그의 논평은 노동의 분화에 있어서, 특히 다른 이들이 〈전문직 중류 계급〉이라고 부르는 사람들 사이에서 중요한 변화를 기록한다.(Walker 1979) 또한 그는 뚜렷한 전문가적 기술과 동일시되는 지식의 단편화와 곁가지치기에 대해서도 적당히 주목하였다. 이외에도 예전에 언급한 중용을 칭찬하며, 푸코는 이러한 발전에 비추어 좌파에 대한 정치적 열망을 재평가할 필요성을 인식했다.

일부 페미니스트들이 〈특별한 지식인〉이라는 모델을 수용했던 것에는 의심의 여지가 없다. 다른 이들에게 있어서는, 현대 서구에서 지적인 노동자에 대한 압력이 그들을 이 방향으로 밀었으며, 그들의 현재 상황에서 푸코의 공식은 정치적 잠재성에 대한 위안을 제공할 수 있었다. 따라서 이러한 역할을 받아들이는 데는 긍정적인 차원이 존재한다. 그러나 토릴 모이(1989)·안드레아 스튜어트(1990)·타니아 모들레스키(1991)·케이트 켐벨(1992)이 경고했듯이, 페미니스트 지식인들은 점차로 페미니즘이 해방시키려고 하는 많은 여성들로부터 멀어지는 경향이 있다. 그리고 학회 안에서만 배타적으로 통용되는 페미니스트 지식을 지향하는 경향이 어느 정도 있다. 그들이 경고하듯이, 이러한 상황 안에서는 이같은 지식과 페미니즘의 해방의 목표 사이의 관계는 쉽게 협의 사항을 이탈하게 된다.

나는 세계 속에서 자신의 위치에 대해서 숙고하는 페미니스트 전문가들에게 푸코가 제공했을지도 모르는 것에 집중하였다. 나의 잠정적인 평가는 푸코의 작업이 그 전문가들의 위치를 강조하는 데 있어서, 그리고 지식인의 역할에 대해 재평가를 제시하는 데 있어서 매우 가치 있다는 것이다. 그러나 또한 몇 가지 유보 사항이 있다. 나는 전문가들도『그들이 서 있는 장소를 파야』한다는 푸코의 제안은 보수적인 명령이 될 수 있다는 점을 주장한다. 실제로 푸코식의 명령은 현재의 성적인 (그리고 인종적인) 노동의 분화에는 손을 대지 않은 채 두고 있으며, 그가 이 점을 전혀 논의하지 않은 것은 우연이 아니다.[23] 게다가 그의 중용은 철회, 그리고 거리두기와 혼합되며, 대부분의 경우에 그것들과 구분하기 어렵다. 역설적으로, 계몽주의가 되돌아와 푸코를 성가시게 하며 이끌어 가는 듯이 보인다. 그 결과로 계몽주의의 영웅적이고 과학적인 지식인과 확실히 같은 인물이 태어나는데, 그 인물의 특징은 거리두기, 가치 중립성과 기술적인 도구를 행사하는 것이다.『지식인이 할 수 있는 것은 분석의 도구······ 즉 전쟁터에 대한 지질학적·지형학적 조사를 제공하는 것이다』(Foucault 1098: 62) 푸코에게 있어 지식인이 된다는 것은『그것을 검증하고 평가할 때 참고로 하는 가치체계를 가능한 한 멀리 미루는 조사 작업』을 포함한다.(Foucault 1990c: 107) 어떤 순간에 지식인은 소동의 바깥에, 그리고 위에 서 있는 중립적인 관찰자와 같이 보인다. 코넬 웨스트(1992)와 낸시 하트삭(1990)이 논평한 것과 같이, 비판적인 지적 작업에 대한 푸코의 해석에 있어서 분석가/지식인은 정치적인 운동으로부터 멀어진다.[24]

그러나 푸코의 작업에는 다른 갈래가 있다. 그의 말년에 이르러 아마도 이 주제를 논의하라는 끊임없는 압력에 지쳐서, 푸코는 지식인이라는 개념 자체에 의문을 제기하였다. 『지식인이라는 단어가 나에게 이상하게 생각된다. 개인적으로 나는 결코 어떤 지식인도 만난 적이 없다. 나는 소설을 쓰는 사람이나, 환자를 치료하는 이는 만났다······. 그러나 지식인은 결코 만난 적이 없다』 그는 『앎의 권리는 특별한 연령 집단이나 특정 범주의 사람들을 위해 유보되어서는 안 된다』고 주장하였다.(Foucault 1990c: 324, 329) 이러한 순간에 푸코는 노동의 분화에 더욱 이의를 제기하며, 모든 사람이 잠정적인 지식인이라는 안토니오 그람스키의 시각에 접근한다.(Gramsci 1971: 3-23, 특히 p.9) 따라서 어떤 사람들은 푸코에게서 페미니즘과 관련된 〈분산적·다원적·비계급적·해석학적〉 지식 유형에 대한 후원자를 발견한다.(Hekman 1990: 126) 게다가 그는 항상 뒤로 물러서 있지는 않는다. 오히려 그는 특별한 정치적 운동(감옥, 정신병원, 동성연애자 집단에서의)과 관계를 맺고 있으며, 만약 『역사적 작업이 정치적 의미, 유용성과 효과를 지닐 수 있다면 어떤 종류의 참여』를 해야 할 필요성을 인식한다.(Foucault 1980: 65)

분명히 페미니즘 안에서 프로페셔널리즘의 유형과 그것의 영향에 대해서, 그리고 페미니스트 지적 노동의 본성에 대해서 좀더 고찰할 필요가 있다. 페미니스트의 전문적 지방 대회의 출현, 페미니스트 치료의 발전 등을 관찰하면서 우리는 〈특별한 지식인〉의 장소를 목격할 수도 있다. 이것이 페미니스트들이 끌어들일지도 모르는 많은 잠재적인 푸코식의 논점 중의 하나이다. 그럼에도 불구하고 푸코로 전환하면서 우리는 이 특별한 동반자와 친해지는 데 있어서의 이익뿐만 아니라 위험성을 알고 있을 필요가 있다.

춤이 끝나가는가?
—— 1990년대의 페미니즘

1990년대 초기에 페미니즘에 대해 상당한 비관론이 있었다. 무수히 많은 그 원인들 중에는 특히 대중 전달 매체로부터의 반발(Faludi 1992), 이제는 그리 새롭지 않은 권리의 힘, 영국·미국·캐나다와 다른 서구 국가의 보수적인 정부의 지배, 그리고 경제적 불경기 등이 포함된다. 따라서 어느 정도 역설적으로, 위에서 설명한 세 가지 분야(자조 치료, 정신분석과 페미니스트 이론)에 있어서 페미니스트 연구의 폭발은 이와 같이 부정적인 배경에서 일어났다.

페미니즘 안에서 이와 같은 신념의 상실과 연구 계획의 변형 사이에 만약에 관계가 있다면, 그 관계가 무엇인지는 명확하지 않다. 그럼에도 불구하고 나는 현대 운동의 이와 같은 두 가지 특징이 서로 맞물리는 데 대해 두 가지 관찰을 제시하고 싶다. 첫째로, 다음과 같은 귀절에 씌어 있듯이 상식적인 조건이 등장한다는 점을 시사하고 싶다. 즉 우리가 가부장제에 대해서 많이 알수록, 그것을 변화시키기는 더 어렵다. 두번째로, 현대의 페미니스트 테두리 안에서는 지식과 권력이 덜 뚜렷하게 결합되는 것 같다. 간단히 말해서, 페미니스트 연구는 여성 해방의 목표로부터 어느 정도 멀어져 간다.[25] 자기 인식의 형태에 있어서, 그리고 추상적인 이론의 특정한 형태에 있어서의 투자에 대한 나의 논평은 이 점을 시사한다. 페미니즘 운동이 낙관적이던 초기 시기에는 경험적 해설이 동반된 의식의 향상이 해방을 유도하는 지식을 형성하는 보편적이고도 민주적인 방법일 것이라고 기대되었다. 그런데 현재의 상황은 확실히 초기 시기와는 거리가 멀다.

나의 시발점으로 되돌아가며, 권력-지식의 주변에서 페미니즘과 푸코의 춤은 마칠 때가 된 것 같다. 바로 이것이 사실인 듯하지만, 확실히 전체적인 상황은 아니다. 우리가 어떻게 현재 상태에서 페미니스트 치료의 증식과 치료사로서의 페미니스트 양성, 그리고 페미니스트 출판의 홍수를 이해할 수 있겠는가? 나는 이러한 발전에 대한 두 가지 다른 (그러나 서로 상반될 수 없는) 분석을 제시하고 싶다. 양쪽의 설명을 통해 나는 페미니스트들이 이전에 언급한 권력-지식이라는 융합된 개념이 제시하는 시각에 계속해서 이끌린다는 사실을 고찰하고 있다.

페미니스트 권력-지식 연구의 현재 상태는 최근에 나온 두 가지 다소 다른 저서를 고찰해 봄으로써 설명될 수 있다. 그것들은 글로리아 스타이넘의 《내부로부터의 혁명 : 자기 존중에 관한 책 The Revolution from Within : A book of self-esteem》(1990)과 타니아 모들레스키의 《여성이 없는 페미니즘 Femisism without Women》(1991)이다. 스타이넘의 책은 다양한 형태의 대중심리와 그녀가 오늘날 여성(적어도 서구에서)들이 필요로 한다고 느끼는 신세대의 자조를 자서전적으로 탐구하는 것이다.[26] 이 책은 매스컴에서 상당히 보도되었으며, 페미니스트 사이에서 많은 논쟁과 때로는 비난을 불러일으켰다. 정중하지만 비판적인 서평에서 캐롤 스턴헬은 다음과 같이 묻는다.『우리가 세상을 바꾸려고 그렇게도 오랜 세월 동안 노력하였는데, 어떻게 우리들 가장 저명한 페미니스트들 중 하나가 갑작스럽게 여성들에게 차라리 우리를 변화시키라고 충고할 수 있겠는가?』(1992: 5) 스타이넘의 책은 앞에서 논의된 최초의 두 가지 연구(정신분석 이상으로 치료의/상담의 실제)의 테두리와 관련된 페미니즘의 치료적인 전환에 대해 저명하고도 개인화된 증명서로서 취급될 수 있다. 스턴헬의 평가에서 권력-지식 연구(내가 분석했던 최초의 두 갈래와 관련될지도 모르는)의 이러한 특별한 변형이 드러나고 비난받는다. 내가 위에서 시사했듯이, 푸코의 사상은 때때로 페미니즘 내의 이러한 경향에 대한 저항을 지지하기 위해 사용되었다.

나의 두번째 논점은 다소 상이하게 논란의 여지가 있는 최근의 페미니스트 텍스트인 타니아 모들레스키의 《여성이 없는 페미니즘》(1991)이다. 모들레스키의 공격은 주로 앞에서 개략해 본 현대 페미니스트 연구의 세 번째 갈래를 목표로 삼고 있는데, 이것은 그녀가 〈이론적 담론〉이라고 부른 것과 관련되어 있고, 특히 후기구조주의와 결합되어 있다.(1991: ix) 그녀의 논점은 페미니즘이 〈여성〉과 〈젠더〉라는 범주의 몇 가지 문제에 있어서 가장 뚜렷하게 고립되었다는 점이다. 비록 그녀가 이런 식으로 문제를 제기하지는 않지만, 모들레스키의 책은 다른 방식으로 페미니즘이었던, 권력-지식 연구의 붕괴에 대한 항거로서, 그리고 스타이넘의 책에서 묘사된 것과 다른 종류의 발전으로서 읽을 수 있다. 모들레스키는 그녀의 연구의 여러 부분에서 효과적으로 반복해서 이 문제를 제기하고 있다. 즉 페미니스트 이론과 관련하여 지식의 공들인 발전과 이 세상에서 여성들의 힘의 관계는 무엇인가?

이와 같이 다소 불운한 시대에 푸코에게서 실마리를 얻고 앞의 두 텍스트를 염두에 둔다면, 권력의 상실의 측면이 아니라 권력의 새로운 순회의 측면에서 페미니스트 지식 연구의 팽창과 증식을 보는 것이 적절할 수 있다. 내가 이 장에서 묘사했던 권력-지식 연구의 최초의 두 가지 역작은 자기 인식 주변으로 방향 설정되어 있었다. 여러 가지 관점에서 스타이넘의 책은, 많은 여성들(페미니스트를 포함해서)이 자신의 길을 가며 깨달은 권력에 대한 좀더 논쟁의 여지가 있는 증명서들 중 하나이다.

그러나 모들레스키의 비판을 이용하고, 푸코의 권력-지식 연구로부터 배운 바 있지만, 나는 이 장에서 묘사된 현대 페미니스트 지식 연구의 세 번째 갈래 안에도 역시 권력의 미시 정치학이 존재한다는 점을 주장하고 싶다. 〈인지자〉(the knower), 그리고 〈이론가〉(the theorist)가 되기를 요구하며, 권력의 주위를 맴도는 페미니스트 이론가의 세계에서는 또 다른 권력의 회로가 존재한다. 이것은 지식을 위한 지식의 요구에 있어서, 그리고 그것이 낳을 수 있는 지적인 노동의 밀봉한 봉인에서 명시된다. 나는 최근의 일부 페미니스트 문학에도 이것의 자취가 있다는 사실을 과감히 시사하고자 한다. 그런데 이러한 페미니스트 문학에는 불가사의한 텍스트들, 유일하게 상상할 수 있는 정치적 중재로서 텍스트 그 자체를 제공하고 세상에 알리는 분석의 형태가 포함된다. 이러한 사실은 우리가 〈특별한 지식인〉에 대한 푸코의 시각의 위험성을 다시 돌아보게 한다.

실제로 나는 푸코식의 권력/지식의 기호는, 페미니스트와 몇몇 다른 급진적인 작업 안에서 이러한 패턴을 강화시킨다는 사실을 고찰하고자 한다. 나는 때때로 푸코의 연구가 권력-지식의 공식으로 왜곡되고 단순화된 것이, 20세기 후반에 쇠퇴한 학자들의 권력으로서 의심스러울 정도로 관심을 끈다고 생각한다. 이 시기는 우리의 경제적·사회적 지위가 추락하고 우리의 이상이 형식적 권력구조에 있어서 권력을 지닌 사람들에 의해 사라지게 되었으며, 우리가 생산한 것(비평적 지식)과 학계 바깥의 페미니즘 사이의 관계가 명확하지 않던 시대였다. 이러한 상황에서, 우리는 매우 확고하고 고집스럽게 권력/지식의 공식을 신봉하고 거듭 주장하였다. 그러나 이러한 믿음직한 약호略號에도 매우 위험스러운 면이 있다. 푸코가 주장하듯이, 권력/지식의 공식은 그 자신의 역사적 저서뿐 아니라 모든 특정한 범주에서 지식과 권력 사이의 관계를 탐구할 광범위한 필요성을 거부한다. 더욱 직접적으로 말하면, 그것은 페미니스트들이 이 세계에서 변화하려는 광범위한 투쟁에 있어서의 그들의 역할을 평가하는 것을 저지할 수 있으며, 모들레스키와 다른 이들이 시사하듯이, 저지해 왔다. 이러한 시기에 〈인지자〉(그 영역이 아무리 제한되었더라도)가 되는 능력이 지니는 매력은 매우 강한 것이 될 수 있다.

게다가 권력의 이러한 회로들은 그들 자체의 권력관계를 지니고 있으며 가부장제의 방안에 빠져 있는 제도와 배경 안에 깊이 새겨져 있다. 그러므로 여성들은 자기 인식의 형태를 함양함으로써 결혼에서, 전통적인 핵가족에서, 역설적으로 때때로 페미니즘이라는 이름에서조차 권력을 인식해 왔다. 간단히 말해 자기 인식을 습득하면서 여성들은 전통적인 모성애 혹은 여성다움의 범위 안에 갇혀 버릴 수 있다. 마찬가지로 페미니스트 이론은 몇몇 여성들이 가부장제 안에서, 그리고 흔히 그것에 반대하지 않고 권력을 인식하도록 도와 줄 수 있고 그렇게 해왔다. 그러므로 케이트 켐벨은 학회에 대해서 다음과 같이 쓰고 있다. 『은신하는 페미니즘 : 그것을 세우고 여러 방법으로 보충하였다. 그렇다. 그러나 동시에 그것을 고갈시키고, 벽 안에 가두어두고, 그것에 대한 전체적인 봉쇄를 보게 된

다.」(Campbell 1992: 2)

　권력-지식 주변에 있는 이러한 긍정적인 회로를 강조하는 것은 여성들이 과정에 있어서는 희생자가 아니었다는 사실을 보여 준다. 비록 우리가 이 패턴을 페미니즘을 방해하는 하나의 형태로서 보더라도, 이 패턴을 통해 여성들이 권력을 실현한다는 사실을 깨닫는 것은 중요한 듯하다. 특별히 근본적으로 가부장적으로 머물러 있는 제도들의 범주에 있어서, 문제는 권력을 실현하는 데 보수적인 차원이 존재할 수 있다는 사실이다.

　페미니스트 지식 연구의 새로운 형태에 대한 나의 두번째 임무는 그 궤적에 있어서의 유사점보다는 차이점을 강조하는 것이다. 스턴헬과 스타이넘의 책에 대해 다른 비평가들은 비난에 대한 염려에서 나온 반응의 범위 내에서 대응하였다. 이러한 반응은 단지 한 권의 텍스트에 대한 것이 아니라, 그들이 스타이넘의 책과 그것이 대중적으로 흡수되는 과정에 표현되어 있다고 본 페미니즘 안에서의 전반적인 움직임에 대한 것이다.[27] 여기에 대해 다음과 같은 질문이 제기될 수 있다. 스타이넘과 수많은 다른 여성들(페미니스트이건 아니건)에게 이러한 기술의 매력은 무엇인가? 의심할 바 없이 많은 대답이 있을 것이다. 그러나 권력-지식으로 되돌아 가서 나는 스타이넘과 다른 이들이 정확하게 변화에 대한 기대, 그리고 이것을 약속해 주는 지식의 형태에 대한 기대에 의해 이끌렸다고 제안하고 싶다. 제안된 것은 주로 자신을 변화시키는 능력이다. 실제로 자기 인식의 형태로의 전환은 최근의 페미니스트 운동의 몇 가지 매력적인 특징 —— 페미니스트 운동의 민주주의적 충동의 재점화再點火(우리가 모두 알 수 있는)와 변화의 추구로 해석될 수 있다. 다른 한편으로 페미니스트 이론의 복합화는 가부장적 질서에 대한 보다 깊이 있고 좀더 심오한 이해를 약속한다. 그러나 그것은 매우 소수의 여성들만이 가부장제의 작용을 이해할 수 있고, 변화의 전망이 요원하고 대부분 여성들의 일상생활과는 매우 동떨어져 있다는 사실 또한 선언하는 것 같다.[28]

　『아마도 페미니즘은 계몽주의 이상의 공허함과 직면하고 있으며 그 이상을 실천하고 있을 것이다』라고 푸코는 내 귀에다 속삭일지도 모른다.

다른 이들은 현대 페미니즘의 악몽을 형성하는 것을 도와 준 것은 후기 구조주의와 포스트모더니즘이라고(푸코가 그것과 동일시될 수 있는) 주장할 것이다. 한편 다른 이들은 그 이름에 포함되는 다양성에 대해 적절한 고려도 하지 않고, 보편적으로 〈여성〉을 알고 〈여성〉을 대변할 수 있다고 주장하는 페미니즘의 분열에 대해서 경멸적인 미소를 보내려 한다.[29]

이러한 불협화음 속에서 나는 좀처럼 언성을 높이려 하지 않는다. 우리가 원형으로 춤을 춘 적이 있는가? 푸코는 도전적이지만 귀찮은 동반자였다. 그는 우리에게 우리의 발걸음을 의식하게 만들었다. 무엇보다도 푸코는 우리가 권력-지식 탱고에 있어서 우리 자신의 혼란에 주목하게 한다. 〈대안의〉 지식인으로서, 페미니스트 전문가로서, 자조의 기술을 사용하는 억압받는 여성으로서, 우리는 푸코가 비판했던 〈남성〉에 대한 과학자나 마르크스주의자 지식인만큼이나 이 유형에 완전히 붙잡혀 있다. 이런 사실을 알면 우리는 좀더 나은 무용가가 될 수 있다. 즉 우리를 자유롭게 만드는 진실에 대해서 덜 순수하게 되며, 우리의 이론과 분석에 대해서 보다 시험적이게 되며, 우리의 결정에 있어서 덜 예언적이고 의기양양해 하며, 우리가 걸려 든 권력의 특수한 양식에 대해서 좀더 잘 알게 된다. 이러한 의미에서 이 장은 우리의 잠재적인 동반자(푸코)를 좀더 심각하게 여기고 페미니즘 내부와 주변의 이러한 유형들을 좀더 주의 깊게 보라는 초대이다. 나의 초대는 이러한 관점에서 제시되지만, 페미니스트 분석의 보다 개방적인 형식을 옹호했던 페기 카머프(1990)의 것과는 다소 다르다.[30] 그러나 푸코는 예리한 동반자는 아니다. 그가 우리에게 권력-지식의 양식에 대해 고려하게 하지만 그 양식들을 변화시키기 위한 수단(만약 있다면)은 거의 제공하지 않는다. 이러한 관점에서 그는 여전히 또 하나의 계몽주의적 인간이며, 아직도 그 낡은 음조에 맞춰서 출 많은 춤이 남아 있다. 내게 있어 이것은 푸코의 작업의 〈보수적〉(Fraser 1989)이거나 혹은 비판적인 측면으로 보인다.

일부 페미니스트들이 푸코와 춤을 추고 나서 그것이 자극적인 경험이라는 것을 알아 냈다. 다른 이들은 그의 발걸음과 옆으로 비껴나는 것을 참지 못해, 동반자가 되고 싶어하는 푸코를 거부했다. 우리가 푸코에 대해 어떤 결정을 내리든, 권력-지식관계는 최근의 페미니스트의 불확실성의 핵심에 머물러 있다. 페미니즘의 지식 연구는 번성하고 변화하였지만 세상을 바꿔 놓지는 않았다. 그것이 우리들 중 몇 사람을 계속해서 춤추게 하리라는 희망을 가지며.

III

신체와 쾌락

권력과 저항

8

페미니즘 · 푸코 · 신체의 정치학[1]

수잔 보르도

개인적 서문

푸코적 사고방식이 최근 페미니즘의 관심을 유난히 강하게 끌었던 이유는 도대체 무엇일까, 앉아서 생각해 보았다. 이때 내 신상에 벌어졌던 일을 참고로 해보면 무엇인가 답을 얻어낼 수 있을 것이라는 생각이 떠올랐다. 내가 미셸 푸코의 작품과 처음 마주쳤을 때, 무엇을 생각하고 있었던 것일까? 기억을 더듬어 보면 1970년대 후반 당시 대학원 학생이었던 나는, 우리 학과 내 소위 〈대륙파〉에서 그때 막 끓어오르기 시작했던 후기구조주의적 사고에 정신을 잃고 빠져들지 않으려고 안간힘을 쓰고 있었다. 그때 나는 데리다나 푸코 사상의 실체에 대하여 최소한의 지식도 가지고 있지 않았었다. 내가 〈새로운 사상에 대하여〉 이러한 혐오감을 느끼게 된 것은 순전히 내 개인적 판단으로 후기구조주의에 부착되었다고 여겨지는, 미학적이며 엘리트주의적인 장식물 때문이었다. 푸코의 초기 강의 중에서 일반 대중에게 가장 평판이 좋았던 강의를 이해하려고 애쓴 적이 한 번 있었는데, 그때 나는 그의 강의 대화체가 과장되었으며 강의의 전반적 분위기 역시 이교적이라고 생각했다. 그의 언어는 너무 자의식적이었으며 내 취향에는 지나치게 에로틱해 보였다. 나는 본능적으로 그와 같은 고급 옷을 편안한 마음으로 신념을 가지고 입을 수 없다고 느꼈다. 이러한 나의 편견(후기구조주의적 사고에 대한 나의 편견을 칭한다. 나는 그 옷을 입는 법을 결코 배우지 않았다)은 결국 전복되고 말았는데, 그것은 1980년 당시 막 출간되었던 《성의 역사》제1권에 대한 서평을 써 달라는 청탁을 받고 나서 내가 마침내 푸코를 읽게 되었을 때였다. 내가 서평을 쓰게 된 것은 당시 그 서평을 쓰게 될 잡지의 서평 담당 편집자이셨던 나의 박사학위 논문 지도교수의 간곡한 요청 때문이었다. 그때 이미 지도교수께서는 당시 내 자신은 아직 발견하지 못하고 있었던 나의 생각과 푸코 사이의 깊은 지적 유사성을 명백히 (그리고 정확하게) 인지하셨던 것 같다.

푸코와 나의 유사성은 푸코의 역사주의 —— 사상이란 시간을 초월한 천상에서 유래하는 것도 〈자연〉의 필요성에 근거하는 것도 아니며, 역사를 살아온 인간의 상상력과 지성 작용으로부터 발전되어 나온 것이라 주장하는 지적인 동향 —— 에 기초하고 있었다. 철학자이며 페미니스트인 나는 역사주의를 사상의 위대한 해방자로 여기고 있었다. 역사주의는 내가 연구하는 학문 영역이 온 힘을 다해 집요하게 주장하는 (영원한 진리·시간을 넘어선 근원·보편적 이성 등을 인간이 소유할 수 있다는) 거짓 주장에 도전하였으며, 이와 동시에 그간 불변의 명성을 유지해 온 인간의 본성과 젠더에 관한 사회적 신화를 전복시켰다. 니체의 말을 빌려 표현하자면, 역사주의는 거짓 주장과 사회적 신화, 이 양자가 〈인간적인 너무나 인간적인〉 것에 불과하다는 것을 증명해 냈다. 미술이나 문학 작품과 같이, 혹은 건축양식이나 통치 형식과 마찬가지로, 이와 같은 사상은 일시적인 상상력과 그 상상력이 형상화된 경험 사이의 협상과정에서 생겨난 시간의 산물인 것이다. 따라서 우리에게 중요한 과업은 이와 같은 사상을 거부하는 일이 아니라 탈신화하는 일, 다시 말해 이러한 사상들의 발단을 이룬 구체적인 인간적(심리적·사회적·정치적) 근원들을 파헤치는 일이다. 푸코는 말년의 한 대담에서 『기원은 만들어진 것이기 때문에, 기원이 어떻게 만들어졌는가를 알게 되면 그 기원은 해체될 수 있다』고 말한 바 있다.(Foucault 1989: 252)

대학시절 내가 열렬히 숭배한 남성 영웅들은 모두 역사의식에 관해 고심한 바 있는 니체·마르크스·마르쿠제 같은 철학가들이었다. 대학원에 다니면서 나는 존 듀이, 후에는 리처드 로티(그의 《철학과 자연의 거울 for Philosophy and the Mirror of Nature》 때문에)를 나의 영웅 리스트에 첨가시켰고, 대학원 졸업 후에는 푸코를 덧붙이게 되었다. 그런데 여기서 마르크스가 제외될 수 있을지는 모르겠지만(마르크스가 나의 사고에 끼친 영향은 아주 먼 과거로까지 거슬러 올라갈 수 있다), 위의 사상가들 중 그 어느 누구도 나에게 역사주의나 〈현실의 사회적 구축〉 사상에 대하여 눈을 뜨게 하지도 못했으며, 또 나를 그러한 사상 쪽으로 전향시키지도 못했다. 물론 이 사상가들이 그들의 탐구 대상에 가했던 깊이 있는 지성·앎·통찰의 힘으로, 그들 논의에 깃든 격조 높은 세련미와 설득력으로, 그리고 이미 나의 세상 바라보는 방식이 되어 버린 것을 합리화시켜 준 막대한 위력으로, 나를 고무시키고, 나에게 교훈을 주고, 기쁨을 주었다고 말할 수는 있을 것이다. 나의 사물 관찰방식이 거장들의 승인을 받게 되었을 때, 내가 〈맞아, 그렇지〉라는 열광적인 말로 책의 가장자리를 온통 메우게 되었을 때, 내가 얼마나 확신에 찼으며 얼마나 흥분하였던가! (이것은 소위 〈신역사주의적 의식〉이 철학과 문학의 연구를 강타하기 전의 일이었다.) 나의 〈역사주의〉가 도대체 나의 생애 어디쯤에서 〈유래〉하게 되었을까? 물론 이 물음에 대한 답은 내가 나의 지적·사회적 세계관의 기본 골격을 발전시킬 수 있었던 인격, 젠더, 문화, 시대의 복합체에서 찾을 수 있을 것이다. 그러나 무엇보다도 분명히 나의 역사주의는 페미니즘과 깊은 관계를 맺고 있었다. 페미니즘을 칭할 때 나는 1980년대 학계에서 붐을 이룬 페미니즘, 즉 엄청난 양의 페미니스트/역사주의 학술 문헌을 생산해 낸 페미니즘(나 자신의 연구 업적을 나는 이 카테고리에 포함시킨다)을 의미하지 않는다. 페미니즘을 칭할 때 나는 1960년대 후반에 시작되었던 문화적 의식에 가해진 보다 전반적인 도전, 말하자면 시위 운동, 성명서, 자기 발견을 위한 의식 앙양(consciousness-raising; 개인 또는 집단의 고유한 욕구 목표에 관한 자각을 돕는 그룹 치유법의 하나)에 관련된 수업, 초기 저작들을 의미한다. 이러한 초기의 도전은 처음으로 수많은 여성들의 의식을 일깨워 주었으며, 따라서 여성들은 〈남성/남성 인류〉, 〈여성/여성 인류〉, 그리고 우리가 이들 남성과 여성에 대해 믿어야 한다고 교육받아 온 모든 것들이 인간이 허구로 꾸며낸 것에 불과하다는, 충격적이며 인생 항로를 변경할 만한 잠재력을 지닌 사고방식을 받아들일 수 있게 되었다.

페미니스트 관점에서 자연스러움이나 젠더의 정치적 결백성을 탈신비화하는 작업은 어느 한 개인의 〈승인〉을 받은 일도 없으며, 또 한 사람의 개인적 의견도 아니다. 어느 초기 소고에서 사용된 메타포로 표현해 보면, 이 탈신비화 작업은 무수한 다른 사람들이 —— 이들 대부분이 학술적이라기보다는 〈대중적〉이었다 —— 각양각색의 방식으로 말하고 써왔던 일종의 〈찰칵 소리〉와 같은 집단적인 파열음에 보다 가깝다고 볼 수 있다. 여기서 저메인 그리어가 《거세당한 여자 *The Female Eunuch*》에서 주장하는 말에 귀기울여 보자.

변경 불가능할 정도로 여성적인 열등감이나 타고난 의존성이 어느 정도인지에 대해 확신이 없다면, 여성 해방에 대해 소리 높여 변론한다는 것은 불가능하리라……. 우리는 현재의 우리가 어떠한 사람인지 안다. 하지만 우리에게 잠재된 가능성이 무엇인지, 혹은 현재 실현되지는 않았지만 상황만 허락했더라면 이루어졌을지도 모를 가능성이 무엇인지 알지 못한다……. 사회의 길들이기로 인해 차츰 굳게 잠기게 된 발전 가능성의 문을 다시 열 수 있으려면, 여성은 정상적 여성성에 관하여 내려진 사회의 가장 기본적인 가설들부터 의문을 품어 보는 법을 배워야만 할 것이다……. 이러한 가설들 때문에 여성성에 대한 우리의 관찰은 처음부터 의식적/무의식적으로 편파적일 수밖에 없었다. 우리는 이러한 가설들을 어쩔 수 없이 만들게 되었으며, 또한 일단 가설들이 만들어진 후에는 그 가설들이 가설들에 불과한지의 여부를 항상 식별할 수가 없었다. 신체에 관한 논의 배후에 깔려 있는 새로운 가설이 하나 있다. 그것은 우리가 현재 관찰하고 있는 모든 것은 현재와 다른 무엇이 될 수 있다는 가설이다.(Greer 1970: 4. 그리어의 강조)

이와 같은 사고방식을 탐구하고 정교화하면서 페미니스트들은 〈자연적인 것〉과 급진적 사회구성론에 대하여 문화적인 맥락에서 지적 의혹을 품게 되었다. (그리어의 신체에 대한 결론은 현재로서 나에게는 상당히 극단적인 것으로 여겨진다.) 페미니스트들은 자신들의 연구 업적과 밀접히 관련된 것에 대한 근원적 탐구로 야단 법석을 벌이거나 관련된 이론적 전제조건이나 결과를 상세하게 다듬는 데 시간을 소요하지 않았다. 우리들은 우리들이 새로운 지적 패러다임을 개발해 내고 있다거나, 일차적으로 우리 자신들을 지식사 속에 자리매기고 있다고도 보지 않았다. 오히려 우리들은 우선 무엇보다도 정치 운동에 참여하고 있는 우리 자신들을 보았으며, 그러했기 때문에 구체적인 사회적·정치적 분석과 비판이라는 목표를 향해 곧장 돌격해 나갈 수 있었다. 이러한 이유로, 아니 어쩌면 이보다는 덜 상서로운 다른 이유로, 지난 20여 년간에 걸쳐 이루어진 주요한 이론 변화에 기여한 페미니즘의 공로는 거의 인정받을 수 없었다.

이러한 현상을 극명히 보여 주는 한 가지 예로, 순전히 생물학적인 형태로 파악했던 신체를 일종의 역사적 구성체이며 사회 통제수단으로서의 신체로 재구성한 파라다임, 즉 〈신체의 정치학〉의 파라다임을 들 수 있다. 신체에 대한 이러한 견해는 1960년대 후반과 1970년대의 영·미 페미니스트들에 의해 주창된 〈개인의 정치학〉을 이해하는 데 핵심적 역할을 하였다. 그럼에도 불구하고 오늘날 거의 모든 사람들이 푸코를 (어쩌면 마르크스의 말에 뒤늦게 고개를 끄덕이면서) 이러한 주장을 창시한 대부이며, 횃불을 밝혀 준 인도자로 인정하고 있다.

또 다른 종류의 (〈신체〉라는 낡은 사고에 대한) 주요한 해체운동이 사회 정치사상의 영역에서 벌어지고 있다. 이 해체 운동을 최초로 일으킨 사람은 19세기 중반의 카를 마르크스였지만, 이것이 크게 부흥하게 된 것은 지난 20년간 씌어진 미셸 푸코의 후기 연구 업적 덕분이다. 마르크스는 개인의 경제적 계급은 그(녀)의 신체 경험과 그(녀)가 내리고 있는 〈신체〉에 대한 정의에 영향을 미친다고 논의한 바 있다……. 푸코는 자신의 신체에 대한 분석을 권력 양태를 두고 벌어지는 투쟁을 설명하는 핵심점으로 보면서, 이와 같은 새시대를 열 수 있는 독창적인 논의를 진행시켰다. 인구 크기, 젠더의 형성, 어린이들 및 사회윤리의 탈선자로 일컬어지는 자들에게 가해지는 통제 등은 정치조직의 주요 관심사이다. 그리고 이것들은 모두 신체에 대한 정의와 신체의 성립에 관심을 집중한다. 더구나 신체의 문화적 교화는 개인의 사회적 역할 수립에 필수불가결한 요소이다.(Johnson 1989: 6)

적지 않은 페미니스트들 역시 이러한 견해를 받아들이는 것처럼 보인다. 이리가라이·위티그·씩수·크리스테바와 같은 프랑스 페미니스트들의 신체에 대한 연구 업적을 『새로운 양식의 주체성이 산출된 현장』으로 칭송하고 보부아르의 『신체를 상황으로 이해하고자 했던』 노력을 높이 평가하는 가운데, 린다 제릴리(1991:2-3)는 『신체가 역사적으로 어떻게 훈육되어져 왔는가를 밝혀 준』 푸코의 공로를 인정한다. 하지만 제릴리는 영미 페미니즘을 단순히 신체를 〈원초적으로 자연적인 것〉으로 보는 〈본질주의적〉 견해의 장본인으로만 파악한다.

이 논문의 목표 중의 하나는 페미니즘이 〈신체정치학〉을 성립시킨 정정당당한 어머니임을 밝혀냄으로써 페미니즘의 위상을 복원시키는 작업에 일조하는 일이다. 이 과정에서 나의 초점은 몇 가지 맹목적/열광적 페미니즘으로부터 벗어나서 잘못된 것을 바로잡는 일에 맞추어지는 것만은 아니다. (하지만 나는 페미니스트학회 안팎에서 영·미 페미니즘에 대한 지속적인 오해와 희화화戲畵化가 있었음에 무척 실망했다는 사실을 고백하고 싶다.) 나는 더 나아가 이 과정을 통해 우리가 역사에서뿐만 아니라 그 역사를 우리 자신에게 다시 기억시키고, 재현시키는 방식에서도 무엇인가를 얻을 수 있다고 믿는다. 이러한 재현 작업에 내가 직접 참여하고 있다는 사실에 대해 반성적 사고를 하면서, 확신하건대 나는 많은 것을 배웠다. 이 논문에서의 나의 일차적 계획은 페미니스트들이 최초로 독자적으로 신체의 정치학을 성립시켰다는 사실을 논하는 일이다. 나는 계속해서 나의 생각으로 이 신체정치학의 성립을 한 걸음 더 발전시키는 데 일조한 것이라 여겨지는 푸코의 두 가지 주요 공헌에 대해 설명할 것이다. 푸코가 이루어낸 두 가지 공헌은 다음과 같다. 첫째 그는 사회적 〈정상화〉와 사회적 저항 양편에 대한 우리의 이해를 상당히 심화시켰을 뿐 아니라, 우리의 이해가 (올바른 방향으로) 다원적이고 세밀하게 발전할 수 있도록 이끌어 주었다.[2] 이 두 가지 공헌을 나름대로 가치 있는 일이었다고 평가함에도 불구하고, 나는 저항에 관한 푸코의 다소 〈포스트모던〉적인 사상의 일부를 과다하게 수용한(나에게는 과다하게 여겨진다) 최근 페미니즘의 이론적 경향에 관심을 갖는다.[3] 푸코의 이 저항에 관한 사상이 현대의 권력관계가 지니는 파편화되고 불안정한 속성을 보다 적절히 대변해 주는 것처럼 사람들은 논의해 왔다. 그런데 (이와 반대로) 나는 이 글의 마지막 부분에서 〈정상화〉가 포스트모던의 배경에서조차도 시대를 지배하는 통치 원리로 여전히 군림하고 있으며, 특히 여성의 신체정치학에 관해서는 더욱더 그러하다고 논의할 것이다. 최근 상업 방송과 광고를 분석하면서, 나는 또한 저항의 수사적 표현 그 자체가 어떠한 강요를 받아 이와 같은 정상화 기능을 맡게 되었는지에 대해서도 밝힐 것이다.[4]

페미니즘과 신체의 정치학

《성의 역사》제1권에 대한 서평(Bordo 1980)에서 나는 한편으로는 섹슈얼리티의 과학화에 대한 푸코의 비판에 나타난 진실로 혁신적인 요소들로 보이는 것들을 인정하면서도, 다른 한편으로는 권력이 부정적 강압, 충동의 억제를 통해서가 아니라 〈신체와 그 신체의 물질성·신체의 세력·에너지·감각·쾌락〉이 생산되는 수준에서 다발적으로 작용한다는 푸코의 개념이 결코 새로운 것이 아니라는 점을 지적한 바 있다. 이때 나는 마르쿠제의《일차원적 인간》에서 나온 개념인 〈리비도의 결집과 관리〉를 마음에 두고 있었다. 그 서평에서 나는 이 개념과 푸코의 〈성의 전개〉(deployment of sexuality) 개념 사이의 유사점과 차이점에 대해 다소 상세하게 논했다. 하지만 단 한순간도 나는 (1960년대와 1970년대에 씌어진) 전반적인 페미니스트 문헌이 여성의 섹슈얼리티·아름다움·〈여성성〉의 사회적 구성과 〈전개〉와 관련되어 있으리라는 생각을 하지 못했다. 이 페미니스트 문헌 전체를 꿰뚫고 있었지만, 그럼에도 불구하고 나는 이 페미니스트 문헌이 나름대로의 권력과 신체에 관한 이론적 관점을 가지고 있다는 생각에 미치지 못했다. 그저 아무 이유 없이 그랬다. 어떻게 이러한 일이 있을 수 있었단 말인가? 예를 들면 내가 안드레아 드워킨의 저서를 읽고도 다음 문단에서 나타나는 바와 같은 이론을 어떻게 인식할 수 없었단 말인가?

아름다움에 대한 기준들은 정확하게 표현하자면, 한 개인의 의지가 그녀 자신의 신체와 맺는 관계를 기술한다. 이 기준들은 자동성·순발성·자세·걸음걸이·신체에 가해지는 사용방식들을 서술한다. 이것들은 정확하게 그녀의 신체가 가질 수 있는 자유의 범위를 규정한다. 그리고 당연한 일이겠지만 신체적 자유와 심리 발달·지적 가능성과 창조적 잠재력간의 관계는 매우 밀접하다.

우리 문화권 내에 살고 있는 여성들의 신체 중 그 어떤 부분도 접촉되지 않고 변경되지 않은 부분은 없다. 얼굴의 이목구비에서건 사지의 끝부분에서건 개량의 기술이나 아픔을 덜어 버릴 수는 없었다……. 머리부터 발끝까지 여성의 얼굴이 짓는 온갖 표정은 물론 여성 신체의 구석구석까지 모두 변형·개조되었다. 이러한 개조는 지속적이고 반복적인 과정이다. 이것은 남성과 여성간의 차이를 근간으로 이루어졌을 뿐만 아니라 여성이 되어진다는, 가장 피부에 와닿는 육체적·심리적 현실을 제공해 주는 것으로서 현체제의 유지에 없어서는 안 될 만큼 중대한 일이다. 11,2세 가량부터 죽을 때까지 여자는 시간·돈·에너지의 많은 부분을 몸을 묶고, 털을 뽑고, 화장하고, 향수를 뿌리는 데 할애할 것이다. 여장하는 남성들이 화장술을 사용하거나 희화화된 옷차림을 통해 자신들이 되고 싶은 여자로 변신한다고 일반적으로 알려졌지만 이것은 잘못 알려진 것이다. 낭만적 에토스(ethos; 어떤 사회 집단의 신념·습관·풍습 따위를 형성하는 기풍, 심정)가 무엇인지 진실로 이해한 사람들은 이러한 남자들이야말로 낭만적 구성체로서의 여성이 되는 경험의 핵심까지 꿰뚫고 들어간 자들임을 분명히 알게 될 것이다.(Dworkin 1974: 113-14; 드워킨의 강조)

내가 던진 질문에 대한 답은 단순하지 않다. 앞에서 지적하였듯이 내가 이와 같은 저작이 갖는 이론적 통찰력과 그 권위를 인식하지 못했던 점을 부분적으로는, 이러한 저작 자체에 철학적인 발판과 학문적 논의가 결여된 탓으로 돌릴 수 있다. 페미니스트 연구서를 쓴 대부분의 저자들은 정치적 동기를 부여받은 학자들이 아니라(적어도 그들 생애의 그 지점에서는 그렇지 않았다) 작가/행동가들이었다. 그들에게 추진력을 불어넣어 주는 관심사는 억압을 폭로하는 일이었지 그 억압을 폭로하기에 가장 적절한 개념이 무엇일까에 대해 고심하는 일은 아니었다. (사실 이것은 마르쿠제와 푸코의 경우에도 마찬가지고 오늘날의 많은 페미니스트 학자들의 경우도 마찬가지라고 논의할 수 있다.) 더구나 당시 페미니스트들이 생각한 〈정치적 글쓰기〉 방식의 목표는 독자들의 삶에 변화를 실제 효과적으로 이끌어 내는 일이었다. 이 글쓰기 방식이 우선적으로 강조한 것은 명확해야 하며 즉각적으로 효력이 발생해야 한다는 점, 충격적이고 신빙성 있는 논의와 예문을 사용하며 애매모호한 표현과 전문적인 용어를 회피해야 한다는 점이었다. 그럼에도 불구하고 나는 이 올가미에서 완전히 벗어날 수 없었다. (물론 나 혼자만 그 올가미에 걸려 있는 일이란 거의 있을 수 없는 일이다.) 1980년대에 남성의 정신/여성의 신체라는 이중구조를 역사적으로 비판하는 박사학위 논문을 쓰고 있었음에도 불구하고, 나는 여전히 남성들에게서만 〈이론〉이 나오기를 기대했었던 것이다. 더구나—— 그런데 바로 여기서 이 이중구조를 초월하지 못하는 내 자신의 무능, 그 자체가 보다 교묘하게 드러난다—— 나는 체화된 이론이 나를 정면에서 뚫어지게 바라보고 있는데도 그것을 인식하지 못했다. 이것은 이러한 초기 페미니스트들의 저작이 이론적이지 않았기 때문이 아니라 오히려 이들 이론이 이론 자체에 주의를 기울이지 않았으며, 이론이 논의의 〈중심 제제〉가 될 경우를 제외하고는 극명하게 드러나지 않았기 때문이다. 다시 말하면 이론이 그것 자체에 대한 흥미 유발의 차원에서 추상화되고, 대상화되고, 정교화된 적이 거의 없었던 것이다. 이와 같은 추상화와 정교화 작업을 실행한 저작이 이를 실행하지 않은 저작보다 훨씬 더 심각하게 받아들여지는 것이 요즘의 동향이다. 이러한 현상은 1980년대에와 마찬가지로 1992년에도 여전하며 어쩌면 더욱더 두드러진다고 하겠다.

내가 이러한 추상화의 가치를 부정하고 있지 않다는 점, 〈신체의 정치학〉에 대한 푸코의 복잡한 이론적 공헌이 안드레아 드워킨이나 다른 페미니스트 작가의 저작에 담겨져 있다든지 혹은 예견되어 있다라고까지 주장하지는 않고 있다는 점을 여기서 분명히 해두고 싶다. 사실 신체에 관하여 글을 쓰곤 하던 다음 세대 페미니스트 작가들은 자주 푸코에게 이끌렸다. 이는 정확히 그의 이론적인 장치들이 주도적인 페미니스트 담론의 부적합성을 강조하여 꼬집어 주고, 주도적 페미니스트 담론을 재구축하는 데 유용하였기 때문이다. 나는 이러한 논의들에 대해서는 이 글의 다음 부분에서 보다 구체적으로 논의할 것이다. 왜냐하면 현재로서 나의 유일한 소망은 현재 널리 알려진 내러티브[이야기]와는 반대로 푸코건 그 어떤 포스트모던 시대의 철학가건 신체에 대한 〈정의〉와 신체의 〈형성〉이 〈권력 양태를 두고 벌어지는 투쟁의 초점〉이 된다는, 근본 사상(앞서 인용한 존슨의 설명을 다시 한 번 인용하면)을 발견하지도 창조하지도 않았다는 점을 지적하는 일이기 때문이다. 그 사상은 페미니즘에 의해 발견되었다. 그것도 그 사상이 최근의 포스트모더니즘 사상과 결탁되기 그 오래 전에 말이다. 실로 이 사상은 1792년 메리 울스턴크래프트로까지 거슬러 올라간다. 울

스턴크래프트가 기록한 바 있는 길들여진 특권층 여성이 〈유순한 신체〉 (docile body; 푸코의 주요 개념으로서 사회의 규율에 의해 길들여진 유순한 신체를 일컫는다. 서문의 용어 해설을 참조할 것)를 산출해 내는 과정에 관한 묘사를 살펴보자.

　　개인의 아름다움을 유지한다는 것, 이것이 여성의 영광이더냐! 중국 떼거지들보다 더 쭈글쭈글 쪼그라든 여자들의 수족과 다른 신체기관들, 그리고 평생 앉아서 지내도록 운명지워진 그들의 삶이라니. 이에 반해 소년들은 너른 들판에서 야단 법석 장난을 치면서 근육을 부드럽게 하고 긴장을 풀고 있지 않던가. 루소의 의견 —— 이것은 루소 이후 여러 작가들에 의해 줄곧 되풀되었다 —— 을 상기해 보자. 루소에 따르면 여성은 본능적으로 교육과는 관계 없이 인형, 옷 입는 일, 재잘거리는 일에 대한 취향을 갖고 태어난다는 것이다. 게다가 여성은 철이 너무 없고 어린애 같아서, 이러한 사실에 대해 심각한 논박조차 벌일 능력도 없다. 몇 시간이고 계속 앉아서 유모들이 벌이는 한가한 잡담에 함께 귀를 기울이거나, 어머니의 화장을 시중들면서 살도록 운명지워진 한 소녀가 그 잡담에 참여하고자 한다는 것은 실로 매우 자연스러운 일이며, 그 소녀가 자신의 어머니와 아주머니를 모방하고, 어머니와 아주머니가 힘 없고 순진한 아기인 그녀에게 옷을 입히는 것처럼 그녀 자신도 생명이 없는 인형을 장식하면서 즐거워하리라는 것은, 의심할 나위없이 너무나 자연스러운 귀결이다라고 루소는 덧붙인다…… 문자 그대로 말해서 품위 있는 고상한 여성들은 자신들의 신체에 귀속된 노예들이며 그 예속상태에서 영광을 찾는다…… 세상 어느곳에서건 여성들은 이러한 통탄할 만한 상태 속에서 지낸다…… 유아시절부터 아름다움이야말로 여성 최고의 황홀이라고 배워 온 여성들은 자신들의 정신을 신체에 걸맞게 맞추면서, 겉만 번지르르하게 금박을 입힌 (신체라는) 새장의 주변을 맴돌면서 그 감옥을 장식하는 일에만 몰입한다.(Wollstonecraft 1988: 55-7)

좀더 행동파이기를 지향했던 세대들은, 여성의 신체적 생존 중에서 가장 일상적이고 〈사소한〉 국면이 사실상 억압적인 여성 규범의 사회적 구성에 있어서 가장 중요한 요인이 되었다고 논박하면서, 겉만 번지르르하게 장식한 이 감옥에서 도피할 것을 촉구하였다. 1914년 미국에서 개최되었던 최초의 페미니스트 대중 회합——이것의 주제는 〈인간 종족 안으로 끼어들어가기〉였다——은 여러 가지 사회적이며 정지척인 권리를 요구한 바 있는데, 이 중에서 가장 신랄한 슬로건은 〈패션을 무시할 수 있는 권리〉(Cott 1987: 12)였다. 여기서 우리는 이미 일상생활의 물질적 〈세부-실행〉——이것은 후기 페미니스트들에 의해 그 영역이 확대되어 인간이 무엇을 입는가의 문제뿐만 아니라 누가 요리를 하고 청소를 하는가, 또 보다 최근에는 무엇을 먹는가 혹은 먹지 않는가의 문제까지도 포함하게 되었다——이 순전히 개인적 영역에 국한되어 있지 않고 정치적 영역으로 확대 진출한 모습을 보게 된다. 그 한 예로서 1971년 이루어진 신랄한 분석 하나를 들 수 있다. 이 분석은 남성들을 위하여 실시된 일련의 〈의식 앙양〉 훈련을 통해 이루어졌으며, 어떻게 여성의 주체성이 사회에서 정상으로 판명된 규범에 따라 길들여지며, 또 일상의 규칙에 따라 실행해야 하는 신체적 행위와 상처입기 쉬운 〈여성성〉의 개념에 예속되어 있는지를 세밀히 보여 준다.

똑바로 세워진 의자에 앉으시오. 발목에서 다리를 X자로 접고 양무릎을 단단하게 꼭 붙여 보시오. 이러한 행동을 하시면서 누군가와 대화를 나누어 보시오. 하지만 이때 양무릎이 떨어지지 않고 꼭 붙어 있도록 늘 정신을 차려 신경 써야 합니다.

양무릎을 붙인 채로 단거리를 달려 보시오. 이런 식으로 달릴 경우 발걸음은 짧고 높게 뗄 수밖에 없다는 사실을 발견하게 될 것입니다. 남자들 같이 발걸음을 길고 자유롭게 내딛는 것은 비여성적인 행위라고 여성들은 배웠습니다. 여러분들 자신들이 30초 동안 이런 발걸음으로 얼마나 멀리까지 달려갈 수 있는지 살펴보십시오.

도심의 거리까지 걸어 내려가 보십시오. 여러분들의 옷에 상당한 주의를 기울이십시오. 즉 여러분들의 바지 지퍼가 올려져 있는지, 셔츠자락이 바지 속에 집어넣어져 있는지, 단추가 채워졌는지를 확인하면서 말입니다. 똑바로 앞을 보십시오. 남자가 여러분들 곁을 지나 갈 때마다 눈길을 피하고 얼굴 표정을 짓지 않도록 애쓰십시오. 대부분의 여성들은 집을 나설 때마다 이러한 행동을 감수하도록 교육을 받습니다. 이것이 바로 우리가 쓸모 있는 존재로 보이는지를 결정하는 낯선 남자들과의 조우遭遇의 기회를 적어도 얼마만큼이나마 피할 수 있는 길입니다.(Willamette Bridge Liberation News Service 1971)

몇 년 전 여성사의 한 과목을 가르치게 될 때까지, 나는 두번째 물결의 미국 페미니스트 여성 저항운동을 최초로 공개한 것이 〈미스 아메리카 대회는 더 이상 없다〉로 슬로건을 내건 1968년 8월의 시위였다는 사실을 까맣게 잊고 있었다. 이 시위에서 제기된 비판은, 초기 페미니즘에 대한 최근의 신랄한 풍자가 제시했던 이론적으로 조야粗野하고 본질주의적인 프로그램이었다는 평가와는 상당히 거리가 먼 것이었다. 오히려 당시 시위에서 배포된 입장 선언문은 성대한 미인대회에서 그 모습을 더욱 확연히 드러내고, 결정체로 구체화되곤 하는 성차별주의, 순응주의, 경쟁, 나이 차별주의, 인종차별주의, 군사문화주의, 소비문화의 상호교차에 대하여 복잡다단하고 축약되지 않은 분석을 개괄적으로 설명하고 있다.[5] 이 〈미스 아메리카 대회는 더 이상 없다〉 시위는 소위 여성 해방운동가로 일컬어지는 자들을 (모멸적인 의미에서) 그 이래 많은 페미니스트들이 떨쳐 버리려고 애썼던 별명, 〈브래지어를 태워 버린 자〉라는 이름으로 명성을 날리게 한 사건이었다. 사실상 시위에서 브래지어는 단 하나도 태워지지 않았었다. 단지 여자들이 거들, 머리 마는 기구, 가짜 속눈썹, 가발, 《레이디스 홈저널》, 《코스모폴리탄》, 《페미리 써클》 등의 잡지들뿐만 아니라 브래지어들을 거대한 〈자유 쓰레기통〉에다 던졌다. 이 사건을 센세이션한 대사건으로 보도하고자 했으며, 징용카드를 태우는 행위를 최고의 정치적 저항 운동으로 보는 패러다임의 영향을 틀림없이 받고 있었던 당시의 신문 방송 매체가 이 사건을 〈브래지어 태우기〉로 잘못 보도했거나, 〈브래지어 태우기〉라는 이름을 조작해 냈던 것이다. 이 사건은 끈적끈적한 풀처럼 대중들의 상상력에 완전히 붙어 버렸다. 실로 오늘날 나의 제자들 중 많은 학생들도 여전히 페미니스트를 〈브래지어를 태워 버린 자〉로 일컫는다. 하지만 브래지어가 사실상 불태워졌건 아니건간에 이 이미지를 떼어 버리지 못하며 뭔가 불편한 감정을 느낀 대중들은 모성애의 상징으로건, 주인집 아기에게 젖을 주는 유모의 이미지로건, 혹은 에로틱한 물신으로건 여성들이 —— 문화적으로 그토록 완전히 다른 사람을 〈위해서만〉 존재하도록 요구된 —— 자신들의 젖가슴이 〈훈육되어〉지는 일을 거절했다는, 깊은 정치적 의미를 인지한 점에서는 확실히 옳은 해석을 내렸다.

에이미 콜린스는 《리어의 매거진》에 기고하면서 〈90년대의 브래지어는 어디에 존재하는가?〉라고 질문을 던진 후 다음과 같이 답한다.

여성들은 또다시 그들의 가슴 선에 약간의 인공의 힘을 가하면서 즐기고 있다. 요즘 세상에서 매력적이라 여겨지는 견고하고 둥근 모양으로 가슴을 만들기 위해 라 펄라 란제리 회사는 솜을 눌러 넣은 컵으로 가슴 형태를 만들어 놓은 리크라 브래지어를 우리에게 제공하고 있다. 양가슴 사이에 보다 깊은 틈이 만들어질 수 있는 브래지어를 제공하기 위해, 숱한 란제리 회사들은 가볍게 가슴을 가운데로 모아 주는 기능을 하는 양쪽 가장자리 깔개가 달린 브래지어를 팔고 있다. 아마도 체형을 변화시킨다는 사고방식이 다시 한 번 세상에서 받아지게 되는 데 큰 공헌을 한 것은 체조일 것이다. 어쨌든 여성에게 몸의 구조가 운명이라면, 여성들은 이 몸의 구조와 운명을 동시에 재구성하는 새로운 길을 찾고 있는 셈이다.(Collins 1991: 80)

정말이다. 실리콘 이식 수술의 위험이 공개재판에서 다루어졌던 1992년 매스컴은 도우의 무책임성과 그 이식 수술로 병들었던 여성들의 개인적 고통에 온 관심을 모았었다. 그러나 이 폭로과정에서 가장 나를 침통하게 만들었던 것은 다음과 같은 문화적 광경이었다. 즉 단순히 가슴을 확대하거나 가슴의 모양을 예쁘게 다시 만들기 위해 실리콘 이식 수술을 받는 여성이 있다는 사실, 그 어떠한 건강상의 위험을 무릅쓰고서라도 〈자존심〉과 시장가치라는 득을 보겠다는 수많은 여성들이 있다는 사실이었다. 이러한 여성들이 〈문화적 마약중독자들〉은 아니다. 일반적으로 이들은 모두 자신들이 현재 반응을 보임으로써 영속화시키고 있는 가치와 보상의 체계에 지나치게 의식적이라고 할 수 있다. 이들 여성들은 발리 매트릭스 피트니스 센터가 그들에게 『여러분들은 단지 여러분들의 체형을 다듬고 있는 것이 아닙니다. 여러분들은 여러분들의 인생을 다듬어가는 것입니다』라고 말할 때, 우리 문화에 관한 진실을 말하고 있음을 잘 알고 있다. 그들은 심지어는 발리 매트릭스 스포츠 센터가 그러한 문화를 창조하고 있다는 사실마저도 인지하고 있을는지도 모른다. 우리는 이들 여성들이 행복해질 수 있는 자신들의 권리를 그 나름대로의 용어로 주장하고 있다고 볼 수도 있다. 지배적인 우리의 사회 풍조 속에서 이러한 주장은 기본적인 주장이라고도 할 수 있다. 따라서 실리콘 이식 수술을 금하거나, 혹은 심지어는 통제하자는 제안들은 자기-결정과 자기 선택을 방해하는 독재적인 행위로 자주 비추어지고 있다. 이런 식으로 논쟁하는 많은 사람들은 자신들을 페미니스트라고 생각하고 있으며, 오늘날의 많은 페미니스트 학자들도 명백히 이들을 〈대신〉한 페미니스트로서 이론적 체계를 제공한다. 예를 들면 페미니스트 철학 잡지 《히파티아》에 나온 최근의 논문은 『한 인간이 자신의 생명에 대해 스스로 책임을 지게 된…… 최초의 그리고 최고의 행위』로 성형 수술을 옹호하고 있다.(Davis 1991: 23)

나는 이러한 최근의 논의를 이 글의 뒷부분에서 다시 진전시킬 예정이다. 그 이유는 현재로서 나의 유일한 관심사는, 이러한 논의가 60년대 후반과 70년대의 신체에 관한 지배적 페미니스트 담론과 얼마나 다른가의 문제에 놓여 있기 때문이다. 여성의 신체에 관한 바로 그 상상은 사회적으로 형성되고 역사적으로 〈식민지화된〉 영역에 관한 것이지, 개인의 자기 결정에 관한 영역이 아니다. 여기서 페미니즘은 과거 플라톤·아리스토텔레스·키케로·세네카·마키아벨리·홉스 등, 그밖의 많은 다른 철학가들의 글에서 발견되었던 〈신체-정치학〉(the body-politics)의 메타포를 역전시키고 변화시켜 새로운 메타포, 〈신체의 정치학〉(the politics of the body)을 탄생시켰다. 과거의 〈신체정치학〉의 메타포 속에서 국가나 사회는 각기 다른 기능·요구·사회적 구성 요소·힘 등을 상징하는 각각의 신체 기관을 지닌 인간의 신체로서 상상되었다. 머리나 영혼은 통치자를, 피는 국민의 의지를, 신경은 포상과 형벌의 제도를 상징하였다. 이제 페미니즘은 인간의 〈신체〉를 그 자체가 정치적으로 각인되어진 총체, 말하자면 역사로서 그리고 억제와 통제의 실행에 의해 형성되고 특징지어진 신체 생리학과 형태학으로서 상상하게 되었다. 묶인 발과 코르셋으로 조여진 몸에서부터 강간과 구타·강요된 이성애·강제 불임·원치 않는 임신 그리고 (미국의 아프리카 노예 여성의 경우에 보여지는) 명백한 상품화[6]에 이르기까지 모두 정치적으로 각인된 신체를 보여 주는 예들이다.

그녀의 머리와 가슴은 그녀의 등과 손으로부터 분리되었으며, 그녀의 자궁과 질과도 구별되었다. 그녀의 등과 근육은 그녀가 남자들과 함께, 그리고 남자들과 마찬가지로 일하는 농장 노동의 현장에서 쓰여지도록 강요받았다. 그녀의 손은 가정의 하인으로서―― 그녀가 일의 기능적 노예로 존재하건 법적으로 자유를 얻었건 관계 없이 ―― 백인 남성과 그 가족을 보살피고 양육하도록 요구되었다. 백인 남성의 성적 쾌락을 위해 쓰여지는 그녀의 질은 그 백인 남성의 자본 투자의 장소라 할 수 있는 자궁으로 가는 통로였다. 이 자본 투자란 바로 성행위 자체를 의미했으며, 이 결과 생긴 아이는 노예 시장에서 돈의 가치를 갖는 축적된 잉여물이 되었다.(Omolade 1983: 354)

노예 시장에서 실제로 벌어지는 신체의 구속과 19세기 특권층 여성들이 보여 주었던 형이상학적 차원의 코르셋에의 구속은 비교될 수 없다. 더군다나 그것을 20세기 여성들의 날씬한 몸매와 젊음 유지의 강박관념이 시행하고 있는 〈구속〉과 비교한다는 것은 당치도 않은 일이라고 주장하는 일이 어쩌면 옳을 수도 있다. 하지만 내가 보기에 널리 확산된 성차별주의 이데올로기(이것에 대해 새로운 페미니스트 유형이 강경하게 저항하고 있다)의 핵심은, 미와 여성성의 영역에서 〈패션〉의 변덕 및 패션의 신체적 독재로 말미암아 발생하는 그 어떤 〈노예상태〉에 대해서건 책임을 겨야 할 사람은 바로 여성들 자신이라는 생각이다. 그리고 이 사실을 인식하는 일은 매우 중요하다. 이 이데올로기에 따르면, 남성의 욕망은 짊어져야 할 아무런 책임감도 없으며, 또한 여성의 욕망을 남성의 욕망에 예속시킬 뿐 아니라 여성의 신체를 성적으로 만들어 상품화시키며, 여성의 신체에 사회적·개인적 힘을 발휘할 그 어떠한 다른 기회도 거의 제공하지 않는 문화 역시 아무런 책임이 없다. 이러한 사소한 일들에 (이해할 수는 없으면서도 기꺼이 즐거운 마음으로) 끌려 들어가고, 그 어떤 종류의 육체적인 불편함이 요구되어도 그것을 자발적으로 견뎌내는 성품은 오히려 본질적인 여성의 천성에 내재해 있다는 것이다. 이 논리에 따르면 발을 부러뜨리고 4인치의 연꽃에 발의 크기를 맞추건, 허리를 14인치까지 레이스로 꽉 졸라매건, 가슴을 수술하여 플라스틱을 집어넣건, 이러한 문제에 있어서 우리는 〈우리 자신을 위해 그 일을 하는〉 것이며, 우리의 〈최악의 적〉은 우리이다. 이같은 〈논리〉에 대항하는 페미니스트적 〈반대 논리〉에 따르면, 여성들은 여기서 피해자이지 행위자가 아니며, 우리의 〈적〉은 남성들과 그들의 욕망(우리의 욕망이 아니라)이다. 또한 이 페미니스트의 〈반대 논리〉는 우리들이 〈패션〉의 명령에 복종하는 것을 선택의 차원이 아니라 구속의 차원에서 볼 때 보다 개념이 확실해진다고 주장한다. 이러한 페미니스트 인식은 〈신체에 관한 성의 정치학〉에 대한 새로운 이해를 표명하는 발전적 작업을 여는 매우 중요한 역사적 순간을 마련해 준다. 초기 단계의 이러한 이해가 갖는 한계들을 부정할 수는 없다. 그러나 이로 인해 미래의 페미니스트 철학자들이 발전시키고 비판할 수 있을 새롭고 생산적인 파라다임이 이미 자리를 잡게 되었다. 다음에서 내가 다루어야 할 주제는 이러한 비판에 관한 것이다.

〈신체의 정치학〉에 대한 푸코의 재개념화
—— 정상화와 저항

신체의 정치학에 관한 초기 페미니스트 모델은 후기 페미니스트 사상에 다양한 문제를 제공하였다. 그 한 예로 이 〈과거의〉 페미니스트 모델은 모든 가부장제 제도와 실행을 억압하는 자/억압받는 자의 모형 속에 집어넣으려는 경향이 있었다. (물론 항상 그러한 것은 아니었다.) 이 모델은 남자는 〈소유하고〉 여성에게 권력을 휘두르며, 여성은 이와 반비례하여 완전히 힘을 잃었다는 식의 이론을 정립하였다. 이 모델에 적용했을 경우 〈애인을 기쁘게 하기 위하여〉 가슴 확대 수술을 받은 여성은 주인의 욕망에 복종하는 노예 여성만큼이나 남성 권력의 피해자이다. 더구나 이 억압하는 자/억압받는 자의 모형은 남성의 상황이 만들어 내는 복잡한 현상을 적절히 이론화할 만한 방식을 찾지 못하고 있다. 남성들도 실은 자신들이 (개인으로서) 만들어 내거나 조정하지 않을 뿐 아니라, 스스로도 독재적이라고 느끼기조차 하는 여러 가지 실행과 제도 속에 복잡하게 얽혀 있음을 자주 발견하곤 한다. 이 억압하는 자/억압받는 자의 모형은 이러한 남성들이 처한 복잡한 상황을 잘 설명해 내지 못한다. 또한 이 모형은 여성이 성차별주의를 지속시키는 일에 어느 정도까지 공범자인지를 밝혀내지 못한다. 비근한 예를 들어 보면, 우리를 대상화하고 성적 존재로 만드는 문화적 실행에 우리가 자발적으로 (그리고 자주 열렬히) 참여한다는 면에서 우리는 성차별주의의 공범자이다.

내가 푸코와 처음 대면했을 때, 〈마침내 서구 문화를 혀만 살아 있는 두뇌들간의 대화나 일련의 군사적 모험이 아닌 신체에 관한 역사로 이해하는 남성 이론가가 하나 나타났구나!〉라고 생각했던 기억이 난다. 푸코의 저작 중 나를 가장 매료시켰던 부분은 역사적 계보학 그 자체였다. 하지만 그의 개념 중 내가 일을 추진하는 데 궁극적으로 가장 유용했던 것은 푸코가 재개념화한 근대 〈권력〉이었다. 푸코에게 있어서, 군주 권력의 반대 개념으로서 근대 권력은 권위나 공모·배치/편성의 요소를 완전히 배제한 것이다. 하지만 그럼에도 불구하고 근대 권력은 현재 널리 퍼져 있는 지배와 종속의 관계에 종사하는 신체를 생산해 내고, 그 신체를 정상의 규범에 따르게 한다. (푸코가 처음에 이론화했던 대로 그리고 내가 현재 그 성격을 규명하고자 하는 대로의) 이 개념의 이해에 열쇠가 되는 〈지점들〉은 《권력의 눈 The eye of power》(1977), 《감시와 처벌 Discipline and Punish》(1979), 《성의 역사 제1권》(1980)에서 찾을 수 있다. 또한 푸코는 말년에 이르면서 저항의 개념을 수정하였는데, 이 수정된 개념은 〈주체와 권력 The subject and power〉(1983)에서 자세히 논의되었다. 푸코에 따르면 근대의 권력이 어떻게 작용하는가를 이해하기 위해서 우리는 다음과 같은 사항들을 알 필요가 있다. 첫째 〈권력〉을 —— 마치 누군가가 〈가지고 있다〉는 식으로 —— 개인이나 단체의 소유물로서 더 이상 생각하지 말고 대신 탈중심화된 세력간의 역학이나 그물망으로 보아야 할 것이다. 두번째로 이러한 세력들이 닥치는 대로 아무렇게나 움직이지 않고 특정한 역사적 형태(예를 들자면 〈인간〉의 기계화와 그후 생긴 〈인간〉의 과학화가 이러한 특정 역사적 형태의 하나이다)를 나타내도록 배치된다는 점을 인식해야 한다. 이러한 특정 형태의 지배는 〈위로부터〉 유래하는 행정상의 법령이나 구도를 통해 이루어지는 것이 아니라, 공간·시간·욕망·체현의 구성이라는 가장 친밀하고 상세한 요소들을 규제하고 있는 〈각기 다른 근원을 지녔으며 여기저기 산재한 지역에서 유래하는〉 다종 다양한 〈회로〉를 통해서 이루어진다.(Foucault 1979: 138) 세번째 우리가 알아야 할 사항은 (이 점은 푸코를 수용한 후기 페미니트들에게 중심적 사상이 되었다) 최근 널리 알려진 형태의 자기와 주체성은 신체에 가해지는 구속과 강요를 통해서가 아니라 개인이 규범에 따라 행하는 자기-감시와 자기-수정을 통해서 유지된다는 점이다. 그래서 푸코는 다음과 같이 주장하였다.

더 이상 무기·신체상의 폭력·물질적 제한 같은 것들은 필요 없다. 단지 응시만 있으면 족하다. 이것은 감시하는 시선이며, 이 응시의 압력 속에서 각 개인은 이 응시를 내면화하여 스스로가 그 스스로의 감독인이 되는, 그리하여 스스로가 자신에 대해 그리고 자신에 대항하여 이러한 감시를 실행하게 되는 지점까지 이르러 결국 그 감시하는 응시는 종말을 고하게 될 것이다.(Foucault 1977: 155)

나는 또한 이러한 〈비개인적〉 권력의 개념이 세력간의 유희에서 유래하는 지배적인 입장, 사회구조, 혹은 이데올로기는 없다는 결론을 반드시 이끌지 않는다는 점을 논하고자 한다. (이 점에 대해서는 모든 페미니스트들이 전부 동의하지는 않을 것이다.)[7] 나는 또한 권력은 어느 한 사람에 의해 유지되지 않는다는 사실이 반드시 모든 사람이 동등하게 권력을 공유한다는 말을 수반하지 않는다는 점도 강조하고 싶다. 권력은 어느 누구에 의해서 〈유지〉되는 것이 아니다. 그러나 그 권력 내에서 사람들과 집단들은 각기 다른 입장을 취한 채 존재한다. 그 어느 누구도 그 게임의 법칙을 통제할 수는 없을 것이다. 그러나 그 게임의 현장에 참석한 자들이 모두 똑같이 동등하지는 않다. (이러한 나의 해석은 푸코의 명백한 이론적 설명보다는 역사 계보학 자체에 기초를 두고 있다.)

우리 여성들 중 많은 사람들에게는 남성 지배와 여성 종속을 분석하는 데 이 모델이 특별히 유용해 보였다. 그 이유는 근대 서구의 맥락에서 볼 때, 이 남성 지배와 여성 종속의 상당 부분이 남성성과 여성성이라는 일상적 관습에 맞추어 스스로를 정상화시키는 과정을 통해 〈자발적으로〉 재생산되었기 때문이다.[8] 나의 연구에서 푸코의 성찰은 현대 유행하고 있는 다이어트 · 체조 등의 훈련을 분석하는 데 큰 도움을 주었다. 또한 더 나아가 우리 문화에서 유래하였으며 우리 문화권에서 정상적인 것이라 여겨지는 여성적 관행을 재생산하는 데 이바지하는 〈건강에 해로운 다이어트 식품〉의 복용을 이해하는 일을 도와 주었다. 이러한 다이어트 · 체조 · 다이어트 식품 복용은 문화적 요구에 따라 여성의 신체를 유순하고 순종적인 것으로 훈련시키는 관행이면서 동시에 〈권력〉과 〈통제〉의 측면에서 경험되어지고 있다.(Bordo 1985, 1990a)

푸코식의 틀에서 볼 때, 권력과 쾌락은 서로가 서로를 말소시키지 않는다. 그래서 강력하다 혹은 〈통제받고 있다〉고 느끼는 어리벙벙한 경험은, 한 사람의 실제 사회적 지위에 대한 필연적인 정확한 반영이기는커녕 그 자체가 권력관계의 산물로서 항상 의심받게 된다. 그런데 그 권력의 형태는 상당히 다양할 수 있다. 이러한 틀 안에서 우리는 또한 여성이 항상 성차별주의의 수동적 〈피해자〉가 되는 데 머무르지 않고 스스로 여성의 종속을 영속화하는 작업에 —— 예를 들면 여성을 남성의 성적 유혹물과 성적 보상물로 표현하는 산업과 문화적 관행 속에 참여함으로써 —— 기여할 수도 있다는 점을 인정할 수 있다. 그러나 이것은 우리가 성차별적 문화권 내에서 〈권력〉을 지녔다(혹은 남성과 동등한 지위를 부여받는다)라는 의미를 수반하지 않는다. 푸코의 모델이 제시되면서 이제 남성들은 더 이상 여성들의 〈적〉으로 구성되지 않게 되었으며, 남성들도 가끔은 무기력하게 가부장제 문화 속으로 말려 들어갔을 뿐이라는 점이 인정되었다. 하지만 이 말이 남성들이 제도(역사적으로 볼 때 이 제도 안에서 남성들은 여성들을 거쳐서 지배적인 위치를 차지할 수 있었다)를 유지하는 데, 어쩌면 큰 모험을 걸었던 것일 수도 있다는 주장을 약화시키지는 않는다. 이것이 바로 남성들이 스스로 이러한 제도를 변화시키고자 투쟁하는 여성들의 〈적〉인 것처럼 우리가 느껴 온 (그리고 행동해 온) 이유이다. (이와 같은 이중적 인식은 특히 〈종족〉·계급·성을 통해 역사적으로 예속을 경험해 온 남성들의 상황을 이론화하는 데 근본적인 것으로 보인다.)

말년의 푸코는 권력관계란 서로 얼기설기 얽혀 있으며, 항상 새로운 양식의 문화와 주체성을 낳으며, 잠재된 저항의 문을 열어 미래의 저항이 가능할 수 있도록 해준다는 점을 강조했다. 그는 권력이 있는 곳에 또한 저항이 존재한다는 점을 인식하게 되었다.(1983) 내가 푸코의 이 지적에 한 가지 더 첨가하고 싶은 점이 있다면, 그것은 현존하는 규범 그 자체가 변형의 잠재력을 지니고 있다는 점이다. 우리가 〈유순한 신체〉로서의 역할을 실제 맡아 연기하면서 〈권력〉의 환영을 경험할 수 있는 것이 사실이라면, 우리의 이 〈유순함의 상태〉가 개인적으로는 자유를, 문화적으로는 변화를 가져다 줄 수 있다는 것 또한 사실이다. 그래서 예를 들면(푸코에게서 발견되지 않는 몇 가지 실례를 구축해 보면), 최근에 유행하는 날씬하고 멋진 몸매를 갖기 위해 가혹하게 체중을 줄이는 훈련 프로그램에 참여하고 있는 여성은, 다른 한편으로는 바로 이 새로 얻은 몸매 때문에 일터에서 보다 더 강력하게 자신을 주장할 수 있는 힘을 갖게 된다. 혹은——다른 종류의 예를 들어 보자면——〈여성성〉을 강조하는 치장이 (학문 분야와 같은) 꽤 남성적인 규범의 지배를 받고 있는 전문 분야에서 〈전복적〉 역할을 맡아 하기도 한다. 그래서 근대의 권력관계는 불안전하고, 저항은 끊일 줄 모르며, 헤게모니는 불확실한 것이다.

〈과거〉의 페미니스트 담론이 맡았던 문화적 과업은 여성성에 깃든 억압적 요소를 폭로하는 일이었다. 이 과거의 페미니스트 담론이 몸매를 가다듬고 장식하는 기쁨, 그리고 그 기쁨에 내재된 전복의 가능성에 대한 연구에 합당한 관심을 표했으리라는 기대는 할 수 없었다. 이러한 작업은, 이러한 사상을 정교하게 다듬는 일에 있어서 푸코와 해체주의가 유용함을 발견한 다음 세대 페미니스트 이론가들에게 넘겨졌다. 해체주의는 의미의 다의성을 지적하는 데 큰 도움이 되었다. 모든 해석에는 항상 〈어긋나게〉 읽기가 존재했다. 문화적 저항은 도처에 만연해 있고 부단히 지속한다라고 주장한 말년의 푸코는 페미니스트들에게 인기를 끌었다. 푸코의 영향을 받은 페미니즘의 첫번째 물결이 〈훈련〉·〈유순함〉·〈정상화〉·〈생명-권력〉과 같은 개념들을 포착하였다면, 보다 〈포스트모던〉적인 시대에 융성하게 된[9] 후기 페미니즘 물결은 〈개입〉·〈논쟁〉·〈전복〉 등을 강조하였다. 첫번째 물결은 〈식민지화된〉 여성 신체에 관한 〈과거〉 페미니스트의 개념을 보유하면서 동시에 그 과거 페미니스트 담론이 불충분하게 텍스트화시킨 사회 통제에 대한 착한 사람/나쁜 사람식의 이분법적 개념을 세세히 다듬고 발전시킬 수 있는 길을 찾았다. 한편 포스트모던 시대의 페미니즘은, 〈과거〉의 담론과 사회 통제를 지나치게 강조하기 위해 이루어진 과거 담론에 대한 이러한 재구성 양자를 모두 비판한다. 왜냐하면 과거의 담론과 재구성된 과거의 담론 양자가 사회 통제를 끊임없이 전복하고 붕괴시키는 창조적이고 도발적인 반응들을 적절히 지적하지 못하는 과오를 범했기 때문이다.

이러한 포스트모던의 시각에서 볼 때, 〈사회의 길들이기〉에 예속된 여성의 신체를 강조한 초기 페미니스트의 연구와 〈정상화 과정〉의 연구로 관점을 이동시킨 후기 페미니스트 연구, 양자가 모두 주체의 불안정한 속성과 개인의 창조적 작용, 즉 (한 이론가가 명명한 바에 의하면) 〈문화적 작업〉이라 불리워질 수 있는 것을 과소 평가하고 있는 셈이다. 그런데 『이 문화적 작업에 의해서 떠돌아다니고 파편화되어 있으며, 활동적인 주체들은 지배적 담론을 뒤죽박죽으로 만들 수 있게 된다.』[10] 이러한 견해에 비추어 볼 때, 여성성을 규정하고 있는 지배 담론은 지속적으로 〈차이〉의 분출을 허용하고 있으며, 따라서 심지어는 가장 종속적인 주체들조차도 끊임없이 저항의 기회, 말하자면 그 시대의 지배적 이데올로기에 저항하거나, 그 이데올로기를 회피할 수 있는 의미 창출의 기회를 갖는다. 『다르게 사는 것을 허용하는 이같은 문화 속에 바로 권력과 쾌락이 존재한다』라고 텔레비전 비평가 존 피스크는 주장한다. (피스크는 계속해서 실례를 들어 〈달라스〉·〈하트 투 하트〉그밖의 다른 TV쇼들이 다양한 여러 소문화 집단에 의해 어떻게 해독되어 왔으며, 그리하여 이 소문화 집단이 어떻게 텔레비전이 제공한 〈기호학적 차원〉으로부터 각자의 집단에 힘을 부여해 줄 수 있는 의미를 창출해 왔는지 그 과정을 보여 주었다.(Fiske 1987: 11) 이와 유사한 맥락에서 주디스 버틀러(1990: 137-8)는 젠더가 인위적으로 구성되고 〈공연되어지는〉과정을 냉소적으로 제시한다. 이로써 버틀러는 젠더가 본질적이라고 믿는 문화권 내부에서 양산되고 있는, 복장 도착 및 그밖의 다른 (양성간 옷바꿔입기와 레즈비언의 남성역/여성역 분리와 같은) 〈패러디의 요소를 띤 실행들〉이 이 본질주의 문화와 그 문화가 역설하고 있는 〈확고한 젠더 정체론에 대한 신념〉을 효과적으로 폭로하고 전복한다고 주장한다.

따라서 위에서 논의된 대로 전체적으로 개괄해 볼 때 페미니즘에는 〈두 가지〉의 푸코가 존재한다고 볼 수 있으며, 어떤 의미에서 이 두 가지 종류의 푸코는 각각 상대의 이미지를 비추어 내는 거울이 된다. 〈첫번째〉

푸코는 포스트모던의 문화의 산물이라기보다는 마르크스의 직계 후손이며, 1960년대와 1970년대 페미니즘의 자매로서, 신체에 작용하는 조직적 권력의 〈장악력〉에 관한 깊이 있고 다원적인 이해를 돕기 때문에 페미니스트의 흥미를 끌었다. 이와 대조적으로 페미니스트에게 매력적으로 여겨진 〈두번째〉 푸코는 첫번째 푸코에서 언급된 권력의 장악력에 저항하기 위하여 요구되는 신체의 창조적 〈힘〉에 관한 말기 푸코의 포스트모던적인 감식력이다. 가장 완벽하고 적절한 이론적 틀을 이용해 권력과 신체를 이해하자면 이 양자의 관점이 모두 중요하다는 것이 나의 논지이다. 그러나 〈양자 중 어느것이 오늘날의 여성이 직면한 특수한 역사적 상황의 이해에 보다 더 큰 통찰력을 부여해 줄 수 있을까〉에 관한 문제는 여전히 해결되지 않은 채로 남는다. 다음 논의에서 외모의 정치학에 초점을 두고서 이 문제를 고찰해 보겠다.

첫번째와 두번째 푸코 중 어느것이 오늘날의 페미니즘을 설명해 줄 수 있을까?
—— 이미지의 시대에 있어서의 정상화와 저항[11]

〈포스트모던〉은 〈저항〉—— 여기서 저항은 개인의 회복/치유 경향이라기보다는 개인의 창조적 작용과 조직의 불안정성을 의미한다—— 을 강조하고 찬미하고 있는데, 전반적으로 볼 때 이러한 경향에 문제가 있다는 것이 나의 견해이다. 다른 논문에서 나는 피스크와 버틀러의 제안에 대해서 다소 자세하게 논의한 바 있다.(Bordo 1990b, 1991) 여기서 나는 이 저항-방침을 보다 일반적인 지적 경향으로 비판할 것이다. 나는 권력관계가 결코 정적인 것도 이음새 없이 연결된 것도 아니라는 점, 그리고 저항과 변화가 실로 지속적이라는 점을 인정한다. 이러한 요소들은 문화의 분석에서 그 나름대로 인정을 받을 만하다. 하지만 이러한 요소들이 어느 정도로 강조되어야 하는지, 그 정도에 관하여는 폭로된 역사적 현실에 따라 다양하게 평가받아야 한다. 예를 간단히 들어 보자. 반드시 건강을 해치는 다이어트 식품을 복용하고 체조를 해서라도 체중을 줄여야 한다는 사고방식이 한창 번성하고 있는 후기산업자본주의 시대에, 여성 및 여성 신체가 이미지 산업과 맺고 있는 관계를 기술하는 데 창조적인 여성의 독자적 행동의 권한을 강조하는 일이 대체 얼마나 유용한 것일까? 미국이 교정 수술이나 성형 수술로 수백만 달러 사업을 벌이는 것은 여성들이 오늘날 확산되어 있는 규범에 저항하여 자신들의 종족적·민족적 정체성을 주장하고 있기 때문일까? 아니면 여성들이 이 규범을 정상으로 만들고 있는 권력에 대해 너무도 무력하기 때문일까? 지적 차원에서 〈저항〉을 강조하는 일이 우리가 살고 있는 문화권 내에 현존하는 신체정치학을 기술하고 진단하는 데 정말 도움이 되는 것일까? 아니면 오히려 그러한 작업을 착수하는 일이 곧 이 문화를 신비화시키는 핵심 작업에 동참하는 일은 아닌가? 나는 이러한 문제들을 간단하게 제기함으로써 이 논문을 마감하려고 한다.

장 보드리야르(1983)의 지적에 따르면, 끊임없는 자기-재창조를 모토로 하는 포스트모던 문화의 핵심적 특징은 진실과 외양 사이의 구별을 없애는 것이다. 오늘날 우리에게 의미 있는 모든 것은 우리가 만들어 내는 시뮬레이션 가상행위이다. 나는 여기서 보드리야르가 정확한 지적을 하였다고 생각한다. 체르(미국의 최고의 인기를 누리고 있는 여성 스타의 한 사람)와 25세 나이를 넘은 다른 모든 여성 스타들이 실제로는 얼굴과 몸 여러 군데에 성형 수술을 받은 플라스틱 제품이라는 사실을 우리 모두가 〈알고 있다.〉 우리 중 몇몇은 심지어 수술받기 전의 체르가 어떻게 생겼는지도 기억해 낼 수 있다. 하지만 (보드리야르가 시뮬레이션이라 부르는) 〈하이퍼리얼〉(hyperreal)의 시대에 이같은 역사적 〈지식〉은 퇴색되었고 불분명해졌다. 그런데 우리를 현기증나게 만들며 저항하기 어려운 상태로 이끌 뿐만 아니라 전적으로 권위를 지니고 있는 체르, 이 새로운 이미지에 대해 우리가 단 한 가닥의 어렴풋한 의심조차 던질 수 없게 만드는 것은 이와 같은 지식이다. 우리가 젊고 건강했을 때 가지곤 하는 죽음에 관한 〈지식〉

이 속이 텅 빈 추상체이듯이, 오늘날 우리의 눈에 보이는 대로의 체르가 실은 만들어진 상품에 불과하다는 〈지식〉 또한 텅 빈 추상체이다. 이 추상체는 단순히 수리적으로 계산하는 의미의 추상체는 아니다. 그것은 무엇이 존재하며 우리에게 문제가 되는 것은 무엇인가에 대해, 우리가 가장 생동감 넘치는 인식을 가질 때 힘을 발휘하는 현존의 이미지를 말한다. 체르 신체의 역사가 나름대로의 의미를 가지고 있는 한, 수술 전의 체르의 신체는 〈원본〉, 즉 그 위에 가짜 복사판을 씌운 〈원본〉으로서의 의미가 아니라 결국 수정되고 말 결점으로서 의미를 갖게 된다. 수술 이전의 신체가 〈결점〉으로 성립된 것은 정확히 새 이미지가 바로 우리의 지배적 현실, 즉 정상적인 것에 대한 기준(그 기준에 따라 모든 것이 판단된다)이기 때문이다. 이 사실은 우리와 신체 외모와의 관계에 엄청난 함축적 의미를 부여한다. 이 신체 외모는 점차 우리가 반드시 수용하는 법을 배워야 하는 생물학적 〈선천성〉으로서가 아니라, 우리가 선택하는 대로 배열·재배열·구성·해체할 수 있는 잠재적 유동성을 지닌 물체, 말하자면 이미지 형성 작업에 종사하도록 요구되는 물체로 인식되기 시작하였다.(Bordo 1990b) 성형 수술은 현재 미국에서 1년에 1억 7천5백만 달러를 벌어들이는 대형 사업이며, 1년에 거의 1백50만 명의 사람들이 간단한 얼굴 올리기에서 송아지 살 이식 수술에 이르는 각종의 수술을 받고 있다. 수술 비용은 점차 중산층들이 지불할 수 있을 정도로 하락하고 있으며(코 수술의 경우 평균 비용이 2천5백 달러이다), 거의 대부분의 경우 수술 환자는 외래 환자로서 치료받을 수 있다—— 어떤 경우에는 점심 시간 동안에 수술이 이루어지기도 한다. 이러한 수술의 대부분이 사고로 다친 부분이나 선천성 기형을 교정하는 일이라고 상상하지 않기 위해서는, 리포쌕션〔진공을 이용하여 〈과다〉 지방질을 추출하는 수술〕이 가장 자주 시술되는 수술(평균 1천5백 달러 정도)이며, 가슴 확대 수술(평균 약 2천 달러 정도)이 그 뒤를 바짝 따라가고 있음을 주목해야 할 것이다. 여성들이 시장의 상품이 된 이래 2백만 명 이상의 여성들이 가슴 이식 수술을 받아 왔다.

앞서 관찰한 바와 같이, 성형 수술을 주창하는 사람들은 이것이 자기 결정과 선택에 〈관한〉, 〈자기 마음대로 자기의 인생을 만들어 가는〉 것에 관한 일이라고 논한다. 그러나 우리가 정말 우리 자신을 위해 다시 만든 그 외모를 선택한 것일까? 미국 문화권을 지배하는 아름다움·권력·성공의 이미지들은 미국의 여러 종족 중에서도 특히 앵글로 색슨족의 정체성 및 선호사항에서 유래한 것이며, 대중매체를 통해서 지구 전체에(몇 군데 변형이 가해지기는 하지만) 영향을 주고 있는 이미지들이다. 이러한 이미지들은 여전히 종족·인종·이성애 중심주의로 강하게 굴절되어 있다. 물론 이러한 경향은 지배적 문화양식보다는, 저항의 요소에 역점을 두는 최근 포스트모던적인 동향으로 말미암아 점차적으로 약화되고 있는 실정이긴 하다. 하지만 여전히 상품들은 흑인 여성들에게 〈휘날리는 머리결〉과 〈창백한 아름다움〉을 가지고 싶어하도록 조장할 것이며, 아주 드문 일이긴 하지만 작은 엉덩이와 긴 다리를 가진 패션 모델의 신체가 동구 유럽의 유전자 은행에서 만들어지고 있다. 분명히 백인 모델들에게 보이는 살찐 통통한 엉덩이나, 바라 스트라이전트의 코, 〈레즈비언의 남자역을 맡은 자〉의 스타일 등과 같은 최고 패션의 이미지들은 이국풍의 냄새를 풍길 수도 있다. 소비자 중심의 자본주의는 욕망 자극제가 될 수 있는 참신하고 신선한 이미지들을 끊임없이 만들어 내는 일에 의존하고 있으며, 그래서 이러한 이미지들을 발견하기 위해 자주 힘 없는 변방 이웃들 속으로 파고 들어가기도 한다. 그러나 이같은 요소들은 명백히 이국적인 것으로 〈고안된〉 것들일 것이다. 설령 그렇지 않다고 하더라도 현표상 체제를 압도할 권한을 부여받아, 전반적 의미 체제 내에 현존의 아름다움이나 성공의 이미지에 대한 진정한 대안이나 〈전복적〉 모델을 정착시키지는 못한다. 백인 모델들은 자신들의 입술을 두툼하게 할 수도 있다. 그러나 보다 일반적인 현상은 흑인 모델들이 피부빛을 희게 하거나 앵글로 색슨식의 외모를 갖추는 일이다. (흑인 여성에게 욕정과 동물적 욕망의 코드를 입히고 있는 많은 광고의 경우에 나타나듯이, 흑인 여성의 〈검은 피부 색깔〉이 이데올로기 상으로 착취되는 일이 없으려면) 정상과 비정상 사이에(비록 늘 고정되어 있거나 결정적인 것은 아니라 할지라도) 정확한 경계선을 긋는 체제는 문화적 〈차이〉를 정당한 것으로 인가하는 작업에 제한을 가한다. 이 체제는 사람들이 받고 있는 각종 수술에 반영되어 있다. 이러한 문화권에 살고 있는 여성 중 자신의 코를 〈아프리카〉 사람이나 〈유태인〉의 코 모양으로 다시 만들기 위해 수술받을 사람이 어디 있겠는가?

대중문화는 이러한 모든 것에 대항하는 저항의 모델을 거의 제공하지 않고 있다. 체르가 대중과의 관계 속에서 보여 주는 이미지는 그녀의 개성과 정직성, 그녀의 규범에 대한 도전을 강조한다. 수많은 사람들에게 그녀는 (마돈나와 마찬가지로) 여성의 힘, 인습에 대한 저항을 상징한다. 하지만 만약 〈담론의 형식을 띤〉 과대 선전 이면에서 체르의 〈신체〉가 전달하는 메시지에 주목해 본다면, 우리는 곧 체르가 받은 수술이 점차적으로 강하고 확실히 〈민족적〉인 체르 자신의 모습을 보다 균형잡히고, 섬세하고, 〈인습적〉(즉 앵글로-색슨적)인, 그리고 젊음을 영속시켜 주는 듯한 여성의 아름다움으로 대치시키고 있다는 사실을 알게 된다. 체르는 자신의 가슴에 수술이 〈이루어지도록〉 허용했으며, 코 끝을 잘라내었고, 구부러진 이를 곧게 펴는 수술을 받았다고 시인한다. 그녀는 갈비뼈 절제 수술을 받았으며, 엉덩이 모양을 바꾸었고, 뺨 이식 수술도 받았다는 소문도 돌고 있다. 그러나 그녀가 수술을 했건 안했건 관계 없이 1965년의 체르에서 1992년의 체르로의 변화는 가히 인상적이다. 푸코의 용어를 빌리자면, 체르는 점차적으로 자신을 〈정상〉의 규범에 맞추어 왔던 것이다. 정상에 끼워 맞춰진 그녀의 이미지(이것이 고려되는 유일한 〈현실〉이다)는 현재 하나의 기준, 즉 다른 여성들이 자신들을 재고 판단하고 훈련하고 〈교정하는〉 잣대의 역할을 하고 있다.

확실히 이같은 정상화 과정은, 다이어트·체조·머리와 눈의 염색 등의 상업적 재현에서 그토록 핵심적 역할을 하고 있는 〈선택〉과 〈자기-결정〉의 수사학에 의하여 우리 문화에서 지속적으로 신비화되고 감추어진다. 『당신은 매일 더 좋아지거나 더 나빠집니다. 선택은 당신의 것입니다』라고 글렌 프라이에는 발리 매트릭스 피트니스 센터를 대신해서 경고한다.

(그래요, 여러분은 게으르고 자기탐닉적인 쓰레기 같은 인간이 되는 일을 선택할 자유가 있긴 있지요) 『당신의 신체는 조상에게서 물려받은 신체입니다. 하지만 그 신체를 어떻게 처분할 것인가를 결정하는 사람은 당신 자신입니다』라고 나이키 스포츠 용품 회사는 우리에게 교훈을 전달한다. 이때 나이키 회사는 우리의 〈결정〉을 돕기 위해 마른 체질이지만 근육이 발달된 운동 선수의 매혹적인 사진을 몇 가지 보여 주기까지 한다. 『자, 스스로 자신의 눈 빛깔을 선택하는 일, 그것은 이 세상에서 가장 자연스러운 일입니다』라고 (어두운 밤색 렌즈는 팔지 않는) 뒤로 소프트 렌즈상은 자신의 입장을 내세운다. 심지어 (〈새로운〉 체르의 모습을 담고 있는) 최근의 TV 광고는 회사를 팔아서, 그리고 자기-결정에 관한 담론를 이용해 〈스위트 앤 로우〉 상표 대신 〈이퀄〉 상표를 선택하도록 우리의 족쇄를 채운다. 이 광고에서 체르는 『선택하기 위해 의자에 앉았을 때, 나는 이퀄을 선택합니다』라고 말한다.

온천 사용 및 체조에 필요한 장비의 광고에서 완전히 그 모습을 감추고 있는 것은 날씬한 몸매와 체형 조절의 미학 (그리고 윤리학) 자체에 깃든 강제성이다. 거의 완벽한 전복이 효과적으로 이루어질 뻔했다고 말할 수 있을 정도이다. 여기서 정상의 기준에 맞추어진 신체는 창조적 자기-형성의 과정에서 만들어진 바로 그 신체, 심지어는 문화적 저항운동을 벌이는 신체가 되기까지 한다. 〈나는 믿는다〉는 최근 리복 운동화 광고의 시리즈 주제이다. 이 시리즈의 각 광고는 근육이 잘 발달되고 에너지가 넘치는 여성들이 체조하면서 『나는 babe가 네 글자로 이루어진 단어임을 믿는다』, 『나는 상사에 대해 험담하는 일을 믿는다』, 『나는 땀이 섹시하다고 믿는다』와 같은 페미니스트적 반항의 목소리를 힘차게 내고 있는 모습을 담고 있다. 마지막 선언 『나는 땀이 섹시하다고 믿는다』── 이것은 『땀이 날 때 여성은 결코 섹시해질 수 없습니다』라고 주장하는 씨크리트 악취제거제 광고 속의 남자에게 〈응답하고〉 있다 ── 는 젠더 이데올로기에 저항하고 있을 뿐만 아니라 광고 세계 그 자체에 대해서도 도전장을 던진다. (이것은 한 광고에 대해 벌어진 멋진 트릭이다!) 아마도 이 시리즈 중에서도 무엇인가를 가장 잘 교묘하게 슬쩍 감추고 있는 광고는 날씬하며, 극도의 세련미를 갖추고, 도를 넘어설 정도로 매혹적인 젊은 여성이 체조가 끝난 후 벽에 기대어 서 있는 모습을 담고 있는 잡지 광고일 것이다. 이 광고는 『당신이 자신을 똑바로 바라보았을 때 잘못된 부분 대신 제대로 되어 있는 부분을 보게 된다면, 그것은 바로 당신이 건강한 사람이라는 것을 입증하는 표시라고 나는 믿습니다』라는 문구를 달고 있다. 이쯤 되면 〈저항은 도처에 존재한다〉라고 확신하는 사람들은, 이 광고가 여성성에 관한 침범적이며 전복적인 모델, 즉 강하고 알맞은 체형을 지닌 여성 그리고 (대부분의 여성들과는 달리) 자신의 신체에 대해 불안해하지 않는 여성을 제시하고 있는 것으로 해석할 수도 있을 것이다. 그런데 이러한 해석이 놓치고 있는 점은 우리가 여기서도 역시 시각화된 이미지를 갖는다는 점이다. 즉 그녀의 신체 그 자체 —— 아마도 이것이 이 광고 중에서 가장 강력한 〈표상〉이 될 것이다 —— 가 바로 정확히 일종의 완전 무결한 경지로 만들어진 도상이며, 이 도상과 자신을 비교한 보통의 여성이 자신에게 〈무엇이 잘못되었는가〉를 발견하게 되는 것은 당연지사이다. 따라서 이 광고는 이중으로 고통스럽게 포박되어 있는 〈실제〉 여성을 묘사한다. 이 광고는 한편으로는 여성들이 자신들을 결점을 지닌 존재로 보도록 부추기고, 다른 한편으로는 이들 여성들이 그 결점 때문에 불안을 느끼고 있다고 질책한다. 이러한 이중적 구속을 해결하는 일은 물론 리복 제품을 구입하여 광고 속의 여성과 비슷한 여성이 되는 일이다.

내가 지금까지 논의해 온 광고들과 같은 종류의 광고들에 대하여 적절한 분석을 내리기 위해서는, 아마도 이러한 광고들 속에 내재된 저항의 요소와 정상적 규범에 따르도록 이끄는 메시지 모두를 고려해야 한다는 논의가 가능할 수 있다. (결과적으로 체중 조절 훈련과 체조는 무엇보다도 여성들에게 사회적 권한을 자주 부여한다.) 이러한 광고가 외모의 정치학을 통해 우리에게 정상적 기준에 맞추어 살기를 강요하고 있음이 너무도 명료하게 드러나고 있으므로, 내가 위의 주장에 동의하는 일이 큰 문젯거리가 된다고 생각하지 않는다. 이와 관련하여 우리는 이러한 광고에 내재한 저항의 상징이 광고업주에 의해 사용될 때, 그것은 그들 뇌리에 뿌리 깊이 자리잡고 있는 냉소적인 잘못된 신념에 의해서라는 사실을 인식해야 한다. 한편으로 광고업주들은 마치 여성의 대상화를 거부하고 여성의 공격적 성향에 가치를 부여하는 듯 가장한다. 그러나 다른 한편으로 이들 광고업주들은, 현사회를 지배하는 (날씬하고, 젊음에 넘치는) 아름다움의 관념을 자신들의 몸에 체화시키지 못하고 있다고 느끼는 일반 여성들에게, 자신들의 신체를 광고 모델의 체형에 일치시키도록 노력해야 한다고 설득시키고 있다. 이러한 정상화의 지령에 저항하는 일이야말로 진정으로 우리 문화의 〈전반적 경향에 맞서는〉 일이다. 이러한 저항은 텍스트상의 〈유희〉의 세계 속에서 벌어질 뿐만 아니라 실제 현실에서도 개인의 엄청난 위험을 담보로 이루어진다. 〈너무 뚱뚱하다〉는 이유로 성적으로 거부당해 오고, 〈너무 늙어〉 보인다는 이유로 직업을 잃게 되었던 숱한 여성들의 체험담은 바로 이러한 정상적인 신체의 기준을 어긴 여성들에게 닥쳤던 개인적 위험의 실례들이다. 벨 훅스가 주장해 왔듯이(1990: 22), 지배적인 문화 형태에 대한 전복은 『인간 상호교류의 세계 속보다 〈텍스트〉의 영역에서 훨씬 더 쉽게 일어난다……. 인간 상호교류의 세계 속에서 이러한 전복적 움직임은 도전과 분열을 야기시키고 위협을 가하는데, 이 세계 속에 실제로 억압이 존재하기도 한다』 〈차이〉로 인한 기쁨과 그것이 가져다 주는 힘은 어렵게 얻어지는 것이다. 차이는 자유롭게 꽃피지 않는다. 이것은 지배적 양식들 사이의 깨진 틈새를 따라 계속 뒤뚱거리며 나아갈 뿐이다. 한편으로 성차별주의·인종차별주의·〈나이 차별주의〉는 인간의 가치와 선택을 결정하지도 않으며, 또 우리의 〈자발적인 행동의 권한〉을 빼앗아 가지도 않는다. 하지만 다른 한편으로 이러한 여러 가지 차별주의들은 우리를 정상으로 이끄는 도구로 강력하게 우리 문화 내부에 자리잡고 있다.

반면 우리의 〈차이〉가 개인적 투쟁이나 사회적 변화에 대한 그 어떠한 필요성도 의식할 수 없을 정도로, 이미 우리 문화 내부에서 문화 그 자체로서 번성하고 있다는 환상에 내가 지금까지 검토해 온 광고 텍스트들은 모두 동참하고 있다. (이 환상에 대해서 광고 텍스트들은 다른 포스트모던 시대의 텍스트들과 같은 생각을 하고 있다.) 즉 광고 텍스트들은 우리가 거울 속에서 잘못된 것보다는 제대로 된 것을 바라볼 만큼 자기-결정적이며, 또 그럴 만한 강력한 힘을 이미 부여받았다는 환상을 지니고 있는 것이다. 이러한 신비화 과정의 폭로 작업은 저항에 대한 지나칠 정도로 안이한 칭송으로 인하여 방해받아서는 안 될 것이며, 반드시 신체에 관한 페미니스트 정치학의 중심적 작업이 되어야 할 것이다.

폭력 · 권력 · 쾌락

피해자의 관점에서 다시 읽은 푸코[1]

─딘 맥카넬과 줄리엣 플라워 맥카넬

서 론

　푸코와 페미니즘과의 관계는 기이한 관계이다. 이같은 기이함은 라캉이
나 레비스트로스의 경우와 달리, 푸코가 〈여성 문제〉를 연구의 중심 과제
로 다루지 않았다는 사실 때문에 더욱 두드러진다. 푸코는 여성 문제를
탐구하는 대신, 성적 정체성에 의해 특징지어지고 형성되는 주체성과 자
기를 구별하는 일에 몰입하였다. 또한 푸코는 중심 과업의 하나였던 가식
없는 도덕주의 사상을 통해 성적 정체성이 자기의 근원이 되는 일이 결
코 없어야 한다고 역설하였다. 그리고 그는 성적 실천이 권위와 권력 행
사(정의 내리고, 이름짓고, 분류하는 권력을 포함한다)의 대상이 되어서는 안
된다고도 주장했다. 푸코의 저술은 여성 · 어린이 · 〈성적 영역에서의 일탈
자〉(이러한 부류들은 모두 권력 행사의 억압적이며 제외적 작용으로 피해를 입
은 사람들이다)에게 동정적이었다. 그렇지만 이러한 동정적 태도는 집단적
해방을 성취하기 위해서는, 성에 관한 각종의 구분을 하찮은 것으로 만들
필요가 있다는 주장을 정립시키는 데 기여하였을 뿐 별다른 요소는 없었

다. 말년에 가졌던 한 대담(Rabinow 1982: 340-1)에서 푸코는 특히 섹슈얼리티의 중요성을 거부한 바 있다. 이것은 섹슈얼리티를 담론의 실행쯤으로 축소시켰던 그의 초기 주장에 대한 번복이 아니라 그 주장에 대한 확대요, 승인이라고 할 수 있다. 푸코는 실제 역사상 존재했던(고대로부터 초기 현대에 이르는 기간에 걸쳐서 벌어진) 자기 형성의 방식 중에서 대안을 찾았고, 이러한 자기의 형성이 쾌락 및 권력과 어떻게 상부상조했는지(또는 쾌락 및 권력에 맞서는 방해물을 어떻게 제공하였는지)에 대하여 분석하였다.

이 논문에서 우리는 푸코의 두 가지 중심 과제인 권력과 쾌락에 초점을 맞춘다. 그러나 이 두 가지 주제를 다시 여성과의 관계 속에서 살펴본다. 우리는 이 두 개념을 비판적으로 검토하며, 여성에게 행사되는 권력 때문에 쾌락이 〈구조지어〉지고 방해받게 될 때, 즉 여성이 피해자가 될 때 여성이 쾌락과 어떤 관계를 맺는지를 분석하는 데 이 두 개념을 한꺼번에 적용한다.

푸코의 저작 전반에 걸쳐서 권력은 완력과 구별된다. 권력은 자유의 영역이며 어느 누구도 소유할 수 없는 가능성의 장이다. 푸코의 주장에 따르면 〈권력〉은 오직 자유권을 지닌 주체에 의해, 자유권을 지닌 주체에 대해서만 행사될 수 있으며, 그것도 그 주체가 자유로울 때에 한해서만 그렇게 될 수 있다.(Foucault 1983: 221) 〈완력〉의 때를 깨끗이 없애 버린 권력은 자비성은 아닐지라도 적어도 중립성만은 부여받게 되었다. 어느 페미니스트의 해석에 따르면, 푸코의 〈권력〉은 〈완력〉이 아니라 〈구조〉에 대응하여 작용한다.(Sawicki 1986: 30)[2] 권력을 구조를 향해 돌진해 가는 순수하고 공정한 추진력으로 여기면서, 푸코는 권력이(심지어는 그 권력이 소수에 의해 장악된 것처럼 보일 때조차도) 모든 사람에게 열려 있다는 사실을 입증하고 싶어했다.[3] 베버의 〈관료제〉와 유사한 이 권력은 가설적으로는 각양각색의 다양한 사용자에게 열려 있는 양식이다. 그러나 우리가 밝히고자 하는 점은, 권력이 중성적이라는 극히 중대한 푸코의 이 가설이 이론적인 측면이나 경험적인 측면 어느쪽으로도 여성에게 적용되지 않는다는 점이다.

푸코는 니체와 마찬가지로 우리가 〈노예〉 근성의 희생자로 전락되지 않으면서도, 현권력 소지자들을 밀쳐내고 대신 그 자리를 차지할 수 있게 되길 원한다. (이것이 역사적으로 권력관계 내의 역전을 수반하였다.)[4] 전통적인 정체성, 특히 성을 기초로 한 정체성의 주요 작용은 정체성의 덫에 걸려 있는 개인들을 관리하고 통제하는 구실이기 때문에, 이 정체성은 결국 〈비판적 자기〉의 중립적인 규제-통치 아래 태어난 정체성의 〈새로운 양식〉으로, 즉 다소 규칙적인 혼돈으로 결국 양도되어야 한다는 것이 푸코의 생각이었다. 푸코는 『모든 권력 관계와 권력관계에 대한 모든 가능성을 적절히 재현하려는』(Rabinow 1982: 380에서 인용되었다) 의도를 선포하였는데, 이 인용 구절에서도 권력은 오직 자유권을 지닌 주체에게만 행사되는 것으로 정의 내려진다.(Sawicki 1986: 30) 푸코는 역사적으로 존재해 온 권력의 여러 가지 실행들을 〈비판적 거리〉에서 바라봄으로써 권력의 실행이 그저 무기력하고 지엽적인 수준에 그치는 〈절차〉로 전락하고, 또 그것들이 가능할 수 있는 무한한 다른 절차들에 의해서 대치될 수 있기를 희구했다.

〈중립성〉이란 것을 권력의 테크놀로지에 귀속시키는 일 그 자체가 우리에게 불안감을 안겨 주지는 않는다. 그러나 우리는 이 논문에서 체제가 지닌 같은 문제들을 다른 측면에서, 다시 말하자면 권력에 의해 피해를 입었던 자들의 관점에서 바라보는 일을 시도했다. 이러한 관점에서 보면서 우리가 발견한 것은 〈중립성〉이 권력의 본질적인 특성이라기보다는 하나의 권력 행사방법이나 양식이라는 점이다. 우리는 〈중립성〉을 통해 권력자들이 자신들이 사용하는 폭력을 감추거나 정당화하기 위하여 사용하는 주요 테크닉을 발견하였다. 푸코 자신에게서 유래한 방법을 사용하여 우리가 입증하고자 하는 점은 〈중립성〉의 가면 뒤에 폭력을 숨기는 일은 실제적으로 구체적인 역사적·제도적·신화적·심리적 지지 없이는 불가능하다는 점, 그리고 이러한 일이 문화와 체제 전반을 통해 적극적으로 장려되어 왔다는 점이다.

우리는 〈자기〉의 문제와 새로운 형태의 정체성에 대한 재접근을 시도한다. 여기서 우리가 일차적으로 던질 질문은 왜 폭력적 맹공이 어떤 대상을 겨냥해 돌진하지 않고, 결국 권력을 약속해 줄 수 있는 〈자기의 쾌락〉을 겨냥하게 되는지에 관한 질문이다. 즉 우리의 관심 분야는 다음과 같다. 첫째, 푸코의 비전이 성숙하지 못할 정도로 유토피아적일 수 있다는 점이다. 둘째, 성적 그리고 그밖의 다른 정체성에 관한 재정의가 심지어 (아니 특별히) 우리 포스트모던 시대에 더욱더 고대의 권력관계 및 폭력의 지배를 받는다는 점이다. 셋째, 소수의 사람들이 자신들이 만들어놓은 카테고리에 기초한 독재를 회피하는 듯이 보일 수 있는데, 그 이유는 그들에게 도피가 허용되긴 했지만, 그 결과 그들이 할 수 있는 일이란 오직 권력의 효율성을 가면으로 숨기면서 권력에 종사하는 일이었기 때문이라는 점이다. 넷째, 권력은 중립적이고 편재하며, 어디서나 자유로이 수중에 넣을 수 있는 종류의 것이 아니라 권력을 장악하고 있는 자들과 그들의 대행 기관들에 의해 열렬히 보호받고 있다는 점이다. 마지막으로, 완력과 폭력의 위협 및 그것들의 실제 사용은 여전히 권력 행사의 근본 요소라는 점들이다. 우리는 푸코가 얼마만큼 권력의 옹호자인가를 밝힐 것인데, 푸코는 사실 폭력의 피해자들〔이 글에서 피해자는 남성이 휘두르는 폭력에 희생된 여성들을 의미한다〕이 누구인지 알 수 없을 뿐만 아니라 그들의 목소리를 대변하여 말할 수도 없다. 푸코는 이들 피해자들에 관하여 또는 이들을 위하여 말하고 있을 때에도 이들의 관점에서 말하지 않고 있으며, 더구나 권력의 세부 실행을 이해하는 데 이러한 피해자들의 〈지엽적〉 지식을 포함시키지도 않는다.

여성의 언어 접근방식에 특별히 주목함으로써, 푸코의 〈담론 실행〉을 보충하기 위한 목적에서 우리는 이 글에서 실제로 폭력에 의해 피해를 입은 여성들이 사용했던 단어들을 자세히 살펴보기로 한다. 이 목적을 달성하기 위해 우리는 가정 내에서 성적 학대로 피해를 입었던 여성들, 특히 이성異性 누군가로부터 인간 대 인간 사이의 폭력의 희생양이 되었던 여성들의 내러티브와 그들이 구두로 전달한 역사를 이용했다. 이런 과정에서 우리는 가해자가 자기 자신을 자주 자비로운 아버지로 여기고 있으며, 여성에게 쾌락을 경험하지 못하도록 공격하는 일이 바로 그 가해자의 목적이라는 점을 밝히게 될 것이다.

방법론상으로 우리는 폭력의 가장자리, 말하자면 폭력행위와 그 폭력행위를 주체가 어떻게 받아들이는가의 문제 사이의 틈에 가까이 다가선다. 직접 신체에 가해지는 폭력을 제외한 폭력 중에서 가장 폭력적인 행위는 결과적으로 피해자의 주체 활동에 장기적으로나 지속적으로 정신적 피해를 입히는 폭력행위이다. 이러한 폭력행위는 훗날 한 여성을 사랑하려고 하는 남자의 주체적 활동에까지도 확장되어 큰 영향을 미치게 된다. 그 공격은 피해자와 자신을 피해자로 동일시하는 자 사이의 내면적 대화 속으로 부단히 〈침입한다.〉 그 공격의 정도는 〈정상적〉이라고 불릴 수 있는 방식으로 행동할 수 없을 만큼 심각하다.[5] 피해자들이 묘사하는 공격의 경험이란 기억에서 점차 사라져 가긴 하지만, 결코 완전히 자취를 감출 수 없는 그런 종류이다. 심지어는 무슨 일이 벌어졌는지를 정확하게 기억할 수 없을 만큼 심한 정신적 타격을 입은 여성들도 기억 어디엔가 자신들에게 가해진 폭력을 하나의 〈사건〉으로 간직하고 있다.(Cardinal 1983)[6]

일상생활 속의 폭력 및 폭력이 주체에 미치는 효과

소수의 사람들이 자신들이 행사하는 폭력을 중성적이라 여길 수 있는 특권을 부여받았으며, 자신들은 물론 함께 권력관계를 맺고 있는 사람들을 〈자유〉롭다고 생각할 특권을 부여받았다는 사실은 폭력의 억압에 기초하고 있다. 그간 이 폭력에 대한 억압이 너무도 효과적이고 완벽하게 이루어져 왔기 때문에 정중하고 예의바른 사회(이론)에서 폭력의 가능성을 논의하는 일이 〈병적〉인 것으로 간주되어 왔다. 그런데 우리는 인간들이 살을 맞대고 공생 공존하고 있다는 사실 때문에 이러한 폭력이 존재한다는 사실을 상기해야 한다. 가장 분명한 이 사실이 가장 경시되어 왔다. 세상의 어떠한 인간의 만남이든지 보기 흉칙한 시선·언어 폭력·능욕·욕·명예 훼손의 기회가 될 수 있다. 사람의 몸 각 부분은 난폭하게 다뤄지거나 매맞는 일에서 시작하여 강간·신체 상해·고문·사지 해체에 이르는 각종 신체 공격의 잠재적 무기이면서 동시에 대상이 된다. 폭력의 현장은 〈공공질서〉가 극적으로 보호하지 못한 부류들, 말하자면 학대받는 어린이들, 성적 일탈자들, 신체적 완력에 의해 현재의 위치에 놓이게 된 여성들을 접하고, 이로써 우리가 〈사회규범〉과 사회이론의 폭의 협소함을 깨닫게 되는 또 다른 영역이다.[7]

일부 피해자들은 일상생활을 영위하는 데 필요한 세속적인 일에 과잉-순응한다. 말하자면 이들 피해자들은 스케줄이나 일을 수행하는 데 필요한 아주 작고 세세한 부분, 학습의 습관, 외모의 미세한 점, 활기 없는 집안일, 에티켓 등을 마치 우상처럼 숭배하며 자신들의 수중에 들어온 최근의 작은 문제에 완전히 몰입할 수 있는 능력을 과시한다. 이로써 이들은 자신들이 정신적으로 〈정상〉임을 자신들에게는 물론 타인들에게도 증명하고자 한다. 자신들이 어디에 초점을 두고 있으며 무엇에 몰두하고 있는지를 증명하는 일에 전적으로 집착하는 이 행위는 광적일지도 모른다. 또는 이러한 일에 관하여 극적으로 무능해지는 때가 있으며, 이럴 때 이 집착행위가 중단되는 경우가 흔히 있다.[8] 피해자가 직면하는 이같은 상황은 등록되지 않는 소총이나 엄청나게 비싼 희귀한 보석을 몰래 몸에 품고 사람들이 붐비는 광장을 〈뜻하지 않게〉 통과해야만 하는 사람이 마주치는 경우와 다르지 않다. 피해자의 적절한 몰입이 겉으로 보기에 성공적으로 보일지라도, 그녀가 몰두하고 있는 〈사물들〉은 실제 그녀가 앞으로 마주치게 될 온갖 종류의 거래와 사건의 중심이 된다.[9]

이와는 다른 종류의 폭력의 피해자들이 있다. 이들은 가장 단순한 일상의 일과와 마주해서 과다-정상성을 흉내조차 내지 못할 때 완전한 무력감을 느낀다. 그 한 예로, 식욕감퇴증을 앓고 있는 사람의 경우를 들 수 있다. 식욕감퇴증 환자는 『권력층의 권력관계가 얼마나 개인의 동기 및 목표와 관련되어 있는가를 보여 주는 한편, 그 권력관계가 우리의 신체에 얼마나 깊이 각인되어 있으며, 우리의 신체가 그 권력관계를 얼마나 잘 조장하고 있는지를 보여 주는 가장 놀랄 만하며 선명한 예증』(Bordo 1988: 10)이다. 이러한 종류의 피해자들과 다른 종류의 피해자들은 기억력 장애로 고통받거나, 자신의 목소리를 잃어버리거나[10] 살인이나 자살을 시도하거나, 무서운 플래쉬백 증상〔중독자가 복용 중지 후 장기간이 지난 뒤, 자기가 제정신을 잃은 것은 아닌가 하는 생각에 빠지는 증상〕을 나타내거나, 끊임없이 공포 속에서 살거나, 리비도 및 그밖의 다른 욕구를 잃어버리거나, 자신이나 자신의 자식들에게 기본적으로 필요한 최소한의 배려도 저버리거나, 친분관계를 맺지도, 유지하지도 못한다.

주체의 정신적 피해의 원인이 깊은 상처·화상·총살·질식사·곤봉으로 때려눕히기, 그밖의 다른 신체적인 고문에서 유래하는 충격적 체험에서 발견되는 것으로 쉽사리 단정할 수는 없다. 신체적 피해의 혹독함과 이에 상응하는 주체의 정신적 반응이 일 대 일의 일치를 보일 수는 없다. 강도에게 지갑을 갈취당하면서 거리에서 짓밟히고 머리에 두 군데 골절을 입은 여자가, 신체적으로 아무런 상처를 당하지 않고서 강간당한 여자보다 훨씬 빠르고, 완전하게 정서적으로 회복할 수 있다. 주관적 측면에서 폭력이 가해졌는가 아닌가를 판별하는 시험으로, 범인이 가해 의도를 지녔느냐 아니냐를 기준으로 만들어진 미국의 앵글로 색슨 계열의 법적 정의를 끌어들일 수는 없다. 법정 사례집은 극단적-종교주의자로서 근친상간을 범한 아버지들이 〈가정 전체의 안녕〉을 위해서 자식과 성관계를 가졌다고 자백하는 무수한 경우들을 수록하고 있다. 이들 아버지들은 짐짓 진지한 태도로 가정에서 딸들이 자신들의 성적 욕구를 만족시켜 준다면, 그 지역 내의 난삽한 소년들과 더불어 〈죄〉를 지음으로써, 자신들은 물론 자신들의 가족에게 수치를 가져다 주는 짓은 하지 않게 되는 것이 아니냐고 변명한다. 가해자들은 〈좋은 의도〉나 높은 도덕적 이상이라는 장막 뒤에 자신들이 가하고 있는 폭력을 감추면서 자신들과 피해자들에게 가혹한 정신적 피해를 입힌다.[11] 이와는 대조적으로, 의도적으로 가해진 가장 잔인한 정치적 고문에 희생당한 농민들이 반드시 초점이나 정체성을 잃게 되지는 않는다. 해방이나 도피의 기회가 생길 경우, 이들 농민들은 때로 그들이 과거에 살았던 파괴된 땅이나 마을로 되돌아와, 신체의 상처가 채 아물기도 전에 새로운 삶을 재구축하는 일에 노력을 아끼지 않는다. 다시 말하자면 오히려 명백하게 드러나는 고문자의 잔인한 의도가 실제로 피해자의 회복 능력의 한 구성인자가 될 수도 있다.[12]

정신적 폭력과 인간 상호간의 폭력의 영역에서, 한 마디 단어나 한 번의 시선이 신체적 피해보다 더 영속적인 피해를 입힐 수 있다. 엘리자베스 스탄코(1985: 23)의 설명에 따르면,『옷을 벗고 있는 딸을 바라보면서 그녀의 성기를 애무한 아버지는 딸의 안전감의 영역을 침범한 셈이다』(Women's Research Centre 1989: 81) 정신 내부적으로 볼 때, 여기에는 어린이의 감정적 또는 신체적 안전에 대한 설명이 감당하기 어려운 위험이 존재한다. 한 소녀가 자신을 성적 대상으로 생각하고 있다는 사실을 분명히 전달해 주는 특유의 방식으로 자신을 바라보고 있는 아버지나 다른 어른 남자 친척을 주시할 때, 게다가 그 소녀가 그 아버지나 남자 친척의 이런 행위를 그 편의 심각한 결점으로 해석할 만한 세상 물정 및 견문이 부족할 경우, 그 소녀는 자신의 엄청난 노력에도 불구하고 적어도 자신을 잘못된 욕망의 이상야릇한 대상으로서 바라보기 시작하게 될 것이다.[13] 설사 아버지가 딸을 슬쩍 쳐다만 보고, 그후 이어서 딸의 몸에 손을 대거나 강간하는 일이 없다손 치더라도, 그 소녀는 결과적으로 자신의 섹슈얼리티를 이질적이고 강력하며, 자기 자신 밖에 존재하는 그 무엇으로 생각하여 그 이외의 그 어떠한 것과도 연관시킬 수 없게 된다. 그녀는 이 무엇인가를 통상적으로 〈성적〉이라고 생각할 수 없는 것들에 엄격하게 부착시켜야만 한다. 이 무엇인가란 그녀가 개인적 안전과 가정의 평화를 유지하기 위해서는 외교상 침묵을 지켜야만 하는 영역이며, 어쩌면 그 소녀가 앞으로 아버지의 집이나 무덤 뒤에 남기고 떠나야 할 어떤 것이다.

일부 피해자들은 자신들이 받은 공격을(심지어는 아주 야만적인 공격마저도) 주관적으로 자신의 탓으로 돌리고자 노력한다. 말하자면 그들은 단순한 실수(불행하지만 예측컨대 이해할 만한 결과를 초래하는 실수)를 저지르고만 자신들을 질책한다는 편리한 수단을 사용하여 자신들을 사태에 적응시키고자 한다. 한 가지 사례를 들어 보면, 한 젊은 여성이 뉴욕에서 버스를 잘못 타서 센트럴 파크의 만나기로 예정되었던 장소에서 멀리 떨어진 엉뚱한 장소(나쁜 녀석들이 모여 있는 장소)에 도착하고 말았다. 즉

버스에서 내리자마자 그녀는 자신의 실수를 알아차렸다. 오후 5시경이었다. 그녀는 공원을 통과해 걸어가려고 결심했다. 가는 도중 그녀는 약 5,6명으로 구성된 10세에서 18세 정도 되는 깡패들을 만났다. 그들 모두가 연속적으로 그녀를 윤간했다. 그 패거리들에게 여러 차례 강간을 당했던 것 같다. 그들에게 당한 후 막 뛰어가려고 하는데, 몸집이 큰 녀석이 또 한 번 그녀를 멈추어 세웠다. 그는 그녀를 강간했다. 그 일을 당한 후, 그녀는 남은 길을 뛰어서 곧바로 집으로 돌아왔다……. 이 글은 《스펙테이터》 잡지에 실렸다. 그녀는 1주일 후 인터뷰에 응했다. 그녀는 그 일이 자신을 전혀 괴롭히지 않고 있다고 말했다. 그녀는 단지 요즘 세상이 얼마나 험악한지, 그리고 그녀가 잘못했다는 사실을 깨달았을 뿐이었다. 그녀는 그 사건으로 어떠한 정신적 충격도 받지 않았다. 그녀는 『나는 잘못된 시간, 잘못된 장소에 있었습니다. 나는 실수를 저질렀습니다. 이러한 무시무시한 일이 나에게 일어났습니다』라고 말했다. 그녀는 그 일로 아무런 정신적 충격을 받지 않았다. 이것은 정말로 무시무시한 일이다.(Reported by Wachs 1988: 118)

이 보고는 폭력적 행위가 벌어진 사회-지형적인 장소가, 그 폭력행위 자체가 주체에 의해 어떻게 교묘하게 받아들여지는가와 긴밀한 연관관계를 맺고 있음을 제시해 준다. 〈자신의 집이라는 안전한 장소〉에서 강간을 당한 여성 또한 되는 대로 자신을 비난할 수 있는 기회를 박탈당한다. 〈예측 가능한 상황〉에서의 잔혹한 행위는 외견상 피해자 자신에게 선택권이 있다는 생각을—심지어는 거리에서 〈하룻밤 같이 보내는 일을 거부할〉 선택권까지도— 품게 해주는 것 같다. 자신의 주체성과 섹슈얼리티를 규정할 만한 힘을 부여받은 상황에 있게 된 피해자는, 자신의 가해자를 용서해 주기는커녕 아예 근본적으로 무력하게 만든다. 미공군 소

령 론다 코르만은 최근 걸프전 당시 자신의 헬리콥터가 총에 맞아 추락했을 때, 이라크 군사들에게 성추행당한 일에 대하여 다음과 같이 밝힌다.

그 일은 화나고 짜증나는 일이지만 참담하지는 않았다……. 더 이상의 정신적 충격을 받지 않은 나를, 페미니스트 의식을 지닌 그룹들이 끔찍한 사람이라고 생각할 것이라는 바를 나는 잘 알고 있다……. 만약 당신이 남자의 손가락을 나의 항문에 넣게 하는 일과, 자동차 배터리의 충전의 힘으로 내 입에서 이를 폭발적으로 빼내는 일(공군의 소령에게 있을 법한 그 어떤 일) 중에서 한 가지만 선택하라고 나에게 강요한다면, 자 이성적으로 생각해 보죠. 여러분이라면 이 두 가지 일 중 어떤 일을 선택하시겠습니까?

이러한 주관적 적응방식이 법률적인 관점에서 볼 때는 무척이나 바람직하지 않은 해결책으로 보이겠지만, 어쨌든 이것은 심각한 정신적 피해를 입지 않기 위한 보호 책임에는 틀림없다.

장소와 상호간의 관계, 이 양자는 또한 피해자를 도울 수 있는 당국이 공격이 일어난 후 처리 문제로 관여할 때 결정적인 인자로 작용한다. 가정에서 가족 구성원 한 사람으로부터 매를 맞거나 강간당한 피해자는 외부 권위자의 원조에 의지할 수 없을는지도 모른다. 고전적인 의미에서의 〈이중적 구속〉에 둘러싸여 피해자의 고립은 가해자 및 범죄 장면과 피해자 사이의 사회적 거리가 좁으면 좁을수록 점차 가중된다. 비스만(1992: 100)의 보고에 따르면 다음과 같다.

역사적으로 경찰은 가정 폭력의 현장에 관여하는 일을 꺼려 왔는데, 이것은 가정은 〈한 남성의 성〉이며 가정의 사적인 〈사소한 말싸움〉에 끼어드는 일은 잘못된 일이라는 사회적인 믿음에 의해 부분적으로 설명될 수 있다. 가정이라는 단위를 유지하기 위해 우리 모두 함께 최선의 노력을 다해야 한다고 우리는 교육받아 왔다. 그런데 이러한 총체적 노력이 바로 우리가 매 맞는 여성을 지독히 위험한 환경으로 이끈 방식이 되었다……. 보스턴 시립병원의 보고에 의하면, 응급실에서 처방받은 폭력 희생자들 중 70 퍼센트가 가정에서 남편이나 애인으로부터 폭행을 당한 여성들이다. 리처드 겔스의 결론에 의하면 폭력 장면은 부엌에서 가장 빈번히 발생하였다.

권력과 폭력

폭력은 피해자의 인격을 재조직화한다. 그러나 폭력은 본질적으로 그 폭력행위 자체 속에 존재하지도, 폭력을 행하는 자의 주체 내부에도 존재하지도 않는다. 피해자와 가해자의 관계 및 범죄의 종류(특히 성적인 폭력이냐 다른 종류의 폭력이냐에 따른)는 폭력에 대한 주관적 반응을 산출해 내는데, 이 반응은 상당한 불일치(심지어 사회-공간적 문맥이 고려될 때조차도)로 가득 차 있다. 어떤 때는 단 한 번의 눈길로도 주체가 갈기갈기 찢겨질 수 있는가 하면, 어떤 때는 무자비한 야만적 공격에도 끄떡 없이 단단히 맞설 수 있다는 점이 바로 폭력이 지닌 모순이다. 주관적으로 달리 해석되는 이같은 폭력의 수수께끼에 대한 해결책을 찾아 나섰던 우리는 권력은 완력과 구별된다는 푸코의 주장에서 그 실마리를 찾을 수 있었다.[14]

초기 저술에서 푸코는 권력을 완력의 위협 및 그 사용과 연결시켰던 것이 사실이다. 1970년대 중반에 이르면서 마침내 푸코는 확실히 〈니체의 가설〉, 전쟁을 일으키는 능력, 정치적 억압 등에 기초했던 권력에 대한 자신의 초기 접근방식으로부터 완전히 결별했다. 푸코는 〈권력·권리·진리〉의 삼각구조에 더 많은 관심을 가지고 있다고 선포했다.(Foucault 1980: 93)『우리는 부富를 생성해야 하듯이 진리를 생성해야 하며, 정말 우리는 우선 부를 생성하기 위해서 진리를 생성해 내야 한다』(앞글)고 요약될 수 있는 등식의 그리스식·기독교식·계몽주의식 변형체에 푸코는 훌륭한 솜씨로, 그리고 풍자적으로 대항하여 마침내 하나의 색다른 등식을 만들어 냈다. 이것은 바로 권력과 진리의 등식이다. 우리는 이 등식에 동의를 표하지 않을 수 없다. 그러나 우리의 논점은 권력이 완력이나 폭력과 어떤 관계를 맺고 있는지를 새로운 시각으로 재평가할 때 이 〈권력·권리·진리〉 사이의 이론적 연결이 훨씬 더 강화될 수 있다는 점에 놓여 있다. 권력은 진리를 구성하는 제 기본 규칙들을 결정하는 권리를 주장하고 나선다. 그러나 권력은 그 진리에 대한 그 주장을 집행하면서 항상 비폭력적인 수단에 의거할 수만은 없다. 일단 권력 소유자가 선포한 〈진리〉가 의문의 대상이 되면 폭력적이 되지 않고서 더 강력해질 수 있는 길이란 거의 있을 수 없다.

계몽주의 이후의 권력은 더 이상 〈안 돼!〉·〈그렇게 하지 못할 것이다!〉와 같은 가부장이나 군주의 부정적 명령에서 유래하지 않는다는 것이 푸코의 논지라 하겠다. 권력은 단순히 금지의 속성만을 지니는 것은 아니다. 그것은 조성의 성질도 지니며 산포散布되어 있기도 하다. 절대군주와 그 부하들 대신에 다양화된 사회의 배열이라는 복잡한 제도가 나타났으며 여기서 각 개인은 지엽적인 권력의 형성체이다. 〈군주의 주체〉는 지휘·감독·감시·검열이라는 다양한 제도적 구조에 의해 만들어진 다중의 복합적 정체성에 그 자리를 양도하였다. 이러한 다양한 제도적 구조를 푸코는 집합적으로 응시라는 개념으로 파악하였으며, 그 실행은 파놉티콘[서문의 용어 해설 〈훈육적 응시〉를 참조]을 사용한 새로운 학교와 감옥의 건축양식과 행정, 정신분석의 요법, 사회과학의 조사 테크닉, 의학과 경제의 문서기록을 통해 이루어졌다.[15] 응시의 권력은 각 개인의 정체성을 병원, 운전, 감옥의 기록, 직장과 학교의 이력서, 은행의 신용보고서, 우편 주소, 현금카드 구입기록 등의 독특한 결합으로 구축한다. 군주의 권력을 응시로 대치하는 일은 개인의 권한 부여와 자기-정의가 역사적으로 〈그것들을 취득하는 순간 바로 그곳에서〉 이루어질 수 있게 했다. 우리가 해야 할 필요가 있는 일은 오직 완력으로 점철된 똑같은 역사의 궤도를 따르는 일이다. 이때 우리는 우리 내부에서 젠더, 민족, 계급에 근거한 주체성의 마지막 흔적마저 없애 버려야 하며, 결국 우리 각자가 자신만의 개성과 특수성을 지닌 자기를 형성한다.

푸코의 응시는 이해관계를 맺고 있으며, 관여하거나 관여되어 있다. 응시는 응시 대상을 의도적으로 선정하거나 그 대상의 틀을 마련하고, 이로써 응시 자체를 강력한 〈탈주체화〉의 모델로 지명한다. 그리하여 그 이전의 계급, 젠더, 그밖의 다른 규정, 한계, 제약으로부터 주체를 해방시킨다. 정확히 푸코의 이론 중 바로 이 부분에서 통상 푸코가 허용했던 것보다 약간 더 변증법적인 방식으로 비권력자층에서 가장 강렬하게 일어나곤 하는 유혹, 즉 권력과 자신을 동일시하고자 하는 유혹의 발생을 허용하는 것이 도움이 될 수 있다 —— 전지전능한 응시의 힘이란 바로 전지전능한 신에 대한 후기산업주의의 시대적 대치물이다.[16]

역사적으로 살펴볼 때 새로운 점은, 권력 행사시 사용되는 폭력에 대한 외면적 욕구를 억제할 수 있는 효율적 메커니즘이 탄생했다는 사실이다. 폭력의 사용은 이제 개인이 자신의 행동이나 감정을 권력자의 응시와 결부시키고 그 응시를 내면화하고, 지도자와 가해자가 원하는 바 그대로 개인이 훌륭히 처신하게 되면서, 아무런 쓸모가 없는 것이 되어 버렸다. 전통적 형태의 권력에 반대되는 이 근대 권력이 행사될 수 있는 특유의 장소는 정치적·군사적·경제적 힘을 지닌 기관이나 관리부가 아니다. 대신 그 장소는 노출의 본질적 요건인 추상적 의미의 〈권력〉 혹은 〈권위〉를 지닌 일반화된 주체로부터 유출되어 나오는 감시, 실제상으로 뿐만 아니라 상상적 차원에서 지속적으로 이루어지고 있는 감시 속에서이다. 응시로 힘을 상실하게 된 개인이 힘이나 권위를 다시 얻은 것처럼 보이게 하려면, 자신의 삶의 양태를 만들어 버린 바로 그 권력과 자신을 동일시해야 한다. 이런 식으로 근대 권력은 일상생활에서 일어나는 미세한 실행으로 그 자리를 옮긴다. 권력은 우리 모두의 〈내부〉에 존재한다. 아니 권력은 타인들에 의해 보여지거나 보여질 수 있는 우리 행동의 세세한 작은 부분 속에 내재되어 있고, 또 이러한 세세한 작은 부분을 통해서 나타난다고 말하는 편이 더 나을 것이다. 모든 사람이 스스로 타인과 맺는 권력관계의 형태를 조성해야 할 근본적인 책임감을 지녔다고 가정할 수 있게 되었다.

이러한 이론적 기획 속에서 폭력이 차지하는 자리는 예전에 정치 사회적 담론 속에서 폭력이 차지했던 자리와 일치한다. 폭력은 일상적 관계의 밖, 사회 주변부 맨 가장자리에서만 눈에 띄는 것으로 가정되고 있으며, 또한 정중해 보이는 행위와 중앙집권적이며 제도화된 권력 행사, 이 양자로부터 발전되어 나온 것이라 추정되고 있다.[17]

　　이 분석이…… 중심부의 통제되어지고 합법적인 권력 형태, 그 권력의 작용을 가능하게 해주는 일반적 기제, 그리고 이러한 기제의 지속적인 효과 등에 관심을 두어서는 안 된다는 사실을 인정하는 일은 중요한 것으로 보인다. 반대로 이 분석은 궁극적 목적지의 최극단에 자리잡은 권력, 권력이 모세혈관을 통해 퍼져 나가게 되는 그 지점들, 즉 보다 지엽적이고 국부적인 형태와 제도들에 관심을 가져야 한다. 최고의 관심은 사실 권력이 도덕 규칙들을 넘어서는 지점에 놓여져야 한다. 권력의 조직망을 형성하고 권력의 한계를 결정하고, 규칙을 넘어서는 곳까지 권력의 힘을 확장시키고, 제도에 권력을 투입하고, 테크닉에 권력을 구현시키고, 권력의 장비로 여러 가지 기구들과 심지어는 물리적인 개입이라는 격렬한 수단까지도 마련하는 것은 바로 도덕 규칙들이기 때문이다.(Foucault 1980: 96)

여기서 끌어낼 수 있는 하나의 결론은 만약 권력이 지속적이며, 산포되어 있으며, 일상생활에서 벌어지는 행위 내부에서 또 이러한 일상행위를 통해서만 작용한다면, 그리고 권력이 그 자신의 적법성의 테두리를 초월할 때를 제외하곤 비폭력적이라면, 각 개인은 안전하게 진리에 대한 사회의 중심적 견해와 동일한 태도를 취할 수 있다는 점이다. 개인은 권력의 합법적 적용 장소가 되든지, 권력에 대한 저항의 장소가 될 수 있다. 개인은 권력을 전복시키지는 못한다 하더라도 적어도 반-진리들에 기초한 현존의 권력 효과를 전복시키는 데는 기여할 수 있을 것이다.[18]

〈결국 폭력적이라 할 수 있는 중재 수단〉과 피해자의 관점

 본질적으로 푸코는 해방을 그 목표로 삼은 아주 멋진 정식 하나를 제공하였다. 그러나 이 정식은 인간 경험의 중요한 부분(공격)을 이론이나 철학과는 상관관계가 전혀 없는 곳에 자리매겨 주었고, 피해자의 관점에서 그 정식의 전체 구조에 의문을 품도록 했다. 이 정식은 신체에 가해지는 폭력의 회수가 점차 줄어들고 지엽적 수준에서 권력의 재분배가 지속적으로 증가하고 있다는 역사적인 사실을 우리가 항상 목도하고 있어야 (이 둘 중 어떤 일도 일어나고 있지 않을 시점에도) 한다고 제안한다.[19] 피해자들은 각양각색의 모습으로 그리고 다양한 적용을 통해 여러 지역으로 분산된 권력이, 폭력과 강권의 위협 및 실제 사용에 의해 후원받고 있음을 익히 잘 알고 있다.[20] 이들 피해자들은 권력(심지어는 합법적 권력)과 완력 및 폭력 사용의 위협 양자 사이의 연관관계를 푸코가 1976년에 노골적으로 일축할 수 있었던 것처럼 일축해 버릴 수 없다. 통치체제 전반에 걸쳐 작용하고 있는 〈미세혈관식〉의 권력을 푸코가 발견하게 된 것은 중요한 일이다. 하지만 그 발견에는 반드시 〈미세혈관식 폭력〉에 대한 이해가 수반되어야 한다. 권력은 변방으로 그 자리를 옮기면서 폭력의 엄청난 위협과 그것의 실제 사용을 뒤에 내던지고 가지 않는다. 권력이 발견되는 곳이라면 어디에서든지 반드시 폭력은 발견된다. 권력에 대한 저항이 있는 곳이라면 어디에서든지 완력은 사용될 것이다. 직접적·법적·행정적 폭력의 위협 및 실제 적용은 갖가지 종류의 권력을 지원한다. 이러한 사실이 대체로 간과되어 올 수 있었던 것은 전적으로 피해자가 〈진리〉·〈지식〉·〈권리〉 등에 기초한 권위와 일체감을 느끼거나 그 권위를 믿어 왔기 때문이다.

 우리는 세 가지 유형의 완력 또는 폭력을 식별해 낼 수 있는데, 권력은 지금까지 줄곧 바로 이 세 가지 유형의 폭력에 의존해 왔다고 할 수 있다.

 1) 직접적 폭력: 폭언·신체상의 잔학행위·강간·살인 등과 이러한

행위들을 시도하겠다는 위협.

2) 법적/관료적 폭력: 허위 고발, 독단적 해고 및 퇴거 등을 정식으로 문서에 기록하기, 개인의 주민 등록에 정당한 절차를 거치지 않고 〈벌점〉 기입하기, 〈요주의 인물 명단〉 만들기, 자신과 처자식을 부양할 개인의 힘, 그리고 안식처, 안전, 질병 등의 어려움으로부터 보호받기 위한 최소한의 기준을 지킬 능력을 박탈할 목적에서 생긴 다른 규칙과 법령의 남용.

3) 행정적 폭력: 삶의 기회를 파괴하고 때로는 그 조직과 관계를 맺게 된 자들의 생명을 박탈하는 방식으로 이루어지곤 하는 광신적이며 새디즘적이라 할 수 있는 직권의 남용. 각 지방에서 〈돌진적〉, 〈상당히 실제적〉 또는 〈책임감 있는〉이라는 형용사로 수식되는 행정부가 사용하는 이 폭력은 위 제2번에서 언급된 규칙의 남용이 아니라, 무자비하고 영혼을 죽일 수 있을 정도의 규칙과 법규의 지나친 적용을 의미한다. 〈아버지의 전형적 인물〉이 되는 일에 과다하게 관심을 두는 아버지들은 일상적 직무를 수행할 때 폭력을 이용하여 행정관리를 수행한다. 행정적 폭력의 범위는 사소한 권위주의로부터 고문, 〈행정상의 대학살〉(Adrendt 1964: 294) 또는 조직적 대량 학살에 이른다. 이 모든 폭력행위들은 열성적, 조직적 특징을 지니는 〈무엇이든지 다 할 수 있다〉주의의 〈불행한〉 부산물로 재파악되고 있다. 모든 사람들이 이 〈과정〉에 다 함께 연관되어 있기 때문에 그 어느 누구도 책임감을 느끼지 못한다. 행정적 폭력은 전형적으로 스스로 피해자가 됨으로써 자신의 인격을 일찍이 재조직해 온 자들에 의해서 영속된다. 이들은 자신을 행정상의 이상형으로 탈바꿈시킴으로써 스스로 피해자가 되는 작업에 순순히 적응해 왔다. 즉 권위에 대한 저항 의식을 없애고 〈프로그램에 따라 살면서〉, 이들은 아랫사람에게는 비열한 노예근성을 요구하지만 상사에게는 입에 발린 아첨을 일삼는 일을 자신들의 정체성 안에 조직적으로 정착시켰던 것이다.

우리는 여전히 이러한 폭력의 형태들을 갖가지 종류의 사회적 관계 속에서 발견할 수 있는데, 이같은 여러 종류의 폭력이 잔혹한 일이지만 피해자의 주체성을 결정한다. 피해자가 존재한다는 사실 그 자체가 응시가 아니라 폭력이 사회 주변부에 권력을 전달하고 있음을 입증한다.

걸프전은 합법적인 권력이 폭력을 포기하지 않았다는 사실을 명약관화하게 보여 주는 한 가지 실례이다. 걸프전은 또한 권력의 산재가 반드시 권력의 집권화를 방해하여 오지는 않았으며, 오히려 권력의 집권화와 연합함으로써 권력의 집권을 보다 강화할 가능성이 있다는 점도 확실히 설명해 주었다. 걸프전이 분명히 밝혀 준 다른 사항들을 열거해 보면, 권력의 집중화는 폭력 수단의 불공평한 분배와 불가분의 관계를 맺고 있다는 점, 권력은 일단 폭력적 강권을 사용한 후 그 폭력 사용에 대한 사법적 권한에 도움을 호소할 수 있지만, 그 권한이 권력의 적용에 있어서 주요 관심사가 될 필요가 반드시 있는 것은 아니라는 점 등이 있다.

미국 정부는 이라크의 군대를 생매장한 일을 옹호하고 있다.

워싱턴(뉴스데이). 미국 국방성은 어제 전쟁 관련 법규 내의 한 가지 〈틈〉 때문에, 걸프전 기간 동안 미국의 탱크가 수천의 이라크 군대를 참호 속에 생매장한 일과, 소위 죽음의 고속도로라 불리우는 길을 따라 후퇴하는 적군들에게 미국 비행기가 폭탄을 던진 일이 법적으로 허용될 수 있었다고 밝혔다.(Sanfrancisco Chronicle, 1992년 4월 11일, A10)

피해자와 응시

피해자와 응시의 관계는 두 가지 형태로 존재한다. 도구적 관계와 동일화 관계가 바로 그것이다. 그러나 양자 속에 두 가지 형태가 모두 잠재되어 있다. 즉 권위를 부여받은 사람이 피해자에게 응시의 시선을 향하는 방식과, 거꾸로 피해자가 권위자에게 응시의 시선을 되돌리는 방식이 구별 없이 양자 속에 혼합되어 있다. 그러나 도구적 응시에서 중요한 것은 권위자의 〈바라보기〉이다. 이것의 주 임무는 피해자가 하고 있는 일을 엿보고, 위협 및 다른 일의 효율성을 증가시키기 위해 기초 정보망을 관리하는 일이다. 동일화의 응시에서는 피해자 편에서 권위자를 〈위로 올려다 보는〉 일이 중요한 일로 부각된다. 권위자의 눈으로 자신들을 바라보고, 마거릿 대처 수상의 〈굳건한 결심〉 및 다른 것들과 일치감을 느끼고자 하는 피해자들의 욕구가 바로 그 예이다. 물론 숨막힐 정도의 독재적 권력이 압도적인 국가의 경우, 쌍방의 응시가 동시에 똑같은 강도로 발생할 것이라는 것은 말할 필요도 없다.

행정적 폭력은 동일화의 응시에 의존한다. 다시 말해 이 폭력은 통제의 역할을 부여받은 권위자의 관점을 스스로 내면화하고, 자신이 어느 정도의 권위를 보유하고 있는 것처럼 보이기 위한 유일한 수단으로서, 스스로 자기 자신에 대한 억압을 강행하고 있는 개인에게 달려 있다고 하겠다. 피해자 편에서 자발적으로 행하고 있는 이런 식의 공모는 응시가 폭력과 연관되어 있지 않을 때도 있다는 우리의 허상, 강요당하거나 위협을 받지 않고서도 누구나 알아차릴 수 있는 〈순수한〉 권위와 같은 그 무엇이 있다고 생각하는 우리의 허상을 존속시켜 주는 데 일조한다.

응시와 직접적 폭력과의 연관관계는 동일시를 매개로 하는 은유적 관계가 아니다. 이 관계는 도구적 · 기계적 · 실질적인 특징을 갖는다. 직접 공격행위에서 응시가 맡은 역할은 피해자를 위협의 대상으로서 격리시키는 일이며, 도구를 이용해 보다 효과적 또는 효율적으로 괴롭히고 공격하고 고문하는 일이다.

응시 그 자체에 권력이 깃들이어 있는 것이라 생각하는 것이 푸코 이후 비평 이론의 경향이었다. 이와 반대로 우리는 응시 그 자체 내에 권력이 함유되어 있는 것이 아니라, 응시는 실제 폭력과 연관되거나 혹은 폭력의 가능성을 보유한 자와 동일시될 경우에만 권력을 부여받게 된다고 생각한다. 일반 시민들의 일상생활 내부의 세세한 부분 부분을 관리, 조정하는 테크놀로지의 양산이 시민들의 생활에 위협을 가한다는 사실에 대하여 우리가 관심을 표명하는 데는 그 나름대로 근거가 있다. 최근 시행되고 있는 〈일상적〉 감시에는, 국내의 정치적으로 수상한 자들에게 행해지고 있는 염탐행위, 고용주가 필수 요건으로서 고용인들을 상대로 시행하는 거짓말 테스트와 소변 검사, 체포와 건강 기록으로부터 시작하여 신용카드 지불 능력, 항간에 널리 소통되고 있는 독서 습관, 소비자 취향 등등의 조정에 이르는 컴퓨터 자료들이 포함된다. 그러나 이러한 별로 기분 좋지 않은 과정들에 (실직, 체포 혹은 개인의 안전 등과 같은) 심각한 위협이 뒤따르지 않을 경우에 결과적으로 일어날 수 있는 유일한 일이란 자료 기록자들을 정보의 바다 속에 빠뜨리는 일이 될 것이다. (그러므로 응시에는 항상 위협이 뒤따른다.) 〈당신은 현재 공산당원이십니까 아니면 과거에 공산당원인 적이 있었습니까?〉라는 미국 의회의 반미국적 행위 적발위원회가 던진 이 끔찍한 질문에 대한 애비 호프만의 그 유명한 답변을 상기해 보자. 호프만은 〈예, 그렇습니다. 당신네 정부가 집권했던 시절들을 포함시킨다면 말입니다〉라고 답했다. 호프만(다른 사람들 포함)이 권위자의 응시를 불충분하게 내면화했거나 권력을 뒷받침하는 무력의 위협에 의해서 충분히 강압을 받지 않았기 때문에, 그리고 그가 권력자의 거짓 탈을 벗기며 도전하였기 때문에, 그 의회 위원회는 해산되고 말았다. 체포, 요주의 인물 명단 만들기, 자본의 위협 등의 가능성과 연관되지 않는다면 정부의 감시는 그 어떠한 효력도 발휘할 수 없다.

일상의 경험은 구조적으로, 정신분석학적으로 권력과 그 응시를 묶어 놓는다. 위협받고 있는 자의 뇌리 속에서 권력과 응시는 항상 연결되어 있다. 만약 의료기록이나 경찰기록의 한 단면이 폭로되거나 성적 성향이 알려지게 될 경우, 생계 수단이나 살 장소를 거부당하게 될까봐 두려워하는 자들은, 거부당할 것을 두려워하는 만큼 노출되는 것도 두려워한다. 위협받고 있은 자들은 폭력(이것이 이들은 더 문젯거리가 된다고 생각한다)이 아니라 응시에 관심을 모으게 되는데, 이것은 앞서 말한 두려움에서 유래한 실리적인 반응이다. 위협받고 있는 자들은 되도록 눈에 띄지 않은 채 지나가고, 자신들의 기록 자료를 깨끗하게 유지하려고 노력할 것이다. 그렇게 하지 못할 경우 이들이 시도할 수 있는 행위에는 응시의 시선을 굴절시키는 일, 시험 결과를 숨기거나 수정하는 일, 입에 발린 달변으로 굽신거리는 위선적 행위, 억압자의 눈에 자신들과 자신들의 행위가 긍정적으로 보이도록 하는 데 들이는 엄청난 노력, 윤리적으로 〈옳게〉 보이기 위한 노력의 일환으로 행해지는 타협 등이 있다.

지속적으로 공격당해 온 피해자는 스스로를 가해자와 동일시할 필요를 느끼며, 이러한 현상은 피해자의 삶에서 가장 두드러지는 현상이다. 주인이냐 아니면 노예냐 이 양자 이외에는 그 어떤 다른 대안도 찾을 수 없도록 상황과 심리가 설정되어 있는 조건에서 폭력의 피해자에게는 자신에게 가해지는 잔인성과 거꾸로 타인에게 향해지는 자신의 잔인성에서 자기 인식을 유도해 낼 수밖에 없다. 피해자가 자신의 가해자를 혐오한다고 해서 가해자에게 그리고 가해자의 피해자 처리에 그녀가 감정적으로 의존하는 일이 반드시 사라질 수는 없다.

이름짓기 : 철학적 폭력과 일상적 폭력

푸코는(데리다와 마찬가지로 1976: 112) 폭력의 초기 형태는 사회적 분류 현상, 말하자면 이름지어지거나 혹은 한 계급의 구성원으로서 규정되는 일에서 시작되었다고 논한 바 있다. 사회적 질서가 세워진 것은 이러한 최초의 〈고유한 이름짓기 현상〉을 보호하기 위한 목적에서였다. 철학적 반향은 이러한 질서 창출의 이면까지 확장된다. 그러나 엄격한 임상적 조사를 통해서만 우리는 이러한 〈이름짓기〉의 폭력적 효과를 피해자들이 경험한 바 그대로 대면할 수 있다. 패크리샤의 이야기를 들어 보자.

잭은 그가 할 수 있는 모든 방식을 동원해 나를 학대하였다……. 그는 나에게 침을 뱉고 저주를 퍼부었으며, 나를 발로 차고 끈으로 묶고 다리미와 그밖의 다른 물체로 때렸다. 그는 또한 일정 기간을 정해 놓고 때렸는데, 그 끔찍한 시간에 나는 머리부터 발끝까지 온통 매를 맞았다……. 그래서 나는 안식처에 가게 되었다……. 그런데 3월 21일에 집에 와서 내 물건을 가져가라는 그의 요청이 있었다. 그는 나에게 약간의 돈을 줄 것이라고 말했다. 그래서 아들과 나는 안식처에서 친정집으로 왔다. 나는 그를 믿었다. 나는 갔다. 친구들이 왔다. 내가 집으로 돌아오게 되어 자신이 참으로 행복하며, 이 시점으로부터 우리 부부는 달콤하고 사랑에 찬 생활을 계속할 것이라고 잭은 모든 사람들에게 떠들어대고 있었다. 그런 그의 모습이 무척 사랑스러웠다. 모든 사람들이 떠났다. 그가 나를 속였던 것이 분명했다! 약 30분이 지난 후부터 그는 나를 때리기 시작했다! 그는 네살배기 아들 앞에서 옷을 모조리 다 벗기고, 나를 더욱 심하게 때렸다. 아들이 바라보고 있는데도 잭은 나를 소파 위에다 던지고 세 개의 큰 손가락을 나의 질 속으로 집어넣고 유방 주변을 짓누르면서, 마침내 내가 피를 흘리기 시작할 즈음까지 괴롭혔다. 그런 후 그는 자신의 피묻은 손으로 내 뺨을 쳤고, 나에게 그 손의 냄새를 맡도록 했으며, 나에게 〈구역질나는 화냥년〉이라고 욕설을 퍼부었다.(Hintz 1985: 50)

이 내러티브의 진행과정에서 이름짓기(구역질나는 화냥년)는 〈첫폭력〉이 아니라 오히려 폭력의 극적 종료점이다. 패트리샤의 이야기는 역전된 문화적 궤도를 논리적으로 따라가 외설적 이름짓기라는 〈최초의〉 폭력으로 되돌아간다. 〈자연적〉 상태, 말하자면 이름이 없는 상태에서 그녀는 〈화려한 꽃〉 그 이상도 그 이하도 아닌 것처럼 〈구역질나는 화냥년〉 그 이상도 그 이하도 아니다. 철학적 입장에서 볼 때, 그녀를 그 무엇으로 이름짓는 행위는 하나의 폭력행위이다. 〈구역질나는 화냥년〉이란 표현은 〈화려한 꽃〉이라는 말과 다르지 않다. 그녀를 어떤 한 계급의 구성원으로 만들기 위해 그녀의 독특한 주체적 본성을 거부하고 있는 두 이름 모두 그녀 자신과 주체를 분리시키고 그녀를 차이의 제도 속에다 기록한다.

패트리샤가 폭력의 횡포를 당해 온 것은 단순히 철학적 차원에서가 아니라 직접 실전에서였다. 그녀는 철학가에게서 배울 수 있는 것이 거의 없었다. 왜냐하면 그녀는 고유한 이름으로 불리워지는 폭력을 실전에서 경험하면서, 이 이름과 동등한 의미를 지니는 그 어떤 것도 없음을 경험을 통해 알고 있었기 때문이다. 어쩌면 오히려 철학자가 〈누가 누구를 이름짓는가?〉 그리고 〈이름이 무엇인가?〉라고 재빨리 질문을 던지곤 하는 피해자에게서 무엇인가를 배울 수 있을 것이다. 사회의 각 현장에서 이름 짓기, 이름부르기, 다시 이름부르기, 〈누군가의 이름을 큰 소리로 부르기〉 가 갖는 기능은 어쩌면 철학에서의 그 기능과 정확히 반대일 수도 있다. 일부 소설과 정신분석학에 의해 매우 열정적으로 추진된 다시-이름짓기 의 과정은, 이전 이름과 그로 인한 심리적 타격 때문에 입은 정신적 상처 를 치유할 수 있는 유일한 방편으로 알려져 있다. 신체적 폭력은 반격을 받으면 저지될 수 있으며, 피해자 주체의 분열은 역공격적 이름짓기에 의 해 봉합될 수 있다.

첫번째 이름짓기에 버금가는 폭력으로서 성적 카테고리가 있다. 이에 대한 푸코의 해석에서 남근 숭배, 또는 상징적 질서라고 현재 알려져 있 는 것이 이 〈고유의 이름짓기〉 주변에 세워진 보호기관으로 보여질 수 있다. 이 첫번째 이름짓기의 폭력이 반복되지 못하도록 전개된 제도적 장 치라 할 수 있는 〈사회계약〉은, 만약 우리가 그 사회계약의 견지에서 살 기를 동의한다면 우리를 폭력으로부터 보호하게 되어 있다. 만약 우리가 그 사회계약에 동의한다면, 모든 〈질서체계의 권력〉(남근숭배적인 부권, 경 찰, 군사 등)은 우리 자신들에게가 아니라 규칙에 동조하기를 거부하는 자 들인 타자들에게 불리하게 작용할 것이다. 현재의 상징체계 내에 확보된 우리의 자리를 우리가 받아들일 것이라는 기대가 있다. 그 교환조건으로 우리는 그 상징체계를 보호해야 하며, 이러한 일이 쉽사리 이루어진 것은 우리가 최초에 자연과 결별하면서 겪었던 정신적 충격, 즉 첫번째 이름짓 기의 폭력을 다시 경험하는 일을 우리가 무척이나 두려워하기 때문이다.

다시 말하거니와, 피해자는 이러한 일 중 그 어떠한 것도 사실 무근이 라는 것을 잘 안다. 피해자는 인간의 삶이 최초부터 또는 시작부터 정신 적 타격을 입도록 되어 있지 않다는 것을 알고 있다. 인간의 삶이 지속되 면서 특히 힘없는 자들과 하층 계급민들에게 정신적 충격과 공포가 뒤따 르게 된 것이다. 하지만 특권층조차도 이러한 정신적 충격과 공포에서 벗 어날 수 없었다. 특권이 제공해 주는 유일한 보호막은 공포에 대한 주기적인 눈멀음, 우리 자신들과 타인들 사이의 높은 벽에 기초한 허위 신뢰에 대한 눈멀음이다. 케네디가 사람들은 단순한 상상적 남근 숭배적 질서체계는 보호에 대하여 그 어떠한 보장도 해주지 않는 것이 아니냐고 의문을 던진다. 범죄가 벌어졌을 경우 〈질서체계 내의 완력〉은 최선의 상태에 있을 때에도 변명과 위로를 제공할 뿐이다. 〈가정 내의 논란〉이 벌어진 경우, 경찰은 피해자(여성)를 가해자(남성)의 손으로 되돌려보내기가 일쑤이다. 때로 경찰은 새디스트처럼 가해자와 합세하여 피해자 학대를 지속한다.

〈상징체계〉의 유지를 자신들의 근본 의무로 믿고 있는 근대의 관료들은, 남근 숭배의 권위에 과다한 가치를 부여할 수도 격렬한 공격과 학대를 막을 수도 없다. 이것은 간단한 형태의 모순이다. 가부장적 위계질서의 모습으로 상징체계를 지키는 일은 다음과 같은 삼중의 긍정을 요구한다. 첫째, 권위를 지닌 입법자들은 언제나 자신들이 마치 〈이상적인 아버지들〉인 것처럼 처신한다. 즉 그들은 정의를 분배하고 공동의 선善을 관리하는 데 조금도 편파적이거나 불공정하지 않은 〈이상적인 아버지들〉로 자신들을 평가한다. 둘째, 이러한 권위적 인물들은 그들의 통치하에서 이 제도의 일부를 효율적이고 평화적으로 기능하도록 돕는 일 외에, 그 어떠한 형태로도 자신들만의 이권이나 필요 또는 욕구를 추구하지 않는다. 셋째, 결혼이나 교육과 같은 합법적인 제도의 운영에 있어서 강제적, 또는 학대적 행위가 일상적으로 일어나지 않는다. 〈아버지적 인물〉은 상징으로서 열정과 욕구의 균형을 맞추고 조정하여, 모든 분야에서 근대의 민주주의 제도들이 원활하게 기능할 수 있도록 해주는 고품격의 일반적인 모델이다. 그러나 피해자는 이러한 일이 실전에서는 결코 일어나지 않는다는 사실을 안다. 중립적 입장, 거부, 조정의 능력을 지닌 일반적인 부권 모델은, 흔히 가면 배후에서 가짜 권위가 최고의 쾌락을 만끽하는 현실의 실천들을 덮어 주는 이데올로기적 무화과나무 잎사귀가 된다.

피해자들은 가끔 권력 상층부의 사람들이 말로 표현할 수 없는 욕망을 표현한다. 피해자들은 경험으로 그 욕망을 어떠한 방식으로 표현하는지에 대해 너무도 잘 알고 있다. 피해자들은 학대받은 후의 상처는 물론 자신들이 받은 학대에 쏟아지는 비난마저도 감수해야 한다는 사실을 경험으로 안다. 피해자들은 권력 상층부에게 당했을 때 그렇게 당하게 된 데는 〈그만한 이유〉가 있으며, 그것도 피해자들 자신들의 〈요청〉 때문이라는 말을 듣게 될 것을 안다. 예를 들면 피해자 스스로가 문을 열어 놓았거나 술에 만취해 자신에게 문제를 초래하고 말았다라든지, 오만불손하고 섹시하고 교만하게 행동한 피해자가 당한 것은 당연한 일이라든지, 피해자 자신의 잘못된 행동으로 인하여 벌을 받은 것뿐이라든지, 피해자의 〈태도에 문제가〉 있었으며, 스스로 자기도 모르는 사이에 자신에게 보복을 가하게 되는 교묘한 침공 캠페인에 관여하고 말았다느니 등의 여러 가지 어처구니없는 말을 듣게 된다.

그리하여 보호를 요청하며 권력 상층부에 호소하는 피해자들은, 권력 상층부가 권력자와 본질적으로 같은 입장을 지닌 가해자를 보호하도록 이미 모든 일이 결정되어 있음을 예측하게 된다. 〈완전한 복음주의 목사〉인 남편이 자신의 열세 살짜리 딸과 정기적으로 성관계를 갖는 것을 발견한 한 여인이 이혼 소송을 제기하고, 정신적 위안을 받기 위해 다른 목사에게 호소한 적이 있었는데, 이때 그녀가 들은 말은 다음과 같다.

내가 그 목사에게 들은 말은 『이혼은 신의 뜻이 아닐 것입니다』라는 말이었다. 남편에게 복종하라. 그것이 그의 말의 요점이었다. 그때 나는 『그가 원하는 것이라면 그것이 어떤 행동이든지 해야 하는 것일까요?』라고 질문했다. 이 질문에 대하여 목사는 『그는 잘못된 일은 그 어떤 일도 우리에게 요구하지 않을 것입니다』라고 답했다.(Hintz 1985: 12)

후에 성적 비행에 관하여 글을 쓴 아버지를 비난하며 그녀의 딸이 같은 목사에게 갔을 때, 어머니이며 동시에 부인인 그 여인의 말을 빌리면 다음과 같은 일이 일어났다.

우리는 모두 목사관으로 불려 들어갔습니다. 그리고 〈심문〉이 있었습니다. 잭은 무죄로 선포되었습니다. 대신 내 딸 앨리스가 아빠 위에 누웠다는 죄목으로 고발되었습니다. 끔찍한 일이었지요. 나는 내내 침묵을 지키고 있었습니다. 내 딸을 위해 할 수 있는 일이 아무것도 없다는 것을, 모든 일이 끝나 버렸다는 사실을 알았기 때문이지요⋯⋯. 잭은 교회에서 높은 위치에 있었습니다. 앨리스와 나는 낮은 위치에 있었구요.(Hintz 1985: 13)

별거한 남편의 은밀한 추적을 받았던 또 다른 여인이 경찰의 도움을 요청했었다.

언젠가 그가 전화로 내가 아파트에서 어떤 옷을 입고 있으며 무슨 일을 하고 있는지 물었다. 그날 밤 늦게 그는 다시 한 번 전화로 내 머리를 박살내고 말 것이라 위협하고, 그 계획의 실행방법에 대해서도 자세하게 말했다. 그래서 경찰에 전화했지만 경찰들에게서 들을 수 있는 말이라곤 고작 자신들이 유령을 쫓아다닐 시간이 없다는 말뿐이었다. 그런 후 경찰관은 이렇게 말했다. 〈만약 그가 당신에게 총을 쏘면 우리에게 전화를 주십시오.〉(Hintz 1985: 16)

군인 남편으로부터 끊임없이 구타를 당했던 여성이 군대의 상부에 호소한 적이 있었다. 그 여인은 다음과 같이 고백한다.

그가 나의 목을 졸라 질식하게 만들고, 한 번만 더 움직이면 나를 죽이고 말 것이라고 엄포를 놓았을 때 정신이 아찔했었던 기억이 난다. 또 한 번은 그때도 역시 술에 만취했었던 그는 나를 때리고 집 주변에다 물건들을 마구 던졌다. 군대 경찰이 도착한 것은 내가 두 번씩이나 전화를 건 후였다. 경찰이 도착했을 때 남편은 발로 문을 차버렸고 문이 벽에서 떨어져 나갔다. 남편은 그러자 그 문짝을 경찰을 향해 휘두르기 시작했다. 경찰이 남편 루이스에게, 부인은 때릴 수 있지만 경찰을 때릴 수는 없는 일이라고

경고하는 소리를 듣고 나는 소스라치게 놀랐다.(Hintz 1985: 1)

작전기지의 상담의를 만나러 가게 된 이 여인은 〈비적응 군인 부인〉이라는 좋지 못한 이름을 달게 되었고, 〈남편을 만취하게 만든 은둔자〉라는 비난을 면치 못했다. 작전기지의 정신과 의사가 그 여인에게 제의한 내용은 다음과 같다.

그 문제는 어떤 면에서 나의 잘못이었다. 그는 그 다음 남편에 대한 내 마음이 식은 것은 아닌지, 그리고 내가 수음행위를 하지 않는지 물었다. 의사 역시 단 한번도…… 남편이 나에게 가한 폭력과 그의 과음에 대해서는 토의하려고 하지 않았다. 나는 속으로 너무도 역겨워졌다. 그래서 나는 그저 아무 말없이 사무실을 걸어 나왔다.(Hintz 1985: 17)

나를 지지해 주지 않는 권력 상부가 공격자 편을 들 때, 모든 피해자들이 다 묵묵히 참거나 조용히 걸어 나올 수 있는 것은 아니다. 일부 피해자들은 책임을 전적으로 자신들에게 전가하는 일에 적극적으로 몰입하게 된다. 이들은 자주 가벼운 형벌을 받으려고 가벼운 쪽의 죄를 시인하기까지 한다. 한 사례 연구가는 아홉 살 때 할아버지가 돌아가신 날, 자신을 〈위로〉해 달라며 성관계를 요구했던 아버지의 요구에 응했던 경험이 있는 여성의 예를 든다.

그녀는 〈세 살 때 했던 일과 똑같은 일을 함으로써〉 응답했고, 그녀의 아버지는 그녀의 몸에 대고 페니스를 세워 문질렀다. 그러나 그녀가 더 어렸을 때와는 달리, 아버지는 이번에 사정을 했으며 침대를 깨끗이 치우는 일을 알아서 처리하라고 그녀에게 명령했다. 그녀는 다음날 어머니가 그때까지도 여전히 더럽혀진 채 있었던 침대보를 발견하셨다고 기억을 더듬었다. 『어머니께서는 몹시 노하셨고, 내 추측으로는 내가 아버지를 성적으로 흥분시키는 어떤 행위를 먼저 시작한 것이라며 무척 나를 나무라셨던 것 같다. 나의 기억은 확실치 않다. 하지만 적어도 어머니께서 화가 나셨다는 것은 분명하다. 그래서 나는 온 힘을 다해 내가 침대에 오줌을 싼 것이라고 어머니를 설득시켰다.』(Women's Research Center 1989: 121)

이러한 피해자들에게 있어서, 권력 상층부와 법의 기능은 올이 풀린 〈상 징적〉 체계에서 모든 사람들이 지닌 욕구의 균형을 맞추고 폭력을 억누르는 일이 아니다. 피해자들에게 있어서 〈법〉과 〈권력 상층부〉란 지속적인 정신적 충격과 경험의 무의미성을 형성하는 필수불가결의 요소일 뿐이다. 철학가의 관점이 아닌 피해자의 관점에서 볼 때, 법은 상징적 질서체계를 보장하는 요소가 분명히 아니다. 법과 그밖의 권위를 상징하는 다른 표현들은 무수히 많은 상처를 아물게 하기도 하지만, 그만큼의 상처를 입힌다. 우리는 법에 대해 동등하지 않으며 동시에 법의 눈으로 볼 때 우리 또한 동등하지 않다. 이것이 바로 피해자들이 우리에게 가르쳐 준 것들이다. 우리가 왜곡된 상징체계에 대하여 정밀하게 검토하게 될 때까지는, 다시 말해 제도 행정에 있어서 일상적인 일이 되고 만 폭력의 감추어진 보호막을 폭로하기 전까지는, 그 어떠한 바로 잡기도 가능할 수 없을 것이다.

......그리고 쾌락

주체의 정신적 기능에 피해를 입힌 폭력은 쾌락의 영역을 그 공격지로 삼는다. 이것은 피해자 인격의 효과적 분열을 유도하는 폭력행위들이 지니고 있는(우리가 발견할 수 있는) 유일한 공통점이다. 먹는 일에서 즐거움을 느끼는 피해자는 먹은 것을 토해 내도록 강요받는다. 타인에 대한 절대적 신뢰에서 기쁨을 발견하는 아기는 공중으로 내던져져 떨어지게 된다. 외모에서 즐거움을 느끼는 피해자는 얼굴이 난도질을 당하거나 염산세례를 받게 된다. 폭력을 동반한 강간은 가장 강렬한 쾌락의 부위를 공격하기 때문에, 주체의 기능 중에서 그 핵심을 겨냥하는 원형적 폭력행위이다. 이 폭력행위는 또한 남성들 스스로 자처하는 권위와 권력의 사회적 지위로 인해 형성되는 조건으로, 남성들이 접근을 제한할 필요가 있는 지역(즉 결혼을 통해서)에서 일어난다. 성적 폭력은 쾌락 분쇄의 목적을 향해 돌진해 나가며 자기 마음대로 생물학과 문화(철학, 역사, 제도적 형태, 심리적 이전의 기질)가 가지고 있는 모든 자원을 총괄 지휘한다.

폭력은 쾌락을 직접적으로 공격하지는 않는다. 폭력은 피해자의 주체가 그녀 자신의 쾌락과 맺는 관계 내부로 슬며시 침입한다. 동물과 달리 인간은 문화 속에서 산다. 우리의 욕구는 동물적일 뿐만 아니라 문화적으로 주어진 것이기도 하다. 그렇기 때문에 우리는 생존하기 위해서만 오직 음식물을 필요로 하지 않는다. 우리는 특정한 요리를 원하고 그 요리의 소비를 위한 축제적 사건을 원한다. 우리는 우리를 생물학적으로 재생산하기 위해서만 성관계를 필요로 하지 않는다. 우리는 문자 그대로 〈환상적인〉 그런 종류의 성관계를 욕망한다. 요컨대 문화적인 존재로서의 인간은 욕구의 단순한 충족을 위해서만 기능했을 수도 있는 원래의 능력과 결별한 지 이미 오래다. 문화는 우연히 지나가는 형태로만 욕구를 충족시키도록 만들어져 있지는 않다. 욕망을 언제나 생동감 넘치도록 하는 문화 자체의 능력에 미래를 걸고 있다. 이제 우리 현대의 문화적 장치에서 중심 명령은 〈즐기자〉가 되었다.

〈자신을 즐기자〉라는 명령이나, 심지어는 〈즐거운 하루가 되십시오〉라는 인사에 순종하는 일은 겉으로 드러나는 것처럼 쉬운 일도 즐거운 일도 아니다. 주체가 그 주체 자신의 쾌락과 맺는 관계는 쉽게 이루어지지 않으며 심지어는 〈불가능하기〉까지 하다.(Zizek 1991)[21] 자기 자신의 욕망을 인식하고 이해하는 문제, 그 욕망과 관계를 맺는 문제, 다루는 문제는 현대 사회에 존재하는 친밀한 관계들의 주요 구성 요소들이다. 친밀한 사람들끼리는 상대방의 욕망뿐만 아니라 자신들의 욕망과 관련된 불안감과 꿈을 상호자백할 수 있는 것이라고 여긴다. 친밀한 사람들이 해야 하는 일은 우리가 스스로 자신의 욕망을 인식하지 못하는 것처럼 보일 때 우리 자신의 욕망이 무엇인지 우리에게 상기시켜 주는 일이다. 또 우리의 욕망을 충족시키거나 그 욕망이 너무 파괴적일 경우에는 그것을 억제하는 일을 도와 주는 것으로 알려져 있다. 친밀한 인간관계의 주변을 둘러싸고 있는 틀은 잉여와 부족의 변증법이다. 친밀한 사람들의 역할은 상호간의 욕망을 지지하면서, 동시에 즐거움이 잉여나 결여상태에 항상 놓이게 되는 틀 안에서 욕망을 실현하고자 할 때, 윤리적·미학적 균형을 맞추는 일이다.

쾌락에 관련된 문제에서 균형을 추구하는 일은 한 문화의 존속에 매우 근본적이다. 하지만 그것은 항상 〈즐기라〉는 특수한 문화적 명령에 역행한다. 왜냐하면 이 문화적 명령은 주체에게 욕망보다는 충동으로 거슬러 올라가 충동과 관계를 맺게 하기 때문이다. 우리는 이러한 외면적 모순에 대해 변명하느라 시간을 보내지 않는다. 대신 우리는 우리 문화를 존속시키기 위해서 우리가 해야 할 일이란 우리 문화 속에 내재되었으며, 폭력을 행하는 자들이 동일시하는 자기 전멸의 경향에 맞서서 싸워야 한다는 점임을 주장한다.

폭력과 쾌락의 경제학

폭력의 궁극적 근원은 후기자본주의 경제와 그 지지 세력인 포스트모던 문화이다. 이러한 거시적 구조 속에서는 그 어떠한 종류의 만족도 있을 수 없다. 존재할 수 있는 것은 오직 지속적인 욕망뿐이다. 이 문제에 대한 해결책은 욕망을 과다-충동질하는 일이다. 즉 욕망을 과잉으로, 충분한 정도 그 이상으로 증폭시키는 일이다. 그리하여 욕망은 심지어는 충족이 된 이후에도 여전히 남아 있는 욕망, 그 충족이 단지 그 이상의 것에 대한 욕구를 자극시킬 뿐인 욕망이 된다. 이 해결책의 정반대 방법은 부족을 당연한 것으로 보도록 부추기는 일이다. 이 부족이란 단순히 하나의 인간적 욕구를 충족시키는 데 필요한 그 무엇이 결핍된 것을 의미하지 않는다. 그것은 아무것도 아닌 것 그 이하이다. 이것은 우리가 쾌락을 경험하거나 욕망을 만족시키는 것으로 상상을 시작하는 지점에 도착하기 바로 직전, 무엇인가(사랑, 급여를 지불하는 직업, 폭력의 중단)를 필요로 할 수 있는 결여 또는 부정의 상태이다. 과잉은 결코 만족될 수 없는 영속적이며 끝없이 확장하는 욕망의 원 속에 깃든 결핍을 먹고 산다.

쾌락 과다 추구에 대한 열망과 그 결핍

이러한 맥락에서 볼 때 푸코가 철학의 유토피아를 잉여와 과잉으로 동일시했다는 점이 문젯거리가 된다. 이 이론은 최근 프랑시스 바르트코우스키(1988)의 동의를 받은 바 있다.[22] 계급을 기초로 하지 않은 사회에서 잉여와 과잉을 만들어 내는 일이 얼마나 신뢰할 만한 일인가에 대해 생각한 사람은 이제까지 아무도 없었다. 노동자는 항상 과잉의 쾌락을 즐길 기회를 갖지 못했다. 노동자는 과잉을 오직 결핍 혹은 잉여 가치로써만 경험할 수 있었다. 노동자의 관점에서 볼 때 자신들이 겪는 결핍은 오직 타인들의 잉여 쾌락으로써만 경험되었다.[23] 자본주의에 내재된 이러한 구조적 폭력은 그 폭력의 피해자에게 지속적으로 정신적 피해를 입히는 폭력과 동일하다. (폭력 이외의) 어떤 다른 죄를 범하기 위해 필요 이상의 완력을 사용치 않는 순전히 기능적인 공격은, 그것이 아무리 격렬하다 하더라도 장기적 측면에서 성격 파괴라는 결과를 수반하는 일이 거의 없다. 지갑을 도둑맞을 때 팔이 부러지는 경험을 한 여성은 자신이 우연하게도 잘못된 시간에 잘못된 장소에 있었을 뿐이라고 믿을 수 있다. (앞서 예를 들었던 센트럴 파크에서처럼.) 하지만 만약 지갑이 없어질 때 그녀의 팔이 부러진 것이 아니라, 공격자가 지갑을 갈취해 간 후 단지 그녀의 팔을 부러뜨리기 위해서 되돌아왔다면, 이 일은 다른 차원의 문제가 된다. 첫번째 공격은 그녀의 재산권에 가해진 공격이었다. 두번째 공격은 그녀의 신체에 가해진 공격일 뿐만 아니라, 첫번째 공격으로부터 살아남았다는 안도감을 겨냥한 공격이었음은 분명하다. 즉 이것은 그녀의 쾌락을 방해하는 공격이었다. 실제적이거나 경제적 목적이 없어 보이는 지배의 과시는 그것이 어떤 것이든 자본주의 문화의 뿌리 깊은 모순에 대한 초-남근적 해결책에 동의한다.(J. MacCannell 1991b) 공격자는 자본주의가를 흉내낸다. 특히 그가 효과적으로 『나는 그것 모두를 가지고 있지만 더 많을 것을 갈취할 수 있어. 나는 내가 원하는 것 그 이상을 추출해 내기 위해, 너의 신체적 한계 상황을 넘어서는 곳까지 너를 밀어낼 수 있어. 나는 만족하는 법이 없어. 너는 내가 네 지갑과 네 노동의 대가를 갈취했을 때 네가 주어야만 하는 모든 것을 주었다고 생각할지 몰라. 하지만 나는 계속 너에게서 무엇인가를 빼앗을 것이며, 너를 아무것도 아닌 것 그 이하로 만들어 버릴 거야. 너의 팔은 아무것도 아니야. 나는 그것을 능가하는 그 이상의 일을 할 수 있어. 설령 내가 너를 죽인다 해도, 나는 너하고 반드시 끝장을 본 게 아니란 말이야』[24]라고 말할 때 더욱 그러하다. 하위 프롤레타리아의 가정 폭력은 〈문명〉이라는 일반화된 경제, 문화 모델에 일부 피해자들과 가해자들이 완벽할 정도로 공모하는 만큼 우리에게 가깝게 다가올 수 있다.

과잉과 결핍의 변증법적 대치가 이러저러한 형식으로 모든 피해자의 이야기 속에 나타나고 있다지만, 한 여인이 사촌과 함께 (아무 특색 없이) 시장을 다녀오는 남편에 대해 말하고 있는 다음의 예문만큼 명확히 나타나는 경우는 없을 것이다. 그 여인에 따르면, 그녀의 남편은 자식들이 영양실조에 걸릴 정도로 늘상 자신이 번 돈을 모두 위스키와 맥주값으로 다 써버리기 때문에 그녀는 깜짝 놀라기도 했지만, 또한 이 사실 때문에 즐겁기도 했다는 것이다.

윌리엄은 뭔가 굉장히 놀랄 만한 것을 보여 주는 것처럼 시장을 봐 가지고 온 봉투를 여러 개 들고 걸어 들어왔다. 〈내가 당신을 위해 사온 것 좀 봐. 자 당신도 먹을 수……있는 것이야.〉남편의 사촌이 떠나자 나는 살라미 샌드위치를 만들기 시작했다. 그러자 미쳐 날뛰는 광인처럼 그는 갑자기 고기를 잡아채서 마룻바닥에 내던지고, 그 고기 위에다 발을 대고 짓밟았다……. 그는 소리를 고래고래 질렀다. 〈나는 당신에게 주려고 이것을 집으로 사 가지고 온 게 아니란 말야. 차라리 개나 주고 말겠어.〉 우리는 그저 궤도에 얼어붙은 듯이 서 있었다.(Hintz 1985: 10)

사회의 전 수준에서 과잉과 결핍의 유희는 욕구(예를 들면 가정 내의 욕구)간의 조화를 맞추기보다는, 특정 타인들이 즐길 수 있는 쾌락의 가능성을 저해하기 위한 잔학 무도한 의지로 변모될 수도 있다. 가정 폭력, 어린이 근친상간, 강간 및 그밖의 증오와 관련된 범죄의 경우, 단순히 자기 자신의 쾌락에의 의지를 승인하고, 〈모든 것을 다 가지려는〉일 이외에는 그 어떤 다른 이유 없이 가해자는 죄를 저지르고자 하는 충동을 느낄 수 있다. 이때 가해자는 상대 피해자를 아무것도 아닌 것 이하로 축소시키고, 어설프게나마 고전적 의미의 자본주의가라는 주체로서의 위치를 차지하게 된다.

폭력과 피해자의 쾌락 분쇄

주체들간의 폭력과 주체 내부의 폭력은 항상 이중적 의미의 붕괴 또는 별리를 수반한다. 첫째, 그것은 피해자 주체와 그녀의 쾌락 사이의 관계를 붕괴한다. 이것은 폭로와 창피 주기, 타락, 구강 및 항문 그리고 질 속으로의 침투, 음식 고문, 수면 박탈 등등을 포함하는 격렬한 죄가 겨냥하고 있는 정확한 목표(심지어 이것이 무의식적일 수도 있다)인 것으로 보인다.

잭은 밤에 침대를 흔들어 나를 깨우곤 하였다. 그런 후 내가 깼을 때, 그는 그가 침대를 흔들지 않았다고 말하곤 했다! 나는 급박히 뛰는 맥박과 신경과민으로 잠을 거의 이룰 수가 없었다.(Hintz 1985: 12)

우리 집에는 음식이라곤 거의 없었을 때가 더 많았다. 집에 고기가 있게 되었을 때 〈이 집의 주인 남자〉는 스테이크를 해먹었는데, 그것은 〈그가 생계를 책임지는 사람〉이었기 때문이었다. 〈그〉는 기름덩어리를 떼어내서 그것을 타바코 소스에 적셔 아이들에게 물도 마시지 않고 먹도록 강요하

곤 했다.(Hintz 1985: 10)

나는 남편이 아이들을 다루는 방식을 좋아하지 않는다. 그는 아들에게 후추를 먹일 것이다. 그는 두 아들의 얼굴이 빨갛게 달아오르고, 후추가 지독히 맵기 때문에 울 것이라는 것을 알고 있다. 그런데 그는 웃는다.(Hintz 1985: 30)

〈그는 술에 취해 집에 들어왔다.〉 그리곤 이 방 저 방 돌아다니며 새로 깐 카페트에 온통 토해 놓았다……. 그런 후 그는 내 앞에 앉아 토하고 내가 소리를 지르게 되니까 웃어댔다……. 아홉 살난 딸이 침대에서 일어나, 있는 힘을 다해 그가 나로부터 멀리 떨어져 나가게 했다. 그는 내가 너무 똑똑하고 깨끗하고 말끔하기 때문에, 그리고 그의 친구들을 싫어하기 때문에 나를 무척이나 증오한다고 하면서 소리를 고래고래 질렀다. 그런 후 그는 자신이 토해 놓은 것을 한 줌 쥐어서 나에게 먹이려고 안간 힘을 썼다. 그는 〈뭐가 문제냐 이 개 같은 년아, 이건 너에겐 분에 넘치는 것이지 않느냐?〉라고 물었다……. 나는 기절하고 말았다.(Hintz 1985: 18)

이러한 방식 중 한 방식이나 그밖의 여러 가지 방식으로 일단 공격을 받은 피해자가, 자신의 영향받은 신체 부위나 기능 혹은 주체의 한 부분을, 공격의 긴장을 수반하지 않으면서도 욕망을 충족할 수 있었던 그 이전의 역할로 복원시키는 일은 여간 어려운 일이 아니다. 공격의 요소들을 반복하고자 하는 심리적 강박 충동이 자주 일어나게 된다.[25]

피해자와 그녀 자신이 느낄 쾌락과의 관계는 이미 와해되었다. 그런데 공격받은 이후 피해자를 사랑하려고 하는 미래의 남성에게도 (그가 누구이든지간에) 필연적으로 이 와해 현상이 확장되게 된다. 프랑츠 파농(Frantz Fanon, 1963: 249-316)은 알제리 혁명군의 아내가 남편이 숨어 있는 장소를 말하지 않았다는 이유로 프랑스의 당국 관료에 의해 강간당한 사례를 기술하고 있다. 그녀는 호된 시련에서 벗어난 듯 보였지만, 그녀의 남편은 그녀를 더 이상 육체적으로나 정신적으로나 사랑할 수 없게 되었다. 그녀가 그를 보호해 주었기 때문에, 이제 그가 부인과 관계를 맺는 것은 오직 그의 죄를 통해서만 가능하게 되었던 것이다. 이제 더 이상 욕망을 통해서 관계를 갖는 것은 불가능하게 되었다. 즉 설령 극복되어진 상태로서만 존재한다 하더라도 공격은 항상 그 자리에 존재하고 있었다. 피해자는 그녀 자신의 쾌락 및 욕망과의 관계를 즐길 수 없을 뿐만 아니라, 그녀와 앞으로 친밀한 관계를 맺을 사람들도 혼란을 겪지 않고 그녀에게 욕망을 갖게 되는 그런 관계를 유지할 수 없다. 어떤 피해자들은 일종의 순환적 굴레에 빠진 채 나오지 못하고 있다. 그들은 자신들의 쾌락을 다시 생각할 수 있기 전에 반드시 육체적·정신적으로 치유되어야만 한다. 그런데 그들은 쾌락을 경험하지 않고서는 결코 치유될 수 없다. 대안으로 피해자들이 택한 방식은 공격과 그녀를 공격했던 가해자들에 대한 생각을 벗어 던지지 못하고, 항시 그 〈주변머리에서 머물면서〉 방어적이며 전복적인 자세로 자신의 쾌락과 관계를 맺는 일이다.

어린 시절 신체적 폭행이나 성폭행을 당했던 여성들에 따르면, 폭력을 혐오하고 그 폭력이 〈잘못된〉 것임을 잘 알고 있지만, 그럼에도 불구하고 이들 여성들은 여전히 성적 쾌락과 사랑을 폭력적 폭행과 연관짓고 있다는 점이다. 심지어 이들은 폭력을 그리워하며, 그 폭력이 없이는 강렬한 쾌락을 경험하는 데 어려움을 겪을 지경에 이른다. 어린 시절뿐만 아니라 어른이 되어서도 신체적·성적 폭행을 당해 온 여성이 가해자의 손아귀에서 벗어난 후 다음과 같이 고백한다.

이상야릇한 일인지는 모르겠으나, 나는 가끔 매맞기를 그리워한다! 만약 누군가가 나에게 잘해 주면서 폭행을 가하지 않으면 나는 기분이 우울해진다. 나는 이 감정을 분석하는 법을 배우고 있는 중이며 요즘은 곧잘 이러한 기분으로부터 벗어날 수 있다. 이것은 내가 항상 명심하고 싸워 나가야 할 그 무엇이다. 나는 우울하고 의기소침해진다.(Hintz 1985: 57)

바스와 데이비스(1988: 261-2)의 설문지 응답자 중의 한 사람은 다음과 같이 밝힌다.

내가 아주 작은 꼬마였을 때, 엄마가 큰 소리를 지르고 비명 소리를 내고 물건들을 던지곤 하였던 기억이 난다…… 그 일은 통상 〈아버지가 얼마 후 내 방에 계시게 될 것을 내가 짐작할 수 있음〉을 의미했다. 그래서 항상 격렬한 장면과 성행위 사이에 어떤 연관관계가 지어졌다. 그리고 이것은 내가 어른이 되어서도 반복되었다. 이것은 일종의 〈화해하기 위해 불화하는〉 일의 징후였다. 섹스는 언제나 싸움 후에 더 좋았다…… 나는 마지막 애인에게 맞았던 때를 안다. 그때 나를 정말 놀라게 했던 사건 중의 하나는, 마루 위에 누워 있는 나를 그녀가 발로 차고 있었을 때 내 머릿속에 어머니에 대한 생각이 섬광처럼 나타났다는 점이다. 나는 누가 나를 때리고 있는지에 대해선 생각지 않았다. 나의 애인은 내 머리카락을 끌어당겼고, 나는 그 순간 그 일은 오직 두 가지 방법으로만 끝날 수 있다는 것을 알았다. 한 가지 방법은 내가 오른쪽 문가로 가 밖으로 나가는 길이며, 다른 한 가지 방법은 왼쪽으로 가 침실로 향하는 문을 여는 일이었다.

바스와 데이비스(1988: 262)의 논평은 다음과 같다.

폭행을 견뎌낸 수많은 생존자들은, 섹스가 폭행의 측면을 어느 정도 포함시킬 때만 성적 자극을 느끼거나 오르가슴을 가질 수 있다. 한 여성은 아버지 얼굴을 상상할 때만 오직 절정에 오를 수 있다. 어떤 여성은 어렸을 때 이웃사람이 그녀를 자극했던 바로 그 방식으로 자극이 되어야만 절정에 오른다. 또 다른 여인은 그녀 자신이 폭행의 가해자로 변모되는 것을 상상할 때에만 자극을 받는다. 많은 사람들이 근친상간에 관한 문학서적을 읽고 있는 도중 자위행위를 한다. 〈수주 동안 일부러 나는 근친상간에 관한 책을 억지로 읽었다. 《만약 내가 깨기 전에 죽어야 한다면》을 한 손에 들고 다른 한 손에는 자위용 진동기를 들고.〉

사랑하는 사람들로부터 피해를 입는 경우가 가끔 있다. 이러한 사람들 (말하자면 폭행을 가하는 아버지나 남편)에게서 도망치고자 몸부림치는 사람들은 욕망 자체에 대한 두려움을 절대로 피할 수 없을 것이다. 이때 그들은 조금씩 강도를 더해 가는 친밀한 애정행위조차, 안전하다고 볼 수 있는 친밀한 행위라면 더욱더, 반드시 벗어 던져야 하는 그 무엇이라고 느낀다. 그런데 그들은 이런 친밀한 관계에 대해 최소한의 경험밖에는 가지고 있지 않으며, 그들은 바로 이 친밀한 관계에서 가장 유혹받기 쉽다.

그래서 폭력의 첫번째 목표는 폭력의 개입 없는 쾌락과 피해자가 그 어떤 관계를 맺지 못하도록(그것이 어떠한 종류의 관계든지) 막는 일이다. 이 일은 쾌락 자체를 막는 일과 동일하지 않다. 몇몇 피해자들의 보고에 의하면, 그들은 쾌락을 즐길 수 있는 가능성을 일시적으로 또는 영속적으로 빼앗기고 만 것이다. 그러나 쾌락이 지엽적이 되고, 특히 공격과 연관되거나 공격 속에 포함되거나 순전히 가해자의 소유물이 되거나, 또는 대안적으로 가해자에 의해 공격 그 자체로부터 멀리 떨어진 곳에 있는 성취 불가능한 리비도의 영역을 차지하는 것으로 정의 내려지는 일이 보다 더 흔한 일이다. 어떤 피해자들은 오르가슴에 도달하기는 하지만 가까스로 어렵게 도달하며, 배를 젓는다든지, 폭포를 바라본다든지, 핑크빛 보푸라기가 달린 공을 바라본다든지 등과 같은 중성적인 이미지에 집중함으로써, 당장 직면하고 있는 성행위의 상황을 절단할 수 있게 될 때만이 오르가슴에 이를 수 있다.

폭력의 두번째 목표는, 피해자의 과거 · 현재 · 미래의 가해자들과 그녀 자신이 알게 모르게 폭행을 가하고 있을 수 있는 사람들, 양자 이외의 다른 모든 사람들과의 친밀한 관계로부터 피해자를 격리시키거나 소외시키는 일이다. 바스와 데이비스(1985: 256)의 질문에 응답했던 한 사람은, 앞으로 맺게 될 친밀한 관계에 대하여 크지만 아무런 근거도 없는 막연한 기대를 가지고 있다.

그것은 어려운 일이 될 것입니다…… 애인을 가졌다고 상상하는 순간

나는 그와 사랑의 행각을 벌이지요. 그가 페니스를 끄집어 내기 전까지 모든 것은 순조로이 진행됩니다. 그런데 그렇게 되면 나는 마루 위에다 모든 것을 토해 내고 맙니다…… 때문에 나와 함께 있게 되는 사람은 누구든지 이러한 나의 성향에 대한 이해심과, 그 자신의 남성성에 대한 확고한 인식을 충분히 가져야만 할 것입니다. 하지만 이러한 상황에서 이러한 인식을 개인적으로 가질 수 있는 남자란 없을 겁니다.

타자가 피해자 및 그녀 자신의 쾌락과 관계를 맺고 상호협조하며 공모할 때만 친밀함이 생길 수 있다. 피해자에게 영속적으로 정신적 충격을 가하는 폭력은 피해자의 쾌락을 가해자가 통제하도록 함으로써 피해자와 그녀 자신의 쾌락 사이의 관계를 철폐한다. 일단 피해자가 더 이상 자유롭게 그녀 자신의 쾌락과 관계를 맺을 수 없게 되면, 그녀는 타인들과의 친밀한 관계를 맺을 수 있는 근거마저도 잃게 된다. 바스와 데이비스 응답자의 다른 한 사람은 다음과 같이 보고한다.

섹스는 통제를 벗어난 행위이다. 그 일은 굉장한 일이지만 다른 한편으로는 나에게 통제를 포기하도록 위협한다. 그 일은 나를 정지시키는 접근 방식이다. 나는 멈춰서서 생각해야만 한다. 〈내가 이러한 일이 벌어지는 것을 원하는 것일까? 아니면 누군가가 내게 다가오고 있으며, 내가 그 일이 벌어지는 것도록 방치하고 있는 것은 아닐까?〉 만약 내가 먼저 그 일을 시작하면 일은 훨씬 더 쉬워진다. 그후 나는 성적인 것이 무엇인지 느낄 줄 아는 사람이 되었다. 나는 내가 성적인 것을 느낀다는 것을 안다. 나는 성희롱을 당하지 않고 있음을 분명히 확신한다.(Bass and Davis 1988: 258)

이러한 일은 다른 내러티브나 보고서에서도 자주 나타나는 일로서, 폭행을 경험하지 않은 사람에게는 한순간 스쳐가는 의심이 될 수 있는 것이 피해자에게는 불가능한 현실이 된다. 피해자는 폭행시 상황을 완전히 장악했던 강간범의 행위를 반복하고자 하는 바로 그 욕망을 바로 자신이 가지고 있음을 명확하게 표출한다. 그녀는 자신이 〈성적인 것을 느낀〉다는 것을 스스로에게 일깨우기 위해서 이러한 행위를 한다고 믿고 있다. 그러나 그녀가 아무리 확신에 차 있다 하더라도, 그녀는 〈성적인 것을 느끼는지〉 알 수 없다. 그녀의 〈지식〉에 대한 강조는 일종의 부정의 형태이다. 그녀는 〈성적인 것을 느낄〉 수 있을지도 모른다. 또는 그녀는 가해자와의 일치감, 자신이 받은 공격의 반복, 이번에는 자신이 기해자의 위치에 있거나 적어도 〈통제하에〉 있다는 사실 등을 숨기기 위해 필사적으로 자신이 〈성적인 것을 느낀다〉고 믿기를 원하는지도 모른다.

친밀함과 정신적 손상을 입은 피해자

단차원적인(치유적이거나 다른) 의사擬似-친밀관계가 피해자와 비피해자 사이에 형성될 수 있다. 물론 비피해자측이 자발적으로 자신을 굽혀 피해자의 불가능한 현실에 (즉 피해자가 그녀 자신의 쾌락에 적응하거나 못하는 방식에) 관심을 표명한다는 조건이 뒤따른다면 그렇다. 따라서 피해자와 의사-친밀관계를 형성한 비-피해자측은 다음과 같은 사실을 발견할 수도 있다. 어떤 특정 행위, 실행, 주제를 피해야 한다는 사실을 항상 경계하고 있어야 하며, 또 아무 뜻 없는 제스처가 결국 환영받지 못하거나, 위협적이거나 아니면 다른 예측불허한 방식의 의미를 갖게 되는 상황이 생길 수 있다는 점에 항상 대비해야만 한다. 아니면 만약 피해자에게 가해진 정신적인 손상이 클 경우, 그 비-피해자측은 아무리 겉으로 드러나는 관심사가 다양할지라도 이루어지는 모든 대화나 비언어적 만남에는 오직 한 가지 현실적인 관심사만이 존재한다는 사실을 명심해야 할 것이다.

피해자는 자신의 쾌락과 욕망에 대한 감각을 잃어버린다는 것이 무엇을 의미하는지 이해할 수 없는 가족과 친구들 한 사람, 한 사람으로부터 격리되어 왔다. 일단 피해자가 가해자에 의해 기억 속에서조차 소외되고 나면, 그래서 그 가해자가 그녀의 마지막 〈친구〉이거나 잔인한 공격에서 벗어날 수 있도록 호소할 수 있는 유일한 대상이 될 정도로 완전히 소외되고 나면, 가해자는 피해자에게 그녀가 인간으로부터 완전히 차단되었음을 상기시키는 기회로서 모든 인간간의 상호관계를 착취할 수 있다. 피해자 내러티브의 가장 독특한 특징 중의 하나는, 특정 폭력행위를 멈춰 달라는 그녀의 애처로운 호소에도 불구하고 그 폭력이 반복되었던 것에 대한 회상이다. 그것이 강간범의 잔인한 공격이나 일격이든, 밀쳐내는 손이나 강타이든, 어린이를 천장이나 벽에 던지는 일이든, 피해자들의 뇌리에 남아 있는 것은 잔인한 행위를 멈추어 달라는 자신들의 호소에도 불구하고 〈가해자는 그 행위를 끊임없이〉 반복해서 행했다는 점이다.

아들 도널드가 태어난 지 6주가 되었을 때의 일이다. 아이가 새벽 2시에 우유를 달라고 보챘다. 이 일로 남편은 화가 났다. 그가 잠에서 깼기 때문이다. 그는 미친 사람처럼 그 여리고 순진무구한 아기를 잡아채서 던졌다. 그리고는 침대에서 천장을 향하여 약 10번 가량 아주 심하게 내던졌다. 윌리엄은 시퍼렇게 변해 있었고, 아기를 향해 소리치느라 숨이 넘어갈 지경이었다.(Hintz 1985: 10)

이러한 인간은 인간 이하, 심지어는 동물 이하의 그 무엇, 동정이나 연민의 가치조차 없는 자로 퇴화되어 있다고 말하기보다 차라리 아예 인간성에서 완벽히 차단되어 있다고 말하는 것이 더 나을 것이다. 인류의 반이 일상적으로 이러한 차단에 종속되어 있다는 사실은 정말 놀랄 만한 일이다.

피해자와 그녀 자신의 쾌락간의 관계에 공격의 경험을 접목시킨다는 것은 단순히 그 관계를 방해하는 일 그 이상이다. 이러한 일은 알게 모르게 앞으로 그녀와 친밀한 관계를 맺을 모든 사람들이 오직 그녀를 공격함으로써, 그래서 그녀에 관한 한 〈그들 나름의〉 방식을 취함으로써만이 그녀가 쾌락을 느낄 수 있게 만든다. 이 말은 그녀와 관계를 맺는 사람들은 그녀가 쾌락에 도달하는 길을 찾도록 돕지 못한다는 말을 뜻한다. 그녀 자신이 쾌락의 상태에 이르는 길을 모르기 때문이다. 그녀는 쾌락을 경험할 수도 있다. 하지만 이 경험은 신비에 싸인 채, 우연한 사건으로서,

또는 이 과정에서 타인을 철저히 차단시킨 채 이루어질 수 있을 뿐이다.

푸코에 나타난 죄의식과 쾌락의 한계

피해자의 관계 형성을 차단하는 일은 근본적으로 죄의식의 형식을 띤다. 자기 자신이 느낄 수 있는 쾌락과 재결합하고자 애쓰는 피해자의 혼란된 주체를 설명하는 데 있어서, 잠재되어 있는 푸코의 유익성을 발견하게 된 곳은 바로 여기서이다. 그의 저작 전반에 걸쳐서 푸코는 〈무죄와 죄 사이에 놓여 있는 깊은 분할〉(Bouchard 1977: 227)에 도전하였다.[26] 푸코에 따르면, 죄와 무죄 사이 원래의 분할은 〈문화〉(즉 언어)에 의한 성적 분할이 개입하는 데서 유래한다.[27] 구조적으로 볼 때, 성적 분할이 첫번째 죄이다. 이 첫번째 죄를 넘어서는 일은 무죄를 약속해 주지만 우리가 알고 있는 대로의 〈문화〉를 희생시키는 대가를 요구한다.[28] 푸코에게는 〈타락한 신체로 가득 찬 기독교 세계〉의 절대적 죄만이 오직 다음과 같은 무능을 적절히 표현하는 일에 근접하는 것으로 여겨진다.

욕망, 환희, 침투, 황홀경, 우리를 소모행위로 이끄는 분출 등의 연속적인 형태들을 구분할 수 없는 무능…… 이러한 것들은 우리를 정확히 신에 대한 사랑의 핵심에 이르게 한다. 이러한 모든 것들은 신적인 사랑에 대한 분출이며, 동시에 그 사랑으로 되돌아가는 근원이다.(Bouchard 1977: 30)

푸코는 바타유와 함께 악 속에서 행복의 가능성을 복원시킨 사드를 칭송한다. 두 사람 모두 도덕적 배경이라는 궤도에서 이탈하여 순수한 자기-형성의 목표로 시선을 돌렸다.

이러한 요청은 급진적이다. 푸코의 도전은 사드의 도전 못지 않게 인간에게 자기를 형성할 수 있는 힘을 —— 신이 죽은 이후 —— 회복할 수 있도록 했다. 자기-형성은 관습적으로 우리를 옭아매었던 이전의 구속을 모두 없앤 뒤에 착수되어야 한다. 푸코가 〈죄인〉·〈광인〉·〈여성〉, 그리고 〈어린이〉에게 보낸 지지는 고전적 의미에서의 〈자유주의적〉 태도라기보다는 쾌락과 권력에 가해진 각양각색의 구속에서 해방되기를 요청하는 태도이다.[29]

우리는 푸코가 권력의 문제에 대해서 미성숙한 유토피아 사상을 피력해 왔다고 논해 왔다. 여기서 우리가 푸코가 쾌락의 문제, 특히 여성의 쾌락에 관해서는 보다 더 성공적이었다 라고 말할 수 있을까? 죄, 상호관계, 상호교환을 넘어서는 쾌락에의 약속이 침실에서의 철학을 공표한 사드에 의해 예고되었다. 이 침실에서의 철학은 인간의 쾌락을 즐길 수 있는 권리를 확장함으로써 칸트의 성적인 평등주의를 보다 더 발전시킨 셈이다. 이것은 『나는 당신의 몸을 즐길 권리를 가지고 있다. 그리고 당신은 나의 몸을 즐길 권리가 있다』로 요약될 수 있다.[30]

푸코가 쾌락의 느낌에 부여한 부정할 수 없는 권위에도 불구하고, 우리는 쾌락의 문제에 한계를 설정한 푸코에게 실망한다. 그의 목표인 비-성별화된 포괄적인 쾌락-쥬이쌍스(joussance; 이리가라이, 씩수와 같은 프랑스 페미니스트들이 추구하는 여성만의 완전한 기쁨)는 여성들의 일상 경험에 비추어 볼 때 논박의 여지가 있다. 이론적으로는 더욱더 우리에게 실망을 안겨다 주고 있는데, 그것은 그의 이론이 기표—— 이것이 이 글에서 묘사된 폭행의 구조적 바탕을 이룬다——로부터 강제로 분할된 〈여성〉의 문제를 설명해 내지 못하고 있기 때문이다.

몇몇 페미니스트들은 그럼에도 불구하고 푸코가 제시한 각 개별 주체를 넘어선 지고의 자기-주체성의 꿈을 인정해 왔다. 이들 페미니스트들은 권력이 중립적 상태에서 유래한다고 보고, 푸코를 통해 여성에게 열려진 쾌락의 길을 찾았다. 특히 〈여성은 곧 피해자〉라고 생각하는 가학-피학성 요소가 혼합된 여성동성연애자 연극 속에서 그 길을 찾았다.[31] 설령 푸코의 인도로 타락의 길에 들어섬으로써 치유를 받게 된 여성 피해자들에게 새롭고, 긍정적이고, 연극적인 쾌락의 공간이 열려질 수 있게 되었다손 치더라도, 여성의 신체에서 〈중립적〉 힘과 〈평등주의적〉 쾌락이 만날 때 그 결과물이란 순수한 의미의 공포가 될 가능성이 높다. 성범죄에서 무구함을 추구하는 푸코의 논리는 결과적으로 그에게 강간을 무죄로 만드는 운동에 참여하는 기회를 주었다는 점을 기억해야 한다.[32]

결 론

푸코가 요청한 것은 자유로운 주체들 사이의 지엽적 권력관계로 점철된 새로운 형태의 무한정한 자기 연속체였다. 하지만 푸코의 글에는 두드러질 정도로 이러한 〈새로운〉 형태에 대한 자세한 설명이 결여되어 있으며, 구체적인 제안도 거의 찾아볼 수 없다. 게다가 푸코의 유토피아적 환상 역시 현재에 그 뿌리를 내리고 있다.[33] 불행하게도, 지금껏 검토한 사례들 속에서 우리는 푸코가 꾼 꿈의 악몽적 변형체가 이미 일상생활의 세세한 구석까지 자리잡고 있음을 발견하고 말았다. 동성애와 새디즘(sadism) 및 매저키즘(masochism)의 경우를 제외시킬 수 있겠으나, 미래에 가능한 주체성과 성으로부터의 해방에 대하여 푸코는 그 어떠한 자세한 도면도(그 흔적조차도) 제시하지 않는 방법을 택했다. 〈일탈자들〉이 자유롭게 방해받지 않는 상태로 살 수 있는 유토피아적 현재에 대한 푸코의 진정한 욕망은 불리워지지 않은 노래로 남겨졌다. 미래의 유토피아를 자세히 기술하는 작업은 과거 선의를 가졌던 남자들을 간혹 당황시켰다는 것은 주지의 사실이다. 우리는 이 점에 있어서 신중한 태도를 보였다는 이유 때문에 푸코를 비난하기를 원치 않는다. 푸코는 자신이 다양성으로의 길을 열어 놓았다고 생각했다.

그러나 이제까지 억압받아 온 담론을 권력이라는 유일무이한 문제로 귀속시킴으로써, 담론을 복원시킨 푸코의 노력을 우리는 높이 평가한다. 권력을 본래적으로 중립적 기계로 본 푸코는 누가 권력이라는 기계의 시동을 걸게 되었으며, 누가 그 권력 기계를 작동하고 또 얼마나 오랫동안 작동시키는가에는 관심이 없었다. 권력은 거대한 균등화 장치였다.[34] 모든 억압받아 온 지식의 주체들을 〈지엽적〉인 것으로 특징지으면서, 푸코는 자기도 모르는 사이에 그 주체들의 기저를 파헤치게 되었다. 그런 연유로 푸코에 의하면 그 주체들은 단순히 특정 가해자와의 관계에서뿐만 아니라, 일반적으로 이상화된 권력과의 관계에서도 일종의 소수 집단이 되었다. 푸코의 〈피해자들〉은 지휘권을 쥐기 위해서라면 반드시 자신들만의 특정한 〈지엽적〉 특징들을 양도해야만 했다.

따라서 〈여성〉은 해결되지 않은 상태로 남겨졌다. 비록 남성성의 권력과 특권을 부여받고 있는 〈남근〉을 넘어선 곳에서 법의 굴레에서 벗어난 〈여성〉의 〈완전하고〉 무한한 쾌락을, (자신이 꿈꾸어 온) 유일한 형태 속에 접목시키는 일을 꿈꾸었지만, 푸코는 여성의 쾌락에 대한 어떤 진정한 모델도 제시하지 못했다. 여성이 그녀 자신과 쥐이쌍스 사이의 관계를 형성해 나가면서, 자기 자신에게 〈권력〉을 휘두르는 특정방식(이것은 무제한적이며 남자에게 견디기 힘들었던 것처럼 그녀에게도 견디기 힘든 것일 것이다)에 대해서도 푸코는 단 한번의 언급도 하지 않았다. 푸코는 여성을 간과하였다. 그는 아무 생각 없이 여성을 있는 그대로, 보호되지 않은 상태로, 타인에게 구속된 상태에 종속되어 살도록 방치했다.

이러한 사실에도 불구하고 페미니스트들은 푸코가 체제화시킨 다분히 유토피아적인 성별 무효화와 이에 상응하는 이론적 중립성에 애정어린 눈길을 보낸다. 푸코에 관하여 이러한 페미니스트들이 쓴 글들은 〈전통적 가설들을 중단시키고〉, 〈불확실성의 정치학〉을 논하고, 〈도덕적 독단주의와 무엇이든지 통행 가능한 자유주의적 다원주의라는 진퇴양란에서 방향을 잘 잡아 운전해 나간〉 푸코를 찬양하고 있다.[35] 〈새로운 삶의 양식들〉에 대한 푸코의 자유주의적 색채를 띤 창조적 입장 —— 이러한 입장은 오직 비판에 의해서만 가능할 수 있었다 —— 을 긍정적으로 평가한 페미니스트의 주장은 중립적 전술, 한쪽 편들기 억제, 〈아무것이나 통행 가능하다〉에 대한 검열 등 다른 측면의 푸코를 칭송하는 페미니스트들에 의해서 도처에서 그 효력을 잃고 있으며, 이 사실이 우리를 무척 괴롭힌다. 모든 가치의 전면적 재평가라는 아슬아슬한 위기로부터 푸코가 후퇴했다고 말하는 것보다는 그가 실로 그 위기를 훨씬 넘어 나아갔다고 말하는 편이 옳을 것이다. 그러나 우리 문화가 자체의 안전 밸브로 특별히 고안해 낸 동성애와 새디즘·매저키즘과 같은 체제 속에 굳건히 뿌리를 내리고 있는 급진적 변형체들에 속박되어 있었던 푸코는, 그가 반드시 해야 했을 진정한 의미의 상상적 영역으로의 도약에 실패했다. 결국 푸코는 권력의 가면을 벗어 던진 폭력에 의해 지금 현재도 매일 창조되고 있는 새로운 주체적 양식들, 예컨대 최근 극성을 부리고 있는 갱단, 걸프전······ 등의 문화가 보여 주는 어두운 가능성에 대해서는 전혀 탐구하지 못했던 것이다. 이러한 상황에서 우리가 반드시 짚고 넘어가야 할 것은, 푸코가 진정으로 〈오이디푸스〉적 성적 동일화 및 그 효과를 〈넘어〉갔는지의 여부이다.

끝으로 우리는 페미니스트 비평가들, 그 중에서도 특히 상대적으로 정신적 피해를 입지 않은 페미니스트 비평가들, 즉 자신들이 성적 일탈자가 아니기 때문에 성적 일탈자와 일체감을 느끼는 페미니스트 비평가들을 유혹하는 것은 다름 아닌 성적 평등이라는 안락한 주장이라고 생각한다. 사드의 주장에도 불구하고 너와 나는 단순히 비슷하지 않다. 성적 차이에 근거한 불평등이 존재해서는 안 된다는 이유 하나 때문에 단지 성차별이 존재하지 않는다고 위장한다는 것은, 오히려 그 불평등을 영속화시킬 뿐이다. 남근의 관점에서 살펴볼 때, 그 무엇보다도 서구 문화에서 여성은 성적 측면에서의 이탈자이다. 억압의 측면에서 볼 때 〈자연스러우며〉 〈사회적으로 구성된〉 여성의 섹슈얼리티는 〈부자연스러우며〉, 〈사회적으로 경멸받는〉 동성애자의 성적 정체성과 친구가 되어 왔다. 양자 모두 폭력의 위협 아래에서 권력과 그 제도의 외곽으로 내던져졌다는 점에서 동일한 경험을 했던 것이다. 그러나 폭력의 역할이 무엇인지 알려지지 않고 설명되지 않는 한, 이러한 양자간의 유사성은 하나의 덫이며 혼돈일 뿐이다. 만약 권력 소유권에 대한 저항이 지엽적 담론에 자리잡고 있으며 그 담론의 〈억압된 지식〉이 배움을 통해 알 수 있는 영역이라면, 푸코의 비판은 억압된 자, 성적 일탈자/사회적으로 구성된 〈자연스러운 여성〉과 〈부자

연스러운 남성〉의 경계를 규정하고 이름짓는 권력을, 충분히 교란시키거나
전복하지 못했음이 분명하다.

1ㅁ

여성의 섹슈얼리티와 남성의 욕망 전유

카롤라인 라마자노글루 · 자네트 홀란드

푸코는 서구의 섹슈얼리티를 분석해 온 페미니스트의 주장에 심각한 도전을 제기했다. 그의 이러한 도전에는 신체의 본질과 권력의 본질에 관한 그 특유의 개념들이 특별히 이용되었다.[1] 푸코의 저작은 페미니스트들에게는 당혹스럽게 여겨질 수 있다. 이는 푸코가 일부 권력에 대하여 내리고 있는 여러 가지 진술과 이러한 진술이 여성의 삶에 던져 줄 수 있을 의미를 파악하는 일이 힘들기 때문이며, 또 다른 측면에서 보면 페미니즘의 정치적 전략이 푸코의 이론과 전적으로 융화될 수 없는 권력 및 신체의 개념에 기초하고 있기 때문이기도 하다. 페미니즘은 종속당해 온 여성들의 경험에서 시작되었다. 수년 전에 미간 모리스는 남성 중심적 사상에 깊이 뿌리를 내리고 있는 푸코의 저작은 여성들을 위해 도움이 될 만한 그 어떠한 일도 해낼 수 없다고 논한 바 있다.(Morris 1979: 152) 푸코의 사상에 나타난 이러한 남성 중심적 노선은 그의 저작을 연구한 모리스 이후 최근의 페미니스트 분석에서 그 증거를 충분히 찾을 수 있다.(Fraser 1989; Braidotti 1991; Sawicki 1991) 그러나 그럼에도 불구하고 페미니스트들이 권력의 복잡한 작용에 대해 생각해 온 바로 그 방식대로 푸코가 여러 가지 문제들을 제기한다는 점에서, 이러한 페미니스트들은 물론 다른 페미니스트들도 그의 저작이 유용하다고 생각해 왔다.

페미니스트들이 보여 주고 있는 권력관계의 변화에 대한 관심은 권력의 본질을 규명하는 데 지속적으로 문제를 불러일으켜 왔다. 여성이 남성과 맺는 관계를 변화시키면서 동시에 여성을 분할할 뿐만 아니라, 남성도 분할하는 수많은 사회적 구분에 주의를 기울이는 일에 대해 생각해 보면, 거기에는 특별한 문제들이 산재해 있다. 푸코는 페미니스트 정치학의 저변을 파헤친다. 왜냐하면 권력이란 사회적 관계의 그물망을 관통해 산포되어 있다는 푸코의 주장이, 남성들이 여성들(그리고 종속된 남성들과 어린이들)에게 행사하는 권력을 소유하게 된 것은, 어느 정도 상대적으로 안정된 성/젠더 혹은 가부장제도를 통해서였다는 페미니스트의 주장을 분해시키는 것처럼 보이기 때문이다. 페미니스트 이론에 따르면 여성들 사이에 나타나는 여러 가지 사회적 분할에도 불구하고 여성들이 남성들의 지배를 받는 것이 무척이나 일반적인 현상으로 보여진다.

보다 구체적으로 말하자면 페미니스트들은 신체를 성의 정치학의 장소로, 특히 여성 신체에 가해지는 통제에 저항하는 투쟁의 장소로 여겨 왔다.(Gaten 1988) 만약 여성들이 자신들의 신체에 대한 통제력—— 예를 들면 피임, 출산, 또는 성적 쾌락——을 얻고자 한다면, 그들은 투쟁을 통해 남성들의 권력을 뒷받침하고 있는 특정한 지엽적 관계를 변형시키는 방법을 통해 자신들에게 힘을 부여해야만 했다. (그러나 섹슈얼리티를 관건으로 벌어지는 이러한 투쟁들이, 종족 차별과 계급을 두고 벌어지는 투쟁에서 보이는 다른 권력관계들과 구별될 수도 있다는 점이 항상 주목의 대상이 되지는 않는다.)

이성애異性愛 관계에 대한 페미니스트 사상은 남성들이 행사하는 성적 지배에 저항함으로써 자신들에게 힘을 부여할 수 있는 여성들이 가능하다는 맥락에서 권력을 파악하는 경향이 있었다. 그러나 이러한 사고방식들이 대부분의 푸코의 사상에서는 그 흔적을 찾을 수 없는 자발적인 행동의 권한을 부여받은 주체를 함축하고 있다. 푸코는 〈사회〉 내의 〈거대한 이항 분할〉과 〈대단히 근본적인 균열〉이 있을 수 있다는 사실을 인정했다.(1984: 96) 하지만 점차적으로 푸코의 권력에 대한 관심은 이와 같은 분할로부터 동떨어진 다른 곳으로 옮겨갔다. 푸코는 권력관계가 〈사회 총체 전체를 관통하는 광범위한 균열의 효과〉를 산출해 낼 수 있으며 이 것이 결과적으로 〈주요 지배세력〉으로 형성된다는 점을 인정했다. 그러나 푸코의 독창성은 『단일화를 분쇄하고 재결합을 시도하며, 개개인 자신들을 가로질러 헤치고 나아가 산산조각 내며 개축하고, 자신들의 내부라 할 수 있는 신체와 마음 속의 최소한의 영역을 따로 떼어두면서, 이리저리 방향을 트는』(Foucault 1984: 96) 사회적 균열을 지적했다는 점에서 찾을 수 있다. 권력이 한 단체나 카테고리가 다른 단체나 카테고리에 〈행사〉할 수 있는 소유물이 될 수 있는 가능성을 푸코는 분명히 부인했다.(앞글: 93-4) 그렇다면 방해물로서의 남성(또는 〈계급〉이나 〈종족〉)이 권력을 〈소유〉할 수 없기 때문에 여성 또한 남성과의 관계 속에서 자신에게 권력을 부여할 수 없게 된다는 논리가 성립된다. 변화무쌍하고 지엽적이며 특정한 저항의 지점들을 발견함으로써, 여성들이나 다른 종속체들이 권력을 불안하게 할 수 있다고 생각한 푸코는 이 점을 문제로 여기지 않았다. 그러나 푸코는 스스로에게 행사할 수 있는 권력을 소유한 여성의 경험이나 여성의 분노와 아픔의 관점에서 말하지 않았으며, 저항의 가능성을 지닌 사람들을 위한 특정한 정치적 행동을 구체화시켜 주는 것이 그의 역할이라고도 보지 않았다.

이와는 대조적으로, 급진주의적 페미니즘은 여성들에게 섹슈얼리티와 신체에 관한 대단히 과격한 분석을 제공하였다. 이 분석은 우리가 〈정상적〉이라고 생각하는 이성애의 실행과 그 관계가 자연적 현상이라기보다는 사회적 현상이라고 생각하는 단순한 입장을 거부한다. 이 페미니즘 분석에 따르면, 이성애는 여성의 신체를 통제하고 여성을 종속시키고자 하는 남성의 이해 추구과정에서 구성된 것이다. 그 나름대로의 철학적 토대라든지 여성간의 내적 결합 또는 여성간의 사회적 분열에 대한 민감한 반응의 견지에서 볼 때, 이러한 분석들은 반드시 강력한 힘을 지니고 있는 것은 아니지만, 여성의 섹슈얼리티에 대한 경험의 가치를 높이 사고 표현한다는 점에서 정치적 다이나마이트의 역할을 해내고 있다. 새로운 페미니즘의 물결이 탄생되었을 때, 그것은 해야 할 일이 정확하게 무엇인지를 다른 여성들에게 말하는 일을 거의 금지하는 일이 없었다. (그래서 결과적으로 이것은 가혹한 비판을 받았다.) 하지만 이 새로운 페미니즘은 여성들에게 자신들의 개인적 경험을 성의 정치학의 관점에서 바라볼 수 있는 힘을 부여했다고 설명할 수 있다.

이 말은 여성의 경험이 단순히 주어진 것, 사실적인 것, 혹은 중립적인 것으로 여겨질 수 있다는 말을 의미하지는 않는다. 여성의 체험담을 정당한 것으로 인가하는 방법에 대해 페미니즘은 의견이 분분하다. 우리는 경험이 지식이 되는 과정이 어떤 수준에서는 〈실제〉라고 하는 것에 바탕을 두고 있으며, 동시에 이러한 〈실제들〉에 관하여 우리가 생각할 수 있는 방식에 의해 항상 그 형태를 갖춘다는 견해를 받아들인다. 〈진실〉되고 〈사실적인〉 것으로서 경험을 개념화시키는 일과 경험이 사상에 의해 구축되고, 공식화되고, 의미를 갖게 되는 일 사이에서 발생하는 긴장은, 다른 대부분의 사회이론의 분야에서처럼 페미니즘의 경우에도 혼란스럽게 여겨지고 있으며 논쟁의 대상이 되고 있다.

그러나 여성의 경험이 새로운 방식의 사고에 포함될 수 있도록 새로운 사상들을 제공한 점에서 페미니즘은 효과적이었다. 다이아나 퍼스(1989: 118)의 논평에 따르면, 『경험이란 실제하는 것에 대한 신뢰할 만한 안내자가 결코 될 수 없다. 하지만 이 말이 곧 경험의 역할이 지식 산업 영역에서 완전히 제외되었다는 말을 의미하지는 않는다』 젠더가 어떻게 다른 사회적 분할 분리와 상호교류하는가에 대한 보다 일반적 지식의 산출을 도왔던 것은 부분적으로는 다름 아니라 페미니스트들 스스로 밝힌 여성들의 종속과 주변화 경험이었다. 강간의 위기가 행정관리의 중심을 차지하고 그 행정관리를 변화시킨 것, 가정 폭력의 〈피해자들〉을 위한 도피처와 안식처가 마련된 것, 여성동성연애자가 도래하게 된 것, 피임, 유산, 출산할 때의 여성 신체에 대한 통제 등을 두고 투쟁이 벌어진 것──이러한 것들은 일반적으로 남성이 여성에게 세력을 〈휘두르고〉 있으며, 여성은 이 세력의 정체를 파악하고 집단적으로 그 세력에 저항할 수 있다는 이론을 매개로 여성 경험을 해석한 정치적 결과에 대한 증거들이다. 남성의 권력 소유에 관해서는 물론 여성 종속의 다양한 경험에 도전하는 데 사용되는 여성의 자발적인 행동 권한에 관하여 이같은 인식을 놓치지 않고 있으려면, 우리는 푸코의 권력 개념에 대한 분명한 반응을 보일 필요가 있다.

권력 관계의 중립지대

이 논문에서 우리는 푸코에 대한 페미니스트들의 평가, 그리고 여성 경험에 대한 다양한 해석에서 유래하는 권력 부여와 저항의 문제를, 여성 신체와 관련하여 고찰하면서 이때 제기되는 몇 가지 문제들을 고려해 본다. 푸코와 페미니즘 쌍방 모두 권력이 인간들 사이의 각 관계의 수준에서 행사되는 상세한 과정에 대해서 상당히 명쾌하게 밝혀냈다. 그러나 푸코도 페미니즘도 우리가 대충 권력의 〈중립지대〉라고 이름지을 수 있는 것에 대해서는 적절히 구체화시키지 못했다. 그런데 인간관계의 수준에서 벌어지는 권력 행사의 미시-정치학과 남성 권력의 침해에 관한 몇 가지 개념 양자 사이의 복잡한 사슬의 고리가 보다 일반적으로 즉 남성의 여성에 대한 우위성을 조직적으로 인정하는 방식으로 추적될 필요가 있다면 그것은 바로 이 중립지대에서이다.

신체란 섹슈얼리티, 의학, 교육 등의 담론에 의거하여 이루어진 사회관계 속에서 산출된 권력의 효과라고 주장하는 푸코의 이론은, 이 책의 여러 필자들이 보여 준 바와 같이 페미니즘의 저작활동에 생산적인 영향을 끼쳐 왔다.[2] 권력은 어떤 한 단체의 소유물이 아니며, 따라서 억압을 가하는 자와 억압을 받는 자라는 이중구조의 관점에서 적절히 이해될 수 없다는 주장은(Foucault 1984) 더 많은 문제를 제기한다. 도처에서 유래할 뿐만 아니라 모세관 운동을 하면서 밑으로부터 사회 전체를 통해 퍼져 나가는 권력에 대한 푸코의 개념과, 결과적으로 일어날 수 있는 권력의 집중화 현상 사이에 발생하는 균열에 대한 푸코의 간헐적인 인정, 이 양자 사이에는 설명 가능한 틈이 있다.(앞글)

푸코는 〈권력관계의 그물망〉을 〈기구와 제도라는 지역 속에 정확하게 자리잡지 않으면서도 이 기구와 제도를 통과해 지나가는 밀도 높은 망을 형성하는 것〉으로 설명한다.(Foucault 1984: 96) 자나 사위키(1991: 24)는 『이러한 상승적 분석을 활용함으로써 푸코는 사회의 미세한 수준에서 권력의 메커니즘이 어떻게 권력관계의 지배적 그물망의 일부가 되어 가는지 그 과정을 보여 주었다』라고 논평한다. 그러나 권력관계의 그물망 속에 나타나는 권력의 미시-물리학과 남성 지배에 관한 탐구 사이에 벌어진 격차는 이론적 기민함을 예증하는 하나의 실례이며(왜냐하면 우리는 매 수준에서 권력을 개념적으로 파악해야 하기 때문이다), 동시에 정치적 수완을 보여 주는 한 예이기도 하다(왜냐하면 여성들은 다양하면서도 효과적인 저항의 전술을 필요로 하기 때문이다).

여성들을 쥐고 있는 남성들의 손아귀는 부서지기 쉽고 변화무쌍하며, 무방비상태의 약점에 기초하고 있으며 쉽게 산산조각이 날 수도 있다. 하지만 이 손아귀는 시간적으로나 지형학적으로나 단단하고 지속적인 지배와 종속관계로서 남성 권력을 구성하는 편재성과 완고함의 특징을 지닌다. 이 지배와 종속의 관계에 대해 여성들의 저항은 별 특별한 영향력을 끼칠 수 없었다. 이같은 권력의 집중은 다른 사회적 분할과 서로 얼기설기 얽혀 있지만 남성에게 유리하게 담론과 제도적 배열을 재생산한다. 페미니즘의 입장에서 볼 때, 어느 가부장제도의 견지에서 남성 권력을 파악하는 일은 지나칠 정도로 많은 문제를 제기한다. 그러나 페미니스트에게는 관심의 대상이 되었으나 푸코에게는 주요 관심사가 되지 못한 것이 바로 다원적 권력관계의 이러한 통합이라 할 수 있다.[3]

푸코의 접근법과 페미니즘의 접근법 사이에 나타나는 격차가 공개적으로 알려지게 된 것은, 권력은 근본적으로 다양한 의견을 가질 수밖에 없는 개념이라고 주장하는 낸시 하트삭의 주장에 의해서이다. 하트삭의 견해에 따르면, 다른 권력 이론은 존재의 내용과 우리가 존재를 알게 되는 과정 모두에 관한 다른 가설에 의거하고 있다고 한다. 여성의 권한 부여가 지닌 정치적 목적은 지배의 경험에서 나온 권력 이론에 도전한다. 종속의 경험은 우리에게 〈위에서부터 아래로 설명해 내는〉 권력 이론에 결핍되어 있는 권력관계에 대해 통찰력을 갖도록 도울 수 있다. 하지만 페미니즘 비평들이 지금까지 보여 준 바와 같이, 경험을 토대로 말하는 일은 또한 권력에 대한 우리의 비전을 제한하고 여성들간의 정치적 격차를 무시할 수 있다.

〈여성·모험·에이즈 프로젝트〉와 〈남성·모험·에이즈 프로젝트〉라는 실험 연구를 통해, 각각의 젊은 여성들과 젊은 남성들이 제공한 섹슈얼리티에 관한 체험담을 해석하려고 했던 우리는, 성관계 속에서 어떻게 남성권력이 작용하는지를 밝혀 주는 이론뿐만 아니라, 여성의 권한 부여와 자발적인 행동의 권한을 설명해 내는 개념이 필요했다.[4] 이 글의 목표상 우리는 페미니즘과 푸코 쌍방을 모두 다루어 왔는데, 이때 페미니스트들이 가부장제라고 부르는 것(푸코는 이것을 암묵적으로 단일하며 전체적인 근대 이론이라고 기각하였다)과 성적 교류의 단계에서 행사되는 권력의 미시-정치학 사이의 중간지대를 탐구하였으며, 자기, 정체성, 섹슈얼리티의 구축과같은 일상생활에서 벌어지는 과정을 조사하였다. 이 글에서 우리는 젊은 여성들과 그들의 남성 파트너들 사이의 성적 관계에 나타난 젠더와 권력의 문제에 초점을 맞추어 왔다. 우리는 그 결과 나이, 계급, 〈종족〉/민족성의 차이가 성관계를 맺으면서 남성이 권력을 행사하는 방식에 일관된 차이를 가져다 주는 일이 거의 없다는 것을 발견하였다.(Holland 1992)[5]

푸코의 저작은 섹슈얼리티에 관한 페미니스트의 연구를 밝혀 주는 중대 역할을 하였다. 우리가 마련한 통계 자료를 해석하면서 우리는 거대한 규모의 권력조직과 가장 미세하고 지엽적 실행이 연결되는 장소가 바로 신체라는 푸코의 논의를 지지할 수 있는 근거를 마련할 수 있었다.(Holland et al. 1992c) 그러나 푸코는 페미니즘에게 특정 성적 교류에서 행사되는 남성의 권력과 보다 일반적인 남성 권력 사이의 연관성을 구체적으로 설명해 주는 수단을 제공하지 못했다.

푸코가 페미니즘에 제기해 준 것은 어떻게 우리가 남성의 권력 행사에 대해 생각할 수 있는가, 그리고 우리가 겪은 권력의 박탈과 저항의 경험을 어떻게 해석할 수 있는가에 관한 예리한 문제 의식이다. 만약 남성들이 성교를 원하면서도 콘돔 사용하는 일을 거부한다면, 젊은 여성들이 자신들과 관계를 맺고 있는 남성들을 행복하게 하고, 지속적인 관계를 보장받기 위해서 오르가슴을 경험하는 것처럼 가장한다면——〈성행위〉를 남성의 페니스 삽입, 남성의 오르가슴, 남성의 만족으로 정의 내리면서 여성들이 자신들의 욕망을 잠재운다면—— 어떻게 권력이 행사되는지, 어떻게 남성들이 권력을 획득하고 유지하는지, 저항의 대상이 되어야 하는 것은 무엇인지(그것이 무엇이든지간에)에 대한 설명이 필요하게 된다. 이러한 질문들은 여성의 성경험을 인준하는 일, 성관계에서 남성이 어느 정도 상처받을 수 있는가의 정도, 그리고 페미니스트의 권한 부여에 관한 개념이 푸코의 저항의 개념에 의해 무용지물이 되는지의 여부에 관한 더 많은 문제를 제기한다. 이 글에서 우리는 젊은 사람들이 제공한 성 보고서를 중심으로 이 권력의 중간지대에 대해 사색해 보고, 이것이 지니는 몇 가지 가능성 및 한계점을 탐구해 보기로 한다.

페미니즘과 성적 진리

푸코의 저작이 지니는 유용성은 서구의 섹슈얼리티에 관하여 썩어진 지배 담론의 진리들을 산포시킨 데서 찾을 수 있다. 말하자면 예컨대 최근 의학, 성교육, 취업, 결혼, 상담, 정신분석의 분야에서 섹슈얼리티에 관한 〈진리들〉이 정의되는 방식들을 제공한 점에서 푸코는 유용하다. 특히 푸코는 성적으로 가능한 것에 대한 규제(성적 금지)와 사람들이 자신들에 관하여 〈진실을 말해야〉 하는 사회적 압력 사이의 연계성에 대하여 역사적 추적을 하기 시작했다.(Foucault 1988b: 17) 푸코의 저작이 페미니스트들에게 유용했던 이유는 페미니즘이 대체로 푸코에 의해 무시된 별개의 과정을 계획·설립하는 데 주력하면서도, 이와 동시에 서구의 섹슈얼리티에 관한 담론이 산출한 진리들을 해체해 왔기 때문이다.

페미니스트 논의는 단일성과는 거리가 멀다. 하지만 그 내적인 갈등에도 불구하고 중심을 이루는 한 가지 강력한 입장이 출연하였다.(Bell 1991) 즉 다양한 페미니스트 논의를 관통하는 이 강력한 입장은 남성을 젠더로서 인식하고, 남성의 여성 지배의 정도와 본성을 탐구하는 문서를 정리하고, 남성 권력의 적법성에 도전하는 가운데 페미니즘은 근본적으로 서구의 성적 진리들을 교란시켰다.(Jaggar 1983; Vance 1992) 사회적으로 구성된 섹슈얼리티·폭력·권력 사이의 복잡한 연관관계를 확인해 나가면서 우리는 여성에게 가해진 성폭력의 분석에 상당한 노력을 기울여 왔다.(rhodes and MaNeill 1985, Stanko 1985, Hanmer and Maynard 1987, Kelly 1988) 독립적이고, 욕망을 지니고 있으며, 성적 측면에서 적극적인 여성이 그녀를 지배할 〈실제〉 남성을 원한다는지 혹은 비정상적이거나 탐욕스러운 여성, 창녀나 음란한 여성 등이 남성성에 위협을 가하는 등이 예증하는 바와 같은 섹슈얼리티에 관련된 전통적인 〈진리들〉은, 그 속에 숨겨진 권력관계를 감추고 있음이 밝혀졌다. 이러한 맥락에서 전통적인 의미의 섹슈얼리티는 남성의 욕망은 표현하지만 여성의 욕망은 침묵시킨다는 사실이 드러나게 되었다.(Coveney et al. 1984, Wilton 1991, Holland et al 1992a)

〈누락된 욕망의 담론〉(Fine 1988)을 이런 식으로 확인하는 작업을 통해 우리는 이성애 남성이 이성애 여성에게 직접적인 정치적 문제가 되고, 이성애는 남성 지배가 만들어 낸 하나의 사회제도로서 존재한다는 점을 인식하게 되었다. 여성성과 남성성이란 여성됨 혹은 남성됨이라는 자연의 결과물이라기보다는 사회적으로 구성된 것이라고 주장함으로써, 이러한 견해들은 여성이 자연적으로 타고난 여성성이라는 개념에 효과적으로 논박을 가한다. 페미니스트의 분석은 여성의 자연적 여성성은 남성의 자연적 성적 욕구를 보충하고 그것에 편의를 도모해 주는 것이며, 그렇기 때문에 남성에게 봉사할 때 여성이 성적 기쁨을 발견한다라는 사회의 지배적 견해를 공격했다. 그렇다면 섹슈얼리티의 〈진리〉란 도대체 무엇일까? 이 질문에 대해서 페미니즘은 완전히 분명한 태도를 가진 적이 한 번도 없었다.

섹슈얼리티란 사회적으로 구성된 것이라는 이같은 강한 인식은 페미니즘에서 발견될 수도 있는 생물학적 결정주의나 본질주의의 노선에 역행한다.[6] 페미니스트들간에 자연적 성이나 여성성이 무엇인지에 대하여 어떠한 합의도 이루어지지 않고 있다. 하지만 이 노선은 여성에 대한 남성의 지배가 합법적이지는 않지만, 남성과 여성 사이에는 본질적 차이가 있다는 견해를 함축적으로 전달하고 있다. 이러한 사고방식을 받아들인다면, 젠더의 차이를 근거로 하는 페미니스트의 설명과 섹슈얼리티란 자연적이라기보다는 사회적이라는 푸코의 입장은 분명히 구별된다.

몇몇 페미니스트 지식인들은 1960년대 이래 새로운 서구 페미니즘의 물결을 본질주의적 신념에 오염된 것으로 보면서 섹슈얼리티에 대한 푸코의 사고에 반응해 왔다. 푸코의 반본질주의를 환영하면서 이들 페미니스트들은 섹슈얼리티와 성적 관계는 물론 사회적으로 구성된 것, 담론과 권력의 효과이기도 한 신체까지도 받아들일 수 있게 되었다. 그런데 이러한 포용에는 위험이 도사리고 있다. 즉 푸코의 급진적 충동의 가능성과 함께 그 어떠한 사상의 창조적 잠재성마저도 부적절하게 단순화되거나 고정될 수 있다.(Bordo 1990: 665, Lather 1991: 125, Sawicki 1991: 122)

몇몇 급진적 페미니스트들은 생물학적 성을 사회적 젠더와 구별시켜 오거나 다른 종류의 본질주의적 노선을 취해 왔다. 그러나 급진주의 페미니즘의 정치적 논리의 강력한 힘은 섹슈얼리티에 대한 지배 개념 속에 내재하는 본질주의에 도전하는 일에 사용되었다. 급진주의적 페미니즘에서 본질주의는 지속적으로 분명히 나타나는 것이라기보다는 훨씬 더 암묵적이거나, 또는 애매모호하다. 급진주의적 페미니즘의 본질주의적 경향은 시초부터 생겨난 것이라기보다는 보편적인 억압 이론을 구축하려는 시도에서 나온 결과물이다. 따라서 이로 인해 남성과 여성간에 분명히 존재하는 자연적 차이와 섹슈얼리티의 사회적 구축 모두를 어떻게 설명해야 하는가를 두고 페미니즘은 분분하게 의견이 나뉘었다. 많은 페미니스트들은 〈본질주의자〉라고 이름 붙여지지 않기 위해 투쟁해야만 했다.

예를 들어 영국의 급진주의적 페미니스트 잡지인 《고민과 투쟁 *Trouble and Strife*》의 편집자들은, 항상 여성 억압에 대한 생물학적 결정주의적인 분석에 대항하여 논리를 발전시켜 왔다고 주장한다.(Trouble and Strife, 14: 42, Dworkin 1988) 이 잡지는 안드레아 드워킨(1988)이 쓴 감정적 논문을 다시 실었던 적이 있었다. 드워킨은 이 논문에서 남성들은 별종의 열등한 종족이라고 확신하는 여성 청중들을 향해 그녀 자신이 그간 경험해 온 적대감을 상세히 묘사하였다. 여기서 드워킨은 이러한 종류의 생물학적 결정주의를 이와 관련된 여성의 우월성에 관한 주장과 함께 거부해 왔다는 점을 강조하였다. 『부끄러운 일이지만 스스로 만든 실제를 즐긴다는 이유로 남성들을 경멸하면서, 우리 또한 우리 자신이 만든 생물학적 전지전능의 환상을 즐기게 되기는 너무나 쉽다』(앞글: 45) 그러나 여성의 성적 억압에 관한 드워킨의 분석은 푸코의 분석과 달리, 남성들이 권력을 사실로 지니고 있다는 주장에 근거하고 있다. 그녀가 성관계에 대한 설명(Dworkin 1987)은 침입, 점유, 고통, 자유와 자유에 대한 의지 파괴, 남성의 지배라는 일반적인 용어를 사용하고 있지만, 여성의 관점에서 여성의 성경험에 관하여 작성된 긴 문서이다. 그러나 여기서 드워킨은 이성간의 성관계가 반드시 남성 지배체계의 하나가 되어야 한다라는 주장도, 이성간의 성관계가 취하는 여러 가지 양태들이 남성의 생물학적 욕구에서 유래한다는 주장도 펴지 않았다.

1980년대 초반 오직 여성들로만 이루어진 급진주의적 페미니스트 레즈비언 출판사에서, 여성에게 가해진 남성의 폭력을 주제로 한 학술대회 논문 모음집을 만들었던 편집자들은 특별히 그들의 책에 수록된 논문들의 메시지가 본질주의적이라는 점을 부정하고 있다. 『여성의 종속을 효과적으로 이끈 이 제도를 구성해 온 것은 자연이 아니다. 이 제도는 남자들에 의해, 남자들의 이익을 위해 모든 남자들을 위하여 만들어졌다.』(rhodes and McNeill 1985: 7)

급진주의적 페미니즘에서 섹슈얼리티에 관한 〈진리들〉의 분석이 제기하고 있는 문제는, 섹슈얼리티가 반드시 단순하게 남녀는 각기 다른 육체적·감정적 욕구에서 기인한다는 본질주의에 물들어 있는 것으로 항상 가정되는 것이 아니라는 점이다. 오히려 문제는 급진주의적 페미니즘이 권력에 관하여 이론 하나도 충분하고 분명하게 제공하지 않은 채 물러났다는 점이다. 남성의 권력 접근은 어디서 유래하는가, 물질적인 신체를 어떻게 설명하는가, 남자들이 권력을 장악하는 데 성공하고 여성들이 성공하지 못한 이유는 무엇인가 이러한 문제들은 여전히 안개 속에 뿌옇게 남아 있다. 가부장제 이론들은 남성들이 왜 그렇게 일반적으로 여성들에게 권력을 행사해 온 것일까. (심지어 남성들이 겁먹고, 상처받기 십상이고, 감정면에서 의존적이며, 초조하게 쾌락을 전달하고, 남성성에 의해 스스로를 억압하는 때에도) 그 이유에 대해 충분히 깊이 있는 설명을 해내지 못한다. 우리의 통계 자료에는 남성들 자신들이 심지어는 원하거나 의도하지 않았을 경우에도 여성들을 지배할 수 있는 관계와 성적 교류를 맺는 경우에 관한 수많은 체험담이 발견된다. 여기서 푸코의 저작이 계시하는 바가 크다. 그는 다음과 같이 주장한다.『혼자 전폭적으로 타자에게 행사할 수 있는 권력, 한 사람의 손아귀 안에 전적으로 자리잡고 있는 권력을 소유한 사람은 아무도 없다. 모든 사람들이—— 권력 행사의 대상물이 되는 사람들과 마찬가지로 권력을 행사하는 자들도—— 걸려 들어가 있는 곳은 하나의 기계이다.』(Foucault 1980c: 156)

또 다른 혼란은 남성들이 여성들에게 행사하는 권력을 지지하고 가능케 하기 위하여, 여성들이 자발적으로 들이는 노력에 페미니즘이 상대적으로 별 관심을 기울이지 않았다는 사실에서 발견된다. 이러한 노력은 젊은 여성들이 자신들의 성경험을 설명할 때 현저하게 드러난다.(Holland et al. 1992a) 남성들이 여성들을 정말 지배하며 어떻게 그들이 여성들을 지배하는지에 대하여 알아보기 위해, 세계 도처와 사회생활의 모든 면에서 자료를 수집하면서 페미니즘은 지나칠 정도로 자세하게 문서를 정리하는 작업에 최선의 노력을 보여 왔다. 그러나 남성이 권력을 소유한다 혹은 권력은 유순한 신체를 만들어 내는 근원이다라고 말할 때, 우리가 의미하는 것이 무엇인지를 경험의 다양성에 연결시키는 일에는 페미니즘의 관심이 적었다.

급진주의적 페미니즘에서 어떻게 섹슈얼리티를 이해하는가의 문제는, 물질적이며 육체적인 〈담론 이전의〉 신체가 섹슈얼리티의 복잡한 사회적 상호교류에서 어떤 역할을 맡고 있는가를 이해하는 보다 전반적인 문제의 부분인 것으로 보인다.[7] 신체란 권력관계 내부의 담론에 의해서 구성된 것이라고 제시하는 푸코의 시도는, 이 문제를 새로운 관점에서 보여 주기는 했다. 그러나 푸코 역시 이 문제를 해결하지는 못했다.

웬디 홀웨이(1984: 68)는 성적 특성을 지닌 신체라는 페미니스트의 근본적 인식과 담론의 생산물로서의 섹슈얼리티의 개념이라는 푸코의 주장 사이의 긴장을 예를 들어 잘 설명한다. 그녀의 논지는 『페미니즘은 남성의 권력이 —— 성관계 문제 내부에서건 밖에서건 —— 단선적이라는 가설을 재생해서는 절대로 안 된다』는 점이다. 이 점이 바로 그녀가 이성애적 성관계가 모순으로 가득 찼으며, 그렇기 때문에 정치 투쟁의 장소가 된다고 보는 이유이다. 홀웨이는 여성들은 『페니스의 권력은 논란의 여지가 없다는 성차별주의적 가설에 협조하지 않는』 섹슈얼리티에 대한 설명을 제공할 수 있다고 하면서, 푸코에게 동조하는 주장을 펼치고 있는데 필자의 생각으로 홀웨이의 주장은 옳지 않은 것 같다. 페니스의 권력은 성차별주의적 담론이 만들어 낸 〈지식〉이다.(앞글) 그러나 섹슈얼리티의 기초가 여성 경험에 있는 것으로 보는 페미니스트들은 푸코 분석의 홀웨이적 해석에 몇 가지 문제를 제기한다. 첫째, 여성이 산출한 담론이 어떠한 종류이건 관계 없이 여성에게 육체적 위기를 맞게 하고 있는 육체를 갖고 사는 삶 속에서 페니스의 권력은 어느 정도까지 물질적 권력이며, 어느 정도까지 젠더의 차이를 보여 주는가의 문제, 즉 우리가 육체라는 신체를 통하여 사회에서 삶을 영위하고 있다는 사실, 그래서 우리가 남성 혹은 여성으로서 다른 육체를 가지고 살게 되어 있다는 사실이 권력 행사에 어떤 영향을 끼치고 있는지에 관한 문제가 있다. 둘째로 제기된 문제는 여성의 섹슈얼리티에 관한 설명들이 어떻게 사회의 모든 면에 침투해 있는 〈페니스의 권력〉을 전복시키는 일과 어떻게든 관련된 저항의 형식이 될 수 있는지 분명하지 않다.

우리에게 남겨진 문제는 실행되고 있는 섹슈얼리티를 해체하려고 노력하는 자들에게 사회적 구성이 무엇을 의미하는지의 문제, 즉 왜 신체와 섹슈얼리티가 다른 의미들이 아닌 어떤 특정의 의미를 부여받게 되었는지와, 섹슈얼리티가 얼마나 사회적 현상일 뿐만 아니라 신체적 현상일 수 있는지에 관한 질문들이다. 지금까지 발생한 페미니즘과 푸코 사이의 차이는, 푸코 저작의 반본질주의에 저항하는 페미니즘의 본질주의적 경향에 의해서건 또는 권력관계의 복합성을 강조한 푸코에 대항하여 남성의 권력을 강조한 페미니스트의 주장에 의해서건 적절히 설명될 수 없다.

권력에 대항하는 저항의 가능성을 설파한 푸코의 견지에서 볼 때 페미니스트 이론가들은 남성 소유물로서의 권력에 대하여 적절한 입장을 내세울 수 없었으며, 이 점이 바로 섹슈얼리티에 대한 페미니스트들의 설명이 지니는 약점이다. 또한 페미니즘은 권력에 대하여 숙고하면서 생물학을 어떻게 설명하여야 하는지에 관한 문제를 해결하지 못했다. 성폭력, 남성에 대한 성적 예속, 예기치 않은 임신, 가짜 오르가슴, 원치 않는 성관계의 승인 등에 나타난 조직적이며 지속적인 남성의 여성 지배에 대한 설명을 발견할 수 있는 곳은 바로 물질적인 것과 사회적인 것 사이의 복합적인 상호교류에서이다.(Holland et al. 1992b)

페미니즘이 이러한 문제들을 결정적으로 해결하지 못했다고 말하는 것이 타당하리라. 그러나 페미니즘 내부에서 이루어진 폭넓은 토의는, 여성의 다양한 경험의 입장에서 볼 때 푸코의 권력 이론에도 문제가 있다는 것을 밝히는 데 공헌하였다. 푸코는 담론을 구성해 내는 진리·권력·섹슈얼리티에 대한 자신의 소위 중성적 분석이 실은 성차별적인 젠더의 관점에서 유래한다는 사실을 인식하지 못했던 것이다. 젠더를 경험으로 파악하는 페미니즘의 인식이 푸코의 분석에는 빠져 있는 것이다. 우리는 앞으로 두 부분으로 나누어 푸코의 권력 이론 자체가 성차별적 젠더에 기초하고 있다는 주장을 피력하면서, 그 속에 함축된 의미를 고찰해 보기로 한다.

젠더로 구분된 유순한 신체[8]

푸코의 섹슈얼리티·권력·신체에 대한 접근은 시간이 흐름에 따른 담론의 다양성과 변화를 강조할 수 있는 방향으로 페미니스트들을 격려하였다. 푸코의 견해에 따르면 신체는 〈본질적으로〉남성, 〈진정한〉여성, 〈진정한〉여성동성연애자, 〈진정으로〉양성적이라는 〈진실한〉정체성을 우리에게 부여해 주는 그 나름대로의 본질적인 존재를 전혀 가지고 있지 않다. 분명히 육체적 신체는 아픔과 기쁨을 살과 피로써 경험한다. 그러나 푸코는 신체를 그 어떤 단순한 의미에서도 성적인 것으로 보지 않았다. 오히려 그는 생물학적인 성을 권력과 연결시켰다. (혹은 성에 관한 담론을 권력에 대한 역사적 관계와 연결시켰다.)

서구 문화권에서 유순한 신체를 산출하는 것은 사회 전반에 걸친 이러한 권력의 분산이다. 푸코는 신체를 우리가 우리 자신의 신체에 행사하는 테크닉(예를 들면 처신, 다이어트, 장식, 위생) 등을 포함한 각양각색의 권력의 테크닉에 의해 훈육되어지는 것으로 본다. 여성간의 여러 가지 사회적 차이에 대하여 어떻게 이해하고 반응할 것인지의 문제와 씨름하고 있었던 학계의 페미니스트들에게, 정치적으로 매력적인 힘을 발휘한 것으로 보이는 것은 바로 이 권력관계와 권력의 테크닉의 그물망이 지니는 다양성이었다. 권력에 대한 저항을 지엽적 특성을 지니며 다양하게 도처에 존재하는 것으로 보게 되면서, 각양각색의 차별화된 여성들을 전체적으로 융화시킬 필요가 명백히 없어졌다. 따라서 남성 억압의 일반이론에 대한 필요성도 사라지게 되었다. 이것은 남성 권력의 억압적 제도로부터 해방

될 수 있는 본질적 자기라는 계몽주의적 개념에 의거했던 초기 페미니스트의 해방 개념으로부터의 결별을 의미했다.

헤크먼(1990)은 다음과 같은 견해를 취한다. 즉 푸코가 요구한 사고의 전환이 의미하는 바는, 첫째 페미니즘이 그 자체의 보편적 정치적 관심사를 표명하는 개념(가부장제에 대항하는 여성)을 포기해야 하며, 그 정치학을 도처에 존재하는 권력은 〈인간의 존엄성, 자율성, 자유라는 보편적인 가치〉에 호소할 필요 없이 도처에서 저항받아야 한다는 푸코식의 개념으로 변형시켜야 한다는 것이었다. 『억압의 많은 예를 실제 살펴보면, 이러한 서구의 인본주의적 가치는 적합하지 못하다』(Hekman 1990: 185) 푸코의 용어를 사용해 설명하면, 권력 행사의 구체적인 예들은 구체적인 저항을 산출하고 저항은 새로운 담론, 그럼으로써 새로운 권력을 창출한다. 헤크먼은 페미니즘은 포스트모더니즘의 도움을 받고 있는데, 이 포스트모더니즘은 스스로를 〈남성 지배의 헤게모니〉에 저항하고 『남성들의 변화를 효과적으로 이룩하기 위하여 이러한 헤게모니의 담론 내의 모순들』을 활용한 역담론으로 파악한다.(앞글: 190)

그러나 푸코의 비판자들은 페미니즘이 푸코와의 만남으로 인해 전혀 변화되지 않은 채 있을 수는 없었던 반면에, 단순히 후기구조주의의 편견과 합류할 수도 없었다는 점을 지적해 왔다.(Braidotti 1991) 로시 브래이도티는 후기구조주의자들은 페미니스트의 저술을 무시하고 이론적인 실천에서 성적 요소를 제거함은 물론 그 이론적 실천을 탈육체화시키면서 페미니즘을 훼손시켜 왔다고 논의한다. 페미니스트들이 푸코로부터 도출할 수 있었던 신체와 쾌락 투쟁의 정치적 전략들은 〈남성〉 중심의 모델에 의거한 푸코의 권력 이론에 의해 제한을 받는다.

페미니즘의 관점에서 본 섹슈얼리티에 대한 푸코의 접근이 지닌 문제점들을 산드라 바트키는 다음과 같이 산뜻하게 요약한다.

《감시와 처벌》에서 푸코가 근대의 〈유순한 신체〉를 산출한 훈육적 실천에 관하여 설명해 낸 것은 진정한 의미에서 놀라운 성과이다. 이 설명은 도구적인 이성이 역사적으로 세세한 것들이 모인 집합체로서의 신체를 장악하는 방식에 대하여 풍부한 이론을 제시한다. 그러나 푸코는 그의 저작 전반에 걸쳐서 마치 신체를 하나의 동일한 물체인 것처럼, 마치 남자와 여자의 신체적 경험이 다르지 않으며, 남자와 여자가 근대 생활의 특징적 제도와 동일한 관계를 맺고 있는 것처럼 취급하고 있다. 여성들의 〈유순한 신체〉를 남자들의 신체보다 더 유순하게 만든 훈육적 실천에 대하여 도대체 푸코는 어디서 설명하고 있는가? 여성들은 남성들과 마찬가지로 많은 부분 푸코가 기술한 훈육적 실행에 의해 영향받아 왔다. 그러나 푸코는 특별히 여성적인 육체만들기의 양식을 산출하는 훈육에 대해서는 무지하다. 여성의 신체를 젠더로 만들어 버리는 종속 형식들을 무시한다는 것은, 이러한 훈육적 실행을 통한 억압의 대상이 되었던 사람들의 침묵과 무력함을 영속화시키는 일이다. 그래서 해방적 음조를 지닌 노랫가락이 푸코의 권력에 대한 비판에서 흘러 나오기는 해도, 푸코의 분석은 전체적으로 서구 정치이론 전반에 퍼져 있는 성차별주의를 재생할 뿐이다.

하딩(1992: 252)은 또한 푸코가 우리에게 인간이란 육체를 가진 동물이라는 것을 보여 주었지만, 여성이 육체를 가지고 사는 것은 남성이 육체를 가지고 사는 것과 다르다고 논한다. 이러한 신체상의 차이는 담론의 수준에서 생산되고, 그래서 권력의 효과로서 공식 행정에서도 산출된다. 따라서 여성은 운명이 되어 버린 해부학적 신체구조에 대항하여 자신을 변호해야 하는 어려운 처지에 놓여 있다. 하지만 다른 한편으로는 출산, 유산, 피임 등과 같은 쟁점을 중심으로 한 자신들의 신체에 관련된 젠더를 특별히 고려하는 정책이 필요하다고 주창하고 있다. 푸코가 지적한 바와 같이(1988d: 115) 여성들은 여성들을 성으로, 여성의 성을 〈남성의 병〉으로 축소시킨 18세기 이래의 의학 담론을 거부했다. 하지만 이들 여성들의 저항은 자신들의 여성적 특수성을 포용하는 일을 통해서 이루어졌다.

푸코는 여성에게 다가올 수 있을 제한된 범위 내의 변화의 가능성을 고려하면서, 이같은 저항의 정치적 함축성을 찾아내려고 하지 않는다. 그러나 주디스 왈코비츠(1985: 165)의 논의에 따르면, 남성들이 여성에게 가한 성적 폭행에 저항하면서 19세기 페미니스트들이 보여 주었던 〈뛰어난 조직적 추진력〉이 자기-파괴적인 경우가 잦았다고 한다. 여성을 보호하고 여성에게 권한을 부여하려고 한 이들 여성들의 목적은 섹슈얼리티에 관한 새로운 담론을 산출하긴 했다. 그러나 이들의 노력은 곧바로 남성들에 의해 전복되고 통제되었다. 첫째, 이들 여성들은 자신들에게 꼭 필요했던 『자신들의 이미지에 따라 세상을 재형성할 수 있는 문화적·정치적 권력』을 결여했던 것이다.(앞글: 187) 그럼에도 불구하고 이들은 또한 여성의 섹슈얼리티를 〈조용하고, 가정적이며, 순수하다〉와 같은 본질적인 용어를 사용하여 정의하였다. 이같은 정의 내리기는 이들의 캠페인의 중앙에 모순이 자리잡게 하는 결과를 초래했으며, 성의 영역에서의 적극적인 여성의 자발적인 행동을 불가능하게 했다.

엘리자베스 그로츠(1990: 71-2)는 페미니스트들이 자신들이 여성으로서 살아 온 경험들과 잠재된 독립성을 표현하기 위해서는 푸코의 신체 개념을 사용할 수 있다는 결론에 이른다. 그러나 그로츠는 모니카 가텐스(1983)를 인용하면서, 남성성과 여성성은 인간이 남성의 신체로 살았는가 여성의 신체로 살았는가에 따라 다른 의미를 지닌다고 논한다. 즉 『신체에 그려진 지형도는, 그것이 투사되어진 신체에 의해 영향을 받지 않을 수 없다』(Grosz 1990: 72) 페미니스트들에게 문제가 되는 점은, 섹슈얼리티가 단순히 본질적인 것이 아닐 수 있는 반면 신체는 권력의 효과 그 이상으로 이해되어야 한다는 점이다. 젊은 여성들과 젊은 남성들의 경험 양자의 경우 모두 물질적이고 신체적인 신체는 단순히 담론에 의해서만 산출된다고 볼 수 없는 고통스럽거나, 쾌감을 주거나, 혹은 매우 혼란스런 방식으로 섹슈얼리티 속으로 침입해 들어간다.

젊은 사람들이 자신들의 섹슈얼리티에 대해 설명한 것을 이해하는 과정에서 우리는 양극단에 처해 있는 권력관계들을 파악하는 일이 유용하다는 사실을 발견했다. 첫째는 성관계 속에, 말하자면 신체와 신체에 대한 육체적 통제 속에 뿌리를 내리고 있으며, 강력한 물질적 기반을 둔 권력을 지칭한다. 이 성관계 속에서 페니스는 〈지식〉 그 이상이 된다. 둘째로는 푸코의 용어를 써서 말하자면 섹슈얼리티에 관한 담론에 기반을 둔 권력을 칭한다. 그러나 섹슈얼리티에 관한 담론 내부에 형성되어 있는 분명한 권력은 완전히 물질적 신체로부터 분리된 추상적인 것이 될 수 없다. 권력의 물질적 기반은, 남자 친구가 자신에게 폭력적이기 때문에 매일 밤 그와 성관계를 갖지 않을 수 없었던 몇 달의 기간을 기술한 한 여성에 의해 잘 예시되고 있다.

　답: 그것이 없이 지나가는 밤은 단 하루도 없었지요. 왜냐하면 그것이 바로 그가 원했던 것이기 때문이죠. 만약 내가 그것을 하지 않았더라면 그는 완전히 궁지에 몰렸을 것입니다.
　질의: 당신이 원하는 것을 말할 수는 없었나요? 당신이 성관계를 원치 않는다고 말입니다.
　답: 만약 내가 성관계를 원치 않는다고 말했더라면, 폭력이 뒤따랐을 것입니다.

이 젊은 여성은 몇 달 후 이러한 관계에서 빠져 나오려고 애쓰면서, 전적으로 육체적이기만 한 폭력의 덫에 빠지지는 않게 되었다. 그렇다면 성관계는 순전히 물질적 신체의 수준에서 설명될 수 없다. 성적 행위는 또한 여성의 섹슈얼리티를 남성의 욕구, 기대 그리고 욕망에 종속되는 것으로 만들어 놓은 이성애주의의 담론으로 구성되어 있다. 그렇다면 여성은 자신의 신체를 배려하는 의미에서가 아니라 남성의 욕구를 충족시키면서 자신의 여성성을 표현하기 위해서 자신의 신체를 훈육시킨다고 말할 수 있다. 다른 젊은 여성은 다음과 같이 덧붙인다.

　답: 나는 내가 알고 있는 사람들인 그 친구들이 나이든 녀석들과 나가면서 〈아니오〉라고 말하거나, 무엇인가를 제시하기를 겁내는 것을 보았다. 이것은 그 녀석들이 나이가 더 많았기 때문이다. 그리고 이 친구들은 자신

의 신체를 완전히 통제할 수 없다고 느꼈다. 특히 오르가슴이 어떤 것일까와 같은 것에 대해서는 아무런 느낌도 없었다. 대부분의 여성들은 자신들이 무엇을 느껴야 하는지 알지 못했다. 누군가를 기쁘게 하기 위해 무슨 일인가를 하면서 수용하는 편에 있는 것이 확연했다. 그들 자신들에게는 어떠한 쾌감도 없었다.

여성적이 되어 버린 유순한 신체에 관한 젊은 여성들의 설명은 분명히 성차별화된 신체에 관한 설명이라고 할 수 있다. 이 설명들은 우리가 그간 직면해 왔던 해석의 문제와 정치적 전략의 문제의 일부를 예증해 주는데, 그 이유는 이 설명들이 권력관계에 관하여 어떤 형식의 저항이 가능할 수 있으며, 또 어떤 형식의 저항이 효과적인지에 대해 문제를 제기하기 때문이다.

유순한 신체를 젠더로 성차별화된 것으로 보는 일은 우리에게 다양한 방식으로 성적 특징을 지니도록 젊은 사람들을 유도한 다양하고 모순된 형태의 압력을 분명히 밝혀낼 수 있게 해주었다. 통계 자료에서 우리는 젊은 여성들이 각각 다른 방식이긴 하지만 모순적 속성을 띤 압박을 경험하고 있다는 사실을 찾을 수 있다. 이들 젊은 여성들은 때로는 그들 자신의 섹슈얼리티에 대해 생각하고 그 섹슈얼리티에 따라 살아가는 방식에 배어 있는 개인적인 방식으로, 때로는 그들이 자리잡은 제도와 단체에서 유래하는 사회적인 방식으로, 그리고 때로는 남성들에게서 직접 유래하는 방식으로 각양각색으로 이 모순을 경험한다. 억압을 이런 식으로 구별하는 일은 단순히 우리가 보다 명확히 설명하기 위해 필요한 도구일 뿐이다. 왜냐하면 일련의 각종 압력은 다른 일련의 압력과 얽기설기 얽혀 있으며, 섹슈얼리티의 사회적 구성에 공헌하는 것으로 보일 수 있기 때문이다. 이러한 구별들은 섹슈얼리티 전개의 국면으로서도 유용하게 보일 수도 있다. 이러한 경험이 발언되어진 부위에서 가장 중요한 점은, 젊은 여성들이 갖는 남성에 대한 기대와 이들이 남성의 성적 욕구와 행위에 부가하는 의미 및 중요성이다. 여기서 이들 여성들이 젠더의 특징을 지닌 육체를 가지고 산다는 것, 이것은 여성의 신체에서 산출된 일종의 유순함으로서 여성이 겪는 권력과 저항의 경험과 남성이 겪는 권력과 저항의 경험을 완전히 다른 것으로 구별한다.

성적 교류를 『남성들이 여성들의 신체 속으로 침투하는 일이며 남성의 쾌락을 만족시키는 일』이라고 정의 내리는 작업에 젊은 여성들 스스로가 동참하고 있다. 이에 대한 숱한 사례들이 있다. 예를 들면 다음과 같다.

답: 내가 어떤 느낌을 가졌던가와는 아무런 관계 없이 이제는 되었구나 안도감을 느꼈던 것은 그가 발기를 하게 되는 순간이었던 것 같다. 내가 흥분했건 안했건 상관 없이 그 일은 이루어져야만 한다. 그것이 바로 일이 벌어졌을 시점―― 즉 내가 흥분했을 때가 아니라 그가 흥분하게 되었을 때―― 이기 때문이다.

그러나 또한 이 발췌문에서와 같이 이들 여성들은 자신들의 경험에 대해서 반추하는 설명(특별히 이들 여성들이 페미니스트적인 생각에 영향을 받았을 때)도 제공하고 있었으며, 남성과 여성은 같은 성적 실행에서 각기 다른 명성을 얻는다는 성적 행동에 있어서의 이중적 기준에 대해서도 일반적인 인식을 보였다. 이러한 성적 관계에 대한 반추의 과정은 그 관계로부터 이탈한다든지 변화를 협상해 본다든지, 혹은 드문 일이긴 하지만 계획적으로 남성 파트너들을 교육시켜 두 파트너 모두에게 기쁨을 주며, 또 보다 안전한 행위로 이끈다든지와 같은 종류의 일이 가능하다는 인식의 문을 여는 데 실제 도움이 되었다. 방금 위에 인용한 젊은 여성은 인터뷰 시간에 그녀의 새 파트너와 함께 왔는데, 그 파트너와 함께 그녀는 그의 쾌감뿐만 아니라 그녀 자신의 쾌감에 대해서도 이야기했으며, 페니스를 삽입하는 방법을 통한 그와의 섹스는 오직 그들 성행위의 작은 부분만을 차지한다고 토로했다. 그렇지만 개인적인 수준에서 벌어지는 권력 관계 내의 이러한 변화가 반드시 보다 폭넓은 사회 변화와 연결되어 있는 것은 아니다. 이러한 사회 변화가 앞으로 계발되는 성적 경험에 포함되리라고 예측할 수 있다.

어떤 측면에서 페미니스트 이론과 실행은 저항의 조건과 저항의 전술을 제공하고 있으며 이성애의 담론에 역행하는 역담론을 마련해 준다. 페미니즘의 주장에 따르면, 이러한 반성적인 젊은 여성들이 자신들의 섹슈얼리티를 재정의할 수 있다는 인식에서 권한을 부여받을 수 있는 가능성을 찾는다. 이러한 재정의 내리기 작업을 통하여 이들 여성들은 남성과의 관계에 있어서, 그들의 신체를 덜 유순한 것으로 만들면서 자신들의 쾌락을 주장할 수 있게 된다. 그러나 이것은 이들 여성들이 역담론을 계발했다는 것 그 이상을 논하고 있는 셈이다. 푸코의 저항 개념은 페미니스트들의 여성의 권한 부여 개념과 상당히 다르다. 왜냐하면 푸코의 권력 개념은 권력을 쥔 자들의 특권을 옹호하면서, 권력자들이 보여 주는 비타협성을 과소평가하며, 그럼으로써 확고부동한 남성 권력에 가해지는 저항이 무엇을 수반할 수 있을 것인지에 대해 충분한 조사를 하지 않고 있기 때문이다.

권력에서 권한 부여로

성적 권력의 본질을 설명하면서 푸코는 〈성〉(sex)과 〈섹슈얼리티의 전개〉(deployment of sexuality)간의 차이를 구별하였다.(Foucault 1984: 157) 이러한 구별은 《성의 역사》에서 찾아볼 수 있는 다음과 같은 공격을 통해 전개되었다. 즉 우리 각각은 성적 억압으로부터 해방될 필요가 있는 하나의 진정한 성적 자기를 지니고 있다는 사고방식에 대하여 푸코는 격렬하게 공격하였다. 성이 그토록 욕망의 대상으로 비춰지는 것은 성에 내재된 본질적 성질 때문이 아니라 섹슈얼리티가 전개된 방식 때문이며, 『우리에게 온갖 종류의 권력에 대항하여 성에 대한 권리를 승인하고 있다고 생각하게 만드는 것은 바로 이러한 욕망성이다.』(Foucault 1984) 푸코의 의견에 따르면, 〈성이라는 어둡고 희미한 빛〉 속에 반영되어 있는 자신을 바라보면서 우리 자신에게 진정한 성적 자기를 가지고 있다고 생각하게 만드는 것은 섹슈얼리티의 전개에 달라붙어 있는 우리 자신 때문이라는 것이다.(앞글: 157) 섹슈얼리티란 본질과는 전혀 다른 것이라고 생각하는 푸코는 섹슈얼리티를 현실 속에서 실제 발생하는 역사적인 형성물로 본다. 이 역사적 형성물이 결국 성에 대한 관념으로 발전되고 각기 다른 방식의 성을 창조하게 된다. 푸코는 권력의 행사가 섹슈얼리티를 관통하여 어떻게 작용하는가에 관심을 기울였으며, 이것을 그는 우리가 성이란 〈진실로 이러하다〉라고 생각하는 것이라기보다는 성과 권력간의 연계성을 이해하는 열쇠로서 파악하였다. 즉 푸코는 『성을 신체와 그 물질성·세력·에너지·감각·쾌락을 장악하고 있는 권력에 의해 조직되어 있는 섹슈얼리티의 전개상 가장 사색적이고 가장 이상적이며 가장 내적인 요소』라고 파악한다.(Foucault 1984: 155) 이러한 견해에서 볼 때, 성적 관계 내에서 행사되는 권력은 어떤 특정한 기원이나 원천을 지니고 있지 않다. 권력은 소유물이 될 수 없는데, 그 이유는 권력이란 도처에서 유래하며 어떤 본래적인 원천지가 없이 어디에나 존재하기 때문이다. 여성에게 가해지는 권력은 남성에 의해 행사되기는 하지만 남성으로부터 유래할 수는 없다. 우리의 성적 정체성이란 특정 담론의 산물이거나 또는 일련의 규율인데, 이것들은 진리로 허용되는 것이 무엇인가를 정의하는 방식으로서 역사의 변천에 따라 발전하고 변화한다. 여성성과 남성성은 당대 널리 퍼진 사회적 개념·법·지배적인 의학적 견해·정신분석의 실행에 의해 생성된다. 이러한 개념·법·의학적 지식·정신분석의 실행은 어떤 종류의 섹슈얼리티가 가능할 수 있으며 상상될 수 있는지, 그 결과 어떤 종류의 성적 욕망·실행·관계가 가능할 수 있으며 상상될 수 있는지, 그리고 무엇이 정상적인 것이며 무엇이 비뚤어진 것인지를 규정하고 통제한다.

사회적 구성체로서의 성적 진실들에 대한 푸코의 개념은 처음에는 권력과 신체에 관한 기존 이론이 지닌 한계와 부적절성의 일부로부터 우리를 해방시킬 수 있는 것처럼 보인다. 우리는 분명히 여성성을 담론 속에서 산출된 권력의 효과로서 볼 수 있으며, 그래서 여성은 마치 남성이 남성적이 되고자 투쟁하는 것과 똑같은 방식으로 여성적이 되고자 투쟁해야만 한다.(Smith 1988) 그러나 푸코의 관심사는 여성들의 관심사와 같지 않으며, 따라서 성의 정치학에서 중요한 몇 가지 쟁점들, 이 중에서도 특히 여성과 남성의 관계를 변화시켜야 할 필요성 같은 중요한 쟁점이 논의에서 사라지는 경향이 있다.

푸코가 질문을 던지지 않은 분야는 왜 이러한 역사적 담론들이 남성들과 남성들의 이익에 의거하면서 그토록 체계적으로 산출되었는가의 문제이다. 그는 《성의 역사》에서 『성을 긍정하는 것이 권력을 부정하는 것이라고 믿어서는 안 된다』라고 말한다.(1984: 157) 이 말을 통해 푸코가 의도한 바는, 우리의 〈진정한〉 성적 자기를 포용함으로써 우리 자신을 성적인 억압으로부터 해방시킬 수 있다는 식으로 우리의 생각이 전개되어서는 안 된다는 것이다.

반대로 우리는 일반적인 섹슈얼리티의 전개가 마련해 준 길을 따른다. 성적 욕망의 다양한 기제들을 전술적으로 반전시킴으로써 다양성과 저항의 가능성 속에 존재하는 신체·쾌락·지식의 주장들을 무기로 권력의 지배력을 역행하고자 할 경우, 우리가 반드시 단절해야 하는 것은 다름 아닌 성의 독자적 행위이다. 섹슈얼리티의 전개에 대한 반격의 거점은 성-욕망이 아니라 육체와 쾌락이어야 한다.(Foucault 1984: 157)

우리가 실천하고 있는 섹슈얼리티가 무엇이든 그것은 권력 담론, 또는 저항 담론의 산물이 될 것이다. 푸코의 견해로 볼 때, 성적 권력은 다른 형태의 권력과 마찬가지로 억압적이라기보다는 항상 생산적이며 그렇기 때문에 항상 저항을 허용하게 될 것이다. 푸코가 보기에 젊은 사람들은 일반적인 섹슈얼리티의 전개라는 철조망 안에 잡혀 있으며, 권력에 〈아니오〉라고 말할 수 없다. 하지만 그들은 그들 나름대로의 쾌락을 주장하기 위해서 이 철조망을 뚫고 달아날 수 있다.

그러나 일종의 반격으로 자신들의 신체와 쾌락의 위력을 자유자재로 휘두르고자 애쓰는 젊은 여성들의 앞을 가로막고 있는 실질적인 방해물들이 있다. 그런데 이에 대해서 심각할 정도로 과소평가된 것 같다.(Holland et al 1992a) 젊은 여성들이 성에 〈예〉하고 답할 때, 이들은 자신들의 남성 파트너들과는 다른 방식으로 권력을 긍정하는 셈이다. 양자는 모두 일반적으로 이성애異性愛의 전개라는 덫에 잡혀 있지만, 그 덫 내부에서는 다르게 자리매겨져 있다. 권한 부여에 대한 페미니스트 이론, 그리고 여성의 독자적 행동의 권한을 증진시키는 정치적 전술이 푸코의 입장과 조화를 잘 이루지 못하고 있음이 분명히 드러난다.

푸코의 권력 이론은 남성의 성적 권력이 어디서 유래하는지에 대해서나, 남성의 성적 권력이 왜 그토록 강력하게 강화되고 제도화되며 재생산되는지에 대해서, 우리가 의문을 제기하는 일을 허용하지 않는다. 그러나 페미니즘은 분명히, 철저하게, 극도로 자세하게 어떻게 남성이 여성에게 권력을 행사하는지에 초점을 맞추어 왔으며, 최근 상당히 광범위하지만, 문헌 속에서 남성들의 이러한 권력 행사와 여성들의 권력 결여에 대하여 제시된 자신들의 설명이 눈에 띌 수 있도록 노력해 왔다. 왜 남성이 여성을 지배할 수 있는 권력을 보유하는가에 관한 질문은 전적으로 담론의 분석 정도로 축소될 수 없다. 왜냐하면 그럴 경우 개인적 관계와 이성애주의異性愛主義 및 남성성의 제도화된 권력 양자 사이의 연계가 분명히 추적될 수 없기 때문이다.

페미니스트들은 성의 정치학에서 이루어진 투쟁을 입증하기 위하여 권력의 의미를 상당히 확장하여 왔다. 그러나 낸시 프레이저(1989: 31-2)는, 푸코의 권력 개념은 〈모든 것을 다 포괄한다〉는 카테고리에 속하며, 따라서 이 개념은 푸코에게 각기 다른 종류의 권력 행사들간의 차이를 구별할 수 없게 만들었으며, 각기 다른 종류의 구속들이 갖는 도덕성간의 차이 또한 판단할 수도 없게 했다고 논해 왔다.

그러나 푸코는 사실 권력의 유형들간의 격차를 어느 정도는 인정하고 있다. 물론 초기 저작과 후기 저작 사이에서 그의 강조점이 변화되고 있기 때문에 이러한 구별이 다소 불분명한 것이 사실이긴 하다. 이러한 구별들은 푸코의 권력 개념의 경계선 내에서 개략적으로 설명된다. 한 강좌에서 푸코는 권력(항상 저항을 허용하는 것)과 완력(저항될 수 없는 것)간의 격차를 분명히 밝힌다. 자신의 권력 개념에 깃든 일종의 핵심적 제한 사항을 지적하는 방식으로 푸코는 다음과 같이 분명히 설명한다.

> 권력은 개인들 사이의 관계를 나타내는 일종의 유형일 뿐이다……. 권력의 현저한 특징은 일부의 인간들이 다른 인간들의 행위를 어느 정도 전적으로 결정할 수 있지만, 결코 완전히 혹은 강압적으로 그렇게 할 수는 없다는 점이다. 사슬에 매여 있거나 매맞는 사람은 그에게 행사되어지는 완력에 복종한다. 이때 이 힘은 권력이 아니다. 그러나 만약 그 사람의 궁극적 의지처가 죽음을 선택하고 함구하는 것일 때 말하도록 유도당할 수 있다면, 이때 그는 어떤 일정한 방식으로 행동하도록 처분받아 왔던 셈일 것이다. 그의 자유는 권력에 종속되어 왔던 것이다. 그는 행정관리 기구에 복종하였다. 아무리 그의 자유가 적다 하더라도 만약 한 개인이 자유로운 상태로 남아 있을 수 있는 경우에만, 권력은 그 개인을 행정관리에 예속시킬 수 있다. 잠재적인 거부나 반란 없이는 권력이란 존재하지 않는다.(Foucault 1988c: 83-4)

푸코의 권력과 완력간의 구별은 여기서 그의 (남성) 희생자에게 죽음이냐, 아니면 약간의 자유냐, 이 양자 사이에서 다소 암울한 선택을 할 수밖에 없게 만든다. 이와 같은 구별로 인해 푸코는 권력의 정의를 억압적이라기보다는 생산적인 것으로 제한하게 되지만, 페미니즘이 억압적 권력관계의 행사로써 취급할 수 있는 많은 경우들을 제거시키고 있다. (이 구별이 지니는 몇 가지 함축성에 관하여 이 책에 기고해 주신 딘 맥카넬과 줄리엣 플라워 맥카넬은 보다 완벽하게 발전된 의견을 보여 준다.) 푸코의 권력과 완력간의 지적 구별 속에서 남성이 여성에게 가하는 권력이 판단될 수 있는 도덕적 근거는 찾아볼 수 없다. 남성이 여성에게 불리하게 사용하는 완력은 물론, 의학 및 가정 폭력과 성폭력에서 나타나는 여성 신체의 소유와 침범을 폭력적·비도덕적이며, 따라서 변화되어야만 하는 것으로 파악한 급진주의적 페미니스트들의 판단력을 푸코는 결여하고 있는 것이다. 자유에 대한 푸코의 뉘앙스는 전반적으로 여성의 삶에 부적절해 보인다.

푸코는 권력이란 언제나 저항을 허용한다고 정의 내렸다. 하지만 그는 단 한 번도 저항의 관점에서 권력에 대한 분석을 전개시킨 적이 없다. 그는 다음과 같이 설명한다.

나는 저항의 실체와 권력의 실체를 대응하는 위치에 자리매기지 않고 있다. 나는 단지 권력관계가 있게 되자마자 저항의 가능성이 생기게 된다고 말하고 있을 뿐이다. 우리는 결코 권력의 올가미에 걸려 있을 수 없다. 우리는 언제나 결정적인 조건이 부여된 상황에서 어떤 정확한 전략에 따라 권력의 제어력을 수정할 수 있다.(Foucault 1988d: 123)

권력은 저항의 가능성과 함께 오게 되어 있다는 푸코의 주장(1984:96)은 그렇다면 경험에 근거한 것도 아니요, 역사에서 끌어낸 추론에 근거한 것도 아니다. 그것은 권력을 개념화하는 그의 방식에 필요한 하나의 조건이다. 이 조건 때문에 푸코는 여성 해방을 오직 신체와 쾌락을 강조함으로써, 즉 새로운 형태의 담론을 통해서 섹슈얼리티의 메커니즘을 역전시키는 일로만 파악할 수 있었다.(Foucault 1980b: 219-20)

푸코는 권력관계에 가해지는 저항의 정확한 전략들이 어디서 유래할 수 있는지 또 어떤 권력관계의 장악력을 수정할 경우 그것이 어느 정도까지 그 권력의 지배를 받고 있는 자들에게 사회적 조건의 변화를 가져다 줄 수 있는지에 대해 질문을 던지는 일이 자신의 책임이라고 생각하지 않았다. 푸코는 저항에는 어떤 특정한 방향이 없다고 주장한다. 『나는 인간의 자유를 믿습니다. 사람들은 각기 다른 방식으로 똑같은 상황에 반응합니다』(Foucault 1998a: 14) 비록 푸코가 사람들을 지배 담론에 저항할 수 있는 존재로 파악하기는 했지만, 저항하는 일과 승리하는 일 사이의 차이에 대해 관심을 표명한 것 같지는 않다. 페미니즘은 지배적 성 담론에 도전할 수 있는 권한 부여와 관련된, 보다 적극적인 저항 개념을 주창해 왔는데, 보다 일반적으로 볼 때 남성 권력의 강화가 변화되지 않았기 때문에 성적 권력에 대한 여성의 경험에 있어서 거의 변화를 발견할 수 없었다.

모든 것이 유동적이고 권력이 불안한 상태에 놓이게 되며 저항을 산출하는 권력관계와, 권력을 보다 더 안정되고 지속적인 것으로 파악하는 지배 개념 사이의 차이를 구별하고 있는 푸코의 저작에는 한 단계 더 발전된 권력의 개념이 존재한다. 푸코의 지배 개념이란 권력과 대조적인 것으로 단순하게 저항이 존재할 수 없는 비대칭적 형태에 상대적으로 고착될 수 있는 권력관계의 결속체 그 비슷한 것이다. 푸코는 권력을 한 단체가 다른 단체에 행사하는 지배의 일반 체계와 구분하였다. 『지배의 전반적 통일성은 처음부터 주어지는 것이 아니라 권력이 마지막으로 도달하는 종착 형태의 하나이다』(1984: 92)라고 푸코는 주장한다. 그러나 베스트와 켈너(1991: 65)의 논의에 따르면, 후기 저작에서 푸코는 『자기의 테크놀로지를 강조함으로써 권력과 지배에 대한 이전의 강조를 탈중심화하고 있다.』 페미니즘이 지배에 대항하면서 정치적 관심을 지속적으로 보여 왔다면, 푸코의 관심은 어떻게 개인이 자신의 정체성을 형성하고 또 주체로서 자신을 구축하게 되는가에 관한 배려로 이동하였다. 베스트와 켈너 (1991: 68)는 푸코가 권력에 도덕적 입장을 취하기를 거절한 것은, 『우리의 자유가 어디서 유래해야 하며 누구를 위해서 필요한 것인가의 문제를 명확히 밝히기를 거절했을 때와 마찬가지로, 스스로를 억지로 불분명한 정식화로 집어넣고 만다』라고 논평한다.

이러한 애매모호성은 푸코의 기구 개념에서도 확연히 나타난다. 푸코는 이 기구라는 개념을 신체, 담론, 그리고 보다 안정된 형태의 권력 사이의 연결작용을 지칭할 때 사용한다. 그는 신체적 처벌의 수준에서 제도의 수준에 이르는 각종 권력의 양태를 인식하기 위해 이 기구들을 사용한다. (Foucault 1980a) 그러나 여기서 아마도 중요하게 여겨지는 점은 푸코가 이 개념을 분명히 해명하고자 노력할 때, 어느 정도 어려움에 처하게 된다는 점이다. 한 논의에서(Foucault 1980b) 푸코는 〈기구〉라는 용어를 담론뿐만 아니라 비담론적 요소도 포함하는 요소들의 〈이질적인 혼합체〉를 지칭하기 위해 사용하였다. 그러나 한 질문자로부터 이러한 비담론적 요소란 것이 도대체 무엇이며, 이 기구들이 〈담론을 넘어〉 어떻게 존재하게 되는지에 대해 해명해 달라는 압력을 받았을 때, 푸코는 그 자신의 용어와는 다소 다른 개념적 용어에 의존하였다. 그는 〈제도〉, 그리고 〈사회적 구속에 기초한 제도〉의 〈기능〉이라는 용어들을 사용하여 답했다.(앞글: 197-8) 그 다음 푸코는 담론적 요소와 비담론적 요소간의 격차는 그렇게 중요하지 않다고 진술함으로써 질문자의 말을 잘라 버렸다.

〈기구〉라는 용어를 통해 푸코는 변화하는 담론의 프로그램보다는 보다 정착되고, 보다 제도적인 프로그램을 포함한 권력 양태의 다양한 측면들을 연결시키고 싶어한 것 같다. 그가 보기에 기구는 인구를 통제할 필요성과 같은 〈급박한 요구〉에 대한 반응으로 나타난다.(앞글: 195) 그러나 이러한 푸코의 논의는 자신들의 특권을 방어해야 하는 남성들의 급박한 요구가, 왜 자신들의 신체를 방어해야 하는 여성들의 급박한 요구보다 엄청날 정도로 크게 성공적인가에 대해서는 어떠한 설명도 제공해 주지 못한다.

《감시와 처벌》에서 푸코는 감옥제도를 잘 방어된 권력으로 특징짓고 있다.『권력의 메커니즘과 전략 속에 뿌리를 내린 감옥제도는, 그 제도를 강력한 관성의 힘으로 변화시키려는 어떠한 시도와도 직면할 수 있다.』(Foucault 1991: 305) 그러나 그는 시간의 흐름에 따라 감옥제도의 구체적인 특수 사항들을 변화시키는 일이 특별히 어려운 일이라고는 보지 않았다. 만약 이같은 통제의 전체 제도를 말살시킨다는 견지에서 생각할 수 있었더라면, 푸코는 어쩌면 남성 권력에 직면하여 정치적인 딜레마에 빠지고 만 페미니스트들에게 보다 가까이 다가갈 수 있었을 것이다.

푸코는 페미니스트들에게 강화된 남성 권력과 인정되지 않은 남성의 권력 행사에 대한 다소 희미한 개념만을 남겨 주었으며, 여성의 자유를 거의 변화를 가져올 수 없는 불안하기 짝이 없는 지엽적 저항 정도로 축소시켰다.

결 론 : 남성의 욕망 전유

우리가 남성 권력의 중간지대를 찾아 개념화시키고, 이 중간지대에 반대할 수 있는지 아닌지의 여부는 해명이 필요한 문제이며, 동시에 정치적 전략 중의 하나이다. 낸시 하트삭의 논평에 따르면, 『우리 자신이 지니고 있는 각종의 다양한 이미지를 표현해 낼 수 있는 세계를 창조하기 위해서 우리는 세상이 어떻게 움직이고 있는가를 이해할 필요가 있다』(1990: 171-2)

페미니즘과 푸코 양자를 여전히 괴롭히고 있는 것은 어떻게 물질적인 삶이 사회적 삶을 조직하거나, 구속하거나 혹은 상호작용할 수 있는가, 그뿐만 아니라 얼마만큼 유순한 신체가 육체적으로 구현될 수 있는가에 관한 질문들이다. 섹슈얼리티에 관한 젊은 여성들의 보고서는 남성들은 욕망을 전유해 왔으며, 섹슈얼리티란 다양한 방식으로 사회적이며 동시에 육체적으로 체화된 것이라는 견해를 지지하고 있는 것으로 해석될 수 있다. 육체를 가지고 사는 확고부동한 삶, 성의 담론, 제도화된 권력간에 복잡한 상호작용이 벌어진다. 이러한 상호작용을 이해하는 것이 정치적 투쟁을 표적으로 삼고 나아가는 데 중요하지만, 여전히 이해하기 어려운 부분으로 남아 있다.

몇몇 젊은 여성들이 자신들의 경험에 대해 매우 비판적으로 숙고하고, 남성들과의 관계 및 남성들의 여성 통제력을 변화시키고자 첫발을 내디뎠다. 하지만 이러한 숙고에 도달하기가 힘들 뿐만 아니라, 이를 꾸준히 실천하기는 더욱더 어렵다. 젊은 여성들은 특정한 관계 속에서 느끼는 자신들의 쾌락을 주장할 수는 있었다. 그러나 아직도 젊은 여성들은 여전히 강간당할 수 있으며, 시장에서 필요로 하는 기술을 결여할 수 있고, 월급을 남성보다 덜 받을 수 있으며, 성적 대상으로 파악될 수 있다. 여성이

성적 측면에서 남성에게 양보하는 이유들은 매우 복잡하고 모순으로 가득 차 있다. 그러나 통계 수치를 근거로 한 우리의 해석은 성적 교류가 이루어지고 있는 친밀한 관계 내부에 자리잡고 있는 섹슈얼리티나 권력에 관한 담론의 견지에서, 왜 여성이 남성에게 양보하는가에 대한 이유들이 전적으로 설명 가능하다는 견해를 지지하지 않는다. 여성의 섹슈얼리티는 남성의 권력과 경쟁적 관계를 맺으면서 동시에, 스스로를 사회에서 받아들이기 쉬울 정도로 여성적인 여성으로 구성해 나가는 여성들을 통해 남성 권력이 지속적으로 성공할 수 있도록 기여한다는 면에서 대단히 모순적이다.

푸코의 저작은 어떤 권력이 도덕적으로 수용 가능한지에 대한 페미니즘의 딜레마를 해결해 주지 못하며, 또한 어떻게 권력이 행사되어야 하는가에 대해서도 마땅한 답을 제공해 주지 못한다. 푸코는 사회가 반드시 규제들을 지니고 있어야 한다는 사실을 받아들이지만, 개인들 또한 반드시 그 제약들을 변경시킬 수 있어야 한다고 주장한다.(Foucault 1988e: 295) 푸코는 성적 선택의 자유가 있을 수 있지만 성적 행위의 자유는 있을 수 없다고 말한다. 왜냐하면『남녀의 문제건 두 남자의 경우건 절대로 허용되어서는 안 되는, 예를 들면 강간과 같은 성적 행위가 있기 때문이다』(앞글: 289)라고 덧붙인다. 이 말은 젊은 여성들에 대한 불투명한 전망을 남겨 줄 뿐이다. 왜냐하면 우리는 단순히 강간과 성적 폭행뿐만 아니라 성 영역에서의 실천이라는 전체 영역이 사회적으로 남성의 이익을 추구하는 방향으로 이루어지고 있다는 사실을 진작부터 발견했기 때문이다. 여성의 신체와 쾌락이 가능할 수 있지만 오직 불안한 형태로만, 그리고 끊임없는 투쟁을 통해서만 존재할 수 있을 것이다.

푸코는 사회생활의 각 분야에서 난공불락의 남성 권력이 여성에게 (남성에게도 또한) 문젯거리가 된다는 사실을 심각하게 받아들이지 않았다. 일상생활에서 남성들, 남성성, 그리고 여성 신체의 사회적 구성에 의해 매일매일 예속당하고 있는 여성들의 정치적 경험은, 저항과 변화를 푸코가 허용한 것으로 보이는 것보다 훨씬 더 복잡할 뿐만 아니라 문제를 야기시키는 영역으로 만들고 있다. 푸코는 우리에게 자신들의 욕망을 잠재우면서 열심히 일하고 있는 젊은 여성들, 조심스럽게 여성적 자기를 형성해 가면서 섹슈얼리티의 남성적 지배를 지지하는 젊은 여성들을 발견할 수 있도록 길을 안내해 주었다. 그러나 푸코는 우리에게 남성 권력의 결속이라는 거대한 것에 대처할 수 있는 능력을 주지는 못했다.

2

1) 생물학의 중요성에 대한 페미니스트의 고발이나(예를 들어 Christine Delphy나 Monique Wittig의 글에서 발견될 수 있는 종류의) 성에 대한 문화적 설명이 반드시 푸코의 논쟁에 이끌리거나, 그의 영향하에 발전했다는 뜻은 아니다.

2) Bordo(1988)와 Bartky(1988), Frigga Haug의 좀더 비판적인 논쟁(1987: 190-208)을 참조하라. 푸코에게 영향받은 성적 충고에 관한 논의에 대해서는 Brunt (1982)와 Heath(1982)를 참조하라.

3) Dorothty Dinnerstein과 Nancy Chodorow, Jane Flax의 정신분석적 페미니즘과 푸코간의 대결을 행하고, 페미니즘 입장의 우수성을 말하는 것과 관련된 논의에 대해서는 Issac Balbus(1987)·Morris(1988)·Dollimore(1991)·Dews (1987, 1989)를 보라.

4) Eagleton(1991: 387;390-2) 참조.

5) Diamond와 Quinby(1988: xiv-xvii)·Bartkowski(1988: 43-6)·Morris (1988: 26)·Balbus(1987)를 보라.

6) 푸코는 로마 제국시대에 대해 다음과 같이 말한다.

결혼생활을 이끄는 기교는 비교적 새로운 방법으로 몇몇 중요한 텍스트에서 고려되고 정의되어졌던 것 같다. 첫 변화는 부부생활의 기교가 집안일, 관리, 아이의 출생과 생식에 계속 관심을 가지면서도, 남편과 아내 사이의 특별한 관계와 그들을 묶는 유대, 서로에 대한 행동에 점차 더 큰 가치를 두게 된 사실에 있는 것처럼 보인다.(푸코 1988: 148)

따라서 결혼은 〈개인 유대의 타입〉에 의해 정의되게 된다.(앞글) (나머지 우리들은 〈사랑〉으로 부를 수 있는 것에 대한 푸코의 행동주의적 완곡한 표현?) (푸코 1988: 148, 1986: 166-84, 좀더 일반적으로는 Ⅲ부 Ⅰ장과 Ⅴ부.)

7) 아내에게 보내는 Pliny의 사모하는 편지 참조.(푸코 1986, 78-9에 인용) 이러한 문제를 직접 언급하지 못한 푸코의 실패는, 주체의 윤리적 관련을 애정·충동·저항의 중심으로 인정하기를 거부한 것을 말해 준다. 테리 이글턴의 말을 참조.

푸코는 이와 같은 주체를 여전히 언급할 수 없다. 우리가 여기서 갖는 것은 주체와 욕망이라기보다는 신체와 쾌락이다. 사랑을 부드러움과 애정보다 기교와 행동으로, 내면성이라기보다는 관례로 남겨두는 주체를 향한 어중간한 게의 걸음걸이와 같은 미학적 움직임이다.(1991: 395)

8) 나는 이 문제를 나와 함께 제기한 Peter Dews에게 감사한다.

9) 푸코 1986, 158-9 참조. 종교와 세속적인 고백의 테크닉 사이의 차이를 무시하는 푸코의 경향에 대한 비판과 논의에 대해서는 Cousins와 Hussain(1984, III부 8장)을 보라. (커즌즈와 휴세인이 지적하듯이, 이 차이를 존중해야 한다고 푸코 자신이 생각하고 있다 하더라도) 다음과 같은 피터 듀의 논점이 여기에 관련된다. 푸코는 〈훈육과 정상화에서의 노력〉이 얼마나 과학적 지식의 적용에 의해 고양될 수 있는지 설명하지 않는다. 이러한 실패 이유는 발견하기 어렵지 않다. 왜냐하면 과학적 지식의 적용이 행동의 효율성을 증가시킨다고 인정하게 되면, 그는 저변에 깔려 있는 상대주의적 입장을 포기해야만 하고, 적어도 합리성의 차원, 인식 도구의 차원에서만이라도 〈진보〉의 현실을 인정해야 하기 때문이다. 그러니 훈육에 의해, 푸코가 야기시킨 권력과 지식의 나선형적인 강화에 의해 〈기술적〉 문지방을 넘는 것은 이론적으로 설명되지 않은 채 남아 있다.(Dews 1989: 37)

10) 인용된 귀절은 Chaucer의 《트로일러스와 크리세이드》 2권 22-8이다.
　　당신들은 알 것입니다. 1천 년 안에 언어의 형태가 변화했다는 것을,
　　그때는 가치를 가지고 있던 말들, 그것들이 이제는 우리에게 더 이상
　　경이롭지도 않고 이상하게 들린다는 것을 압니다.
　　그러나 그들은 과거에 그렇게 말을 해왔고,
　　지금의 남성들이 했듯이 사랑에서도 성공을 하였습니다.
　　다양한 시대, 다양한 나라에서 사랑을 얻는 것은 다양한 관습이었습니다.

3

1) 푸코가 말하는 담론이 정확히 무엇인지 대답하기란 쉬운 질문이 아니며, 담론의 의미가 그의 저술에서 모두 동일한 것도 아니다. 《성의 역사》(1981)에서 푸코는 섹슈얼리티에 관한 현대의 사고에 결정적인 개념과 가설로 보여지는 것을 탐구한다. (예를 들어 동성애의 행동은 동성애의 〈기질〉에서 나온다는 가설.) 그러나 이러한 개념과 가설은 권력관계를 포함한 사회적 실행의 문맥 안에서 이해되어져야 한다.

2) 페미니스트는 〈여성성〉과 여성의 주체성을 형성하는 방법을 이해하기 위한 시도로 정신분석 이론의 다양한 형태를 끌어들였다. 예를 들면 Mitchell(1974)·

Chodorow(1978) · Mitchell과 Rose(1982)를 보라.

3) 예를 들어 푸코는 현대적 군대와 공장, 또는 학교와 같은 제도에 신체적 훈육과 행실이 얼마나 결정적으로 중요한가를 논한다.

4

1) 지식의 가능성을 논할 때, 우리는 어떻게 인식론을 초월할 수 있는가? 이것은 성적 억압을 초월하는 것과 약간 비슷하나, 강제적으로 고백의 문화에 기여한다. 알아가는 과정에 쏟는 우리의 강박관념에 대하여 푸코는 좋은 계보학을 만들어 내었을지도 모른다.

2) 푸코의 〈지식인과 권력〉에서(1977b) 푸코의 〈일반적인 정의에 대하여: 모택동주의자와의 대담〉도 보라.(1980b)

3) 이 해석은 Dreyfus와 Rabinow(1982: 62-7)에서 발견된다.

4) Sawicki(1991), 3장에서 논의되어졌다.

5) 푸코의 글(1978a)에서 (J-P. Peter)와 (J. Favert)에 의한 주 1).

6) 개념화되고 있는 자동관계의 또 다른 예는 〈제3세계〉의 창조에서 의존의 사회적 구성이다. 이에 관해서 설명하지는 않을 것이나, 독자들에게 고전적 연구인 Frank의 글(1967, 1969)을 참조하도록 할 것이다.

7) 서론과 자료 다음에 7개의 주가 이어지는데 1개의 주만 푸코가 쓴 것이다. 주는 자료에 대한 다양한 푸코의 해석으로 이루어져 있다.

8) 즉 푸코 1978a, 주 5) Philippe Rior의 〈삐에르 리비에르의 병행하는 삶〉, 주 6) Robert Castel의 〈의사와 재판관〉, 주 7) Alexandre Fontana의 〈합리성의 간헐성〉.

9) 푸코 1978a, 주 1). 주 4) Blandine Barret-Klegel의 〈국왕 시해와 부친 살해〉.

10) 출간인의 요약, 푸코 1980a의 마지막(번호 없는) 페이지.

5

1) 1960년대부터 나타난 급진적 형태의 페미니즘은 페미니즘을 남성의 권력에 대항하는 여성의 보편적 투쟁으로서 취급한다. 그리고 이와 같은 보편성에 대한 요구는 많은 비판을 받았다. 이 장에서 나는 서구 문화와 섹슈얼리티에 초점을 두고, 페미니스트들이 푸코의 저술을 어떻게 이용했는지를 고찰한다.

2) 페미니즘에 대한 어떤 종류의 해석에 있어서, 젠더의 사회적 역할은 심리적인 것으로 간주된다. 이같은 견해에서 볼 때, 서구의 〈가부장제〉는 남성과 여성 모두의 정신에 지워지지 않게 흔적을 남기는 문화적인 단일체로 생각되었다. 이러한 모형에 있어서, 남성은 그들이 지배해야만 하고 그들과의 차이를 설명해야할 일부 소수의 타자로부터 자신을 구별할 수 있는 범위에서만 그들은 높이 평가하도록 양육되었다. 여성들은 인간성과 관련되고 가치를 지닌 존재가 오직 남성으로 간주되는 문화에서 자랐고, 살고 있기 때문에 자신을 의식적으로 혹은 무의식적으로 불완전한 인간으로 믿으며, 그 결과로 심각한 심리적 손상을 겪는다. 〈가부장제〉에 대한 이러한 분석에 있어서, 여성에게 주어지는 현존하는 억압의 변형은 적어도 완전하고 지속적으로 문화에 재적응할 것을 필요로 한다. 〈남성적〉 가치들이 완전히 배척되고 Nancy Chodorow(Eisenstein 1984: 87-100)에 의해 제시된 우월한 〈여성적〉 가치들로 대체되든지, Carol Gilligan(Eisenstein 1984: 160-1, n.8)이 제안한 근본적인 〈남성적〉 그리고 〈여성적〉 문화적 가치들이 화합되어야한다.

3) 계보학은 푸코의 분석방법이다. 그것은 역사에 상당 부분을 의존하고 있는데, 그 역사는 이론적인 역사학에서 전통적으로 묘사되는 단일한 역사가 아니다. 대신에, 푸코는 다른 역사적인, 주변화된 시각 —— 전문가가 아니라 지식의 주체를 이해하는 것(예를 들면 정신분석학자보다는 〈광인〉을 이해하기) —— 을 제시함으로써, 그리고 주어진 영역에서 특별하고 승인된 관심을 가지고 지식인을 분석함으로써, 이와 같이 역사의 초점을 다른 곳으로 옮기려고 한다. 계보학의 이러한 시각은 서구의 후기산업사회에서 통용되는 진리와 지식에 관련된 이해관계가 그들 자신을 중립적인 것으로 제시되도록 하며 소멸되었다는 생각을 푸코가 거부하는데 토대를 두고 있다.

4) 《에르퀼린 바르뱅Herculine Barbin》(Foucault 1980a)은 그의 삶이 성과 젠더의 가능성을 구체화하기 위해 성의 권력-지식제도의 환원적인 범주화를 부정하는 개인의 경험에 접근함으로써, 섹슈얼리티와 신체를 다루는 데 있어서 젠더의 문제점을 보다 상세하게 다루고 있다. (푸코와 그녀의 일기가 《에르퀼린 바르뱅》의 텍스트의 주요 부분을 이루고 있는 양성화된 Alexina에 의해서.) Judith Butler(1990)는 알렉시나의 일기에 대한 푸코의 해석이 엄격한 비판을 받게 한다. 그녀는 푸코의 서론이 이상주의적이라는 점을 지적한다. 푸코가 알렉시나의 절망과 자살을 단일한 성적 정체성을 선택하도록 강요된 결과로서 해석하기를 원하는 반면에 버틀러는 그렇게 솔직하지 않다. 그녀는 알렉시나에게는 언어와 정체성에 있어서 어떠한 〈국외〉도 존재하지 않는다는 점, 《에르퀼린 바르뱅》의 서술이 〈정체성〉에 대해 느끼는 영원한 불안감과 그것을 위한 투쟁을 언급하고 있다는 점

을 지적한다. 버틀러의 해석에서, 알렉시나는 그녀/그가 〈남성〉이 되기를 선택한 순간에도 하나의 정체성으로 축소되지 않으며, 모호한 성적 정체성의 문제는 다원적이거나 단일하건간에, 알렉시나의 성적 정체성을 만들어 내는 담론이다. 내게서 주디스 버틀러의 글을 표절하거나 합법적으로 재생하는 것 이상의 작업을 기대하지 못하는 반면, 그녀의 푸코의《에르큘린 바르뱅》읽기는 비판적이고 철저하다. 나는 그것에 동의한다.《성의 역사》1권(푸코 1978)은 섹슈얼리티의 형성에 대해 보다 넓은 각도의 시각을 제시한다.

5) 예를 들어 Mary Daly(1978)는 본질로서 서구 문화에서 여성과 연상되는 평가절하된 특질들을 포함하여, 그것들을 포괄하고 재평가하려고 하였다. 이러한 재평가를 성취하기 위해 반대되는 〈가부장적〉 가치들은 평가절하되었다. 댈리에게 있어서 페미니스트는 그들의 본질적인 여성의 본성을 취하여 즐겨야만 한다. 아니면 계속해서 남성의 인질, 가부장제의 희생자이며 속기 쉬운 사람으로서 남을 것이다. 비록 불가능한 남성의 이상을 여성 중심적 시각으로 대치시키려는 페미니스트의 목표가 댈리의 급진적 페미니즘과 부응했지만, 다른 요구들 —— 예를 들어 현존하는 〈가부장〉 사회 안에서 남성과의 관계, 그리고 정치적 이득을 위한 투쟁의 어떠한 형태를 유지하는 것 —— 은 그렇지 않다. 댈리에 의해 제시된 본질적인 정체성은 여성들에게 서구 남성 중심적 문화 안에서 그들에게 거부되어 왔던 일부 가능성을 제공하지만, 그들에게 다른 선택들은 거부하였다.

6) 대다수의 저항이 존재하는데, 그것들 각각은 특별한 경우이다. 그것들은 가능하며, 필수적이고, 사실 같지 않은 저항들, 자발적이고, 야만적이고, 고독하며, 합의된, 맹렬한, 혹은 난폭한 저항들, 또한 쉽게 타협하고, 타산적이거나 희생적인 저항들이다. 정의에 의하면, 그것은 권력관계의 전략적 영역에서만 존재할 수 있다……. 권력관계의 조직이 정확하게 그것들 안에 국한되지 않고, 장치와 제도를 거쳐서 통과하는 촘촘한 망상조직을 형성함으로써 끝나듯이, 저항 요점의 무리들은 사회계층과 개인적 단일체를 가로지른다. 그리고 의심할 바 없이 이러한 저항의 잣대가 전략적으로 성문화됨으로써, 국가가 권력관계의 제도적 통합에 의존하는 방식과 다소 유사하게 혁명을 가능하게 한다.(Foucault 1978: 96)

6

1) 모더니스트의 인본주의적 사상의 기반에 대한 상세한 토론과 비판을 위해서는 MacIntyre(1981)를 보라.
2) 의학적 담론과 실행의 발전에 대한 푸코의 설명을 위해서는, 그의 저서《병

원의 탄생 *The Birth of the Clinic*》(1973)을 보라.

3) 여성들 사이의 차이의 문제와 페미니스트 이론에 미치는 영향에 대한 논의는 Ramazanoğlu(1989)와 Spelman(1990)에 나타나 있다.

4) Weeks(1985)는 담론에 근거한 분석적 틀을 사용하여 현대의 성의 정체성에 대한 흥미로운 해설을 제공한다.

5) 〈여성다움〉이 성과학의 담론 안에서 생산되는 방법에 대한 흥미로운 급진적 페미니스트 논의를 위해서는 Jeffries(1990)를 보라.

6) 이러한 주제는 푸코의 《사물의 질서 *The Order of Things*》(1971)에도 나오는데, 거기에서 그는 〈사람〉 혹은 〈인류〉라는 범주의 역사적 형성, 즉 지식의 대상으로서인 동시에 내적인 위엄, 이성과 자유의 주체적인 기반으로서 형성된 모순적 실체의 생산을 탐구하기 위해 담론에 기초한 방법론을 사용하였다.

7) 이성과 남성다움의 지배적 형태 사이의 관계를 탐구하기 위해서는 Seidler(1989)를 보라.

8) Gilligan은 남성과 여성의 인식의 차이를 설명하기 위해 생물학적 결정론의 형식을 제안하지 않는다. 그보다는 젠더와 그 안에서 남성과 여성이 도덕적 딜레마에 대해 생각하는 다른 표현들 사이의 경험적 상관관계에 주목한다.

7

1) 나는 특정한 범주 안에서 권력과 지식의 특별한 관계를 탐구할 필요성을 강조하기 위해서, 좀더 익숙한 〈권력/지식〉 공식보다는 〈권력-지식〉을 사용하였다. 이것은 아래에서 논의될 것이다.

2) 이 포스터에 대해서는 유트레이트대학의 여성학에 대한 진보된 연구를 위한 대학원인 Anna Maria Van Schuurman Centrum의 Rosi Braidotti에게 감사한다. 이 제목을 정한 후에 나는 푸코가 프랑스에서 지식인의 역할을 논의하면서 이론적 철학 안에서 실존주의의 기원을 언급하고, 또 그가 『전혀 대중적인 무용가가 아니라고』(Foucault 1990c: 44) 표현한 후설과 하이데거의 특징을 언급한 사실을 발견하고는 흥미로웠다. 왜냐하면 푸코는 그 자신의 제목에 대해, 그리고 그가 제목들을 통해 『놀람과 기만의 이중적 게임을 하고 있다』는 비난에 대해서 고찰했기 때문이다. (Foucault 1990c: 251을 보라.)

3) 지금까지 페미니즘에 대한 푸코의 작업의 중요성과 가치에 대해 다양한 평가가 있어 왔다. 그들은 Bland 1981, Diamond and Quinby 1988, Weedon 1987, Hartsock 1990: Butler 1990, Bartky 1990: 63-82; Hekman 1990, Flax

1991: 특히 187-221, Barrett 1991: 150-2, Brodribb 1992: 특히 39-60 등이다. 이러한 평가들의 다른 용어와 기준을 비교하는 것은 흥미로운 일이다.

4) 푸코는 이 용어를 니체에게서 빌려 왔다. (Foucault 1991a: 76-100을 보라.) 계보학적 연구의 개요는 푸코의 고고학적 연구에 대한 초기의 생각을 수정한 것이다. 전자는 《감시와 처벌》과 《성의 역사》에서 가장 여실히 보여진다.

5) 푸코는 사상의 역사와 그의 〈사고의 역사〉를 구분한다. 즉 〈사고의 역사는 단순히 사상이나 재현의 역사만을 의미하는 것이 아니라, 그것이 진리와 관계를 갖는 한 어떻게 그 사상이 역사를 지닐 수 있는가〉라는 문제에 반응하려는 시도 또한 의미한다.(Foucault 1989: 294)

6) 〈계몽주의〉라는 용어는 18세기 유럽에서 등장하여, 자연 과학(과학의 혁명과 관련된)의 방법을 사회적·정치적 삶의 조직에 적용시키려고 하던 움직임을 의미한다. 이것은 보편적인 이성에 대한 믿음으로써 표현되었다. 이 운동의 지속적인 영향과 그것의 기대는 현대 세계에 이르기까지 추적되며, 그것은 사회적·정치적 영역에 있어서, 진보로 가는 길을 조명할 수 있는 통합된 이성이 존재한다는 신념과 동일시되었다. 칸트의 텍스트, 《계몽주의란 무엇인가?》를 논의하며, 푸코는 계몽주의의 중요성을 다음과 같이 묘사한다.

　　결국 계몽주의는 유럽의 현대성을 개시하는 하나의 사건으로서, 그리고 이성의 역사에, 그리고 합리성과 테크놀로지의 형식, 지식의 자율성과 권위의 발전과 확립에 있어서 명시된 영속적인 과정으로서 우리에게 있어, 단지 사상사에 있어서의 하나의 일화에 그치지는 않는 것 같다. 그것은 18세기 이래로 우리의 생각 속에 각인된 철학적 질문이다……. 우리가 지킬 필요가 있는 것은 단편에 의해서 남아 있는 계몽주의의 잔여물이 아니다. 우리의 마음 속에 생각해야 할 것으로 보존되야 할 것은 그 사건과 그것의 의미라는 바로 그 문제이다.(Foucault 1990C: 94-5)

7) 물론 정신분석이 계몽주의와 연속선상에 있는지, 혹은 단절상태에 있는지의 문제는 그 자체로서 큰 주제이다.

8) 그는 다음과 같이 논평한다.

　　여성 해방 운동의 진정한 힘은 그들의 섹슈얼리티의 특수성과 그것에 관한 권리에 대해 요구를 하는 능력이 아니라, 그것들이 섹슈얼리티의 장치 안에서 이끌어지는 담론으로부터 실제로 분리되어 있다는 사실이다. (Foucault 1980: 219; Foucault 1989: 144; Foucault 1990C: 115-6도 보라.)

9) 독특한 예로서 Foucault 1989:208에 나타난 Lillian Faderman의 《인간의 사랑을 능가하며 Surpassing the Love of Men》에 대한 푸코의 논의를 보라.

10) Susan J. Hekman은 푸코가 계몽주의의 〈비판하려는 요구〉를 지니고 있는

듯이 보인다는 점에 있어서 계몽주의가 아니라 인본주의를 거부했다고 주장한
다.(1990: 183)

11) 이러한 평가가 얼마나 유럽중심적인지를 고찰하는 것은 흥미롭다. 푸코의 유
럽중심적 관점에 대한 더 이상의 논의를 위해서는 Said 1984: 222와 said 1988
을 보라.

12) 〈가부장제〉라는 용어의 어려움에도 불구하고, 그리고 그것을 사용하는 데 있
어서의 문제점을 인식하면서도, 나는 이 소논문에서 여성에 대한 남성의 사회
적·정치적 지배를 언급하기 위해 속기로 그 용어를 사용했다.

13) 후기구조주의의 정의를 내리는 것은 어렵다. 실제로 Robert Young과 같은
몇몇 논평가들은 『후기구조주의의 전제가 그 자체에 대해 이름을 붙이는, 통합된
혹은 〈고유한〉 정의를 인정하지 않는다』고 주장했다. 이러한 거부에도 불구하고,
영은 다음과 같은 정의를 내렸다. 『넓게는…… 형이상학에 대한 비판(인과관계, 정
체성, 주체, 그리고 진리에 대한), 기호 이론과 정신분석학적 사고체계의 승인과 결
합에 대한 비판을 포함한다』(1981: 8) 후기구조주의는 푸코·라캉·데리다라는
중요한 세 사람의 작업과 동일시되어 왔다. 영의 정의에서 〈사고의 정신분석학적
양식〉에 대한 인유는, 푸코가 이러한 명칭 아래 불편하게 수용되고 있다는 점과
이 용어에 의해서 언급되는 위치의 다양함을 나타낸다. 푸코 자신은 이름 붙이기
에 대해 화를 냈으며, 〈구조주의자〉·〈후기구조주의자〉 혹은 〈포스트모더니스트〉
라고 특징지어지는 데 대해서 종종 항변했다. (Foucault 1973: xiv; 1990c: 22를
보라.) 그럼에도 불구하고, 후기구조주의와 푸코를 동일하게 보는 것은 현재까지 비
교적 잘 이루어져 있다. (Weedon 1987; Heckman 1990을 보라.)

　정신분석 이론은 프로이트로부터 시작되었다. 그러나 현재 정신분석 이론에는
많은 다른 〈학파〉가 존재한다. 최근의 페미니즘 안에서 가장 영향력 있는 집단들
은 객체-관계 이론과 라캉의 학설이었다. 페미니스트 관점에서 본 정신분석의 다
른 학파들에 대한 설명을 위해서는 Sayers 1986을 보라.

14) 이것들을 일괄하여 다루는 데는 명백히 문제가 있다. 그러나 이렇게 하는 것
은 요법의 정확한 내용에 대해서보다는 형식에 대한 나의 관심에 의해서 정당화
된다. 또한 그것들은 좀더 일반적인 분석의 목표를 위해 페미니스트에 의해 광범
위하게 사용되지 않았다는 점에 있어서 정신분석과 다르다.

15) Michele Barrett가 설명한 바와 같이 푸코가 〈담론〉이라는 용어를 사용한 것
은 독특하며, 텍스트에서의 진술과 편협하게 연결되어 있지 않다. 〈텍스트성〉과 관
련된 관심과 직접적인 대조를 이루며 『푸코가 사용하는 담론이라는 개념과 우리
가 일반적으로 담론성이라고 부를 수 있는 것은 컨텍스트와 매우 깊은 관계를
맺고 있다』(1991: 126)

16) 푸코는 그가 〈고백〉이란 용어를 사용한 것이 〈약간 성가신〉 것일지도 모른다는 점을 인정하고 나서, 『주체가 그것에 의해 자신에게 영향을 줄 수 있는 자신의 섹슈얼리티에 대한 진리의 담론을 생산하도록 자극을 받는 모든 절차』라고 그것을 정의하였다.(Foucault 1980: 216)

17) 그는 자신의 거부를 계속했다. 『나는 결코 마르크스주의자였던 적이 없으며, 구조주의자였던 적도 없다』

18) 여기에서 마르크스와 마르크스주의가 미친 영향과의 평행선이 그어질 수 있다. 그러나 푸코에게 있어서, 정신분석은 마르크스주의만큼이나 부정적으로 잘 다듬어진 정치적 기구(특히 그리고 가장 지엽적으로 PCF-프랑스 공산당의 형태에 있어서)와 연결되어 있지는 않았다.

19) 푸코는 〈규범화〉라는 단어를 〈훈육〉과 함께 19세기 이래 〈인간의 신체, 행위, 그리고 행동양식에 부여되던 권력의 메커니즘〉과 관련지어 사용하였다. (Foucault 1980: 61을 보라.)

20) 나는 지식의 모든 형식 안에는 다소간 명백한 이론적 차원이 존재한다는 점을 깨달았다. 그럼에도 불구하고, 나는 〈페미니스트 이론〉의 특수한 영역을 명시하는 것은 매우 특별한 발전을 재현한다고 생각한다.

21) 이것은 푸코의 용어이다. (앞의 각주 2)를 보라.) 나는 Tina Turner의 인기곡인 〈은밀한 무용수〉를 염두에 두고 있다.

22) Phillips(1987)를 보라. 최근의 페미니즘 문학 비평 안에서 페미니스트적 열망의 이러한 차원이 등한시된 점에 대한 흥미로운 고찰을 위해서는 Campbell 1992를 보라.

23) 이러한 부재는 Michèle Barrett가 지적하듯이(1991: 131) 『마르크스주의 안에 강력하게 존재하는 사회 구조의 개념』을 푸코가 좀 더 일반적으로 거부한 것의 일부분이다.

24) Herbert Dreyfus와 Paul Rabinow는 분석가의 초연함의 문제에 대해서 푸코의 초기 저술과 후기 저술 사이에는 차이가 있다고 주장한다. 그들은 푸코의 후기 저술 특히 《감시와 처벌》과 《성의 역사》에 있어서 분석가는 더 이상 초연한 관찰자로 간주되지 않는다고 주장한다.(Drafus and Rabinow 1982: 4장) Barrett 1991: 134-51도 보라.

25) 이것은 앞에서 추적했듯이, 비교적 소집단의 지식인층 여성들만이 접근할 수 있는 페미니스트 지식의 생성의 양식과 결합되어 있다. 내가 여기에서 〈페미니스트 지식〉을 형성하는 것에 대한 논의를 회피하고 있다는 사실을 지적해 준 데 대해 Caroline Ramazanoğlu에게 감사한다. 〈페미니스트 지식〉은 여성들의 살아 있는 경험에 뿌리를 두고 있어야 하며, 그와 같은 지식은 계속적으로 평가절하된

다는 사실이 논의될 수 있다. 이것의 필연적 결과로 자신을 〈페미니스트〉라고 제시할 수 있는 어떤 다른 주장도 진정으로 페미니스트가 아니라는 점을 들 수 있다. 그러나 이것은 〈여성의 살아 있는 경험에 뿌리를 둔다는 것〉이 무엇을 의미하는가라는 질문과, 우리가 이러한 경험을 어떻게 알 수 있는가, 그리고 어떤 여성들의 경험이 이러한 주장의 근거를 제공할 수 있는가라는 질문을 회피하고 있다. 또한 무엇이 〈페미니스트 학문〉이고 무엇이 아닌지를 누가 결정할 것인가의 문제점이 남아 있다. 그러나 나는 여성들의 경험을 페미니스트 이론 안에서 판단의 기준으로 만들려는 어떠한 시도를 포기하는 것도 매우 중요한 변화라고 생각한다.

26) 그녀의 충고는 서구의 여성들에게만 특별한 것이고 그들만이 가능한 것일 뿐 아니라, 그들 중에서도 더욱 특권을 지닌 사람들만이 그것을 얻을 수 있을 것 같다.

27) 나는 페미니스트 이론이 부분적인 이유이지만 정신분석의 지적인 고매함 때문에 보편적으로 자조·조언, 그리고 조언의 다른 양식들(이 장에서 고찰한 첫번째 갈래)에 대해 다소 좀더 비판적인 것을 기대한다. 여기에서 중요한 것은 앞에서 언급한 것과 같이, 정확하게 그것의 치료적·이론적 차원에 있어서의 이중적인 매력이다. 게다가 정신분석은 개인적 치료의 형태와 기타에 있어서 페미니스트 이론 사이에서 상당한 매력을 지니고 있다는 점이 거론되어야 한다.

28) 버틀러 1990을 보라.

29) 이러한 관점에서 계몽주의의 여성 후계자들은 그들이 〈남성의 자유〉에 대해 이야기할 때 〈여성의 해방〉에 대해 통일된 목소리로, 그리고 계몽주의의 남성 후계자들의 열망과 유사한 양식으로 이야기했다는 점에 있어서 계몽주의 남성들의 환상의 대부분을 재창조했다.

30) 나는 페미니스트들이 전통적인 정치적 규범을 매우 쉽게 포기하고서는 〈인지자〉와 〈이론가〉의 강력한 허식을 계속해서 지니고 있다는 사실에 경악해 왔다. 그러므로 승리주의에는 많은 차원이 있다. Kamuf의 호소는 페미니스트 이론의 형식에 초점을 둔다. 나는 페미니스트 이론 주변을 선회하는 사회적 관계의 종류들을 고찰해 볼 필요성을 좀더 강조하고 싶다.

8

1) 이 논문의 일부는 나의 저서인 《참을 수 없는 무게 Unbearable Weight: Feminism, Western Culture and the Body》(Bordo 1993)의 서론과 결론의 자

료에 근거하고 있다. 그밖의 다른 부분들은 로체스타와 호바트대학교(University of Rochester and Hobart)와 윌리엄 스미스대학(William Smith College)에서 있었던 나의 강연에서 발췌했다. 발표 당시 토론에 참석해 주셨던 모든 사람들에게 감사드린다.

2) 여기서 사회적 〈정상화〉란 개인들이 기준이나 〈정상 규범〉을 잣대로 세워 놓고, 이 잣대에 따라 지속적으로 그들의 행동과 자기의 재현을 〈측정하고〉〈판단하고〉〈훈육하고〉〈교정하는〉 온갖 종류의 문화 변모 현상(acculturation ; 한 사회 집단이 다른 사회집단이 지니는 문화적 특징, 각종 사회적 패턴을 받아들이면서 새로운 종합 문화를 형성해 가는 과정)을 총칭한다. 여기서 사회적 〈저항〉이란 현존하는 권력관계 및 그것을 유지하고 재생산해 내는 정상 규범을 전복하거나 분쇄하는 각종 행위·사건·사회적 형성을 모두 지칭한다.

3) 〈포스트모던〉이란 단어는 여러 가지로 다양하게, 즉 각 분야별로 다양한 강조점과 다른 출발점을 지닌 채 기술되고 재기술되어 왔다. 그리고 이 〈포스트모던의 조건〉에 대해 일부는 비판적 태도를, 다른 일부는 칭송하는 태도를 보여 왔다.(Bordo 1991) 지리하고 산만한 토론 속으로 빠져드는 대신, 여기서 나는 이 논문의 목적상 가장 일반적인 문화적인 의미에서 〈포스트모던〉이란 용어를 사용한다. 여기서 포스트모던이라고 할 때 나는 정의·폐쇄·고정성을 거부하고, 불안하고 유동적이고 파편화되고 미결정적이고 아이러니하고 이질적인 것을 추구하는 최근의 동향을 일컫는다. 이러한 일반적인 분류 체계에서 볼 때, 후기구조주의자의 개념에서 발전되어 나온 생각—— 기호학적 미결정성에 대한 강조, 단일화된 주체 개념에 대한 비판, 제도의 불안정성에 대한 도취, 지배적인 형식보다는 문화적인 저항에 초점을 둘 수 있는 역량—— 은 분명히 〈포스트모던〉적인 지식의 발전이다. 그러나 모든 후기구조주의적 사고방식이 모두 다 〈포스트모던〉하지는 않다. 내가 읽은 바로는, 푸코는 〈근대〉와 〈포스트모던〉 지점 모두를 공유한다. 훈육·정상화·〈유순한 신체〉의 창조에 대한 토의에서 푸코의 마르크스 후계자로서의 측면이 강조된다. 하지만 말년의 푸코가 권력의 개념에 가한 수정은 저항의 편재성을 강조하고 있으며, 이러한 점은 〈포스트모던〉적인 특징이라 볼 수 있다.

4) 마지막 서론적 주석 : 이 논문에서 나의 주요 초점은 페미니스트 신체정치학의 〈흐름〉이며, 이것은 즉 외모의 정치학이다. 푸코 자신은 이 문제에 대하여——또는 여성에 관하여——거의 말하고 있지 않다. 그럼에도 불구하고 나는 이러한 영역에 기반을 두고 대부분의 나의 예들과 푸코 사상의 실례들을 작성하였다. (이와 똑같은 이유로, 나는 신체에 관한 초기 페미니스트의 관점을 기술하면서 푸코의 용어를 사용한다. 설령 이 용어가 각 페미니스트 작가 자신에게는 생소할지라도 말

이다.) 이러한 초점에 대한 나의 선택이 일, 성, 성적 폭력, 부모가 되고 아이를 낳는 권리에 관한 논제들이 신체에 관한 페미니스트의 정치학을 예증하는 데 덜 효율적이거나, 덜 중요하다고 보는 나의 견해를 암묵적으로 전해 주고 있다고 받아들여져서는 절대 안 된다. 또한 내가 이 관점을 선택한 것은, 내가 그 어떤 프랑스 페미니즘에 대한 토의도 생략하겠다는 나의 의지를 시사한다. 프랑스 페미니즘이 신체에 관한 페미니스트 관점을 형성하는 데 지대한 공헌을 하였다는 점은 인정한다. 하지만 프랑스 페미니즘은 여성성의 형성에 있어서 핵심적이라 할 아름다움 및 외모의 정치학을 이론적으로 설명해 내지 못했다.

5) 10가지 저항점들을 열거하면 다음과 같다──〈저급하기 짝이 없는 생각 없이─급속한 인기를 얻은─거의 벌거벗은 여성의 상징〉, 〈장미꽃으로 치장된 인종 차별주의〉, 〈군사적 죽음을 상징하는 마스코트로서의 미스 아메리카〉, 〈소비자 사기-게임〉, 〈부정 수단으로 조작된, 그리고 조작되지 않은 경쟁〉, 〈시대에 뒤진 대중문화 주제로서의 여성〉, 〈타파될 수 없이 견고한 마돈나-창부 결합〉, 〈평민정치의 주권자에 씌워진 부적절한 왕관〉, 〈~에 동등한 꿈으로서의 미스 아메리카〉, 〈여러분들을 관찰하는 큰언니로서의 미스 아메리카〉.(Morgan 1970: 522-4)

6) 〈고전〉 중에는 다음과 같은 저서들이 있다. Susan Brownmiller, Against Our Will(1975), Mary Daly, Gyn/Ecology(1978), Angela Davis, Women, Race and Glass(1983), Andrea Dworkin, Woman-Hating(1974), 저메인 그리어, The Female Eunuch(1970), Susan Griffin, Rape: The Power of Consciousness(1979)과 Woman and Nature(1978), Adrienne Rich, 〈Compulsory hetero-sexuality and lesbian existence〉(1980). 또한 논문 모음집으로 Sisterhood is Powerful(Robin Morgan ed, 1970)와 Woman in Sexist Society〉(Vivian Gornick and Barbara Moran eds, 1971)를 참조할 것.

7) 서로 상반된 견해를 보여 주는 Nancy Fraser(1989)와 Nancy Hartsock (1990)을 참조하시오. 그러나 두 사람은 푸코의 권력에 대한 개념을 내가 여기서 기술하고 있는 각종의 〈차별화〉를 허용하지 못하고 있다는 이유로 비판하는 면에서 의견의 일치를 보인다.

8) Diamond와 Quinby(1988)의 저서에 나온 〈Discipline and the female subject〉에 관한 부분을 보시오. 특히 Santra Bartky의 논문 〈Foucault, Femininity, and the modernisation of patriarchal power〉를 참조하시오. 또한 Kathryn Pauly Morgan(1991)의 글도 읽으시오.

9) 내가 사용하고 있는 〈포스트모더니즘〉이란 단어의 뜻에 대해서는 주 3)을 참조하시오.

10) 이것은 1989년 봄 듀크대학에서 비공식적으로 논문을 발표한 Janice Rad-

way의 말이다.

11) 내가 사용하고 있는 〈정상화〉와 〈저항〉, 이 두 단어의 의미에 대해서는 주 2)를 참조하시오.

9

1) 우리 필자들은 이 작업에 필요한 사례들을 찾는 데 도움을 주고, 철저하고 통찰력 있는 논평도 잊지 않았던 Dora Epstein에게 감사의 말을 전하고 싶다. Tracy McNulty의 조사 연구에도 깊은 감사를 표하며, Urvine 소재 캘리포니아 대학의 〈여성과 그 이미지에 관한 조직적 연구제도〉(Organized Research Initiative in Women and the Image)가 준 재정적 지원에도 깊은 감사의 뜻을 전한다.

2) 〈구조화되었다〉는 말은, 강요되었다는 것보다 정신적 손상의 가능성을 훨씬 더 많이 지닌다. 이 말은 의지의 표현일 뿐만 아니라 의지의 근원적 형태를 건드리고 있다.

3) Kittler(1991)는 푸코의 용어들이 여성의 신분에 대한 특정한 기호적 관심을 지닌 구체적인 테크놀로지 실체를 지닐 수 있도록 만들었다. 권력을 진리라고 하는 다원적 그물망 체제를 갖추고 있음을 발견한 푸코를 이해하려면 Poster(1980)의 글도 읽으시오. 이 진리는 테크놀로지 차원에서 권력에의 의지가 되고, 또 그 권력에의 의지를 급진적으로 재형성해 나가게 하는 진리이다.

4) 니체와 같이 푸코는 인본주의가 믿고 있었던 擬似-주체적 개인을 그 권좌로부터 폐위시켰다. 푸코에게 있어서 이러한 개인은 문명 내에 편재하고 있는 금지사항들에 〈종속되어 있는〉 일개 노예에 불과하다. 누구나 동등한 권리를 가지고 권력에 참여한다면, 궁극적으로 성적 분할에서 유래하고 있는 계급, 경제, 가족 간의 분열이 무효화될 것이라는 것이 푸코의 주장이다. 성에 의거한 분할의 모순을 타파하여 쾌락에 누구나 동등하게 참여할 수 있는 사회를 만들자는 사드의 꿈이 이러한 푸코의 주장을 뒷받침하고 있는 뿌리 깊은 원천이다. 주 30)과 31)을 참조하시오.

5) 우리는 여기서 피해자를 지칭할 때 3인칭 여성형을 사용하지 않는다. 이는 우리가 〈정치적 바른 노선〉을 고려하기 때문이 아니라 (희생을 경험하는) 남성들이 이 글에서 기술된 방식으로 희생당하고 있지 않기 때문이다. 이들 남성들은 그들이 문화 내에서 남성으로서 취하고 있는 입장 스스로 자신들의 쾌락으로부터 소원해지고 있다. 아래에 인용된 폭력에 관한 대부분의 사례들은 자신들의 문화가 자신들에게 가했다고 상상하는 바로 그것을 여성들에게 가하고 있는 남성

들을 포함시키고 있다.

우리는 아래 기술된 잔인한 공격을 여성과 그녀 자신의 쾌락의 관계를 방해하거나 분쇄하는 남성측의 시도로서 읽어낸다. 남성들이 그들의 문화가 취하는 태도로 말미암아 무력화되듯이, 이와 같은 방식으로 여성도 그녀에게 가해지고 있는 남성들의 공격으로 무력해진다. 어느 정도 내에서 이러한 폭력의 죄를 범한 남성들은, 자신들이 그들 문화와의 〈거래〉에서 이득을 취하고 있다고 느끼지 않는다. 특히 이들 남성들은 자신들의 〈거세〉에 대한 충분한 보상을 유도해 내지 못하고 있다고 느낀다. 거꾸로 그들은 억누를 길 없이 격렬한 쥬이쌍스(어딘가 다른 곳에 존재한다고 항상 상상되곤 하는 일종의 신화적 쾌락)로부터 여성들을 〈구원〉하는 것으로 자신들의 공격을 정당화하고 있다.

6) 어린 시절 성폭력을 경험한 한 피해자는 다음과 같이 밝힌다.

근친상간을 경험한 사람이 그 문제를 처리하기 위해 하는 일은 그 경험을 압축하고 작고 조그만 일로 환원시키는 일이며, 그 경험의 상세한 부분들을 제거한 후 그것을 가능한 최소한의 공간 속에 집어넣는 일이다. 다른 일로 희생당한 피해자에게서와 마찬가지로 근친상간을 당한 피해자에게서 자세한 설명은 찾을 수 없다. 말할 수 없는 것들과 함께 보냈던 수년간의 세월은 말해지지 않은 상태로 있으며, 나 역시 예외는 아니다.(Lee 1982: 166)

7) 정치적으로 우리의 분석은 같은 현상에 대한 최근의 접근법에 저항한다. 즉 우리는 사회적 분열, 격리, 차별을 장려하는 일, 문이 닫혀진 지역사회에 사는 일, 피해자들을 비난하는 일, 자신을 무장시키는 일에 반대한다. 폭력, 폭력의 효과, 폭력의 편재, 폭력과 권력의 관계를 보다 더 잘 이해할 수 있는 길이 열리지 않는다면, 이러한 퇴행적 반응들은 그 정치적 문제를 감소시키기는커녕 오히려 증가시킬 뿐이다.

8) 피해자들의 반응에 내재된 예측불허성과 내적 모순성은 결국 〈파괴적인 행동〉을 불러일으킬 수 있다.(McNaron and Morgan 1982: 159)

9) 이 문장은 불미스럽게도 강간 재판장에서 일어나는 복잡한, 〈재-희생화〉라 부르는 한 사건의 일부이다. 강간 재판장에서 피해자는, 그녀가 경험한 성의 역사를 상세히 설명하고 공격자가 (다시 한 번) 〈밖에 나가〉 있는 동안 그 강간을 재생하도록 강요받게 된다. 폭력의 지속적인 효과를 주체에 가해진 정신적 피해로써 묘사할 때, 우리는 모험을 걸고 있는지도 모른다. 우리는 어쩌면 피해자들에게 불리하게 작용할 차별을 지지하는 것으로 보일 수도 있다. 우리는 이것을 주체 내부의 정신적 폭력을 치료하고 방어하기 위한 작업을 진행하는 과정에서 우리가 반드시 직면해야 할 불가피한 모험이라고 생각한다.

10) 8세 때 강간당하고 나서, 1년 이상의 기간 동안 언어 능력을 상실하게 된 과

정을 기록한 Maya Angelou의 감동적인 설명(1965: 65-82)을 읽으시오.

11) 여성 자료 센터(Women's Resource Center, 1989: 39ff)와 〈여성과 종교 이야기〉(Hintz 1985: 10ff)에 나와 있는 〈종교 고위층〉이 저지르는 폭행의 실례들을 읽으시오. 피해자들의 복지를 위해 그런 행위를 하고 있다고 주장하는 공격자들에 대한 논의는 Butler(1978: 91ff)의 저서를 읽으시오.

12) 악에 직면하여 우연히 용감한 행동을 했던 일을 직접 설명하고 있는 Mirante (1989)의 글을 참조하시오.

13) 버틀러(1978: 66-7)의 보고를 인용해 보면 다음과 같다. 『한 젊은 여성의 경우, 그녀의 아버지는 노출증 환자에 불과하였으며 단 한번도 그녀에게 손을 댄 적이 없었다. 그런데도 그녀는 계속해서 악몽에 사로잡혀 있었고, 그녀 또래의 남자들과 원만한 성관계를 맺을 수가 없었다.』여기서 버틀러가 짚고 넘어가고자 했던 점은, 그녀의 아버지가 한번도 그녀를 〈성적으로〉 접촉한 적이 없다는 점이었다. 실제 이 아버지가 성적 접촉을 기술적으로 피했음에도 불구하고, 이 일이 유난히도 그 이후 딸의 감정 영역에 큰 문제를 안겨다 주었다. 하지만 아버지의 행위에 대한 딸의 정신적 반응이 아무리 심각하여도 현재 형법제도하에서 이 아버지는 어떠한 죄도 저지르지 않은 것으로 되어 있다.

14) 우리는 또한 아렌트[1906-1975. 독일 태생의 미국의 저술가·정치학자·교육자)· 라캉, 그리고 파농의 작품에 의거할 수 있다. 이들은 우리가 알고 있는 대로의 주체가 무엇인가에 대해 연구했으며, 폭력—— 여기서 폭력은 권력이 아니라 무력을 뜻한다—— 이 정상적 상황, 파시스트 상황, 식민지 상황하에서 각각 인격을 어떻게 〈구조화시키는가〉에 대한 방식을 연구했다.

15) 가장 잘된 민족서지학적 설명은, 아직도 여전히 Goffman이 Asylums(1961) 에서 논의하고 있는 〈감시〉와 〈자유공간〉이다. 이 작품은 정신병동의 벽을 넘어 일상의 폭력에 관한 문제를 탐구하기 시작한 다른 제도권들(가족, 민족적으로 혼합된 이웃사회, 군사적, 계급적, 성적 관계)에까지도 확장 적용될 수 있다.

16) 푸코의 〈응시〉는 베버가 역사적 관점에서 분석한 청교도의 응시를 변형한 것이라고 볼 수 있다. 하지만 Fraser(1989: 32)의 논평에 따르면, 푸코는 마치 자신이 권위·폭력·지배·정당화와 같은 개념들 사이의 사려 깊은 구별을 하고 있는 사회이론의 총체가 존재한다는 베버의 주장을 잊고 있는 것처럼 글을 쓰고 있다.

17) 푸코의 응시는 궁극적으로 다음 사실을 해명한다. 즉 응시는 어두운 또는 무의식적인 〈지점〉의 자국이 결코 존재할 수 없는 데카르트식의 완전한 노출에 대한 꿈을 시인한다. 완전한 죄는 완전한 무죄와 동격이다. 이 점은 이 (데카르트식의) 응시란 구조적으로 주체를 알 수 없으며, 참을 수 없는 쥬이쌍스로 얼룩지게

하는 것이라고 보는 라캉의 경우와 크게 대조를 이룬다. 구조적 분석에 대해서는 Copjec(1989)를 참조하고, 응시와 재미의 구조에 나타난 복잡한 현상에 대해서는 J. MacCannell(1991a)과 D. MacCannell(1989)을 참조하시오.

18) 전폭적 비난/해명은 정통성, 즉 시각적 호소, 의견, 〈승인〉에 자리잡고 있는 근원적 권력에 대한 욕구를 소멸시킨다. Wolin(1988: 180)의 설명에 따르면, 정통성은 이제 누가 권력을 잡고 있는가를 결정하는 〈승인의 등급〉과 〈칭송〉에 그 자리를 내주고 말았다.

19) 심지어는 폭력의 피해를 받지 않은 자들조차도 끊임없이 폭력이 편재되어 있음을 목도하고, 이에 대한 주관적 반응을 내보인다. 대중오락이라는 문화기구는 관중들에게 상대적인 의미의 안전을 보장한다는 조건을 가지로 점차 조직적으로 폭력을 재연한다. 통상 위험할 수 있다는 전제 때문에 이러한 상황들은 〈친밀한〉, 그리고/또는 〈스릴감에 넘치는〉 것으로 경험될 수 있다. 또한 이같은 상황들은 노출, 취약성, 응시를 폭력, 심지어는 〈파국〉의 가능성과 연관시키는 대중문화 참가자들에 비례해서 〈자극적〉이다. 실제 벌어지는 폭력에 대한 두려움의 이면에 바로 과시현상이 놓여 있다. 과시현상은 현대 사회에서의 깊은 친밀성을 보여 주는 실제 장, 우리들의 〈15분 동안의 명성〉의 장이 되었다.

20) Atwood의 Handmaid's Tale(1968)은 Gilead가 보여 주고 있는 〈시각-폭력 지배〉를 일종의 여성에 대한 응시라는 푸코식의 결함 사회로 제시했다. 출간 예정인 J. 맥카넬의 책을 참조하시오.

21) 재미를 정치적 요인으로 본 Zizek(1991)의 저작은 우리가 반드시 읽어야 할 책이다.

22) 푸코는 정상적 형태의 사회적 상호교류에서 제외된 결핍의 인물들(정신병 환자·히스테리 환자·감금 환자·가정주부·가난한 자)에게 동정을 표했다. 하지만 푸코가 보다 적극적으로 사랑했던 것은 철학이다. 그런데 이 철학이라는 것은(역사적으로 볼 때 여성을 가정에 국한시킴으로써 발생하였던) 경제적 잉여가 존재하는 곳에서 번창하게 되어 있다. Bartkowski(1988: 56-7)를 읽어볼 것. 푸코는 철학의 문을 남자들뿐만 아니라 여러 종류의 다른 사람들에게도 기꺼이 열어 주었다. 하지만 이러한 작업은 기껏해야 불평등한 분배라는 최근의 동향에는 전혀 걸맞지 않는 유토피아적인 것에 불과하다.

23) Pierre Naveaw(1984)는 잉여 재미와 자본주의의 관계를 꽤 폭넓게 분석하고 있다.

24) 야만적 행위에 대한 최근의 뉴스와 영화는 보충 공격이라는 이러한 구조와 〈씨름하고 있는〉 최근의 노력을 보여 준다. D. 맥카넬(1992: ch.1)을 읽으시오.

25) 우리는 다음과 같이 질문을 던진다. 『도대체 그녀는 자신의 가해자에게 무엇

을 원하는가? 왜 그녀는 자신의 뜻에 거슬러서 범죄 장면으로 되돌아와야 하며, 왜 그 범죄를 재현해야 하는가?』이러한 물음들에 대한 답은 일부 언어학적으로 말해질 수 있다. 즉 그녀는 언어가 진실을 전달할 수 있도록 그녀 자신의 몸과 주체성을 희생할 태세를 기꺼이 갖추고 있는 것이다. 가해자가 〈미안해. 다시는 너를 다시 아프게 하지 않을게〉라고 말할 때, 그녀는 그를 믿어 주고 싶다. 그가 그녀를 〈구역질나는 화냥년〉이라고 부를 때, 그녀는 이 말이 진실이 아닐까 염려한다. Willy Apollon(1992)이 다른 문맥에서 언급하고 있듯이,『그녀는 자신의 공격자의 입에서 나옴직한 말 한 마디』를 기다리고 있다. 하지만 그녀는 이미 언어를 통해 여성의 입장을 포기했다. 즉 그녀는 이러한 말에 접근할 때, 그 말을 하는 자에게 반향될 수 있을 의미를 전달한다고 생각하지 않는다. 그녀는 의미를 찾고 있는 것이 아니라 진실을 찾고 있다. 그렇기 때문에 이것은 그녀의 가해자의 말은 사실상 그 말이 다른 목적을 가지고 있다는 점, 그리고 그가 그녀의 방어를 방해할 수 있다는 점을 알 수 있는 기회를 직면하도록 그녀를 일깨울 수 없다. 《진리와 권력》이라는 글에서 푸코가 보여 준 꿈과는 달리, 피해자들은 진실의 분배권을 양도받음으로써 그들의 가해자들을 역습할 수 없다. 피해자들은 단지 〈작은 건방진 년〉이 되고 말며, 이 말에 합당하게 정신을 잃을 정도로 매를 맞을 뿐이다. 이제 가해자와 피해자 사이의 만남의 거점에 깃들어 있는 의미의 영역을 만들어 가면서 권력을 가진 자와 폭력을 행하는 자에게 〈진실〉이 양도되어 가는 과정을 설명하는 〈권한 부여〉, 뿐만 아니라 이러한 만남의 장을 비무장화시킬 수 있는 〈권한 부여〉의 응용기호학을 개발할 단계가 되었다.

26) 푸코는 쾌락이란『우리가 파괴적인 소멸에 너무 가까이 있어서 절정의 순간을 〈작은 죽음〉으로 지칭하는 그 무엇』이라고 묘사한 바타유에 경탄을 마지 않는다.(Bouchard 1977: 47)

27) 라캉에 따르면, 언어는 기표와 기의의 분할에 기초한 것이다. 이 언어에 의거한 성의 구별에서 기표(남근적인)는 기의(비-남근적인)를 절대로 성취할 수 없는 것이라고 보았다. 그럼에도 불구하고 기표가 가능한 것은 전적으로 비-남근적/거세되지 않은 타자의 투사에 의해서이다. 반면 푸코는 이러한 기초적인 변증법적 모순을 제거하고자 힘쓰면서, 이 모순을『우리에게 비-변증법적 언어의 가능성에 보다 가까이 다가가게』하는 단일성으로 대치했다.(Bouchard 1977: 4) 즉『근대 사상은 한 인간의 타자가 그와 똑같은 것이 되는 그러한 지점을 향해 전진하고 있다』고 푸코는 주장했다.(Foucault 1970: 328) 푸코는 〈섹슈얼리티로부터 유래한〉〈엄격한 언어〉가 섹슈얼리티의 단계를 초월하여, 마침내『그것이 인간이 신 없이도 존재한다라고 말할 수 있을』지점에 이르게 되기를 희망하였던 것이다.

28) 푸코는 터부, 억제, 금지에 기반을 둔 유태-기독교와 정신분석학의 인본주의

〈문화〉를 공격하였다. 그는 미래에 가능할 수 있는 〈성에 가해진 터부, 제한, 분할〉을 억제하는 〈탈주체화〉(자기-지배)를 환영하고 있다. 이 목적을 위해 그는 『공동생활체를 건설』할 것, 마약에 관한 금지조약을 해제할 것, 정상적인 개인의 발전을 형성하고 인도하는 각종의 금지사항을 파괴할 것 등을 요구했다.(Bouchard 1977: 221-2)

29) 푸코는 그가 상상한 것보다 신의 죽음 때문에 정신적 타격을 훨씬 더 많이 받았다. 죄로부터 완전히 자유롭기를 희망하는 일은 신이 더 이상 존재하지 않는 이 세상에서는 불가능하며, 또 그것은 초자아가 없는 곳에서는 참을 수 없는 일인데, 그 이유는 신은 죄를 허용할 수 있고 초자아는 징벌을 하지 않을지 모르기 때문이라고 그는 밝혔다.

30) 라캉(1989)은 사드의 평등에 관한 발언을 상세하게 분석했다. 하지만 그는 이러한 분석을 통해 성에 의한 분할이란 해결불가능한 것이란 점을 재확인했을 뿐이다. 기표가 다니는 길은 남근적이지만, 그것이 바로 인류의 길이다, 이것이 라캉 주장의 요지이다. 〈여성〉이 기표를 관통해 움직일 수 있는 방법을 상세히 묘사하면서, 라캉의 추종자들은 폭력에 대한 우리의 연구의 측면에서 볼 때 아주 중요해 보이는 틈새, 말하자면 현재로선 남근적 분할대 양측에서 보여지는 쾌락의 틈새를 채우고 있다.

31) 새도-매저키즘적 색채가 짙은 여성동성연애자 페미니스트들은 푸코의 노선을 따랐다. 그러나 Adams(1989:264)가 지적하듯이, 이 페미니스트들은 여성의 쥬이쌍스를 재형상화하려고 하지 않고 오이디푸스주의를 왜곡시키고자 애썼다. 여성동성연애자의 새도-매저키즘적 성향에 대한 아담스의 보고서는 피해자의 주체성에 관한 일종의 보고서 역할을 한다. 즉 이 보고서에 따르면, 양자 모두 남근(the phallus)을 넘어서지 못한다. 그러나 새도-매저키즘적 성향을 띤 이 여성동성연애자들은 적어도 푸코를 통해서 이 사실을 부인할 수 있다. 즉 『새도-매저키즘의 성향을 보이는 여성동성연애자들은 젠더와 성을 구별해 왔으며, 역할이 자유롭게 순환하는 극장에서 차이를 연출해 낼 수 있다.』(앞글: 264)

32) 여기 제시된 아주 복잡한 문제들에 예민한 반응을 보이는 철저한 논의에 대해서는 Winifred Woodhull(1988)을 참조하시오.

33) 푸코의 친구였던 Deleuze와 Guattari(1977)는 푸코에게서 발견되는 빈 공간을 그들이 내세우는 〈욕망하는 기계들〉, 〈도주의 궤적〉 등으로 채울 수 있도록 우리를 도울 수 있다. 하지만 그들은 푸코의 틀과는 다소 다른 틀에 힘을 부여하고 있다. 이들은 푸코가 경시한 기존 세력들에 항거하는 저항을 강조하였다.

34) 저항을 강조하지 못했다는 이유로 De Certeau(1984: 48-59)의 공격을 받은 푸코는, 〈특정하고 국부적 · 지역적 · 차별적 지식〉의 가면을 벗기기를 촉진시켰

던 〈특정 지식인〉의 태도로 응답했으며, 세계적 차원의 관여와 특성화에 반대의 사를 표명하였다. 즉 이와 같은 지식과 실행은 보다 큰 형태의 〈권력〉과는 달리 〈만장일치가 불가능〉한 영역이라는 것이 푸코의 주장이었다.(앞글)

35) 우리와 달리 Teresa de Lauretis는 『젠더가 구성되고, 그리하여 폭력이 젠더화되는 테크닉과 담론적 전략』을 강조한다. 반대로 우리는 폭력을 성적 구분의 자료로부터 특정 젠더-효과를 산출해 내는 테크닉으로 본다.

🔟

1) 푸코는 유럽의 섹슈얼리티가 보여 주는 여러 국면들에 역사적 초점을 두고 연구하였다. 일단 섹슈얼리티가 역사적으로 형성된 것이며, 그래서 얼마든지 역사적으로 변화할 수 있다고 인식되자, 섹슈얼리티를 조사 탐구 없이 시간과 문화를 가로질러 존재하는 일반적인 것이라고 가정하는 일은 불가능하게 되었다.

2) 〈담론〉이란 용어를 쓰면서 푸코는 어떤 주어진 시기의 일련의 제규칙들을 의미했는데, 이러한 제규칙들은 예를 들어 섹슈얼리티의 진실에 관하여 말해질 수 있는 것의 정체와 말해질 수 있는 것의 한계를 규정하였다. (제1장을 참조하시오.)

3) 신체정치학의 미시학에 관한 페미니스트의 연구는 그것이 여성의 신체적 경험에 근거한다는 점에서 푸코의 계보학적 연구방법과 다르다. (Martin 1989, Prendergast 1989, Tompson 19990, 그리고 Waldby et al. 1991을 읽으시오.)

4) 〈여성·모험·에이즈 프로젝트〉(WRP)는 다음과 같은 여러 분야의 사람들의 참여로 이루어진 집단적 작업이었다. 현재 스터링대학에서 근무하고 있는 저자들과 Sue Scott, 프리랜서 작가이며 연구가인 Sue Sharpe, 영국 국립 아동국의 성교육 포럼에서 현재 일하고 있는 Rachel Thomson이 그 주요 스텝들이다. 이 프로젝트는 ESRC, 보건복지부, 골드스미스대학(Goklsmiths College)으로부터 연구비를 받았다. WRP는 1988년에서 1990년 기간 동안 철저하게 런던과 맨체스터에 사는 1백50명의 젊은 여성들을 인터뷰하기 위한 특수 목적의 샘플을 사용하였다. 〈남성·모험·에이즈 프로젝트〉는 1990년에서 91년 사이 런던에서 인터뷰한 47명의 젊은 남성들에 대한 비교연구였다. 이 연구는 레버홈 신용금고와 골드스미스대학에서 연구비를 지원받았다. 현재 마약과 건강행동 양태에 관한 연구 센터에서 근무하는 Tim Rhodes가 이 프로젝트의 팀 구성원이었다. 이 연구의 결과 보고서는 WRP의 결과 보고서들과 마찬가지로 다음 주소에서 구해 볼 수 있다. 주소는 the Tufnell Press, 47 Dalmeny Rd, London N7 DY, UK 이다.

5) 이 말은 우리가 이와 같은 차이들의 사회적 중요성을 강조한다는 말을 의미하지 않는다. 오히려 우리가 의미하는 바는 성적 관계 내에서의 남성 권력의 행사라는 공통된 경험에 우리가 초점을 맞추어 왔다는 점이다.

6) 본질론이란 남녀간의 신체적 격차뿐만 아니라, 사회적 격차들이 생물학적 차이로 설명될 수 있다는 신념에 대한 어떤 다른 형식의 표현을 암시한다.

7) 보다 포괄적인 논쟁점들 중의 일부는 Benton 1991, 1992와 Sharp 1992에서 제기되었다. 벤튼은 만약 우리가 신체/정신의 이분법을 포기하려면, 전통적으로 분리되어 있는 사회과학과 생명과학간의 다른 설명 양식을 재고해 볼 필요가 있다고 논한다.

8) 〈유순한 신체〉라는 말을 일컬으며, 푸코는 근대사회의 사람들이 일반적으로 반드시 위에서 유래하는 강권력의 지배를 받아야만 할 필요는 없었다는 것을 의미했다. 개개인들은 훈련의 다양한 형식과 (개개인 스스로가 자신들에게 행사하는 형식과 테크닉을 포함하여) 테크닉을 통해 유순한 신체로 만들어졌다.

참고 문헌

1

Acker, J. (1989) 《Making gender visible》, in R. Wallace (ed.) *Feminism and Sociology,* London: Sage.

Barrett, M. and Phillips, A. (eds) (1992) *Destabilizing Theory: Contemporary Feminist Debates,* Cambridge: Polity Press.

Bartky, S. L. (1990) *Femininity and Domination: Studies in the Phenomenology of Oppression,* London: Routledge.

Braidotti, R. (1991) *Patterns of Dissonance: A Study of Women in Contemporary Philosophy,* Cambridge: Polity Press.

Butler, J. (1990) *Gender Trouble: Feminism and the Subversion of Identity,* London: Routledge.

Cain, M. and Finch, J. (1981) 《Towards a rehabilitation of data》, in P. Abrams, R. Deem, J. Finch and P. Rock (eds) *Practice and Progress: British Sociology 1950-1980,* London: Allen & Unwin.

Collins, P. Hill (1990) *Black Feminist Thought,* London: Harper Collins Academic.

Diamond, I. and Quinby, L. (eds) (1988) *Feminism and Foucault: Reflections on Resistance,* Boston: Northeastern University Press.

Duchen, C. (1986) *Feminism in France: From May 1968 to Mitterrand,* London: Routledge.

Foucault, M. (1980) 《Two lectures》, in C. Gordon (ed.) *Power/Knowledge: Selected Interviews and Other Writings 1972-1977 by Michel Foucault,* London: Harvester Wheatsheaf.

_____ (1984) *The History of Sexuality, vol. I: An Introduction,* London: Penguin.

_____ (1988a) 《On Power》, in L. Kritzman (ed.) *Michel Foucault: Politics, Philosophy, Culture: Interviews and other writings 1977-1984,* London:

Routledge.

_____ (1988b) 《Power and sex》, in L. Kritzman (ed.) *Michel Foucault: Politics, Philosophy, Culture: Interviews and other writings 1977-1984*, London: Routledge.

_____ (1988c) 《The concern for truth》, in L. Kritzman (ed.) *Michel Foucault: Politics, Philosophy, Culture: Interviews and other writings 1977-1984*, London: Routledge.

_____ (1991a) 《Politics and the study of discourse》, in G. Burchell, C. Gordon and P. Miller (eds) *The Foucault Effect*, London: Harvester, Wheatsheaf.

_____ (1991b) 《What is enlightenment?》, in P. Rabinow (ed.) *The Foucault Reader: An Introduction to Foucault's Thought*, London: Penguin.

Fraser, N. (1989) *Unruly Practices: Power, Discourse and Gender in Contemporary Social Theory*, Cambridge: Polity Press.

Hekman, S. J. (1990) *Gender and Knowledge: Elements of a Postmodern Feminism*, Cambridge: Polity Press.

Hoy, D. C. (1986) 《Introduction》, in D. C. Hoy (ed.) *Foucault: A Critical Reader*, Oxford: Blackwell.

Kritzman, L. (ed.) (1988) *Michel Foucault: Politics, Philosophy, Culture: Interviews and Other Writings 1977-1984*, London: Routledge.

Nicholson, L. (ed.) (1990) *Feminism/Postmodernism*, London: Routledge.

Rabinow, P. (ed.) (1991) *The Foucault Reader: An Introduction to Foucault's Thought*, London: Penguin.

Ramazanoğlu, C. (1989) *Feminism and the Contradictions of Oppression*, London: Routledge.

Sawicki, J. (1991) *Disciplining Foucault: Feminism, Power and the Body*, London: Routledge.

Spelman, E. (1990) *Inessential Women: Problems of Exclusion in Feminist Thought*, London: The Women's Press.

2

Balbus, I. (1987) 《Disciplining women: Michel Foucault and the power of feminist discourse〉, in S. Benhabib and D. Cornell(eds) *Feminism as Critique*, Oxford: Polity Press.

Bartkowski, F. (1988) 〈Epistemic drift in Foucault〉, in I. Diamond and L. Quinby(eds) *Feminism and Foucault: Reflections on Resistance*, Boston: Northeastern University Press.

Bartky, S. L. (1988) 〈Foucault, femininity and the modernization of patriarchal power〉, in I. Diamond and L. Quinby(eds) *Feminism and Foucault: Reflections on Resistance*, Boston: Northeastern University Press.

Benhabib, S. and Cornell, D.(eds) (1987) *Feminism as Critique*, Oxford: Polity Press.

Bordo, S. (1988) 〈Anorexia nervosa: psychopathology and the crystallization of culture〉, in I. Diamond and L. Quinby(eds) *Feminism and Foucault: Reflections on Resistance*, Boston: Northeastern University Press.

Brunt, R. (1982) 〈An immense verbosity: persuasive sexual advice in the 1970s〉, in R. Brunt and C. Rowan(eds) *Feminism, Culture and Politics*, London: Lawrence & Wishart.

Butler, J. (1987) 〈Variations of sex and gender〉, in S. Benhabib and D. Cornell(eds) *Feminism as Critique*, Oxford: Polity Press.

_____ (1990a) 〈Gender trouble〉, in L. Nicholson(ed.) *Feminism and Postmodernism*, London: Routledge.

_____ (1990b) *Gender Trouble: Feminism and the Subversion of Identity*, London: Routledge.

Cousins, M. and Hussain, A. (1984) *Michel Foucault*, London: Macmillan.

Dews, P. (1987) *Logics of Disintegration*, London: Verso.

_____ (1989) 〈The return of the subject in late Foucault〉, *Radical Philosophy*, 51:37-41.

Diamond, I. and Quinby, L. (eds) *Feminism and Foucault:Reflections on Resistance*, Boston: Northeastern University Press.

Dollimore, J. (1991) *Sexual Dissidence, Augustine to Wilde, Freud to Foucault*, Oxford: Clarendon Press.

Eagleton, T. (1991) *The Ideology of the Aesthetic*, Oxford: Blackwell.

Foucault, M. (1978) *The History of Sexuality*, vol. I: An Introduction, Harmondsworth: Penguin.

_____ (1984) 〈On the genealogy of ethics: an overview of work in progress》, in P. Rabinow (ed.) *The Foucault Reader*, London: Penguin.

_____ (1986) *The History of Sexuality*, vol. II: *The Use of Pleasure*, London: Viking Penguin.

_____ (1988) *The History of Sexuality*, vol. III: *The Care of the Self*, London: Penguin.

Habermas, J. (1986) 《Taking aim at the heart of the present》, in D. C. Hoy (ed.) *Foucault: A Critical Reader*, Oxford: Blackwell.

Haug, F. (1987) *Female Sexualisation*, London: Verso.

Heath, S. (1982) *The Sexual Fix*, London: Macmillan.

Morris, M. (1988) 《The pirate's fiancée》, in I. Diamond and L. Quinby (eds) *Feminism and Foucault: Reflections on Resistance*, Boston: Northeastern University Press.

Rabinow, P. (ed.) (1984) *The Foucault Reader*, London: Penguin.

3

Bartky, S. L. (1990a) *Femininity and Domination:Studies in the Phenomenology of Oppression*, London: Routledge.

_____ (1990b) 《Foucault, femininity and the modernization of patriarchal power》, in S.L. Bartky, *Femininity and Domination: Studies in the Phenomenology of Oppression*, London: Routledge.

_____ (1990c) 《The politics of personal transformation》, in S. L. Bartky, *Femininity and Domination: Studies in the phenomenology of oppression*, London: Routledge.

_____ (1990d) 《Towards a phenomenology of feminist consciousness》, in S. L. Bartky, *Femininity and Domination*, London: Routledge.

Best, S. and Kellner, D. (1991) *Postmodern Theory: Critical Interrogations*, London: Macmillan.

Bordo, S. (1989) 《The body and the reproduction of femininity》, in A.Jaggar and S. Bordo (eds) *Gender/Body/Knowledge*, New Brunswick, NJ and London: Rutgers University Press.

Chodorow, N. (1978) *The Reproduction of Mothering*, Berkeley: University of California Press.

Cornell, D. (1991) *Beyond Accommodation:Ethical Feminism, Deconstruction and the Law*, London: Routledge.

Daly, M. (1979) *Gyn/Ecology: The Metaethics of Radical Feminism*, London: The Women's Press.

_____ (1984) *Pure Lust: Elemental Feminist Philosophy*, London: The Women's Press.

Dews, P. (1986) 《The nouvelle philosophie and Foucault》, in M. Gane (ed.) *Towards a Critique of Foucault*, London: Routledge.

Dworkin, A. (1987) *Intercourse*, London: Martin Secker & Warburg.

Eagleton, T. (1990) *The Ideology of the Aesthetic*, Oxford: Blackwell.

Foucault, M. (1979) *Discipline and punish*, Harmondsworth: penguin.

_____ (1981) *The History of Sexuality*, vol. I: An Introduction, Harmondsworth: Penguin.

_____ (1986) 《On the genealogy of ethics: an overview of work in progress》, in P. Rabinow (ed.) *The Foucault Reader*, Harmondsworth: Penguin.

_____ (1987) *The History of Sexuality*, vol. II: The Use of Pleasure, Harmondsworth: Penguin.

_____ (1988) 《The ethic of care for the self as a practice of freedom》, in J. Bernauer and D. Rasmussen (eds) *The Final Foucault*, Cambridge, MA: MIT Press.

_____ (1990a) *The History of Sexuality*, vol. III: The Care of the Self, Harmondsworth: Penguin.

_____ (1990b) 《An aesthetics of existence》, in L. Kritzman (ed.) *Michel Foucault: Politics, Philosophy, Culture: Interviews and other writings 1977-1984*, London: Routledge.

Fraser, N. (1989), 《Foucault on modern power: empirical insights and normative confusions》, in N. Fraser *Unruly Practices: Power, Discourse and Gender in Contemporary Social Theory*, Cambridge: Polity Press.

Gilligan, C. (1982) *In a Different Voice: Psychological Theory and Women's Development*, Cambridge, MA: Harvard University Press.

Grimshaw, J. (1986) *Feminist Philosophers: Women's Perspectives on Philosophical Traditions*, Brighton: Wheatsheaf.

Jeffreys, S. (1985) *The Spinster and her Enemies*, London: Pandora.

_____ (1990) *Anticlimax: A Feminist Perspective on the Sexual Revolution*,

London: The Women's Press.

MacKinnon, C. (1987) *Feminism Unmodified: Discourses on Life and Law,* Cambridge, MA: Harvard University Press.

Mitchell, J. (1974) *Psychoanalysis and Feminism,* London: Allen Lane.

Mitchell, J. and Rose, J. (1982) *Feminine Sexuality,* London: Macmillan.

Moi, T. (1985) 《Power, Sex and subjectivity: feminist reflections on Foucault》, *Paragraph,* 5:95-102.

Rabinow, P. (ed.) *The Foucault Reader,* Harmondsworth: Penguin.

Ruddick, S. (1990) *Maternal Thinking,* London: The Women's Press.

Sawicki, J. (1991) *Disciplining Foucault: Feminism, Power and the Body,* London: Routledge.

Segal, L. and McIntosh, M. (eds) (1992) *Sex Exposed: Sexuality and the Pornography Debate,* London: Virago.

Taylor, C. (1986) 《Foucault on freedom and truth》, in D. Hoy(ed.) *Foucault: A Critical Reader, Oxford: Blackwell.*

Young, I. M. (1990) *Throwing Like a Girl and Other Essays in Feminist Philosophy and Social Theory,* Bloomington and Indianapolis: Indiana University Press.

4

Allen, H. (1987) *Justice Unbalanced: Gender, Psychiatry and Judicial Decisions,* Milton Keynes: Open University Press.

Balbus, I. (1988) 《Disciplining women: Michel Foucault and the power of feminist discourse》, in J. Arac(ed.) *After Foucault: Humanistic Knowledge, Postmodern Challenges,* New Brunswick, NJ: Rutgers University Press.

Bhaskar, R. (1979) *The Possibility of Naturalism,* Brighton: Harvester.

Cain, M. (1986) 《Realism, feminism, methodology, and law》, *International Journal of the Sociology of Law,* 1:3 and 4.

───── (1990) 《Realist philosophy and standpoint epistemologies OR feminist criminology as a successor science》, in L. Gelsthorpe and A. Morris (eds) *Feminist Perspectives in Criminology,* Milton Keynes: Open University Press.

───── (1993) 《The symbol traders》, in M. Cain and C. Harrington (eds)

Lawyers' Work, Milton Keynes: Open University Press (in press)

Di Stefano, C. (1990) 《Dilemmas of difference: feminism, modernity, and postmodernism》, in L. Nicholson (ed.) *Feminism/Postmodernism,* New York: Routledge.

Dreyfus, H. and Rabinow, P. (1982) *Michel Foucault: Beyond Structuralism and Hermeneutics,* Brighton: Harvester.

Eaton, M. (1986) *Justice for Women,* Milton Keynes: Open University Press.

Foucault, M. (1967) *Madness and Civilisation,* London: Tavistock.

_____ (1970) *The Order of Things,* London: Tavistock.

_____ (1972) *The Archaeology of Knowledge,* London: Tavistock.

_____ (1973) *The Birth of the Clinic,* London: Tavistock.

_____ (1977a) *Discipline and Punish,* Harmondsworth: Penguin.

_____ (1977b) *Language, Counter-Memory, Practice,* C. Gordon (ed.), Oxford: Blackwell.

_____ (1978a) *I, Pierre Rivière, Having Slaughtered My Mother, My Sister, and My Brother,* first published 1973, Harmondsworth: Penguin.

_____ (1978b) *The History of Sexuality,* vol. I: *An Introduction,* Harmondsworth: Penguin.

_____ (1980a) *Herculine Barbin,* Brighton: Harvester.

_____ (1980b) *Power/Knowledge,* C. Gordon (ed.), Brighton: Harvester.

_____ (1985) *The History of Sexuality,* vol. II: *The Use of Pleasure,* New York: Vintage Books.

_____ (1988a) *The History of Sexuality,* vol. III: *The Care of the Self,* New York: Vintage Books.

_____ (1988b) *Politics, Philosophy, Culture: Interviews and Other Writings 1977-1984,* L. Kritzman (ed.), New York: Routledge.

_____ (1991) 《Politics and the study of discourse》, in G. Burchell, C. Gordon and P. Miller (eds) *The Foucault Effect: Studies in Governmentality,* London: Harvester.

Frank, A. G. (1967) *Capitalism and Under Development in Latin America,* New York: Monthly Review Press.

_____ (1969) 《The sociology of development and the under development of sociology》, in, A. G. Frank, *Latin America,* New York: Monthly Review Press.

Gramsci, A. (1972) 《The study of philosophy》, in A. Gramsci, *Selectinons from the Prison Note Books*, London: Lawrence & Wishart, pp.323-79.

Harding, S. (1983) 《Why has the sex-gender structure become visible only now?》, in S. Harding and M. Hintikka (eds) *Discovering Reality: Feminist Perspectives in Epistemology, Metaphysics, Methodology and Philosophy of Science*, Boston: D. Reidel.

_____ (1987) *Feminism and Methodology*, Milton Keynes: Open University Press.

Hartsock, N. (1983) 《The feminist standpoint: developing the ground for a specifically feminist historical materialism》, in S. Harding and M. Hintikka (eds) *Discovering Reality: Feminist Perspectives on Epistemology, Metaphysics, Methodology and Philosophy of Science*, Boston: D. Reidel.

Hume, D. (1975) *A Treatise on Human Nature*, (first published 1739), London: Oxford University Press.

Kelly, L. (1988) *Surviving Sexual Violence*, Cambridge: Polity Press.

Major-Poetzl, P. (1983) *Michel Foucault's Archaeology of Western Culture: Toward a New Science of History*, Brighton: Harvester.

Poster, M. (1984) *Foucault, Marxism, and History*, Cambridge: Polity Press.

Sawicki, J. (1991) *Disciplining Foucault: Feminism, Power, and the Body*, London: Routledge.

Smart, B. (1983) *Foucault, Marxism and Critique*, London: Routledge.

5

Bartky, S.L. (1988) 《Foucault, femininity and the modernization of patriarchal power》, in I. Diamond and L. Quinby (eds) *Feminism and Foucault: Reflections on Resistance*, Boston: Northeastern University Press.

Bordo, S. (1988) 《Anorexia nervosa: psychopathology as the crystallization of culture》, in I. Diamond and L. Quinby (eds) *Feminism and Foucault: Reflections on Resistance*, Boston: Northeastern University Press.

Butler, J. (1990) *Gender Trouble: Feminism and the Subversion of Identity*, London: Routledge.

Carmichael, S. and Hamilton, C. (1967) *Black Power: The Politics of*

Liberation in America, New York: Vintage Books.

Daly, M. (1978) *Gyn/Ecology: The Metaethics of Radical Feminism*, Boston: Beacon Press.

Diamond, I. and Quinby, L. (eds) (1988) *Feminism and Foucault: Reflections on Resistance*, Boston: Northeastern University Press.

Eisenstein, H. (1984) *Contemporary Feminist Thought*, London: Allen & Unwin.

Elshtain, J. (1981) *Public Man, Private Woman: Women in Social and Political Throught*, Princeton, NJ: Princeton University Press.

Foucault, M. (1970) *The Order of Things: An Archaeology of the Human Sciences*, New York: Vintage Books.

_____ (1972) *The Archaeology of Knowledge and the Discourse on Language, New York:* Pantheon Books.

_____ (1977) *Discipline and Punish: The Birth of the Prison*, New York: Vintage Books.

_____ (1978) *The History of Sexuality*, vol. I: An Introduction, New York: Vintage Books.

_____ (1980a) 《Introduction to Herculine Barbin》, in *Herculine Barbin*, New York: Pantheon Books.

_____ (1980b) 《The history of sexuality》, in C. Gordon (ed.) *Power/Knowledge: Selected Interviews and Other Writings 1972-1977 by Michel Foucault*, New York: Pantheon Books.

_____ (1980c) 《Two Lectures》, in C. Gordon (ed.) *Power/Knowledge: Selected Interviews and Other Writings 1972-1977 by Michel Foucault*, New York: Pantheon Books.

Gordon, C. (ed.) (1980) *Power/Knowledge: Selected Interviews and Other Writings 1972-1977 by Michel Foucault*, trans. C. Gordon et al., New York: Pantheon Books.

Haraway, D. J. (1991) *Simians, Cyborgs and Women: The Reinvention of Nature*, New York: Routledge.

Laclau, E. and Mouffe, C. (1985) *Hegemony and Socialist Strategy: Towards a Radical Democratic Politics*, London: Verso.

MacKinnon, C. (1987) *Feminism Unmodified: Discourses on Life and Law*, Cambridge, MA: Harvard University Press.

Martin, B. (1988) 《Feminism, criticism, and the question of rape》 in I. Diamond and L. Quinby (eds) *Feminism and Foucault: Reflections on Resistance*, Boston: Northeastern University Press.

Okin, S. (1979) *Women in Western Political Thought*, Princeton, NJ: Princeton University Press.

Sawicki, J. (1988) 《Identity politics and sexual freedom: Foucault and feminism》, in I. Diamond and L. Quinby (eds) *Feminism and Foucault: Reflections on Resistance*, Boston: Northeastern University Press.

_____ (1991) *Disciplining Foucault: Feminism, Power and the Body*, New York: Routledge.

Woodhull, W. (1988) 《Sexuality, power, and the question of rape》 in I. Diamond and L. Quinby (eds) *Feminism and Foucault: reflections on Resistance*, Boston: Northeastern University Press.

6

Du Bois, B. (1983) 《Passionate scholarship: notes on values, knowing and method in feminist social science》, in G. Bowles and R. D. Klein (eds) *Theories of Women's Studies*, London: Routledge & Kegan Paul.

Bordo, S. (1990) 《Feminism, postmodernism and gender scepticism》, in L. Nicholson (ed.) *Feminism/Postmodernism*, London: Routledge.

Braidotti, R. (1990) 《The Problematic of 〈the feminine〉 in contemporary French philosophy: Foucault and Irigaray》, in T. Threadgold and A. Cranny-Francis (eds) *Feminine, Masculine and Representation*, Sydney: Allen & Unwin.

Flax, J. (1990) 《Postmodernism and gender relations in feminist theory》, in L. Nicholson (ed.) *Feminism/postmodernism*, London: Routledge.

Foucault, M. (1971) *The Order of Things: An Archaeology of the Human Sciences*, New York: Random House.

_____ (1973) *The Birth of the Clinic*, New York: Pantheon.

_____ (1980) *Power/Knowledge*, C. Gordon (ed.) New York: Pantheon.

_____ (1981) *The History of Sexuality*, vol. I: An Introduction, Harmondsworth: Penguin.

_____ (1991) 《Politics and the study of discourse》, in G. Burchell, C. Gordon and P. Miller (eds) *The Foucault Effect: Studies in Governmentality*, Hemel Hempstead: Harvester Wheatsheaf.

Gilligan, C. (1982) *In a Different Voice: Psychological Theory and Women's Development*, Cambridge, MA: Harvard University Press.

Griffin, S. (1981) *Pornography and Silence*, London: The Women's Press.

Hartsock, N. (1990) 《Foucault on power: a theory for women?》, in L. Nicholson (ed.) Feminism/Postmodernism, London: Routledge.

Hekman, S. J. (1990) *Gender and Knowledge: Elements of a Postmodern Feminism*, Cambridge: Polity Press.

Jeffries, S. (1990) *Anticlimax: a Feminist Perspective on the Sexual Revolution*, London: The Women's Press.

MacIntyre, A. (1981) *After Virtue: A Study in Moral Theory*, London: Duckworth.

MacKinnon, C. A. (1982) 《Feminism, Marxism, method and the state: an agenda for theory》, in N. O. Keohane, M. Z. Rosaldo and B. C. Gelpi (eds) *Feminist Theory: A Critique of Ideology*, Brighton: The Harvester Press Ltd.

Mies, M. (1983) 《Towards a methodology for feminist research》, in G. Bowles and R. D. Klein (eds) *Theories of Women's Studies*, London: Routledge & Kegan Paul.

Miller, J. B. (1976) *Toward a New Psychology of Women*, Boston: Beacon Press.

Ramazanoğlu, C. (1989) *Feminism and the Contradictions of Oppression*, London: Routledge.

Seidler, V. J. (1989) *Rediscovering Masculinity: Reason, Language and Sexuality*, London: Routledge.

Spelman, E. (1990) *Inessential Woman: Problems of Exclusion in Feminist Thought*, London: The Women's Press.

Stanley, L. and Wise, S. (1983) *Breaking Out: Feminist Consciousness and Feminist Research*, London: Routledge & Kegan Paul.

Weedon, C. (1987) *Feminist Practice and Poststructuralist Theory*, Oxford: Basil Blackwell.

Weeks, J. (1985) *Sexuality and its Discontents: Meanings, Myths and Modern Sexualities*, London: Routledge & Kegan Paul.

Barrett, M. (1991) *The Politics of Truth*, Cambridge: Polity Press.

_____ (1992) 《Words and things: materialism and method in contemporary feminist analysis》, in M. Barrett and A. Phillips (eds) *Destabilizing Theory and Contemporary Feminist Debates*, Cambridge: Polity Press.

Bartky, S.L. (1990) *Femininity and Domination: Studies in the Phenomenology of Oppression*, London: Routledge.

Bland, L. (1981) 《The domain of the sexual: a response》, *Screen Education*, 39:56-67.

Bordo, S. (1990a) 《The body and the reproduction of femininity: a feminist appropriation of Foucault》, in A. M. Jaggar and S. R. Bordo (eds) *Gender/Body/Knowledge: Feminist Reconstructions of Being and Knowing*, London: Rutgers University Press.

_____ (1990b) 《Reading the slender body》, in M. Jacobus, E. F. Keller and S. Shuttleworth (eds) *Body/Politics: Women and the Discourses of Science*, London: Routledge.

Brennan, T. (ed.) (1990) *Between Feminism and Psychoanalysis*, London: Routledge.

Brodribb, S. (1992) *Nothing Mat(t)ers: A Feminist Critique of Postmodernism*, North Melbourne, Australia: Spinifex Press.

Butler, J. (1990) *Gender Trouble: Feminism and the Subversion of Identity*, London: Routledge.

Campbell, K. (1992) 《Introduction: matters of theory and practice-or, we'll be coming out the harbour》, in K. Campbell (ed.) *Critical Feminism: Argument in the Disciplines*, Milton Keynes: Open University Press.

Diamond, I. and Quinby, L. (eds) (1988) *Feminism and Foucault*, Boston: Northeastern University Press.

Diamond, N. (1985) 《Thin is the feminist issue》, *Feminist Review*, 19:45-64.

Dreyfus, H. and Rabinow, P. (1982) *Michel Foucault: Beyond Structuralism and Hermeneutics*, Brighton: Harvester.

Eichenbaum, L. and Orbach, S. (1983) *Understanding Women*, London:

Penguin.

Ernst, S. and Goodison, L. (1981) *In Our Own Hands: A Book of Self-Help Therapy*, London: The Women's Press.

Ernst, S. and Maguire, M. (eds) (1987) *Living with the Sphinx: Papers from the Women's Therapy Centre*, London: The Women's Press.

Faludi, S. (1992) *Backlash: The Undeclared War against Women*, London: Chatto & Windus.

Flax, J. (1991) *Thinking Fragments: Psychoanalysis, Feminism and Postmodernism in the Contemporary West*, Berkeley, LA: UCLA Press.

Foucault, M. (1972) *The Archaeology of Knowledge*, A.M. Sheridan Smith(trans.), London: Routledge.

_____ (1973) *The Order of Things: An Archaeology of the Human Sciences*, (Les Mots et les choses, 1966), New York: Vintage Books.

_____ (1977) *Language, Counter-Memory, Practice: Selected Essays and Interviews*, D. F. Bouchard(ed. with intro.) and D. F. Bouchard and S. Simon(trans.), Oxford: Basil Blackwell.

_____ (1979) *Discipline and Punish: The Birth of the Prison*, (Surveiller et punir: naissance de la prison, 1975), Harmondsworth: Penguin.

_____ (1980) *Power/Knowledge: Selected Interviews and Other Writings 1972-1977*, C. Gordon (ed.) and C. Gordon, L. Marshall, J. Mepham, K. Soper(trans.), New York: Pantheon Books.

_____ (1981) 《The order of discourse》, in R. Young (ed.) *Untying the Text: A post-Structuralist Reader*, London: Routledge.

_____ (1987) *The History of Sexuality, vol. II: The Use of Pleasure*,(L'Usage des plaisirs, 1984) R. Hurley(trans.), London: Penguin.

_____ (1989) *Foucault Live(Interviews, 1966-84)*, S. Lotringer (ed.) and J. Johnson(trans.), New York: Semiotext(e).

_____ (1990a) *The History of Sexuality*, vol. III: *The Care of the Self*, (Le souci de soi, 1988) R. Hurley(trans.), London: Penguin.

_____ (1990b) *The History of Sexuality*, vol. I: *An Introduction*, (La volonté de savoir, 1976) R. Hurley(trans.), London: Penguin.

_____ (1990c) *Michel Foucault: Politics, Philosophy, Culture: Interviews and Other Writings 1977-1984*, L. Kritzman (ed.) and A. Sheridan et al.(trans.), London: Routledge.

_____ (1991a) *The Foucault Reader: An Introduction to Foucault's Thought,* P. Rabinow(ed.), London: Penguin.

_____ (1991b) *Madness and Civilization: A History of Insanity in the Age of Reason,* (*Histoire de la folie,* 1961) R. Howard(trans.), London: Routledge.

Fraser, N. (1989) *Unruly Practices: Power, Discourse, and Gender in Contemporary Social Theory,* Cambridge: Polity Press.

Gallop, J. (1982) *Feminism and Psychoanalysis: The Daughter's Seduction,* London: Macmillan.

Gramsci, A. (1971) *Selections from the Prison Notebooks of Antonio Gramsci,* Q. Hoare and G. Nowell-Smith (eds), London: Lawrence & Wishart.

Hartsock, N. (1990) 《Foucault on Power: a theory for women?》, in L. Nicholson (ed.) *Feminism/Postmodernism,* London: Routledge.

Hekman, Susan J. (1990) *Gender and Knowledge: Elements of a Postmodern Feminism,* Cambridge: Polity Press.

Henriques, J., Hollway, W., Urwin, C., Venn, C. and Walkerdine, V. (1984) *Changing the Subject: Psychology, Social Regulation and Subjectivity,* London: Methuen.

Jacobus, M., Keller, E. F. and Shuttleworth, S. (eds) (1990) *Body/Politics: Women and the Discourses of Science,* London: Routledge.

Kamuf, P. (1990) 《Replacing feminist criticism》, in M. Hirsch and E. F. Keller (eds) *Conflicts in Feminism,* London: Routledge.

de Lauretis, T. (1987) 《The technology of gender》, in T. de Lauretis (ed.), *Technologies of Gender: Essays on Theory, Film and Fiction,* London: Macmillan.

_____ (1989) 《The essence of the triangle or, taking the risk of essentialism seriously: feminist theory in Italy, the US and Britain》, in *differences: A Journal of Feminist Cultural Studies,* I(3):3-37.

MacKinnon, C. A. (1982) 《Feminism, Marxism, method and the state: an agenda for theory》, in N. O. Keohane, M. Z. Rosaldo and B. C. Gelpi (eds) *Feminist Theory: A Critique of Ideology,* Brighton: Harvester Press.

Memmi, A. (1967) *The Colonizer and the Colonized,* Boston: Beacon Press.

Mitchell, Juliet (1974a) *Woman's Estate*(1971), Harmondsworth: Penguin.

_____ (1974b) *Psychoanalysis and Feminism,* Harmondsworth: Penguin.

Mitchell, J. and Rose, J. (eds) (1982) *Jacques Lacon and the Ecole Freudien,*

J. Rose(trans.), London: Macmillan.

Modleski, Tania (1991) *Feminism without Women: Culture and Criticism in a* 《*Postfeminist Age*》, London: Routledge.

Moi, T. (1989) 《Men against patriarchy》, in L. Kauffman (ed.) *Gender and Theory: Dialogues on Feminist Criticism*, Oxford: Blackwell.

Orbach, S. (1984) *Fat is a Feminist Issue*, rev. edn, London: Hamlyn.

Phillips, A. (1987) *Feminism and Equality*, Oxford: Blackwell.

Riley, D. (1988) 《*Am I that Name?*》 *Feminism and the Category of* 《*Women*》 *in History*, Basingstoke: Macmillan.

Rose, J. (1983) 《Femininity and its discontents》, *Feminist Review*, 14:5-21.

_____ (1986) *Sexuality and the Field of Vision*, London: Verso.

Said, E. (1984) *The World, the Text and the Critic*, London: Faber & Faber.

_____ (1988) 《Michel Foucault, 1926-1984》, in J. Arac (ed.) *After Foucault*, New Brunswick, NJ: Rutgers University Press.

Sawicki, J. (1991) *Disciplining Foucault: Feminism, Power and the Body*, London: Routledge.

Sayers, J. (1982) 《Psychoanalysis and personal politics: a response to Elizabeth Wilson》, *Feminist Review*, 10:91-5.

_____ (1986) *Sexual Contradictions: Psychology, Psychoanalysis and Feminism*, London: Tavistock.

Steinem, G. (1992) *The Revolution from Within: A Book of Self-esteem*, London: Bloomsbury.

Sternhell, C. (1992) 《Sic transit Gloria(review of G. Steinem, *The Revolution from Within: A Book of self-esteem)*》, *Women's Review of Books* (June):5-6.

Stuart, A. (1990) 《Feminism:dead or alive?》, in J. Rutherford (ed.) *Identity: Community, Culture, Difference*, London: Lawrence & Wishart.

Walker, P. (ed.) (1979) *Between Labour and Capital*, Hassocks: Harvester Press.

Weedon, C. (1987) *Feminist Practice and Poststructuralist Theory*, Oxford: Basil Blackwell.

West, C. (1992) 《The dilemma of the black intellectual》, first published in *Cultural Critique*, I (1) (1985), reprinted in b. hooks and C. West, *Breaking Bread: Insurgent Black Intellectual Life*, Boston: Southend Books.

Wilson, E. (1981) 《Psychoanalysis: psychic law and order》, *Feminist Review,* 8: 63-78.

Wolf, N. (1991) *The beauty Myth: How Images of Beauty are Used against Women,* London: Vintage.

Young, R. (1981) 《Post-structuralism: an introduction》, in R. Young (ed.) *Untying the Text: A Post-structuralist Reader,* London: Routledge.

8

Bartky, S. L. (1988) 《Foucault, femininity and the modernization of patriarchal power》, in I. Diamond and L. Quinby (eds.) *Feminism and Foucault: Reflections on Resistance,* Boston: Northeastern University Press.

Baudrillard, J. (1983) *Simulations,* New York: Semiotext (e).

Bordo, S. (1980) 《Organized Sex》, *Cross Currents,* XXX(3): 194-8.

_____ (1985) 《Anorexia nervosa: Psychopathology as the crystallization of culture》, *Philosophical Forum,* 17, 2: 73-103.

_____ (1990a) 《Reading the slender body》, in M. Jacobus, E. Fox Keller and S. Shuttleworth (eds) *Body/Politics: Women and the Discourses of Science,* New York and London: Routledge.

_____ (1990b) 《Material girl: the effacements of postmodern culture》, *Michigan Quarterly Review,* XXIX(4): 653-78.

_____ (1991) 《Postmodern subjects, postmodern bodies: a review essay》, *Feminist Studies,* 18(1): 159-76.

_____ (1993) *Unbearable Weight: Feminism, Western Culture and the Body,* Berkeley: University of California Press.

Brownmiller, S. (1975) *Against Our will,* New York: Bantam.

Butler, J. (1990) *Gender Trouble: Feminism and the Subversion of Identity.* London: Routledge.

Collins, A. (1991) 《Abreast of the bra》, Lear's 4(4): 76-91.

Cott, N. (1987) *The Grounding of Modern Feminism,* New Haven, CT: Yale University Press.

Daly, M. (1978) *Gyn-Ecology,* Boston: Beacon.

Davis, A. (1983) *Women, Race and Class,* New York: Vintage.

Davis, K. (1991) 《Remaking the she-devil: a critical look at feminist approaches to beauty》, *Hypatia*, 6(2): 21-43.

Diamond, I. and Quinby, L. (eds) (1988) *Feminism and Foucault: Reflections on Resistance*, Boston: Northeastern University Press.

Dworkin, A. (1974) *Woman-Hating*, New York: Dutton.

Fiske, J. (1987) *Television Culture*, New York: Methuen

Foucault, M. (1977) 《The eye of power》, in C. Gordon (ed. and trans.) *Power/Knowledge*, New York: Pantheon.

_____ (1979) *Discipline and Punish*, New York: Vintage.

_____ (1980) *The History of Sexuality*, vol I: *An Introduction*, New York: Vintage.

_____ (1983), 《The subject and power》, L. Sawyer (trans.), in H. L. Dreyfus and P. Rabinow (eds.) *Michel Foucault: Beyond Structuralism and Hermeneutics*, Chicago: University of Chicago Press.

_____ (1989) 《How much does it cost for reason to tell the truth?》, an interview with P. Pasquino in Foucault Live, New York: Semiotext (e).

Fraser, N. (1989) 《Foucault on modern power: empirical insights and normative confusions》, in N. Fraser, *Unruly practices: Power, Discourse and Gender in Contemporary Social Theory*, Minneapolis: University of Minnesota.

Gornick, V. and Moran, B. (eds) (1971) *Woman in Sexist Society*, New York: Mentor.

Greer, G. (1970) *The Female Eunuch*, New York: McGraw-Hill.

Griffin, S. (1978) *Woman and Nature: The Roaring Inside Her*, New York: Harper Colophon.

_____ (1979) *Rape: The Power of Consciousness*, New York: Harper & Row.

Hartsock, N. (1990) 《Foucault on power: a theory for women?》, in L. Nicholson (ed.) *Feminism/Postmodernism*, New York and London: Routledge.

hooks, b. (1990) *Yearning: Race and Gender and Cultural Politics*, Boston: SouthEnd Press.

Johnson, D. (1989) 《The body: which one? whose?》, *The Whole Earth Review*, Summer: 4-8.

Morgan, K. P. (1991) 《Women and the knife: cosmetic surgery and the colonization of women's bodies⟩, *Hypatia*, 6(3): 25-53.

Morgan, R. (ed.) (1970) *Sisterhood is Powerful: An Anthology of Writings from the Women's Liberation Movement*, New York: Vintage.

Omolade, B. (1983) ⟨Hearts of darkness⟩, in A. Snitow, C. Stansell and S. Thompson (eds) *Powers of Desire*, New York: Monthly Review Press.

Rich, A. (1980) ⟨Compulsory heterosexuality and lesbian existence⟩, *Signs*, 5(4): 631-60.

Willamette Bridge Liberation News Service (1971) ⟨Exercises for men⟩, *The Radical Therapist*, December-January.

Wollstonecraft, M. (1988) ⟨A vindication of the rights of women⟩, in A. Rossi (ed.) *The Feminist Papers*, Boston: Northeastern University Press.

Zerilli, L. (1991) ⟨Rememoration or war? French feminist narrative and the politics of self-representation⟩, *Differences*, 3(1): 1-19.

9

Adams, P. (1989) ⟨Of female bondage⟩, Teresa Brennan (ed.) *Between Feminism and Psychoanalysis*, London and New York: Routledge.

Angelou, M. (1969) *I know Why the Caged Bird Sings*, New York: Random House.

Appollon, W. (1992) ⟨Four seasons in femininity⟩, Unpublished paper presented to the Organized Research Initiative in Women and the Image, UC Irvine (April).

Arendt, H. (1964) *Eichmann in Jerusalem: A Report on the Banality of Evil*, Harmondsworth: Penguin.

Atwood, M. (1968) *Handmaid's Tale*, New York: Fawcett.

Bartkowski, F. (1988) ⟨Epistemic drift in Foucault⟩, in I. Diamond and L. Quinby (eds) *Feminism and Foucault: Reflections on Resistance*, Boston: Northeastern University Press.

Bass, E. and Davis, L. (1988) *The Courage to Heal: A Guide For Women Survivors of Child Sexual Abuse*, New York: Haper & Row.

Bordo, S. (1988) ⟨Anorexia nervosa: Psychopathology as crystallization of culture⟩, in I. Diamond and L. Quinby (eds) *Feminism and Foucault:*

Reflections on Resistance, Boston: Northeastern University Press.

Bouchard, D. F. (ed.) (1977) *Language, Counter-Memory, Practice: Selected Essays and Interviews by Michel Foucault*, Ithaca, NY: Cornell University Press.

Butler, S. (1978) *Conspiracy of Silence: The Trauma of Incest*, San Francisco: New Glide Publications.

Cardinal, M. (1983) *The Words to Say It*, P. Goodheart (trans.), Cambridge, MA: Van Vactor and Goodheart.

de Certeau, M. (1984) *The Practice of Everyday Life*, Berkeley and Los Angeles: University of California Press.

Copjec, J. (1989) 《The orthopsychic subject》, October, 49.

Deleuze, G. and Guattari, F. (1977) *Anti-Oedipus: Capitalism and Schizophrenia*, New York: Viking.

Derrida, J. (1976) *Of Grammatology*, G. C. Spivak (trans.), Baltimore and London: The Johns Hopkins University Press.

Diamond, I. and Quinby L. (eds) (1988) *Feminism and Foucault: Reflections on Resistance*, Boston: Northeastern University Press.

Fanon, F. (1963) *The Wretched of the Earth*, New York: Grove Weidenfeld.

Foucault, M. (1970) *The Order of Things: An Archaeology of the Human Sciences*, New York: Random House.

_____ (1980) 《Two lectures》, in c. Gordon (ed.) *Power/Knowledge: Selected Interviews and Other Writings 1972-1977: Michel Foucault*, London: Harverster Wheatsheaf.

_____ (1983) 《The subject and power》, L. Sawyer (trans.), in H. L. Dreyfus and P. Rabinow (eds) *Michel Foucault: Beyond Structuralism and Hermeneutics*, Chicago: University of Chicago Press.

Fraser, N. (1989) *Unruly Practices: Power, Discourse and Gender in Contemporary Social Theory*, Minneapolis: University of Minnesota Press.

Goffman, E. (1961) *Asylums: Essays on the Social Situation of Mental Patients and Other Inmates*, Garden City, NY: Doubleday.

Hintz, J. (1985) *Victim Survivor: Women of Domestic Violence*, Tiffin, Ohio: Sayger Printing.

Kittler, F. (1991) *Discourse Networks*, Palo Alto, CA: Stanford University Press.

Lacan, J. (1989) 《Kant with Sade》, (´Kant avec Sade》, Ecrits, Paris: Editions du

Seuil, 1966) J. B. Swenson (trans.), October, 51:55-104.

de Lauretis, T. (1989) 《The violence of rhetoric》, in N. Armstrong and L. Tennenhouse (eds), *The Violence of Representation: Literature and the History of Violence*, London and New York: Routledge.

Lee, A. (1982) 《Untitled incest piece》, in T. A. H. McNaron and Y. Morgan, *Voices in the Night: Women Speaking about Incest*, Pittsburgh: Cleis Press.

MacCannell, D. (1989) 《Faking it: on face play in the pornographic frame》, *American Journal of Semiotics*, 6, 4: 153-74.

_____ (1992) *Empty Meeting Grounds: The Tourist Papers*, New York and London: Routledge.

MacCannell, J. (1991a) 《Sex symbols》, *Text Performance Quarterly*, 11: 217-32.

_____ (1991b) *The Regime of the Brother: After the Patriarchy*, London and New York: Routledge.

_____ (forthcoming) 《History and hysteria in *The Handmaid's Tale*》, *Newsletter of the Freudian Field*.

McNaron, T. A. H. and Morgan, Y. (1982) *Voices in the Night: Women Speaking about Incest*, Pittsburgh: Cleis Press.

Mirante, E. (1989) 《The victim zone: recent accounts of Burmese military human rights abuses in the Shan state》, *Contemporary Crises*, 13, 3: 211-66.

Naveau, P. (1984) 《Marx et le symptome》, in *Perspectives psychoanalytiques sur la politique*, Paris: Navarin Editeur.

Poster, M. (1984) *Foucault, Marxism, and History*, Cambridge: Polity Press.

Rabinow, P. (ed.) (1982) 《Interview》, *The Foucault Reader*, New York: Pantheon Books.

Sawicki, J. (1986) 《Foucault and feminism: towards a politics of difference》, in *Hypatia*, 1(2): 23-36.

Stanko, E. A. (1985) *Intimate Intrusions: Women's Experience of Male Violence*, London: Routledge & Kegan Paul.

Wachs, E. (1988) *Crime Victims' Stories: New York City's Urban Folklore*, Bloomington: Indiana University Press.

Weisman, L. K. (1992) *Discrimination by Design: A Feminist Critique of the Man Made Environment*, Urbana: University of Illinois Press.

Wolin, S. (1988) 《On the theory and practice of power》, in J. Arac (ed.)

After Foucault, New Brunswick, NJ: Rutgers University Press.

Women's Research Centre (1989) *Recollecting Our Lives: Women's Experience of Childhood Sexual Abuse*, Vancouver, BC: Press Gang Publishers.

Woodhull, W. (1988) 《Sexuality, power, and the question of rape》, in I. Diamond and L. Quinby (eds) *Feminism and Foucault: Reflections on Resistance*, Boston: Northeastern University Press.

Zizek, S. (1991) *They Know Not What they Do: Enjoyment as a Political Factor*, London and New York: Routledge.

🔟

Bartky, S.L. (1990) *Femininity and Domination: Studies in the Phenomenology of Oppression*. London: Routledge.

Bell, V. (1991) 《Beyond the 〈thorny question〉: Feminism, Foucault and the desexualisation of rape》, *International Journal of the Sociology of Law*, 19:83-100.

Benton, T. (1991) 《Biology and Social Science: Why the return of the repressed should be given a (cautious) welcome》, *Sociology* 25(1):1-30.

_____ (1992) 《Why the welcome needs to be cautious: a reply to Keith Sharp》, *Sociology*, 26(2):225-32.

Best, S. and Kellner, D. (1991) *Postmodern Theory: Critical Interrogations*, Basingstoke and London: Macmillan.

Bordo, S. (1990) 《Material girl: the effacements of postmodern culture》, *Michigan Quarterly Review*, Fall: 653-76.

Braidotti, R. (1991) *Patterns of Dissonance: A Study of Women in Contemporary Philosophy*, E. Guild (trans.), Cambridge: Polity Press.

Coveney, L., Jackson, M., Jeffreys, S., Kaye, L. and Mahony, P. (1984) *The Sexuality Papers: Male Sexuality and the Control of Women*, London: Hutchinson.

Dworkin, A. (1987) Intercourse, London: Arrow Books.

_____ (1988) 《Dangerous and deadly》, *Trouble and Strife*, 14:42-5.

Fine, M. (1988) 《Sexuality, schooling, and adolescent females: the missing discourse of desire》, *Harvard Educational Review,* 58(1): 29-53.

Foucault, M. (1977) *Discipline and Punish: The Birth of the Prison,* A. Sheridan *(trans.),* London: Penguin.

_____ (1980a) 《Two lectures》, in C. Gordon (ed.) *Michel Foucault: Power/Knowledge,* London: Harvester Wheatsheaf.

_____ (1980b) 《The confession of the flesh》, in C. Gordon (ed.) *Michel Foucault: Power/Knowledge,* London: Harvester Wheatsheaf.

_____ (1980c) 《The eye of power》, in C. Gordon (ed.) *Michel Foucault: Power/Knowledge,* London: Harvester Wheatsheaf.

_____ (1984) *The History of Sexuality,* vol. I: *An Introduction,* London: Penguin.

_____ (1988a) 《Truth, power, self: an interview with Michel Foucault》, in L. Martin, H. Gutman and P. Hutton (eds) *Technologies of the Self: A Seminar with Michel Foucault,* London: Tavistock.

_____ (1988b) 《Technologies of the self》, in L. Martin, H. Gutman and P. Hutton (eds) *Technologies of the Self: A Seminar with Michel Foucault,* London: Tavistock.

_____ (1988c) 《Politics and reason》, in L. Kritzman (ed.) Michel Foucault: politics, philosophy, Culture: Interviews and other Writings 1977-1984, A. Sheridan et al.(trans.), London: Routledge.

_____ (1988d) 《Power and sex》, in L. Kritzman (ed.) *Michel Foucault: Politics, Philosophy, culture: Interviews and Other Writings 1977-1984,* A. Sheridan et al, (trans), London: Routledge.

_____ (1988e) 《Sexual choice, sexual act: Foucault and homosexuality》, in L. Kritzman (ed.) *Michel Foucault: Politics, Philosophy, culture: Interviews and Other Writings 1977-1984,* A. Sheridan et al, (trans), London: Routledge.

_____ (1991) *Discipline and Punish: The Birth of the Prison,* London: Penguin.

Fraser, N. (1989) *Unruly Practices: Power, Discourse and Gender in Contemporary Social Theory,* Cambridge: Polity Press.

Fuss, D. (1989) *Essentially Speaking: Feminism, Nature and Difference,* London: Routledge.

Gatens, M. (1983) 《A critique of the sex/gender distinction》, in J. Allen and

P. Patten (eds) *Beyond Marx? Interventions after Marx*, Sydney: Intervention.

_____ (1988) 〈Towards a feminist philosophy of the body〉, in B. Caine, E. A. Crosz and M. de Lepervanche (eds) *Crossing Boundaries: Feminisms and the Critique of Knowledge*, Sydney: Allen & Unwin.

Gordon, C. (ed.) (1980) *Michel Foucault: Power/Knowledge: Selected Interviews and Other Writings 1972-77 by Michel Foucault*, London: Harvester Wheatsheaf.

Grosz, E. (1990) 〈Inscriptions and body-maps: representation and the corporeal〉, in T. Threadgold and A. Cranny-Francis (eds) *Feminine, Masculine and Representation*, London: Allen & Unwin.

Hanmer, J. and Maynard, M. (1987) *Women, Violence and Social Control*, London: Macmillan.

Harding, S. (1992) 〈The instability of the analytical categories of feminist theory〉, in H. Crowley and S. Himmelweit (eds) *Knowing Women: Feminism and Knowledge*, Cambridge: Polity Press in association with the Open University.

Hartsock, N. (1990) 〈Foucault on power: a theory for women?〉, in L. Nicholson (ed.) *Feminism/Postmodernism*, London: Routledge.

Hekman, S. (1990) *Gender and Knowledge: Elements of a Postmodern Feminism*, Cambridge: Polity Press.

Holland, J. (1992) *Sexuality and Ethnicity: Variations in Young Women's Sexual Knowledge and Practice*, WRAP Paper No. 8, London: Tufnell Press.

Holland, J., Ramazanoglu, C., Scott, S., Sharpe, S. and Thomson, R. (1992a) 〈Pressure, resistance, empowerment: young women and the negotiation of safer sex〉, in P. Aggleton, P. Davies and G. Hart (eds) *AIDS rights, Risk and Reason*, London: Falmer.

Holland, J., Ramazanoglu, C., Scott, S., Sharpe, S. and Thomson, R. (1992b) 〈Pleasure, pressure and power: some contradictions of gendered sexuality〉, *Sociological Review*, 40(4): 645-74.

_____ (1992c) 〈Power and desire: the embodiment of female sexuality〉, Paper given at the *First International Conference on Girls and Girlhood*, Amsterdam.

Hollway, W. (1984) 《Women's power in heterosexual sex》, *Women's Studies International Forum*, 7(1): 63-8.

Jaggar, A. (1983) *Feminist Politics and Human Nature*, Brighton: Harvester.

Lather, P. (1991) *Getting Smart: Feminist Research and Pedagogy with/in the Postmodern*, London: Routledge.

Kelly, L. (1988) *Surviving Sexual Violence*, Cambridge: Polity Press.

Kritzman, L. (ed.) (1988) *Michel Foucault: Politics, Philosophy, Culture: Interviews and Other Writings 1977-1984*, A. Sheridan et al. (trans), London: Routledge.

Martin, E. (1989) *The Woman in the Body*, Milton Keynes: Open University Press.

Martin, L., Gutman, H. and Hutton, P. (eds) (1988) *Technologies of the Self: A Seminar with Michel Foucault*, London: Tavistock.

Morris, M. (1979) 《The pirate's fiancée》, in M. Morris and P. Patton (eds) *Michel Foucault: Power, Truth, Strategy*, Sydney: Feral Publications.

Prendergast, Shirley (1989) 《Girl's experience of menstruation in shools》, in L. Holly (ed.) *Girls and Sexuality Teaching and Learning*, Milton keynes: Open University Press.

rhodes, d. and McNeill, S. (1985) *Women against Violence against Women*, London: Only women Press.

Sawicki, J. (1991) *Disciplining Foucault: Feminism, Power, and the Body*, London: Routledge.

Sayers, J. (1982) *Biological Politics: Feminist and Anti-feminist Perspectives*, London: Tavistock.

Sharp, K. (1992) 《Biology and social science: a reply to Ted Benton》, *Sociology*, 26(2):225-32.

Smith, D. (1988) 《Femininity as discourse》, in L. G. Roman and L. K. Christian-Smith with E. Ellsworth, *Becoming Feminine*, London: Falmer.

Stanko, E.A. (1985) *Intimate Intrusions: Women's Experience of Male Violence*, London: Routledge & Kegan Paul.

Thompson, S. (1990) 《Putting a big thing into a little hole: teenage girls》 accounts of sexual initiation》, *The Journal of Sex Research*, 27(3):341-61.

Vance, C. (1992) 《Social construction theory: problems in the history of sexuality》, in H. Crowley and S. Himmelweit (eds) *Knowing Women:*

Feminism and Knowledge, Cambridge: Polity Press in association with the Open University.

Waldby, C., Kippax, S. and Crawford, J. (1991) 《Equality and eroticism: AIDS and the active/passive distinction》, Social Semiotics, 1(2).

Walkowitz, J. (1985) 《Male vice and feminist virtue: feminism and the politics of prostitution in nineteenth-century Britain》, in V. Beechey and J. Donald (eds) *Subjectivity and Social Relations*, Milton Keynes: Polity Press.

Wilton, T. (1991) 《Feminism and the erotics of health promotion》, Paper given at the *Fifth Conference on the Social Aspects of AIDS*, London.

　페미니즘은 스스로 권위 있는 이론으로 자리매기기 위하여, 초창기에는 마르크스주의와 정신분석학에서 그 이론적 근거를 찾았다. 그러던 것이 이제는 그들과 결별하고 오늘날 담론/권력 비평의 대부로 일컬어지는 푸코에게 도움을 요청하였다. 그 까닭은 무엇일까? 아직도 자신을 방어해야 하는 입장에 처해 있는 페미니즘이 푸코의 권력분석에서 그 기본적 이론의 틀을 빌려 쓴다면, 이것은 페미니즘으로서는 여러 가지 외부의 공격이나 위협과 싸워 나가는 데 많은 도움이 되기 때문이다. 또한 그것은 이 책의 존재 이유이기도 하다.

　원래 사회운동에서 발단이 되기 시작했던 페미니즘이, 오늘날과 같은 체계적인 이론을 정립할 수 있기까지에는 마르크스와 프로이트를 비롯하여 라캉·데리다·알튀세·푸코 등 다양한 포스트모더니즘 이론가들의 도움이 필요했던 것이 사실이다. 그러나 오로지 페미니즘이 자신의 세력을 확장하고 기반을 다지기 위하여, 푸코를 포함한 이와 같은 포스트모더니즘의 이론에 소극적으로 의존하기만 했던 것일까? 오히려 페미니즘이 남성 포스트모더니즘의 비평가들이 제기하는 이론의 틀에 대폭 수정을 가하거나, 대안을 제시하는 등 적극적인 자세를 취하지는 않았을까? 《푸코와 페미니즘—그 갈등과 긴장》이라는 이 책의 제목이 시사하는 바와 같이, 개인적 경험에 기초를 둔 페미니즘이 푸코가 제기하는 거대한 남성 이론에 반기를 들고 나선 것은 아닐까?

　이 책은 이같은 물음에 답하는 여러 가지 논문들로 구성되어 있다. 그러나 여기에 실린 논문들은 푸코를 신체와 권력에 관한 이론적 틀을 페미니즘에게 제공한 아버지로 보거나, 페미니즘이 젠더의 영역을 무시한 푸코의 이론을 대폭 수정한 보다 발전된 이론이라고 생각하는 편협한 견해를 거부한다. 오히려 이들은 푸코가 페미니즘의 기본 가설들에 던지는 도전과 페미니즘이 푸코의 담론/권력 및 신체-권력의 이론에 던지는 도전, 이 양자간의 상호관계를 심각하게 살핀다. 이 논문의 저자들은 페미니즘이 권력관계나 여성 사이의 다양한 관계를 이해하는 데 지배-억압의 단순한 논리를 넘어서는 새로운 시각을 제시한다. 그리고 페미니즘의 억압과 해방의 개념에 깊이를 부여해 준다. 이런 점에서 푸코의 영향을 긍정적으로 평가한다. 그러나 이와 동시에 여성의 구체적인 체험에 비추어서, 여성의 입장을 전적으로 간과한 푸코이론의 맹점을 점검하고 비판하는 자세를 취한다. 이러한 푸코와 페미니즘 사이의 상호도전은, 양자 모두에게 자기 비판적인 태도를 가지고 열린 자세로 상대의 입장과 타협할 수 있는 길을 마련한다.

따라서 이 책을 읽는 독자는 이론과 체험의 결합에 의거한 기반이 튼튼한 문화와 권력 비평을 이끌어 낼 수 있게 된다. 이 책의 독자는 이론에만 사로잡혀 현실의 구체적인 장면들을 무시한 채 권력 체제의 비판을 지향하는 푸코의 오류를 보게 된다. 또한 현실 체험과 급진적 사회 변화만을 중시하면서, 현실 해석과 비판의 준거들이나 토론의 관점을 종종 잊곤 하는 페미니즘의 결함과도 마주치게 된다. 이들의 오류와 결함을 독자들은 시정하는 입장에 놓이게 된다. 이론과 화해하는 페미니즘이나 체험과 손잡는 푸코는, 이 책의 저자들이 지적하듯이 상당한 모순과 긴장을 초래하게 된다. 하지만 이러한 모순과 긴장 속에서 상호작용하면서 현실 정치와 비판 이론의 제휴가 가능할 수 있다.

젠더·성·신체·권력의 문제를 체험적 시야로 조망해 온 페미니스트들이 푸코의 이론을 충실히 이해하고 활용할 수 있을 만큼, 이론에 대한 관심을 점증시켜 왔다는 것을 이 책을 통하여 알게 될 것이다. 또한 이 책은 지금까지 나온 그 어떤 푸코에 관한 저서들보다 푸코의 주요 개념들을 훨씬 더 친근하고 구체적인 용어로 설명하고 있다. 서론에서는 푸코가 자주 사용하는 용어를 설명해 줌으로써 난해성을 줄이고자 노력하였다. 이렇게 하여 일상생활 속의 여성들의 현실과, 성과 권력에 관한 푸코의 이론 사이의 긴밀한 연관관계를 알기 쉽게 짚어 볼 수 있도록 했다.

오늘날과 같은 문화 비평의 한 분야로서의 본격적인 페미니즘이 시작된 지 불과 20여 년이 지났을 뿐이다. 푸코의 주요 이론서들이 출간되기 시작한 것도 같은 햇수이다. 그럼에도 불구하고 이 책의 저자들은 독자들을 지적으로 자극시키기에 부족함이 없을 정도의 다양한 쟁점과 깊이 있는 논의를 전개시키고 있다. 다만 한 가지 부족한 점이 있다면, 그것은 종종 이 책의 몇몇 저자들이 푸코의 다층적이며 복합적인 이론을 여성이 처한 복잡하고 모순적인 상황과 연결시키는 과정에서 논리적 전개를 묵살하거나 애매모호한 표현

을 쓰는 경우이다. 역자들은 이와 같은 난해한 부분과 마주치는 독자의 당혹
감을 제거하기 위해 최선을 다했다. 여전히 몇몇 저자들이 보이는 표현의 난
해성을 해결하는 일은 독자의 몫으로 남게 된다. 그러나 이같은 결함에도 불
구하고 확신하건대, 이 책은 독자들을 1990년대 페미니즘 논의의 핵심으로
이끄는 중요한 지침서가 될 것이다. 1970년대 자유주의적 페미니즘의 한계를
극복하고, 젠더와 성의 문제가 복합적인 사회적 현상 및 여타의 권력관계와
그물망 관계를 맺고 있다고 보는 1990년대 페미니즘의 사회문화적 시각을
대변하고 있기 때문이다.

《푸코와 페미니즘》을 번역함에 있어서, 역자들의 진지한 태도에도 불구하
고 미진함과 부끄러움을 숨길 수 없는 채로 이 책을 선보이게 된 점은 안타
깝기 그지없다. 항상 시간의 채찍과 일에 짓눌려 사는 우리들의 신세 때문에,
자세한 역주를 달거나 이해하기 쉽고 매끄럽게 옮기지 못했다. 게다가 푸코
와 페미니즘 논의 전체를 섭렵하는 작업 역시 만만치 않은 일이었다. 혹시
번역에 잘못이 발견된다면 그것은 전적으로 역자들의 부족한 견문과 지식에
책임을 돌려야 할 것이지만, 최소한의 오역이라도 피하기 위해서 노력과 시
간·열정을 아끼지 않았다. 서론은 최영이, 제1부는 박정오가, 제2부는 최경
희가, 제3부는 이희원이 맡았다. 따라서 각 부분에서 발견되는 잘못은 전적으
로 그 부분을 맡았던 번역자의 탓이다.

모쪼록 이 책이 페미니즘을 정치적이며 철학적인 문화현상으로 이해하려
는 독자들에게 작은 도움이 될 수 있기를 바란다. 그리고 책이 만들어지기까
지 애써 주신 호승희 선생님, 동문선 편집부 직원들과 신성대 사장님께 진심
으로 감사드린다.

1998년 6월 역자 대표 이희원

약 력

M. E. 베일리는 존스홉킨스대학교(The Johns Hopkins University)에서 정치이론을 연구하고 있는 대학원생이다. 여가시간에 그녀는 과학소설·로맨스·추리소설을 읽으며, 여성 생식기에 관한 그림을 자주 그릴 뿐 아니라 여성 록 밴드 uber WENSCH에서 베이스를 연주한다.

수잔 보르도는 르모안대학(Le Moyne College) 철학과의 조세프 C. 게오르그 석좌교수이다. 그녀는 《객관성으로의 비상—데카르트학파와 문화에 관한 에세이 *The Flight to Objectivity: Essays on Cartesianism and Culture*》(SUNY Press, 1987)와 《참을 수 없는 무게—페미니즘, 서구 문화, 신체 *Unbearable Weight: Feminism, Western Culture, and the Body*》(University of California Press, 1993)의 저자이다. 또한 앨리슨 자가와 함께 《젠더/신체/지식—페미니스트 시각으로 다시 본 존재와 앎 *Gender/Body/ Knowledge: Feminist Reconstructions of Being and Knowing*》(Rutgers University Press, 1989)을 편찬하였다.

모린 케인은 트리니다드 세인트 어거스틴 소재의 웨스트인디스대학교(University of the West Indies)의 사회학과 교수로 현재 봉직하고 있다. 그녀는 지금까지 법과 범죄학에 관련된 사회학 분야에서 광범위한 연구활동을 벌여 왔으나, 최근 몇 년에 걸쳐 페미니스트 범죄학과 페미니스트 방법론 분야에 심혈을 기울이고 있다. 그녀의 최근 저술로는 청소년기 소녀들에 대한 사회적 통제를 주제로 한 연구 논문 《착하게 자라나기 *Growing up Good*》(Sage, 1989)와 저서 《번역과 위반 *Translation and Transgression*》(Open University Press, 1993)을 들 수 있다.

진 그림쇼는 영국 브리스틀의 웨스트오브잉글랜드대학교(University of the West of England)의 인문대학에서 철학과 여성학을 가르치고 있다. 그녀는 《페미니스트 철학자들—철학적 전통에 관한 여성의 시각 *Feminist Philosophers: Women's Perspectives on Philosophical Traditions*》(Wheatsheaf, 1986)의 저자이며 주로 여성/페미니즘과 철학의 관계에 관련된 여러 논문과 서평을 써오고 있다.

자네트 홀란드는 런던 교육연구소(Institute of Education)의 수석 연구관이다. 그녀는 영국과 해외에 소재한 다양한 범위의 조직체와 기관을 위해 많은 연구를 하고 있다. 그녀의 출판물 중에는 다음과 같은 저서들이 있다. 《젠더와 계급—노동의 분화에 관한 청소년기의 개념 Gender and Class: Adolescent Conceptions of the Division of Labour(1986), Equal Opportunities in the New Era》(1990), 《새로운 시대의 평등한 기회 Hard to Reach or Out of Reach》(1991), 《섹슈얼리티와 종족성—젊은 여성들의 성적 지식과 실천에 나타난 다양성 Sexuality and Ethnicity: Variations in Young Women's Sexual Knowledge and Practice》(1992).

딘 맥카넬은 데이비스 소재 캘리포니아대학교(University of California)의 응용행동과학과 사회학과 교수이다. 성의 재배열에 관한 그의 연구로는 광고, 마릴린 먼로, 포르노그라피적 필름, 여성의 화장에 나타난 섹슈얼리티의 문제를 중심으로 한 여러 가지 논문, 그리고 줄리엣 플라워 맥카넬과 같이 쓴 〈美의 체계〉에 관한 논문을 꼽을 수 있다. 그는 캘리포니아 주지사 위원회에서 농업에서의 여성의 지위에 대하여 연구하고 있다. 그의 1976년 저서 《여행가—여가를 즐기는 계급에 관한 새로운 이론 The Tourist: A New Theory of the Leisure Class》은, 전세계적으로 관광학 연구 프로그램이 발족되는 데 일조하였다. 또한 최근 저서 중의 하나인 《비어 있는 만남의 장소—여행자 논문 Empty Meeting Grounds: The Tourist Papers》(1992)은, 유목민적 포스트모던성에 나타난 만남의 실패에 관한 그의 관심을 지속적으로 보여 준다. 그는 줄리엣 맥카넬과 함께 《미국 기호학 저널 The American Journal of Semiotics》을 공동 편집하고 있고, 현재 흑백 영화 《집 없는 자들》, 그리고 보드리야르의 최근작 《아메리카America》에 관하여 연구하고 있다.

줄리엣 플라워 맥카넬은 어빈 소재 캘리포니아대학(University of California)의 영문과 교수이자 비교문학 프로그램장이다. 그녀는 여성학의 첫번째 프로그램 강화팀장으로 일한 바 있으며, 현재는 여성과 이미지의 조직적 연구 선도 프로그램의 지휘를 맡고 있다. 그녀는 《라캉 평가 Figuring Lacan》(1986)와 《형제의 시대—가부장제 이후 The Regime of the Brother: After the Patriarchy》(1991)의 저자이며, 《젠더와 문화에 나타난 다른 관점 The Other Perspective in Gender and Culture》(1990)의 편자이다. 또한 그녀는 딘 맥카넬과 함께 《기호의 시대 The Time of the Sign》(1982)를 공동 저술하였다. 그녀는 엘렌 씩수의 극작품을 번역했으며, 현재는 여성과 전쟁에 관하여 연구중이다.

모린 맥닐은 버밍엄대학교(University of Birmingham) 문화 연구 프로그램의 수석 교수이다. 그녀의 강의, 연구, 발표 논문은 과학과 테크놀로지의 사회적 관계에 특히 초점을 두고 연구하고 있다. (그렇다고 이 분야에만 연구가 국한되어 있지는 않다.) 과학, 테크놀로지, 대중문화에 관한 책을 집필중에 있다.

카롤라인 라마자노글루는 런던대학교의 골드스미스대학(Goldsmith's College) 사회학과 수석 교수이며, 권력관계를 설명하는 데 일반적인 관심을 보이고 있다. 출판물로는 노동의 이주에 관한 연구인 《페미니즘과 억압의 모순 *Feminism and the Contradictions of Oppression*》(Routledge, 1989)과, 섹슈얼리티와 페미니스트 방법론에 관한 여러 논문을 들 수 있다. 그녀는 젊은 여성들과 異性愛에 관하여 동료 교수들과 함께 연구해 왔다.

자네트 랜섬은 런던대학교의 골드스미스대학에서 가르친 바 있으며, 현재는 런던길드홀대학교(London Guildhall University)에서 교수로 봉직하고 있다. 그녀는 현재 여성의 자율에 관한 페미니스트 개념과, 여성 자신들의 체험적 설명(이러한 직접 설명은 결과적으로 페미니스트 연구의 기초로서의 후기구조주의에 대하여 의문을 품는다) 사이의 상관관계에 대한 연구를 마무리하는 중이다.

케이트 소퍼는 북부런던대학교(University of North London)의 철학과 수석 교수이다. 그의 가장 최근의 저서는 《혼란상태의 쾌락 *Troubled Pleasures*》(Verso, 1990)이다. 그녀는 젠더의 문제에 관해 폭넓게 글을 써왔으며, 현재는 〈본성이란 무엇인가?〉에 대하여 연구하고 있다.

최영 崔暎
이화여자대학교 영어영문학과 졸업. University of Oklahoma에서 석사학위, Oklahoma State University에서 박사학위 받음. 현재는 이화여자대학교 영어영문학과 교수로 재직하고 있음. 셰익스피어를 가르치고 있으며, 현대 비평이론에도 관심을 가지고 있다. 논문으로는 〈셰익스피어의 정치관: Richard II를 중심으로〉, 〈Coriolanus에 나타난 셰익스피어의 사회관〉, 〈존 스타인벡 작품에 나타난 사회 비판 의식과 인도주의〉 등 다수가 있다. 대표적 역서로 아서 밀러의 《세일럼의 마녀들》이 있다.

박정오 朴愼吾

1958년 서울 출생. 이화여자대학교 영어영문학과 졸업. 동대학원에서 영문학 석사학위 받음. Paris VII 대학에서 영문학 박사학위 받음. 현재 이화여자대학교 강사로 재직하고 있음. L. 이리가라이의 《나, 너, 우리》를 번역하였으며(동문선 출판사), 주요 논문으로는 〈The mythical method in the novels of William Faulkner〉 등 다수가 있다.

최경희 崔敬喜

1960년 서울 출생. 이화여자대학교 영어영문학과 졸업. 동대학원에서 영문학 석사·박사학위를 받음. 현재 이화여자대학교 강사로 재직하고 있음. 셰익스피어를 전공하였으며, 푸코의 영향을 받은 신역사주의에 관심을 가지고 있음. 주요 논문으로는 〈연극의 정치학: 셰익스피어의 후기 사극 연구〉와 〈Saint Joan에 나타난 개인과 사회의 갈등〉이 있다.

이희원 李喜媛

1957년 서울 출생. 이화여자대학교 영어영문학과 졸업. 동대학원에서 석사학위 받음. University of Iowa에서 석사학위, Texas A & M University에서 박사학위 받음. 현재는 서울산업대학교 영어영문학과 교수로 재직하고 있음. 셰익스피어 및 현대 희곡을 가르치고 있으며, 주로 문학작품을 페미니즘과 푸코의 이론에 접목시키는 연구에 관심을 갖고 있음. 미셸 푸코의 《자기의 테크놀로지》를 번역하였으며(동문선 출판사), 주요 논문으로 〈다시 쓴 17세기 영국 마녀 역사: Caryl Churchill의 Vinegar Tom 연구〉, 〈Benign Patriarch: A Feminist Reading of The Tempest〉, 〈Playing a Role: Caryl Churchill's Theatrical Art and Political Art in Cloud Nine〉, 〈Helena's Tricks: Transgression and Negotiation in All's Well That Ends Well〉 등 다수가 있다.

문예신서
126

푸코와 페미니즘
그 갈등과 긴장

초판발행 : 1998년 6월 20일

지은이 : C. 라마자노글루[外]
옮긴이 : 최 영·박정오·최경희·이희원
펴낸이 : 辛成大
펴낸곳 : 東文選
제10-64호, 78. 12. 26 등록
서울 종로구 관훈동 74
전화 : 737-2795

편집설계 : 이춘희/김경희

ISBN 89-8038-023-2 94160

자기의 테크놀로지

미셸 푸코 外 · 이희원 옮김

가격 12,000원

푸코의 마지막 연구방향을 담고 있는 책

　　미셸 푸코가 일관하여 탐구하고자 했던 것은 주체의 객체화, 다시 말해 자기 자신의 객체화에 관한 역사 연구인 권력과 지배의 테크놀로지이다. 이러한 그의 측면은 어찌보면 개인이라는 실체를 완전히 무시한, 다시 말해 개인의 주체성을 단지 수동적인 대상으로 파악했다고 볼 수도 있게 한다.

　　따라서 이러한 푸코의 부정적인 측면은 극복될 필요가 있었다. 푸코는 죽기 직전에 여러 차례 미국을 방문하면서 자기 자신이 주체가 되는 것으로의 그의 연구 방향을 전환하는 징후를 보여 주는데, 이러한 방향 전환의 시작을 보여 주는 것이 바로 1982년 버몬트 대학에서 〈자기의 테크놀로지〉에 관한 세미나에서였다. 이 책은 바로 이 세미나에서 푸코가 강연하고 그외의 참여한 사람들이 발표한 내용을 묶은 것으로 우리로 하여금 푸코의 다른 측면을 목격하게 한다.

東文選 文藝新書 124

천재와 광기

—— 미술과 음악, 그리고 문학에서

P. 브르노 [著]　　　김웅권 [譯]

　범인들은 예외적 인물, 비범한 인물, 즉 천재를 꿈꾸지만 천재가 짊어져야 할 고통에 대해서 생각해 보는 경우는 드물다. 그들 대부분은 안정을 파괴하는 변화를 두려워하고, 기존 질서와 가치체계에 순응하며 길들여진 대로 살아간다. 그러면서 동시에 주어진 삶의 틀을 부수고, 세계의 변혁과 역사 창조의 주역이 되는 천재를 꿈꾸는 모순된 욕망을 드러낸다. 하기야 인간 존재 자체가 모순 덩어리가 아니던가.

　『천재는 모든 사람들을 닮아 있지만, 아무도 그를 닮을 수 없다』고 저자는 말하고 있다. 천재는 그만이 가지고 있는 특별하고 독창적인 자질을 범인들은 가질 수 없기에 아무도 그를 닮을 수 없는 것이다. 이 비범한 자질이 그로 하여금 몸담고 있는 사회에 반항하게 하며 새로운 세계를 꿈꾸게 한다. 그러나 그것은 또한 그를 사회로부터 소외시켜 고통을 안겨 주고 광기를 부추긴다. 천재는 기존의 세계로부터 단절되지 않을 수 없으며, 단절은 광기를 부르고, 광기는 그를 병적 상태로 몰고 간다. 여기에서 해방되기 위해 그는 작품을 창조하는 산고(産苦)의 세월을 보내야 하는 것이다. 일반적으로 그의 운명은 예술 분야에서, 특히 언어예술 분야에서 비극적인 경우가 많으며, 이 비극의 중심에 광기의 그림자가 드리워져 있다.

　광기, 그것은 천재의 필연적 속성인가? 정신과 의사이자 인류학자인 저자는, 이런 근본적인 질문에 대해 다양한 관련 테마들을 유기적으로 연결시키면서 접근하고 있다. 그는 천재들에 대한 존경과 따뜻한 애정을 가지고 예술작품이 지닌 신비성의 한계에 도전하면서도, 이것이 결국에는 신비로 남아 있음을 인정한다. 만약 어떤 예술작품이 하나의 도식적인 해석에 의해 완전히 파헤쳐진다면, 그것의 가치는 금방 추락의 길을 내달릴 수밖에 없을 것이다. 그것이 커다란 신비로 남아 있을 때, 그것의 위대성은 지속적으로 독자의 마음에 울려 온다.

東文選 文藝新書 127

역사주의

P. 해밀턴 ——————— [著]

임옥희 ——————— [譯]

역사주의란 고대 그리스로부터 현대에 이르기까지 어떤 형태로든 존재해 왔던 비판운동이다. 하지만 역사주의가 정확히 의미하는 것은 무엇인가? 이 명료한 저서에서 폴 해밀턴은 역사·용어·역사주의의 용도를 학습하는 데 본질적인 열쇠를 제공한다.

해밀턴은 과거와 현재에 있어서 역사주의에 주요한 사상가를 논의한다. 그는 독자들에게 역사주의와 관련된 단어를 직설적이고도 분명하게 제공한다. 역사주의와 신역사주의의 차이가 설명되고 있으며, 페미니즘과 탈식민주의와 같은 당대 논쟁과 그것을 연결시키고 있다.

《역사주의》는 문학 이론이라는 때로는 당혹스러운 분야에 익숙하지 않은 학생들이 반드시 읽어야 한다. 이 책은 이상적인 입문 지침서이며, 더 많은 학문을 위한 귀중한 기초이다.

《역사주의》는 독자들에게 필요한 지식과 배경과 이 분야의 연구에 적용할 수 있는 어휘를 제공함으로써 이 분야에 반드시 필요한 입문서이다. 폴 해밀턴은 촘촘하고 포괄적으로 다음을 안내하고 있다.

· 역사주의의 이론과 토대를 설명한다.
· 용어와 그것의 용도의 내력을 제시한다.
· 독자들에게 고대 그리스로부터 현대에 이르기까지 이 분야에서 핵심적인 사상가들을 소개한다.
· 당대 논쟁 가운데서 역사주의를 고려하면서도 페미니즘과 탈식민주의 같은 다른 비판 양식과 이 분야의 관련성을 다루고 있다.
· 더 읽을거리를 제공하는 참고문헌을 포함하고 있다.

【東文選 文藝新書】

【통신판매】 가까운 서점에서 小社의 책을 구입하기 어려운 분은 국민은행(006-21-0567-061 : 신성대)으로 책값을 송금하신 후 전화 또는 우편으로 주소를 알려 주시면 책을 보내 드립니다. (보통등기, 송료 출판사 부담)

보낼곳 : 110-300 서울 종로구 관훈동 74번지
　　　　東文選 고객관리부
전 화 : (02)733-4901